मानवशास्त्रीय और सांस्कृतिक अध्ययन

सन्ताल : परम्पराएँ एवं संस्थान

डॉ. रामदयाल मुंडा जनजातीय कल्याण शोध संस्थान, राँची

सन्ताल

परम्पराएँ एवं संस्थान

पी.ओ. बोडिंग

सम्पादक

रणेन्द्र

मोनिका रानी टुटी

राकेश रंजन उराँव

अमृता प्रियंका एक्का

राजकमल प्रकाशन

ISBN : 978-93-6086-587-0

मूल्य : ₹795

पहला संस्करण : 2024

प्रकाशक : राजकमल प्रकाशन प्रा. लि.
1-बी, नेताजी सुभाष मार्ग, दरियागंज
नई दिल्ली-110 002

शाखाएँ : अशोक राजपथ, साइंस कॉलेज के सामने, पटना-800 006
पहली मंजिल, दरबारी बिल्डिंग, महात्मा गांधी मार्ग, प्रयागराज-211 001
1, अनमोल सोराबजी संतुक लेन, धोबी तलाव, मरीन लाइंस, मुम्बई-400 002
वेबसाइट : www.rajkamalprakashan.com
ई-मेल : info@rajkamalprakashan.com

मुद्रक : बी.के. ऑफसेट
नवीन शाहदरा, दिल्ली-110 032

SANTAL : PARAMPARAYEN EVAM SANSTHAN
by P.O. Boding
Edited by Ranendra, Monika Rani Tuti, Rakesh Ranjan Oraon, Amrita Priyanka Ekka

सम्पादक की ओर से

लेखक की मृत्यु से पहले इस अनुवाद को प्रकाशित करवाना असम्भव होने के कारण यह पांडुलिपि प्रोफेसर ओ. सोलबर्ग के पास रही, जिन्होंने बार-बार अपने दूसरे महत्त्वपूर्ण कार्यों को प्रकाशित करने में अमूल्य सहायता की और उसके बाद से अपनी पुस्तक 'सन्ताल रहस्य' और 'सन्तालों के जादू-टोने' ओस्लो, 1940 प्रकाशित किया। उनके आग्रह पर मैं इस अनुवाद के सम्पादक के रूप में कार्य कर रहा हूँ, और मुझे खुशी है कि मैं अपने एक दिवंगत दोस्त की अन्तिम सहायता कर रहा हूँ।

मौलिक सन्ताल विषय-वस्तु के साथ इस अनुवाद की जाँच करना मैं अपना कर्तव्य समझता हूँ। जहाँ भी मुझे सन्देह हुआ वहाँ मैंने कुछ आवश्यक और नाम मात्र के बदलाव किये हैं। कुल मिलाकर मैंने ईमानदारी से इस पांडुलिपि को पढ़ा है।

मैंने विभिन्न, और कई बार अधिक लम्बी टिप्पणियों के सम्बन्ध में अपने-आपको अधिक स्वतंत्र महसूस किया है। चूँकि इस अनुवाद के बाद से लेखक के कुछ महत्त्वपूर्ण कार्य प्रकाशित हो चुके हैं और सन्ताल शब्दकोश, ओस्लो, 1932-1936 वास्तव में सन्ताल-ज्ञान का एक विस्तृत शब्दकोश है, इसके कथनों का एक सन्दर्भ प्रायः इस प्रकार का पूरा विवरण प्रदान करता है जिसकी व्याख्या अन्यथा लम्बी टिप्पणियों में करनी पड़ती है। इसलिए मैंने इस पांडुलिपि की टिप्पणियों के स्थान पर इस प्रकार के सन्दर्भों का काफी सीमा तक प्रयोग किया है।

एक मानवविज्ञानी के सम्मुख यह पुस्तक सन्ताल परम्पराओं और संस्थानों का एक मौलिक वर्णन है, जिसे एक बूढ़े सन्ताल कोलियन से सुनकर लिखा गया है, जिन्होंने इसे अपने खुद के शिक्षक से सीखा था। हम नहीं कह सकते कि ये पारम्परिक कहानियाँ कितनी पुरानी हैं, जो पीढ़ी-दर-पीढ़ी चलती आ रही हैं। लेकिन वे हमारे सामने हैं, इसलिए वे स्पष्ट रूप से कहीं अधिक लम्बे विकास का परिणाम हैं।

हमें इस विकास के विभिन्न चरणों के बारे में कुछ भी ज्ञान नहीं है। यह स्पष्ट है कि इनमें आर्य स्रोतों से जानकारी ली गई है, लेकिन यह भी स्पष्ट है कि इसका एक बड़ा भाग मौलिक सन्ताल संस्कृति से है, और दोनों तत्त्वों के बीच अन्तर करना प्रायः कठिन है। इस प्रकार सर्वोच्च देवता ठाकुर का नाम आर्य प्रतीत होता है;

और ऐसा ही अन्य नामों जैसे जीव अर्थात 'आत्मा' के साथ है। लेकिन इसका अर्थ यह नहीं है कि पूरी अवधारणा ही आर्य है। इस पुस्तक में वर्णित रिवाजों और संस्थानों को हिन्दू संस्कृति से लिया गया है, लेकिन कुछ विभिन्न सन्देहास्पद बिन्दु हैं जो केवल अनुसन्धान करने पर ही स्पष्ट हो सकते हैं।

सन्तालों की यात्राओं से यह अनुमान लगाना सम्भव नहीं है कि वे अपने वर्तमान घर में कैसे आए, क्योंकि स्थानीय जगहों के नामों की पहचान करना प्राय: असम्भव होता है। यह सत्य है कि आधुनिक समय में आदिवासी लोगों की यात्राएँ पूर्व की तरफ रही हैं, और ऐसा लगता है कि आपस में सम्बन्धित आदिवासी औपचारिक रूप से आज की तुलना में पश्चिम में बस गए थे। लेकिन हम यह नहीं कह सकते कि क्या पारम्परिक कहानियों के तहत प्रवास विपरीत दिशा में हुआ।

कोलियन का वर्णन वर्ष 1871 में लिखा गया था, और उसके बाद कुछ परिवर्तन हुए हैं। इस प्रकार की नवीन रीतियों की तरफ ध्यान देने के लिए कोई भी हमारे अनुवादक से अधिक योग्य नहीं है, कुछ टिप्पणियाँ शब्दकोश के लेखों में मिलती हैं। नवीनतम वर्णन करने का अर्थ होगा मौलिकता के साथ छेड़-छाड़ करना, और इससे केवल एक ही दिशा में अधिक वर्णन होगा, हमारे वर्तमान युग की तरफ, जबकि विकास के प्राचीन स्तर अँधेरे में रहेंगे। यदि हम पारम्परिक वर्णन को जैसा था वैसा ही रहने देते हैं तो इसकी मौलिकता के साथ अधिक न्याय होगा।

कोलियन के वर्णन में, दूसरे स्रोतों से अर्थात नये स्रोतों से वर्णन जोड़ा गया है और उनमें वही रुचि नहीं रह गई। उन्हें वैसा ही छोड़ दिया गया है जैसा अनुवादक ने लिखा था।

—स्टेन कोनो

प्राक्कथन

पचास साल पहले 1887 में स्वर्गीय श्रद्धेय एल.ओ. स्क्रेफसर्ड ने 'सन्तालों की परम्पराएँ एवं संस्थाएँ' सन्तालों के लिए विशेष रूप से, इस पुस्तक में वर्णित पारम्परिक मामलों में, एक मार्गदर्शिका के रूप में प्रकाशित किया। मानवशास्त्र के लिए भी यह महत्त्वपूर्ण है। इसे 1916 और 1929 में मैंने पुन: सम्पादित किया और एक संक्षिप्त आमुख जोड़ा और कुछ सन्तालों के आग्रह पर अन्त में कुछ पृष्ठों की नई विषय-वस्तु का समावेश किया। चूँकि बहुत कम लोग ही मौलिक सन्ताली में इस कार्य का प्रयोग कर पाएँगे, और चूँकि यह मानवशास्त्र के लिए महत्त्वपूर्ण है, इसलिए मुझे बार-बार इसे अनुवादित करने के लिए कहा गया है। मैंने अनुवाद पूर्ण रूप से अक्षरश: किया है ताकि जहाँ तक सम्भव हो पाठकों को सन्तालों की मानसिकता और अभिव्यक्ति का तरीका समझ में आए।

1865 की सन्तालों की बगावत की एक कहानी को छोड़कर मूल कार्य को स्क्रेफसर्ड द्वारा एक बूढ़े गुरु से लिया गया है, जिनका नाम कोलियन था। पुस्तक के अन्त में एक कथन के अनुसार श्रुतिलेख 15 फरवरी, 1871 को समाप्त हुआ था।

स्क्रेफसर्ड ने एक बार मुझे बताया था कि वह सन्तालों में घूमा ताकि एक ऐसा आदमी मिले जो अपने लोगों और उनकी परम्पराओं व रिवाजों को जानता हो, और उन्हें बताया गया था कि कोलियन सबसे बेहतर प्राधिकार रखता था। स्क्रेफसर्ड ने आगे बताया कि इस पुस्तक में उनका स्वयं का कुछ नहीं है, पूरा वर्णन कोलियन के शब्दों और भाषा में है।

लेकिन मैं फिर भी यह सोचे बिना नहीं रह सकता कि स्क्रेफसर्ड ने इस वर्णन को ढाँचा प्रदान किया है। भाषा आसान और अच्छी है, और कोलियन का वर्णन मौखिक परम्परा के आधार पर है जो गुरु से शिष्य को पीढ़ी-दर-पीढ़ी दी जाती है। स्क्रेफसर्ड की वर्ष 1887-88 के मिशन की एक रिपोर्ट के अनुसार यह एक ऐसा अभ्यास है 'जिसका अब कोई प्रयोग नहीं है'।

इससे दूसरे स्रोतों से कुछ सीखने की हमारी सम्भावना कम नहीं होती। कुछ सन्ताल लोगों ने वास्तव में ऐसी चीजें बताई हैं जिनका जिक्र कोलियन ने नहीं किया। कई बार हम देख सकते हैं कि कहानियाँ हिन्दू संस्कृति से ली गई हैं।

जबकि कुछ गुरु कहते हैं कि उनके पूर्वज राम के साथ थे जब वे लंका में लड़ने के लिए गए। दूसरे मामलों में, विशेष रूप से सन्ताल लोगों के रिवाजों और संस्थानों के सम्बन्ध में हम परम्परा की कुछ मुक्त लाइनों को देख सकते हैं।

कोलियन बताते हैं कि वह पेंडरा नामक देहात के पाबिया नामक एक गाँव से आए हैं, जो सन्ताल परगना के दक्षिण-पश्चिम में स्थित मानभूम जिले में है।

उन्होंने बताया कि वे बुकु नामक गुरु के शिष्य थे। दूसरे सन्ताल लोगों के साथ उन्होंने पूर्व की तरफ प्रवास किया। उसका पुराना घर मानभूम में है जिससे पता चलता है कि उनके कुछ कथन सन्ताल परगना के वर्तमान रिवाजों से भिन्न हैं।

कोलियन एक गुरु थे। इस शब्द को हिन्दू-संस्कृति से लिया गया है लेकिन इसे सन्ताल समाज के लिए उचित रूप से अनुकूल बनाया गया है। एक सन्ताल गुरु वह व्यक्ति होता है जिसे कुछ बातों का ज्ञान होता है, जैसे कुछ समारोहों में क्या गाना चाहिए, और किसे गाना चाहिए। कोई भी सन्ताल एक बूढ़े गुरु से सम्बन्ध स्थापित करके और धीरे-धीरे उससे सीखकर एक गुरु बन सकता है। इस तरह से हम पूरी पुस्तक में एकरूपता की उम्मीद नहीं कर सकते।

इस प्रकार के अनुवाचन कुछ हद तक हिन्दू-रिवाजों की नकल हो सकते हैं। पारम्परिक कहानियों में कुछ कथन हैं जिन्हें इस तरह से अनुवादित किया गया है कि किसी खास अवसर पर लम्बे विचार-विमर्श के बाद पूर्वजों ने अपने स्वयं के कुछ रिवाजों को छोड़ने का निर्णय किया और उनके स्थान पर हिन्दू-रिवाजों को अपनाया। इस सम्बन्ध में यहाँ पर यह ध्यान देना चाहिए कि सन्ताल प्राय: अपने त्योहारों और अन्तिम-संस्कार के समय एक विदेशी भाषा में गाते हैं, मुख्य रूप से बिहारी में। और यह एक अजीब तथ्य है कि बहुत से सन्ताल इन गीतों को नहीं समझते। यह स्पष्ट है कि अन्य स्त्रोतों से उधार लिया गया है लेकिन यह कहना सही नहीं है कि सम्पूर्ण ही उधार लिया गया है।

कोलियन के वर्णन के प्रथम भाग के अनुसार, संसार के पारम्परिक इतिहास के सम्बन्ध में प्रत्येक सन्ताल के जीवन में दो बार अनुवाचित किया गया है। पहला, काको छटियार में, जब एक बच्चे को पूर्ण सामाजिक अधिकार दिये जाते हैं, और अन्तिम, भन्दन (दाह-संस्कार) में, जब मृत दूसरी दुनिया में अपने पूर्वजों के पास चला जाता है।

—पी.ओ. बोडिंग

क्रम

वृद्ध कोलियन द्वारा सुनाई गई पूर्वजों की कहानी

आदमी का जन्म उगते हुए सूर्य की तरफ (पूर्व में) हुआ है। सबसे पहले केवल पानी था और पानी के नीचे मिट्टी थी। इसके बाद ठाकुर जी[1] ने ऐसे जीवों का निर्माण किया जो पानी में रहते हैं, जैसे केकड़ा, मगरमच्छ, घड़ियाल, मछली, झींगा, केंचुआ, कछुआ और अन्य जीव।

इसके बाद ठाकुर ने कहा : "अब मैं किसे बनाऊँ? मैं आदमी को बनाऊँगा।" तब उन्होंने मिट्टी से दो पुतलों का निर्माण किया। उन्होंने दोनों का निर्माण पूरा किया ही था; जब वे उनमें जान डालनेवाले थे ऊपर से उतरकर दिन का घोड़ा[2] आया, उन्हें पैरों से कुचल दिया और चला गया। ठाकुर इससे बड़े दुखी हुए।

इसके बाद ठाकुर ने कहा : "मैं मिट्टी से नहीं बनाऊँगा; मैं पक्षी बनाऊँगा।" तब उन्होंने अपनी छाती से खींचकर दो हंस और हंसिल पक्षी बनाए। उन्होंने उन्हें अपने हाथ पर रख लिया; वे बहुत सुन्दर दिखाई दे रहे थे। इसके बाद उन्होंने उन पर फूँका और वे जीवित हो उठे और उड़ गए। वे इधर-उधर उड़ रहे थे, लेकिन उन्हें बैठने के लिए जगह नहीं मिल रही थी, इसलिए वे हमेशा ठाकुर के हाथ पर बैठते थे। इसके बाद दिन का घोड़ा पानी पीने के लिए आया। जब वह पानी पी रहा था, उसने मुँह से थोड़ा झाग छोड़ा और चला गया। यह झाग पानी पर तैरने लगा; जिससे पानी पर झाग बन गया।

तब ठाकुर ने दोनों पक्षियों को कहा : "झाग पर बैठ जाओ।" उन्होंने ऐसा ही किया। जब वे उतरे तो वे पूरे समुद्र पर घूमे, झाग उन्हें एक नाव की तरह ले जा रहा था। फिर उन्होंने ठाकुर से आग्रह किया : "हम घूम रहे हैं, लेकिन हमें भोजन नहीं मिल रहा।"

इसके बाद ठाकुर जी ने घड़ियाल को बुलाया, वह आया; और घड़ियाल ने ठाकुर से कहा : "आपने मुझे क्यों बुलाया है, ठाकुर?" ठाकुर ने उससे कहा : "क्या तुम मिट्टी को ऊपर लाना चाहते हो?" घड़ियाल ने उत्तर दिया : "यदि आप मुझे ऐसा करने के लिए कहते हो तो मैं इसे ला सकता हूँ।"

1. ईश्वर।
2. सन्ताल लोग इस शब्द का प्रयोग सूर्य के लिए करते हैं।

इसके बाद पानी में जाने के बाद वह जमीन को ऊपर लाने के काम में लग गया। सब कुछ पिघल गया था।

इस पर ठाकुर ने झींगे को बुलाया। वह आया। आने के बाद उसने ठाकुर से कहा : "आपने मुझे क्यों बुलाया, ठाकुर?" ठाकुर ने कहा : "क्या तुम मिट्टी को ऊपर लाना चाहते हो?" झींगे ने उत्तर दिया : "यदि आप कहते हो तो मैं ला सकता हूँ।" तब वह पानी के अन्दर गया; नीचे जाने के बाद वह अपने पंजों में पकड़कर मिट्टी को ऊपर लाने लगा; लेकिन मिट्टी पिघल गई।

इसके बाद ठाकुर ने राघु बोर मछली[1] को बुलाया और वह आई। आने के बाद उसने ठाकुर से कहा : "आपने मुझे क्यों बुलाया, ठाकुर?" ठाकुर ने उससे कहा : "क्या तुम मिट्टी को ऊपर लाने के लिए तैयार हो?" बोर मछली ने उत्तर दिया : "यदि आप मुझे ऐसा करने के लिए कहते हैं, तो मैं इसे ला सकती हूँ।" फिर पानी में वह थोड़ा नीचे चली गई; वह अपने मुँह में कुछ ला रही थी और कुछ अपनी पीठ पर; सारी मिट्टी पिघल गई। उस समय से बोर मछलियों के शरीर पर कोई परत नहीं होती है।

तत्पश्चात ठाकुर ने केकड़े को बुलाया। वह आया। आने के बाद उसने ठाकुर से कहा : "आपने मुझे क्यों बुलाया है, ठाकुर?" ठाकुर ने उससे कहा : "क्या तुम मिट्टी को लाने के लिए तैयार हो?" केकड़े ने ठाकुर को जवाब दिया : "यदि आप मुझे ऐसा करने के लिए कहते हैं, तो मैं इसे ला सकता हूँ"। फिर पानी में नीचे जाने के बाद उसने उसे अपने पंजों में ऊपर लाने की कोशिश की; सारी मिट्टी पिघल गई।

तत्पश्चात ठाकुर ने केंचुए को बुलाया : वह आया और आने के बाद उसने ठाकुर से कहा : "आपने मुझे क्यों बुलाया, ठाकुर?" ठाकुर ने उससे कहा : "क्या तुम मिट्टी को लाने के लिए तैयार हो?" केंचुए ने ठाकुर को उत्तर दिया : "अगर आप मुझे ऐसा करने के लिए कहते हैं, तो मैं इसे ला सकता हूँ, बशर्ते कि कछुआ पानी पर खड़ा हो।"

तत्पश्चात ठाकुर ने कछुए को बुलाया। वह आया। आने के बाद उसने ठाकुर से कहा : "आपने मुझे क्यों बुलाया, ठाकुर?" ठाकुर ने उससे कहा : "कोई भी मिट्टी को ऊपर लाने में सक्षम नहीं है। केंचुए ने इसे ऊपर लाने का वादा किया है, बशर्ते कि तुम पानी पर खड़े होओ।" कछुए ने ठाकुर को जवाब दिया : "अगर आप मुझे ऐसा करने के लिए कहते हैं, तो मैं खड़ा हो सकता हूँ।" फिर वह पानी पर खड़ा हुआ। जब वह खड़ा हुआ तो ठाकुर ने चारों दिशाओं से उसके चारों पैरों को जकड़ लिया। कछुआ पानी पर बेहद शान्त हो गया। तब केंचुआ मिट्टी को ऊपर लाने के लिए नीचे गया; वह मिट्टी पर पहुँच गया।

1. सन्ताल लोग इस तरह की एक मछली से परिचित हैं।

अब उसने कछुए की पीठ पर अपनी पूँछ रख दी थी, और नीचे उसके मुँह के साथ वह मिट्टी को खा रहा था, और पीछे से बाहर निकालने लगा। तब इसे फैलाया गया और एक कठोर परत की तरह बनाया गया। इस तरह वह पृथ्वी के निर्माण के लिए पर्याप्त मिट्टी लाया और इसके बाद रुक गया।

तत्पश्चात ठाकुर ने मिट्टी को कठोर बना दिया। प्रतिदिन हेंगा फेरकर कुछ को समतल किया गया। कुछ मिट्टी औजार में फँस गई जिससे ये पहाड़ बन गए। फिर जब मिट्टी को ऊपर लाया गया और समतल किया गया, तो जो झाग तैर रहा था वह पानी की सतह पर मिट्टी से चिपक गया, और जैसे ही ठाकुर ने इस झाग पर शिरोम बीज बोया, शिरोम का पौधा (अन्य सभी पौधों से पहले) फैल गया। इसके बाद उन्होंने दूबी घास को बोया; इसके बाद करम पेड़, छोटा सरजोम, मारदा पेड़, गहरे रंग का महुआ पेड़, और इसके बाद सभी प्रकार की वनस्पतियाँ उग आईं और पृथ्वी दृढ़ हो गई। ऐसी जगहें जहाँ पानी था, वहाँ उन्होंने ढेलों को डाल दिया, और उन सभी जगहों पर जहाँ पानी उबल रहा था, वहाँ उन्होंने चट्टान के टुकड़े से दबाकर उसे बन्द कर दिया।

तत्पश्चात शिरोम पौधों के झुरमुट में एक घोंसला बनाकर दोनों पक्षियों ने दो अंडे दिये। मादा पक्षी अंडे पर बैठती है, और नर पक्षी भोजन ढूँढ़ता और लाता है। इस तरह से वे अंडे सेते रहे : ओ माँ! दो इनसान पैदा हुए, एक लड़का और एक लड़की। फिर दोनों ने गाया :

हे प्रिय, समुद्र पर,
हे प्रिय, ये दो इनसान,
हे प्रिय, दुनिया में लाए गए हैं,
हे प्रिय, ये दो इनसान,
हे प्यारे, इन्हें कहाँ रखा जाए?

हे प्रिय, तुम दोनों उसे बताओ,
हे प्रिय, महान ठाकुर जी,
हे प्रिय, दोनों को दुनिया में जाए,
हे प्रिय, ये दो इनसान,
हे प्रिय, इन्हें कहाँ रखा जाए?

इसलिए उन्होंने ठाकुर को यह कहते हुए उद्धृत किया : "हम दोनों इन दो मनुष्यों की सहायता कैसे करेंगे?" ठाकुर ने उन्हें कुछ रूई दी और उनसे कहा : "जो भी आप दोनों खाते हैं, उन चीजों को दबाकर रस निकालें और रूई से सोखें, और इसे चूसने के लिए उनके मुँह में डाल दीजिए।" चूसने और इस तरह से

भोजन प्राप्त करने से वे बड़े होने लगे और चलने लगे। लेकिन जैसे-जैसे वे बढ़ते जा रहे थे, दोनों पक्षियों की चिन्ता बढ़ती जा रही थी कि जब वे बड़े हो जाएँगे तो उन्हें कहाँ रखा जाए?

इसलिए वे ठाकुर के पास गए; और उन्होंने उनसे कहा : "उड़ो और उनके रहने का स्थान खोजो!" फिर वे सूर्य की ओर उड़ गए; उन्होंने हिहिड़ी पिपिड़ी की खोज की। लौटकर उन्होंने ठाकुर को इस बारे में बताया। उन्होंने उनसे कहा : "उन्हें वहाँ ले चलो।" फिर वे उन्हें अपनी पीठ पर लादकर साथ ले गए। उन्होंने उन्हें नीचे रखा और उन्हें वहाँ छोड़ दिया। हंसों का क्या बन गया, हमारे पूर्वजों ने हमें नहीं बताया है; इसलिए हम नहीं जानते।

इन दो मनुष्यों के नाम हड़ाम और आयो ('हड़ाम' एक वृद्ध का सामान्य नाम है और 'आयो' सन्ताली भाषा में 'माँ' को कहते हैं) थे। कुछ लोग उन्हें पिलचु हड़ाम और पिलचु बूढ़ी (ये दोनों प्रथम माता-पिता के सामान्य नाम होते हैं) कहते हैं। हिहिड़ी पिपिड़ी में वे सुमतु बुकुच घास के दाने और सामा घास की बालियों को खाते हुए बड़े हुए। उनके पास कोई वस्त्र नहीं था, वे दोनों नग्न थे; फिर भी उन्हें कोई शर्म महसूस नहीं हुई और वे बहुत शान्ति से रहे।

एक दिन लिटा (लिटा सन्ताल लोगों का मुख्य बोंगा का नाम है, जिसे हमेशा मारंग बुरु, अर्थात महान पर्वत कहा जाता है) उनके पास आया और उनसे कहा : "पोतो! कहाँ हो? क्या हाल है? मैं तुम्हारा दादा हूँ; मैं तुम्हारे पास आया हूँ। मैं देख रहा हूँ तुम अच्छी तरह से हो; लेकिन एक आनन्द की बात है जो तुम्हें नहीं पता है। हड़िया तैयार करो, इसका स्वाद बहुत मीठा होता है।" फिर उन्होंने उन्हें किण्वन सामग्री तैयार करना सिखाया। तीनों जंगल गए। लिटा ने उन्हें जड़ें दिखाईं। दोनों ने खोदा और उन्हें लाए। जब वे उन्हें ले आए तो पिलचु ने बूढ़ी से कहा : "अब तुम हमारे लिए चावल गीला कर दो।" उसने ऐसा किया। गीला होने के बाद उसने इसे कूटकर आटा बनाया; उन्होंने 'दवा' (किण्वन सामग्री) को निचोड़ दिया और 'दवा', रस के साथ आटा गूँधा; इसे एक आटे में गूँधने के बाद उन्होंने इसके गोले बनाए; गेंदों को बनाने के बाद उन्होंने इन्हें एक टोकरी में भूसे-पुआल के साथ डाल दिया। जब अगला दिन आया, जिस समय उन्होंने गेंदें बनाई थीं, उसी समय उन्होंने उन्हें उजागर किया; ऐसा करने के बाद उन्होंने पुआल को अलगाया और एक गेंद को एक सूप पर फैला दिया; वहाँ फैले गोले सूख गए और उन्होंने उन्हें एक तरफ रख दिया। जब यह किया गया था तो उन्होंने सुमतु बुकुच और सामा की बालियों को इकट्ठा किया और उन्हें कूटा। उन्होंने अनाज को उबाला और उसके बाद उसे ठंडा होने दिया; ठंडा होने पर उन्होंने उसमें किण्वन का सामान डाला; उसके बाद उन सभी को इकट्ठा किया और उन्होंने इसे पत्तियों से ढक दिया। पाँच दिनों में किण्वन पूरा हो गया। दोपहर में उन्होंने उस पर पानी डाला।

तब लिटा ने उनसे कहा : "अब तुम दोनों यह पिओ, पहले मारंग बुरु के लिए कुछ जमीन पर गिराने के बाद। कल मैं फिर से आऊँगा और आपसे मिलूँगा।"

इसके बाद उन्होंने तीन पत्तियों के दोने बनाए और इन्हें भरा; ऐसा करने पर उन्होंने मारंग बुरु के नाम पर सामग्री को जमीन पर गिराया; फिर उन्होंने खुद पी लिया। जब वे हड़िया पी रहे थे, तो कामुकता से प्रेमोन्मत्त होकर वे दोनों सब पी गए और बहुत नशे में आ गए। रात हो गई, वे एक साथ लेट गए।

जब भोर हो गई तो अचानक लिटा वहाँ आए। उसने उनसे कहा : "यह कैसा है बच्चो! तुम उठे हो या नहीं? बाहर आओ।" जब उन्हें होश आया, तो उन्हें समझ में आया कि वे दोनों नग्न थे और बहुत शर्म महसूस कर रहे थे; इसलिए उन्होंने उसे उत्तर दिया : "हे दादा, हम कैसे बाहर आ सकते हैं; हमें बड़ी शर्म आ रही है; हम दोनों नंगे हैं; कल रात जब हम हड़िया के नशे में थे तब हमने कुछ बुरा किया है।"

लिटा ने तब उनसे कहा : "इससे कोई फर्क नहीं पड़ता।" और खुद मुस्कुराते हुए वह चला गया। अपनी शर्म को ढकने के लिए पिलचु हड़ाम और पिलचु बूढ़ी ने गूलर की पत्तियों से एक स्कर्ट और एक लुंगी-कपड़ा बनाया। अब उनके बच्चे हुए, सात लड़के और सात लड़कियाँ। सबसे बड़े लड़के का नाम सांगडरा था, उसके बाद सांगधोम था, उसके बाद चारे था, उसके बाद वाला माने था और सबसे छोटा आचारेदेलहु था। सबसे बड़ी लड़की छिता थी, उसके बाद कापू, उसके बाद हिसी थी और एक थी डुमनी। हम दूसरों के नाम भूल गए हैं।

इस प्रकार वे जीए; वे बड़े हो गए। हड़ाम को एक तरफ शिकार करने के लिए लड़कों के साथ जाने की आदत थी, और दूसरी तरफ बूढ़ी तो लड़कियों के साथ सब्जी के लिए और पत्ते तोड़कर लाने के लिए जाती थी, और जब शाम हो जाती शी तो वे एक साथ घर आते थे। एक दिन वे युवक खंडराए जंगल में अकेले शिकार करने के लिए गए और लड़कियाँ भी सब्जियाँ लाने सुड़ुकुच[1] जंगल में गई थीं। जब उन्होंने अपना काम खत्म किया, वे अंजीर[2] के पेड़ के पास आए और उसकी जड़ों पर झूलने लगे। इसके बाद वे स्थानान्तरित हुए और डाहर[3] नृत्य करने लगे और गाने लगे :

चीटियाँ आईं, चीटियाँ आईं, ओ माँ,
अंजीर के पेड़ की निचली टहनियों पर चीटियाँ आईं।

शिकार के बाद थकान होने पर वे युवक एक बोई बिन्दी हिरण[4] को लेकर घर आ रहे थे। लड़कियों का गाना सुनकर वे बोले : "सुनो, कौन गा रहा है?"

---

1. वन का नाम वहाँ उगनेवाले पेड़ के नाम पर रखा है। खंडराई एक झाड़ी का नाम होता है लेकिन सन्ताली में अब यह नहीं है; सुरकुक सलिक्स टेट्रास्पर्मा है जो सन्ताल क्षेत्र में सामान्य है।
2. फाइकस टोमेंटोसा, एल
3. डाहर का अर्थ है एक सड़क, एक प्रकार का सन्ताल नृत्य भी है।
4. एक मिथक अज्ञात हिरण।

उन्होंने हिरण को वहीं छोड़ दिया और लड़कियों के पास जाकर उनके साथ नाचने लगे। नाचते हुए वे खुश हो गए। सबसे बड़ा युवक सबसे बड़ी युवती के साथ था और सबसे छोटा युवक सबसे छोटी युवती के साथ था, और इस प्रकार वे सभी जोड़ों में नाच रहे थे। इसके बाद सबसे बड़ा युवा और सबसे बड़ी युवती हिरण को देखने गए। उसी समय पर दूसरे गा रहे थे :

अंजीर के पेड़ के पास देखो छोटा हिरण,
ओ माँ, जल्दी देखो छोटा बोई बिन्दी हिरण।

इसके बाद वे सभी जोड़ों में बँट गए। यह देखकर हड़ाम और बूढ़ी ने कहा, "उन्होंने एक-दूसरे को पा लिया है, हम उनकी शादी करेंगे।" इसके बाद उन दोनों ने एक घर बनाया। उन्होंने सात कमरे बनाए। जब घर तैयार हो गया, तो उन्होंने हड़िया बनाया, ऐसा करने के बाद उन्होंने इसे पीया। जब वे पी चुके थे तो हड़ाम और बूढ़ी ने सातों कमरों में, प्रत्येक में एक जोड़े को, जाने के लिए कहा : सबसे बड़ा युवक सबसे बड़ी युवती के साथ, सबसे छोटा युवक सबसे छोटी युवती के साथ, और इस प्रकार उनकी शादियाँ हो गईं।

उन सभी के बच्चे हुए। वे बड़े हो गए। इसके बाद हड़ाम और बूढ़ी ने कहा, "जब दूसरे नहीं थे, हम एक जोड़ा बन गए और उनको पैदा किया, सात लड़के और सात लड़कियाँ, और हमने इन बच्चों की भी शादियाँ कर दी, भाइयों और बहनों की। फिर उन्होंने उन्हें गोत्रों में विभाजित किया। सबसे बड़ा लड़का हासंदा बन गया, उसके बाद वाला मुर्मू, उसके बाद किस्कू, उसके बाद हेम्ब्रम, उसके बाद मरांडी, उसके बाद सोरेन, और उसके बाद टुडू।

फिर उन्होंने उनसे कहा, "आपस में एक ही गोत्र में शादियाँ मत करो। दुल्हन किसी भी गोत्र की हो सकती है, बशर्ते कि युवक एक अलग गोत्र का हो।" वे इस प्रकार जीते रहे। बहुत समय गुजर गया, और उनकी जनसंख्या बढ़ गई।

इसके बाद वे खोज कमान[1] गए। वहाँ रहते हुए मनुष्य बहुत बुरे बन गए, वे भैंसों और गायों की तरह बन गए, वे एक-दूसरे का सम्मान नहीं करते थे। ये सब देखकर ठाकुर को बहुत गुस्सा आया और उन्होंने मानव का विनाश करने की ठान ली, यदि वे उसके पास वापस नहीं आए। इसलिए उन्होंने उन्हें वापस बुलाया,

1. कुछ गुरु, कई भिन्न-भिन्न देशों का वर्णन करते हैं जहाँ उनके पूर्वज अनिश्चित समय के लिए रहे। हिहिड़ी पिपिड़ी से वे होहोरो बोम्बोरो गए (जिसे हहारो बम्बारो भी कहते हैं); वहाँ से वे आयरो पायरो गए, उसके बाद झल डाक (लम्बा पानी) गए; वहाँ से दुदुमुल और वहाँ से एयरे कांडे; वहाँ से हरदाता और उसके बाद खोज कमान। कुछ गुरु, झल डाक का वर्णन नहीं करते और दुदुमुल से अजोदाना तक गिनते हैं, इसके बाद हरदाता, उसके बाद खोज कानोल, इसके बाद ससन बेड़ा (ससङ बेदा) और उसके बाद एयरे कांडे; वहाँ से जरपी और इस देश से ओए काम्पा। कुछ अन्य, निम्न क्रम में देशों का वर्णन करते हैं : आयरो पायरो, दुदुमुल, अजोदाना, झल डाक, एयरे कांडे, हरदाता, खोज कमोल अैर टोर पोखरी, बाहा बंडेला से काए चम्पा।

"मानव मेरे पास वापस आ जाओ।" लेकिन उन्होंने उनकी परवाह नहीं की। इसलिए ठाकुर ने पिलचु हड़ाम और पिलचु बूढ़ी या एक अन्य पवित्र जोड़े को बुलाया (कुछ लोग कहते हैं कि पिलचु हड़ाम और पिलचु बूढ़ी हिहिड़ी पिपिड़ी में मर गए) और उनसे कहा, "मानव मेरे शब्दों को नहीं सुनते; इसलिए मैं उन्हें खत्म कर दूँगा। लेकिन तुम हराता पर्वत पर गुफा में चले जाओ; वहाँ तुम जिन्दा रहोगे।"

उन दोनों ने कहना माना। वे पर्वत की गुफा में चले गए। जब वे वहाँ चले गए, ठाकुर ने सात दिन और सात रातों तक अग्नि की वर्षा की और मानव और पशुओं को खत्म कर दिया, केवल हराता पर्वत पर गुफा में रहनेवाले जिन्दा बचे। इसके बारे में इस प्रकार गाते हैं :

सात दिन सात रात अग्नि की बारिश हुई,
सात दिन सात रात बिना रुके,
तुम कहाँ थे, तुम दोनों मानव?
तुम दोनों ने कहाँ पनाह ली?

वहाँ पर, वहाँ हराता पर,
वहाँ पर, पर्वत की गुफा में;
वहाँ हम दोनों थे,
हमने वहाँ पर आश्रय लिया।

तब यह साफ हो गया; जब सब कुछ साफ हो गया तो दोनों मानव गुफा से बाहर आए; इसके बाद उन्होंने एक गाय को देखा जो वहाँ गिरी हुई थी। उन्हें गाय मिली, उसे एक आधे जले हुए लकड़ी के लट्ठे के नीचे दबाया। गाय का एक हिस्सा जल गया था, उसकी खाल उतारी, और एक तरफ से पूर्ण थी। उन्होंने गाया :

गाय जलते हुए अंगारों पर लकड़ी के नीचे गिरी,
राख नष्ट हो गई, गाय के गिरने से

फिर उन्हें एक जानवर मिला। जब वे गुफा से बाहर आ गए, ठाकुर ने उन्हें कपड़े दिये। उन्होंने हराता पर्वत की तलहटी में घर बनाया। वे वहाँ रहे और बच्चे पैदा किये। वे बहुत अधिक संख्या में बढ़े।

इस पर वे एक विशाल मैदान में चले गए जिसे ससन बेड़ा[1] कहते हैं। वहाँ वे लम्बे समय तक ठहरे। वहाँ वे कबीले बन गए। हड़ाम और बूढ़ी ने उन्हें पुराने गोत्रों में बाँट दिया, अर्थात हासंदा (हसदक), मुर्मू, किस्कू, हेम्ब्रम, मरांडी, सोरेन और टुडू।

1. ससन एक नदी के किनारे पर स्थित एक क्षेत्र है।

इन मूल गोत्रों के अतिरिक्त, उन्होंने पाँच और बनाए, अर्थात बसके, बेसरा, पाउरिया, चाड़े और एक अन्य गोत्र जो लुप्त हो गया, जिसे वे बेदेया कहते हैं। वे गाते हैं :

हम हिहिड़ी पिपिड़ी में पैदा हुए थे,
हमें खोज़ कमान में बुलाया गया,
हम हराता में बड़े हुए,
ससङ बेदा में हमारे गोत्र बने।

ससङ बेदा में गोत्रों में विभाजित होने के बाद प्राचीन पूर्वज जारपी देश में आ गए। किसी कारण से वे वहाँ नहीं रह पाए और जंगलों में घूमते रहे। इसके बाद वे एक ऊँचे पर्वत पर पहुँचे। घूमते हुए वे थक जाते थे। उन्होंने कहा : "इस पहाड़ की आत्मा ने हमारे मार्ग को रोक लिया है; आओ एक प्रण करते हैं, कि वह हमें गुजरने दें।" इस पर उन्होंने उससे प्रार्थना की, "ओ मारंग बुरु (ओ महान पर्वत) यदि तुम हमें गुजरने दोगे तो हम तुम्हारी पूजा करेंगे, जब हमें रहने के लिए देश मिल जाएगा।" फिर अचानक उन्हें रास्ता मिल गया, और उन्होंने इसे देखा। सूर्य निकला और उसे देखते हुए वे आगे बढ़ गए। इस दर्रे को उन्होंने सिङ द्वार का नाम दिया (अर्थात दिन या सूर्य, और दरवाजा, या दर्रा; इसका अर्थ दरवाजा भी हो सकता है)। इसके बारे में एक गीत है :

जारपी देश से मैं,
सिङ दुअर, बाइह दुअर से होते हुए
इस देश के लोग बाहर आए।

इसके बाद वे चलते गए। बाइह दुअर[1] से बाहर आए। यहाँ उन्हें एयरे देश मिला। वहाँ रहने के बाद वे काञडे देश गए। काञडे देश में रहने के बाद किसी कारण से वे चाए देश गए। वहाँ पर वे लोग काफी लम्बे समय तक रहे और उनकी संख्या बढ़ी।

लेकिन वे वहाँ भी नहीं रह पाए; इसलिए वे सात नदियों के देश चम्पा आए। वहाँ दो दर्रे थे, एक चाए दर्रा और दूसरा चम्पा दर्रा।

चम्पा में उन्होंने बहुत से बड़े-बड़े किले बनाए ताकि दुश्मन उन तक न पहुँच सके। उनमें से एक था खाइरी किला। यह किला हेम्ब्रम लोगों का था। एक किला था काञडा जो किस्कू लोगों का था। एक अन्य किला था चम्पा किला जो मुर्मू लोगों का था। एक अन्य किला था बादोली किला जो मरांडी लोगों का था; और एक अन्य था सिम किला जो टुडू लोगों का था। दूसरे किले भी थे लेकिन हम उनके नाम भूल गए।

1. सिङ दुअर एक प्रवेश द्वार है और बाइह दुअर दर्रे का पूर्वी सिरा है।

चम्पा में हम सदियों तक रहे और वहाँ हम महान लोग थे। उस समय हम किसी के नीचे नहीं आते थे। राजा किस्कू गोत्र के थे। मुर्मू प्राचीन समय से हमारे पुजारी थे। हम उन्हें मुर्मू ठाकुर कहते हैं। सोरेन सेवक होते थे। वे लड़ाका थे। हेम्ब्रम कुलीन वर्ग के लोग थे, मरांडी धनाढ्य वर्ग के लोग थे और टुडू ढोलक बजाते थे और नाचते थे और वे लोहे की चीजें बनाते थे। बासके (बसके) लोग व्यापारी लोग थे। बाकी गोत्र के लोगों का क्या काम था, हमें याद नहीं है।

चम्पा में बसने के बाद उन्होंने मांरग बुरु को स्थापित किया और जाहेर जो कि गाँव के सड़क के अन्त में होता है, उसमें जाहेर एरा की पूजा करने लगे। हर पाँच वर्ष में वे सूर्य की पूजा करते थे।

हमारे पूर्वजों ने हमें बताया है कि प्राचीन समय में जब राम जीवित थे, उस समय खरवार लोग उनके साथ लंका में गए थे और रावण को मारने में उनकी सहायता की थी। इस कारण से तब से हम किसी से नहीं लड़े या गैर-सन्ताली लोगों से नहीं लड़े, विशेष रूप से हिन्दुओं से। वे मैदानों में रहते थे और हम जंगलों में, पहाड़ियों पर। लेकिन बाद में हम उनसे लड़ने लगे। आज तक हमारे सम्बन्ध उनसे मधुर नहीं हैं। जब हम जंगल साफ करते थे तो गैर-सन्ताली लोग इस जगह को हमसे छीन लेते थे। लेकिन यदि साहिब (यूरोपीय लोग) उनकी सहायता नहीं करते तो हम उन्हें गंगा के दूसरी ओर धकेल देते। विद्रोह के समय हमारा उद्देश्य गंगा नदी को सरहद बनाने का था। लेकिन (हम क्या कर सकते थे) जब यूरोपीय लोगों ने उनकी सहायता की। प्राचीन समय में गंगा नदी के दोनों ओर हमारा कब्जा था। वे गाते हैं :

गंगा नदी भर जाती है,
सोड़ा नदी में बाढ़ आ जाती है
क्या मेरा तोता वापस आएगा!

मैं किसे देखकर वापस लौटूँ?
मेरा साथी मेरी आत्मा है,
मेरा साथी मेरी साँस है।

मेरी बड़ी बहन, मेरी श्रद्धालु!
गंगा नदी किनारों तक बहती है।
मेरी बड़ी बहन, मेरी श्रद्धालु!
सोड़ा नदी में बाढ़ आ गई है।

मेरी बड़ी बहन, मेरी श्रद्धालु!
हम दोनों के पास धागे का एक जाल है,

मेरी बड़ी बहन! मेरी श्रद्धालु!
हम एक चार किनारों वाला जाल बनाएँगे।

मेरी बहन, मेरी श्रद्धालु!
हम उस जाल में एक विशाल झींगे को पकड़ेंगे
मेरी बड़ी बहन, मेरी श्रद्धालु!
हम दोनों मिलकर एक छोटी मंगरी मछली को पकड़ेंगे।

चम्पा में गैर-सन्ताली लोगों से लड़ाई के बाद हम वहाँ से चले गए। उन्होंने चम्पा किले को अपने कब्जे में ले लिया। उसके बाद हमने उनको हराया और किला वापस लिया। उस समय के दो गैर-सन्ताली भाई अपनी बहनों से बात कर रहे थे :

मेरे बड़े भाई! इनदान सिङ, मनदान सिङ
मेरे बड़े भाई! हमने चम्पा किला खो दिया;
मेरी छोटी बहन! रो मत, दुखी मत हो,
मेरी छोटी बहन, हम अपने हाथों के कड़ों को बेच देंगे
मेरी छोटी बहन हम अपनी सोने की कानों की बालियों को बेच देंगे,
मेरी छोटी बहन! मैं चम्पा किले को वापस छीन लूँगा।

हम भी आपस में लड़ रहे थे और एक-दूसरे को मार रहे थे। वे गाते हैं :

खड़े हो जाओ! खड़े हो जाओ, मेरे साथी!
रखवाली करो, रखवाली करो, मेरे साथी!
कोजडा लोग एक-दूसरे को काट और मार रहे हैं।

खड़े हो जाओ, खड़े हो जाओ, मेरे साथी!
रखवाली करो, रखवाली करो, मेरे साथी!
बदोली लोग एक-दूसरे को मार रहे हैं।

वे किसलिए एक-दूसरे को काट रहे हैं मेरे दोस्त,
वे किसलिए एक-दूसरे को मार रहे हैं मेरे दोस्त,
वे किसलिए एक-दूसरे को मार रहे हैं, मेरे दोस्त?

सीमाओं के लिए वे एक-दूसरे को काट रहे हैं मेरे दोस्त,
भूमि पर निशानों के लिए वे एक-दूसरे को मार रहे हैं मेरे दोस्त,
भूमि पर निशानों के लिए वे एक-दूसरे को मार रहे हैं, मेरे दोस्त!

चम्पा तक हमको मुंडा, बिरहोर, कुर्मी और अन्य लोगों को खेरवार कहा जाता था। बिरहोर (बिरहोड़) लोग नीची जाति के थे क्योंकि वे किसी कारण से बन्दरों को खाते थे। वहाँ मुंडा लोगों ने अपने-आपको उनसे अलग कर लिया, और कुर्मी भी धीरे-धीरे दिकू (हिन्दू) जैसे बन गए। कुछ खेरवार लोगों ने दिकू लोगों से शादी करके रिश्ता बना लिया जो सिङ कहलाए। इसलिए उनके वंशज सिङ कहलाते। वर्तमान समय तक सिङ प्राचीन देश के जमींदार हैं। बिरहोर लोगों में से भी कुछ सिङ बन गए। प्राचीन समय में लोग बताते थे, एक सिङ ने किस्कू राजा की बेटी के साथ सम्भोग किया था और उस लड़की को बिना शादी के एक बच्चा हुआ जिसे जंगल में फेंक दिया गया। किसी धनी मरांडी ने उसे उठाया और अपने साथ घर ले आया। बच्चा उनके साथ बड़ा हुआ और उन्होंने उसका नाम मंदो सिङ रखा। जब लड़का वयस्क हुआ तो वह एक महान और साहसी व्यक्ति बना। बुद्धि और युद्ध में कोई भी उससे मुकाबला नहीं कर सकता था। वह किस्कू राजा का दीवान बन गया। एक दिन उसने राजा से कहा, "कृपया मेरे लिए एक दुल्हन खोजो।" परिषद को बुलाकर राजा ने उससे पूछा, लेकिन इस नाजायज औलाद को कौन लड़की देगा।

इसके कारण मंदो सिङ बहुत नाराज हुआ; उसने कहा, "यदि तुम मुझे एक बेटी मेरी पत्नी के रूप में नहीं देते हो तो, मैं तुम्हारी हर एक बेटी की माँग में जबरदस्ती सिन्दूर भर दूँगा और उनको अपवित्र कर दूँगा।" यह सुनकर देश के लोग बहुत डर गए और कहा, "आओ, भागते हैं।" उस समय अधिकतर वहाँ से भाग गए। केवल कुछ लोग बचे क्योंकि उन्हें सम्पत्ति का लालच था।

कुछ लोग कहते हैं कि यह मंदो सिङ या कोई दूसरा सिङ मुस्लिमों का दोस्त था। पूर्वजों से वे इतने खतरनाक रूप से लड़ते थे कि तीरों के कारण दिन में भी छाया रहती थी। मुस्लिम नाराज हुए और कहा : "कौन है जो आ रहा है, कौन है जो हमसे अधिक शक्तिशाली है, आओ, उसे काट डालते हैं।" फिर वे उस तक पहुँचने के लिए एक-दूसरे के कन्धे पर चढ़े; लेकिन उसने उन्हें लात मारी, जिससे वे नीचे गिर गए। उस समय से मुसलमानों के सिर पर बाल नहीं हैं; उनकी केवल ठोड़ी पर दाढ़ी है। हम मुसलमानों से अधिक नाराज हैं और उन्हें अन्य सभी जातियों से अधिक घृणा करते हैं।

चम्पा से पूर्वज भागकर तोड़े पोखोरी बाहा बन्देला आ गए। वहाँ वे बहुत लम्बे समय तक रहे। किसी-न-किसी तरह से दिकुओं ने भी खुले देश में बड़ी संख्या में प्रवेश किया। फिर देहात के लोग एक साथ टोप सरजोम, लाबाड़ अतनाक और महुआ के झुके हुए पेड़ों के नीचे रहने लगे। कमल के पत्तों पर बैठते और झरने का पानी पीते। वे बारह साल या बारह दिनों तक रहे, कानून बनाया और शासन किया, अर्थात उस दिन से जब हम जन्म-सम्बन्धी, पूर्ण सामाजिक अधिकार देने सम्बन्धी,

शादी या सगाई सम्बन्धी, मृत्यु सम्बन्धी अनुष्ठान करते हैं तो इन रिवाजों का पालन करते हैं। पता नहीं, क्यों! हमारे पूर्वजों ने प्राचीन पूर्वजों के रिवाजों को छोड़ दिया। हमारे रिवाज दिकुओं के साथ मिल गए। प्राचीन युग में हमारे पूर्वज मृत लोगों का दाह-संस्कार नहीं करते थे, न ही वे उसे नदी पर ले जाते थे; वे उन्हें जमीन में दफनाते थे। शादियों में सिन्दूर से माँग नहीं भरते थे। ये सब हमने दिकुओं से सीखा है।

तब वे वहाँ से बिखर गए और तोड़े पोखरी बाहा बन्देला से गुजरते हुए कौन जानता है कि पुरुष तटबन्ध के किनारे या कमल के पत्तों के ऊपर और इचा (धवई) पेड़ के नीचे और महिलाएँ महुआ पेड़ के नीचे तक आईं। तब उन्होंने देखा कि न तो उनके पैरों पर छाले पड़े हैं और न ही कमल के पत्ते टूटे हुए थे। इसलिए वे कहते हैं, "हमने अच्छे नियम बनाए। इन नियमों को हमेशा के लिए अपना लो।" वहाँ पर वे काफी लम्बे समय तक रहे।

इसके बाद वे वहाँ से भी किसी कारण से चले गए। कुछ लोग कहते हैं कि वे मुस्लिमों से डरते थे। वे वहाँ से गुजरते हुए बाड़ी बडवाक जंगल पहुँचे, कोई भी दूसरों के सामने अन्दर नहीं जाना चाहता था। इसलिए उन्होंने कहा, "हम दूसरों के सामने नहीं जाएँगे, हम एक-दूसरे के साथ पंक्ति में चलेंगे। तब उन्होंने जंगल को पार किया, वे जोना जोसपुर के समतल प्रदेश में निकले और एक-दूसरे से पूछा : "यह कैसे हुआ, हम बाहर आए या नहीं? हमें नहीं पता!" उन्होंने वहाँ भी रहने की कोशिश की। वे वहाँ नहीं रह पाए इसलिए वे खासपाल बेलोंजा चले गए। वहाँ रहते हुए वे फैल गए, कुछ सिर की तरफ, कुछ शिखर तक और कुछ नागपुर तक। उस समय से हम अधिकतर दिकुओं के नीचे रहे। केवल खेरवार और बिरहोड़, जिन्होंने दिकुओं के साथ शादियाँ की थीं, के पास जमीनें थीं। हम अपना खेरवार नाम खो चुके थे। पता नहीं क्यों। कुछ लोग कहते हैं कि उन्होंने हमें सन्ताल बना दिया क्योंकि हम लम्बे समय से सत क्षेत्र में रह रहे थे जो शिखर के दूसरी तरफ है।

हमने शिखर राजा के जंगलों को साफ किया, उनके नीचे हम में से कुछ कई गाँवों के मालिक बने। लेकिन वहाँ से दिकुओं ने हमें दूर खदेड़ दिया और हमारे स्थानों और कृषि योग्य भूमि को छीन लिया। शिखर में हमने राजा से छाता त्योहार मनाना सीखा। शिखर से हममें कुछ तुंडी आ गए। हमारे पास रहने के लिए कोई जगह नहीं थी। पूर्वजों ने हमें मना किया था, "अजय नदी को पार मत करना, और जो कोई उसे पार करेगा उसका बच्चा भी गर्भ में मर जाएगा, क्योंकि वहाँ पर मुस्लिमों का क्षेत्र है, जो अपवित्र है।" लेकिन भोजन मिलने में कठिनाई के कारण हमने पूर्वजों का कहना नहीं माना। फिर हम धीरे-धीरे सन्ताल परगना में आ गए। हम खिलाने आए हैं और रेशम के कीड़े की तरह रहते हैं। और एक दिन हम फिर से कहीं चले जाएँगे। पता नहीं कहाँ! कुछ लोग गंगा नदी के पार राजमहल तक चले गए हैं। पता नहीं, ठाकुर हमें इस तरह दंड क्यों दे रहा है?

अन्य स्रोतों से अतिरिक्त जानकारी

लोगों के पैदा होने और उनके घूमने का कोलियन का वर्णन यहाँ खत्म होता है। चूँकि इसमें भावनात्मक रुचि हो सकती है, और इससे कथनों का उचित मूल्यांकन करने में सहायता मिल सकती है, लेकिन कुछ जानकारी दूसरे स्रोतों से भी ली गई है।

सृष्टि-निर्माण की एक कहानी इस प्रकार है : मानव (अर्थात सन्ताल) के बेटे कहते हैं कि पहले यह धरती नहीं थी। केवल समुद्र था, और अँधेरा था; लेकिन ईश्वर पानी के ऊपर से अकेले उड़ रहे थे (अभिव्यक्ति से पता चलता है कि वर्णनकर्ता ईसाइयों के सम्पर्क में रहा था।)। आकाश से वे महीन धागे के माध्यम से नहाने आए। नहाने के बाद वे उसी महीन धागे के माध्यम से आकाश में चले गए। यह कहा जाता है कि ईश्वर या चाँदो (सूर्य) के माता-पिता नहीं हैं। और जब सूर्य निकलता है तो हम इसे उगना कहते हैं, और जब सूर्य छिपता है तो हम डूबना कहते हैं : अब यह अपनी माँ के शरीर में समा गया। लेकिन ईश्वर चाँदो के माता-पिता स्वर्ग और पाताल हैं। जब एक दिन वह नीचे आ रहा था और गुजर रहा था, उनके मन में एक विचार आया। उसने अपने कपड़े उतारकर स्नान किया ही था। उन्होंने उन लोगों का निर्माण किया जो उसके साथ रहते थे। उन्होंने जोलमाई रानी (जल की रानी), कालीभंज रानी, बिनतोरिया रानी, झिमोली रानी (केंचुओं की रानी) और कुछ अन्य को पैदा किया जो उनके साथ रहते थे। इसके बाद उन्होंने जाहेर एरा को पैदा किया। इसके बाद मारंग बुरु और महादेव उनके साथ रहते थे।

जब वे नहाने नीचे गए और वहाँ बैठकर खुद को रगड़ रहे थे, उन्होंने रगड़कर न जाने कितना मैल अपने हँसली से निकाला, वह उसको उँगलियों से दबा रहे थे और उनसे उन्होंने दो सुन्दर पक्षी बनाए और उनको कपड़े के नजदीक रखा। नहाने के बाद उन्होंने अपने हाथों में थोड़ा पानी लिया और इसे अपने कपड़ों पर छिड़का; कुछ पानी उन दो पक्षियों पर भी छिड़क दिया, और यह उनके जीवन का उपहार बन गया। वे ऊपर उड़ गए। और यह कहा जाता है कि जब उन्होंने उन दोनों सुन्दर पक्षियों को देख तो उन्होंने गाया :

हंस-हंसिल अपने पंखों को फड़फड़ा रहे हैं,
परमेश्वर, वे देवलोक तक चले गए।
वे देवलोक में चमत्कारी रूप से उड़ते हुए घूम रहे हैं।

और यह कहा जाता है कि, क्योंकि उन्होंने हमें इस चमत्कार के बारे में बताया, इसलिए हम आटे के पानी का छिड़काव करते हैं (नामकरण के अनुष्ठान के समय), और इसके बाद दाई हमें हमारी जाति और गोत्र या क्षेत्र के बारे में बताती है। जब दोनों पक्षी उड़ते हुए थक गए, ऊपर से महादेव को पानी पर तैरते हुए देखा।

तब वे उन पर बैठ गए, क्योंकि उन्हें और कोई जगह नहीं मिली। हर रोज वे उन पर बैठते थे, और इससे वे चिन्तित हो गए। ऊपर से उन पर उतरते समय उन्होंने उनको मैल से ढक दिया।

जब महादेव सोच रहे थे, 'ठाकुर जी, आपने इन दो पक्षियों को क्यों बनाया? देखो, बार-बार मेरे ऊपर बैठकर उन्होंने मेरा बुरा हाल कर दिया है और अपने मल से मुझे पूरा ढक दिया है। मैं ठाकुर जी को इनके बारे में बताऊँगा।' उन्होंने ऐसा ही किया और उन्हें बताया। जब ठाकुर जी ने यह सुना तो महादेव को कहा : "इन्तजार करो, कुछ देर और उन्हें ऐसा करने दो और आपको मल से ढकने दो! पहले हम उन दो पक्षियों के बारे में बात करते हैं।" उन्होंने उनसे कहा : "ठीक है, मैंने इन दो पक्षियों को बनाया है। हम उन्हें कहाँ रखेंगे? क्योंकि हमारे पास उनके लिए कोई जगह नहीं है।" उन्होंने कहा : "इन दोनों को बैठने के लिए जगह देने के लिए हमें पृथ्वी का निर्माण करना होगा।" और उन्होंने कहा : "ठीक है, हम पृथ्वी को ऊपर लाने के लिए किससे कहेंगे?" उन्होंने फिर कहा : "पानी का स्वामी कौन है?" उन्होंने कहा : "राघु बोर।" उन्होंने उनसे पूछा और मारंग बुरु को उन्हें लाने के लिए कहा। यहाँ पर वे गाते हैं :

ओ प्रिय, उनके पास जाओ!
ओ प्रिय, राघु बोर के पास जाओ!
ओ प्रिय, वह धरती को ऊपर लाएँगे!
ओ प्रिय, वह धरती को प्रकट करेंगे
ओ प्रिय, वह धरती को ऊपर लाएँगे।

मारंग बुरु राघु बोर को लेकर आए। उन्होंने उनसे पूछा : "आप जल के मालिक हैं?" उन्होंने उत्तर दिया : "हाँ, मैं हूँ।" उन्होंने पूछा : "क्या आप धरती को ऊपर लेकर आएँगे?" उन्होंने कहा : "हाँ, क्योंकि यदि आप मुझे ऐसा करने के लिए कहते हैं तो मैं शायद ऊपर लेकर आऊँगा।" फिर यह कहा जाता है कि उन्होंने उनको अलंकृत किया। वे बहुत खुश हुए और सोहराई धुन में गाने लगे :

परमेश्वर! मुझे अलंकृत करो, मेरी कमर में कपड़ा लपेटो,
परमेश्वर! एक बड़े झींगे की तरह, परमेश्वर मुझे भव्य बना दो!

फिर यह कहा जाता है कि बोर ने एक बार एक महान प्रदर्शन के साथ पानी में प्रवेश किया; कौन जानता है कि धरती कितनी दूर थी, वह साथ चला गया और वहाँ पहुँच गया और अपनी पीठ पर कुछ मिट्टी ले ली। जब वह उसे उठाकर ले जा रहा था, तो सारी मिट्टी बिखर गई और बह गई। वह केवल कुछ डाल (पैनिकम स्टैग्निनम, एल) लाया, उन्होंने उसे रखा। उन्होंने उससे कहा : "तुम धरती को लाने में असमर्थ थे।"

उसने उत्तर दिया : "नि:सन्देह, परमेश्वर! यह मुझसे नहीं हुआ।" तब उन्होंने उससे पूछा : "तुम्हारे अतिरिक्त कौन है, जो जल का स्वामी है?" उसने उत्तर दिया : "जल का एकमात्र स्वामी सोले इचा (बड़े झींगे का एक नाम) है।" तब उन्होंने उसे लाने के लिए मारंग बुरु को भेजा। यहाँ पहले से लेकर नुअङ की धुन जैसे गीत हैं, केवल राघु बोर के लिए सोले इचा की तरफ से।

झींगे को लाया गया, और वही सवाल-जवाब हुए। उन्होंने फिर उससे कहा : "आओ, अपना सिर छोड़ दो।" कुछ कारण से या कुछ और कारणों से उन्होंने कहा; और उसने अपना सिर रखा। झींगे ने पानी में प्रवेश किया, धरती पर पहुँचा, अपने दो पंजों का इस्तेमाल किया, और धरती को अपनी पीठ पर ले लिया; लेकिन यह सब भंग हो गई और बह गई। लेकिन एक पंजे में वह धूबी घास की जड़ों को और दूसरे पंजे में शिरोम की जड़ें। उन्होंने उसे भी रखा; उन्होंने झींगे से पूछा : "तुम्हारे बाद जल का मालिक कौन है?" उसने जवाब दिया : "मेरे ऊपर डाटो कुँअर जल का मालिक है (डाटो कुँअर, केकड़ा राजकुमार 'धीरी काटकोम' का दूसरा नाम और करम वन्दना में सुनाया जाता है)।" उन्होंने झींगे को उसका सिर वापस नहीं दिया; इसलिए आज भी झींगे का सिर नहीं होता।

मारंग बुरु को केकड़ा लाने के लिए कहा गया, और फिर वही सवाल और जवाब हुए। एक पंजे में केकड़ा करम के पेड़ की जड़ ले आया, दूसरे पंजे में कमल की जड़। उन्होंने भी उसका सिर माँगा और उसका सिर रख लिया; इसलिए आज भी केकड़ों का सिर नहीं होता है। उन्होंने उससे पूछा कि "उसके ऊपर पानी का स्वामी कौन था?" और उसने कहाँ "कछिम कुँअर (कछुआ राजकुमार) स्वामी है।"

मारंग बुरु को भेजा गया और उसे लाया गया। जब उन्होंने उनसे पूछा कि "क्या वह धरती को ऊपर लाएँगे!" तो उसने जवाब दिया : "नहीं, परमेश्वर, मैं शायद इसे नहीं ला पाऊँगा : लेकिन अगर कोई इसे लाएगा तो मैं रख सकता हूँ।" तब उन्होंने उससे पूछा कि "उसके ऊपर पानी का स्वामी कौन है?" और उसने उत्तर दिया कि "यह झिमोली है।" उसे लाने के लिए मारंग बुरु को भेजा गया। (फिर से उन्होंने झिमोली नाम से ही एक गाना गाया।)

जब मारंग बुरु झिमोली रानी (केंचुआ रानी) को लाया, और उन्होंने उससे पूछा कि "क्या वह पृथ्वी को ऊपर ले आएगी", उसने जवाब दिया : "हाँ, मैं इसे ला सकती हूँ, लेकिन इसे कौन रखेगा?" उन्होंने उससे कहा : "हमें एक व्यक्ति मिला है जो इसे रखेगा।" फिर इन दोनों ने एक साथ परामर्श किया और झिमोली ने कहा : "जब मैं इसे ऊपर लाऊँगी तो शायद दुश्मन मुझे खा जाएँगे!" उन्होंने इसे रोकने की व्यवस्था की; उन्होंने कमल के तने को खोखला बना दिया और उसे इसमें प्रवेश कराया; उन्होंने कछिम कुँअर को समुद्र के पानी पर अपने पेट

के बल लिटा दिया और कछुए की पीठ पर झिमोली के पिछले हिस्से को रख दिया। झिमोली ने पानी में मिट्टी को खाना शुरू किया और कछुए की पीठ पर मल-त्याग करती रही। उसने एक ढेर बना दिया। तब जब कछिम कुँअर पेट के बल लेटा हुआ थक गया, तो वह अचानक चला गया, और सारी पृथ्वी भंग हो गई और बह गई। फिर उन्होंने कहा : "ओह, ओह! धरती को ऊपर लाया गया था, लेकिन जैसा कि कछिम कुँअर खड़ा नहीं रहा, यह खो गई।" और उन्होंने कहा : "हम उसे जंजीर से बाँध दें।" यह बताया जाता है कि तब चंदो कहीं से एक जंजीर लाया; उन्होंने लोहे की चौकी बनाई और उसके चारों पैरों को जकड़ लिया। फिर कछिम कुँअर ने कहा : "मेरे सभी पैरों को मत बाँधो; मुझे एक पैर मुक्त करने दो, ताकि मैं इसके साथ खुद को खरोंच सकूँ।" उन्होंने एक पैर को मुक्त कर दिया। यह बताया जाता है, जब कछिम कुँअर कभी-कभी खुद को खरोंचता है, तो धरती हिलती है। उन्होंने कछुए को लोहे की चौकी पर बाँध दिया, और केंचुए फिर से धरती को खाने लगे और कछुए की पीठ पर मल-त्याग किया; और इस बार धरती की मिट्टी वहीं रही।

जब धरती को ऊपर लाया गया था, तो उन्होंने बैल और मुर्गे को एक साथ जोतकर इसे समतल किया। उन्होंने इस पर हल चलाया, और जहाँ पर खुरदरापन बना रहा, ये स्थान पहाड़ या पर्वत बन गए।

पृथ्वी पर उन्होंने घास की बुआई की और करम के पेड़ की जड़ लगाई; और उन्होंने विभिन्न चीजों, सभी प्रकार के फलों और पेड़ों को लगाने के लिए एक बगीचे की व्यवस्था की। सभी पेड़ों के बीच एक बार में करम बहुत ऊँचा हो गया था, और जब हंस-हंसिल चिड़ियों ने यह देखा तो उन्होंने महादेव को छोड़ दिया और करम के पास पहुँचे और उतर गए। उन्होंने अपना भोजन कुंडों में पाया, लेकिन आराम करने के लिए करम में आने लगे।

समय बीतने के साथ उन्होंने एक-दूसरे के साथ सम्भोग किया और अपने अंडे देने के लिए शिरोम घास के झुरमुट का प्रयोग किया। शिरोम घास के झुरमुट में अपना घोंसला बनाने के बाद उन्होंने दो अंडे दिये। जैसे ही वे इन पर बैठे, वे बेहोश हो गए, और उनके अन्दर से एक आवाज सुनी गई। इससे भयभीत होकर दोनों पक्षियों ने अंडों पर बैठना छोड़ दिया। मारंग बुरु ने तब उनसे कहा : "जैसा कि आप जानते हैं, मैंने देखा कि आपने वहाँ अंडे दिये थे; आप उन पर क्यों नहीं बैठे हैं?" उन्होंने उससे कहा : "हम अंडे पर बैठे थे लेकिन उनमें से एक प्रकार की आवाज आती है। इससे डरकर हम नहीं बैठे हैं।" मारंग बुरु ने कहा : "तो ठीक है, साथ आओ, हम सुनेंगे कि तुम मुझसे सच कह रहे हो या नहीं।" फिर वे सब वहाँ गए और आवाज सुनी। आवाज इस तरह थी (नुअङ धुन में गाना) :

ओ प्रिय! प्रिय, समुद्र में
ओ प्रिय, प्रिय, डाल घास उग आई
ओ प्रिय, प्रिय, शिरोम घास उग गई,
ओ प्रिय! प्रिय, शिरोम पर,
ओ प्रिय, प्रिय! हंस-हंसिल चिड़ियाँ घोंसला बना रहे हैं।

जब मारंग बुरु ने इसे सुना तो उसने उनसे कहा : "इससे डरो मत; दोनों अंडों पर बैठ जाओ और उनके अंडों में बैठने पर दोनों अंडों से दो मानव निकले।" वे उसी धुन में गाते हैं :

ओ प्रिय! दोनों को कैसे पालूँ!
ओ प्रिय, दोनों को किसके सहारे रखूँ?
ओ प्रिय, दोनों को दूध पिलाओ!
ओ प्रिय, दोनों को मलाई खिलाओ।

मारंग बुरु ने चंदो को यह बताया और चंदो ने मारंग बुरु को दूध दिया और उससे कहा : "दो मनुष्यों की सहायता करो, और उनकी देखभाल करो।" तब मारंग बुरु को दोनों को दे दिया गया, और जब तक वे बड़े नहीं हुए, उन्होंने उनकी सहायता की। उन्होंने उन्हें काम करना सिखाया और उन्हें शिक्षा दी। लेकिन दोनों पक्षी कहाँ गए और उनके साथ क्या हुआ, हमें नहीं पता। लेकिन जहाँ हंस-हंसिल पक्षी पैदा हुए थे, और जहाँ उन्होंने अंडे दिये थे, और जहाँ दो इनसान पैदा हुए थे, इस जगह को हिहिड़ी पिपिड़ी कहते हैं।

मारंग बुरु ने दो मनुष्यों को दवाइयाँ खोद के निकालना, हड़िया बनाने के लिए सामान जमा और तैयार करना, पेड़ों को काटना, बाजरा बोना, इनके पहले फलों को दान देना, पवित्र वन और अन्य आत्माओं का आह्वान करना और दूसरा काम सिखाया। वहाँ सात लड़के और सात लड़कियाँ पैदा हुईं, और जब मानवों की संख्या बड़ी हुई, तो मारंग बुरु ने उन्हें जातियों और गोत्रों में विभाजित किया।

क्योंकि मनुष्य पाप में गिर गया, चंदो क्रोधित हो गया, और उसने अग्नि-वर्षा द्वारा पहले जन्मे मनुष्यों को नष्ट कर दिया। लेकिन उसने दो इनसानों को बचाया, उन्हें एक पत्थर की गुफा में रखा। चंदो ने दो मनुष्यों को हिहिड़ी पिपिड़ी देश में जाने के लिए कहा। उन्होंने बाजरे का दान करना सिखाया, और पवित्र पेड़ तैयार करवाए। पवित्र पेड़ों के नीचे उन्होंने उनसे एक पत्थर रखवाया; पत्थर पर उन्होंने उनसे इड़ी बाजरे की बालियाँ रखवाईं और उनको इस तरह पूजा करना सिखाया :

कृपया तुम पाँचों इसे लो, हम प्रथम अनाज को आपको समर्पित करते हैं; इसके बाद, कौओं को, पतंगों को खिलाएँगे, फिर हम लोग खाएँगे; हम लोग इसे खाएँगे; हमारे पेट में दर्द न होने देना, हमारे सिर में दर्द न होने देना, मेरे ईश्वर!

इसी तरह से मारंग बुरु और गोसाईं एरा को भेंट चढ़ाई गई।

हड़िया बनाने के सम्बन्ध में उन्होंने थोड़े से आटे का एक केक भेंट किया और यह प्रार्थना की :

"कृपया यह लो, पिलचु हड़ाम! हम हड़िया के लिए किण्वन सामग्री बना रहे हैं; यह अच्छी बननी चाहिए, ताकि इसे पीया जा सके, और आसानी से हजम हो जाए।"

इस प्रकार उन्होंने मारंग बुरु, जाहेर एरा की पूजा की। उन्होंने थोड़ी सी चखी, और जब हड़िया तैयार हो गई, तो उन्होंने इस प्रकार पूजा की :

"कृपया यह लो, पिलचु हड़ाम! हमने स्वादिष्ट हड़िया तैयार की है, यह हमारे लिए सही होनी चाहिए, ताकि यह पी जा सके और जल्दी से हजम हो जाए।"

मारंग बुरु ने दोनों को कहा : "इस सारी हड़िया को पी जाओ!" वह स्वयं यहाँ पर लेट गया, और वह गा रहा था।

अन्य गुरुओं के पास एक अधिक परिस्थितिजन्य कहानी है जिसमें पारम्परिक घटनाओं का वर्णन है और जिनमें मानव-जाति और धार्मिक मामले का वर्णन करने का प्रयास किया गया है। मारंग बुरु की भूमिका कुछ अलग है, उसे जो सिखाया जाता है, यहाँ पर वह ठाकुर का एक सेवक प्रतीत होता है; आत्मा, जो मानव-जाति का उत्तरदायी और पथप्रदर्शक है। हम लोगों ने पाया, बोंङा या भगवान के बारे में जो बताया गया वह सुनने में भिन्न पाया गया।

कोलियन हमें यह नहीं बताता कि मानव-जाति को अलग-अलग जातियों में कैसे विभाजित किया गया। अन्य गुरुओं में आंशिक रूप से उप-गोत्र के गठन से सम्बन्धित एक कहानी है। कहानी इस प्रकार है :

एक जोड़े को छोड़कर सारी मानव-जाति के विनाश के बाद, ठाकुर ने इस जोड़े को हिहिड़ी पिपिड़ी में वापस भेज दिया। यहाँ उन्होंने बच्चे को जन्म दिया और उन्हें गोत्रों में बाँटा गया। धीरे-धीरे यह विभाजन अपने-आपमें अपर्याप्त साबित हुआ; उन सभी को उचित साथी नहीं मिल सके। यह देखकर ठाकुर ने मारंग बुरु से कहा : "इन लोगों को शिकार करने के लिए खंडेरा वन जाने के लिए कहो; अन्यथा वे फिर से उतने ही बुरे हो जाएँगे जितने वे थे। जैसा कि हम (यह ध्यान दिया जा सकता है कि ठाकुर यहाँ लगातार समावेशी बहुवचन का उपयोग करते हैं) उसे नहीं बता रहे कि उन्होंने क्या अच्छा किया, हमने उन्हें खत्म कर दिया, पृथ्वी खाली हो गई, और हमने पश्चाताप भी किया। इसलिए हम मानव-जाति का विनाश नहीं करेंगे, बल्कि हम फिर से उन्हें कई क्षेत्रों में विभाजित कर देंगे।" मारंग बुरु ने ऐसा किया और सभी लोग मन में खुश होकर इस जंगल में गए।

फिर उन्होंने प्रत्येक गोत्र को बारह में विभाजित किया, और उस समय से उन्हें शादी करने का अवसर मिला। मारंग बुरु को मानव-जाति का शासक बनाया गया।

फिर मारंग बुरु को फिर से कुछ हुआ; उन्होंने ठाकुर से कहा : "फिर से मानव-जाति की संख्या बढ़ गई है। हम पुराने तरीके से आगे नहीं बढ़ सकते हैं; इसलिए मुझे लगता है कि हम मानव-जाति को विभिन्न जातियों में बनाएँगे।" ठाकुर ने उनसे कहा : "बहुत अच्छी तरह से, उनकी इच्छाओं का ध्यान रखें, वे अच्छी तरह से रह सकते हैं और पृथ्वी से उन्हें खत्म नहीं करेंगे, इस तरह वे हमें याद करेंगे। उन्हें काम करने दो।" तब उन्होंने फिर से एक विचार पर काम किया और पुरुषों के मन में हलचल मचा दी। उन्हें एक नदी के पास एक मैदान में इकट्ठा किया। यहाँ उन्होंने उन्हें मछली और ऊँटों का मांस, सूअर का मांस, भैंस का मांस, बकरियों और भेड़ों का मांस, सभी प्रकार के मांस पकाए। उन्होंने इन सभी पके हुए मांस को पत्तों के बारह दोनों में रखा और सभी गोत्रों से एक मुख्य आदमी को चुना; उन्हें कहा कि उन्हें इन दोनों को देखना चाहिए। जब उन्होंने ऐसा किया तो वह उन्हें तीन या चार हल-फार की लम्बी दूरी तक ले गए। फिर उसने उनसे कहा : "अब यहाँ से भाग जाओ! और जो भी दोना तुममें से किसी को पसन्द हो, वह ले लो और खा लो। उसी समय से आप सभी यहाँ से दौड़ना शुरू करें, और जो कोई भी दूसरों का लाभ उठाता है उसे उठाने दो।"

वे वहाँ से भागे, और जो आदमी पहले वहाँ पहुँचा, उसने बैल के मांस के दोने को लिया और उसकी सामग्री खा ली। इस समय, यह बताया जाता है, उसने सन्ताल और दिकू को अलग कर दिया। जो बैल-मांस खाते थे वे सन्ताली बन गए, और वे जो बकरियों का मांस खाते थे, भेड़ों का और मछलियों का मांस खाते थे वे दिकू बन गए। उस समय उनकी भाषा में भी परिवर्तन किया गया; वे जो (दिकू) देको भाषा प्राप्त करते हैं, सभी दिशाओं में फैल गए। वे इधर-उधर बसते चले गए। जिन्हें सन्ताल भाषा मिली वे सभी एक साथ रहे। (इस दौड़ प्रतियोगिता की कहानी को सन्ताल लोगों में सामान्य रूप से सुना जाता है।) यहाँ पर यह कहा जा सकता है कि कुछ सन्ताल कहते हैं कि उनकी भाषा हिन्दी से प्रभावित थी और जिसे वे कोरठा कहते हैं, वह हिन्दी का एक स्थानीय रूप। राम की रावण को मारने में सहायता करने तक वे अन्य जातियों के साथ शान्ति से रह रहे थे। यह बताया जाता है कि वे जरपी कैसे आए और वहाँ से चाए चम्पा कैसे गए।

जब वे एक स्थान पर रहने के लिए बहुत विवश महसूस करते थे, तो वे अलग-अलग ऊँचे स्थानों पर बसना शुरू कर देते थे (यानी, अलग-अलग गाँवों की स्थापना हो जाती थी।)। इस समय उन्हें कोई कठिनाई नहीं थी। वे नमक और तेल के साथ अन्य आवश्यकताओं को पूरा कर रहे थे। वे खुद लोहे के सभी औजार बना रहे थे, धागा भी बना रहे थे, अपने कपड़े भी बुन रहे थे, सब कुछ तैयार किया जाता था।

जो लोग अपेक्षाकृत गरीब थे, वे इन व्यवसायों में लगे हुए थे। उन्हें कोई किराया नहीं देना पड़ता था। उस समय उधार पैसे देनेवाले नहीं थे। उनके पास कोई बोंगा नहीं था, और उन्हें किसी त्योहार के बारे में नहीं पता था। सभी को राजा या जंमींदार कहा जाता था, और गाँव, जहाँ वे बस गए थे, उन्हें गढ़ (किला) कहा जाता था।

उनकी सभी प्रकार की परम्पराएँ एकमत हैं कि चाए चम्पा में वे लम्बे समय तक रहे और उस क्षेत्र पर शासन किया। उनके प्रयासों का उल्लेख अलग-अलग व्यवसायों के रूप में किया गया है और उन्हें सम्बन्धित उपनाम मिले हैं। किस्कुओं को रपज (राजाओं का समूह) कहा जाता था; मुर्मूओं को ठाकुर (क्योंकि वे पुजारी के रूप में काम कर रहे थे); सोरेन को सिपाही (सैनिक); हेम्ब्रम को कुँअर (या राजकुमार); मरांडी को किपिसाड़ (अमीर लोगों का समूह); बेसरा को बयार (बधिया न किया हुआ बैल, कामुक लोग) और टुडू को मँदाड़िया (बजानेवाले, जो नाचनेवाला ढोलक बजाते) कहा जाता था। हासंदा को हासा पन्देराए (कृषक) कहा जाता था, चोणे को चचारहत (गन्दा काम करनेवाले) और बासके को रसोईया कहा जाता था। (जिज्ञासावश यहाँ पर यह कहा जा सकता है कि आज के कुछ सन्ताल लोगों ने इन नामों को उनके पारिवारिक नाम के रूप में प्राप्त कर लिया है; जैसे, कुछ हेम्ब्रम गोत्र के लोग अपने नाम के साथ कुमार लगाते हैं, अर्थात कुँअर, और कुछ किस्कू गोत्र के लोग अपने-आपको रपज कहते हैं)।

यह कहा जाता है कि मुर्मूओं ने इस समय आदेश दिया था कि जोम सिङ उत्सव हर साल एक बार, अलग-अलग गाँव में मनाया जाना चाहिए, और वहाँ सभी को माथा टेकना चाहिए।

परम्पराओं के अनुसार चम्पा में पूर्वजों और दिकुओं के बीच सम्बन्ध खराब हुए। किस्कू और मरांडी एक-दूसरे से लड़ रहे थे। कुछ दिकुओं ने इस अवसर का प्रयोग लूटने के लिए किया। मुर्मू ने इस मामले को उठाया और दिकुओं से लड़ना शुरू किया, लेकिन वे मारे गए। अन्त में दिकुओं ने पूरे देश पर कब्जा कर लिया। अधिकांश लोग भाग गए, लेकिन कुछ बने रहे और धीरे-धीरे दिकू बन गए।

कुछ गुरु, स्पष्ट रूप से बताते हैं कि सन्तालों से परिचित बहुत से नीची जाति के हिन्दू (जिनमें डोम, कमार, भुइँया, तेली, हादी, बौरी, कंकाल और अन्य हैं) मूल रूप से खेरवाड़ थे, विशेष रूप से किस्कू और बासके गोत्र के लोग। यह भी कहा जाता है कि जिन लोगों ने खेरवाड़ को छोड़ दिया था और दिकू बन गए थे सभी दिशाओं में फैल गए।

यहाँ पर हम भारत की एक समस्या को छू रहे हैं, और कुछ शब्दों की अनुमति दी जा सकती है। प्रथम, सन्तालों के घूमने के सम्बन्ध में, उन्हें वर्तमान में देखा जा सकता है और शायद यह, जो कुछ पूर्व में हुआ उसका दोहराव है।

सन्ताल लोग भारत में जंगलों को साफ करने में सबसे आगे थे। वे खुद जंगल में रहनेवाले लोग थे। लेकिन वे अच्छे कृषक नहीं बन पाए। यह याद किया जा सकता है कि उन्हें पैसे का प्रयोग करना नहीं आता था। वे एक पैसे के मूल्य को जानते थे लेकिन उन्हें रुपये का ज्ञान नहीं था। प्राय: यह पता चलता है : वे साहूकारों के चंगुल में फँस गए जो सन्तालों द्वारा साफ की गई जगहों पर कब्जा करते थे। सन्ताल लोगों को कोई अन्य तरीका नहीं पता था और वे अपने खेतों को छोड़कर किसी दूसरे स्थान पर चले जाते थे, हमेशा सूर्य उगने की दिशा में। इसके साथ ही वे कृषि में पिछड़े हुए थे। उन्हें ज्ञान नहीं था कि उनके द्वारा साफ की गई या कब्जा की गई भूमि पर वे क्या कर सकते थे। वे बहुप्रज लोग थे। ऐसा समय आया जब उनके पास सहारा देने के लिए पर्याप्त भूमि नहीं थी। परिणाम यह होता था कि या तो पूरा परिवार या कोई, कुछ सदस्य पलायन कर जाते थे, ताकि किसी नये जंगल को साफ किया जाए और वहाँ कब्जा किया जा सके या दूसरों के लिए श्रम किया जा सके। नये खेतों की खोज करना उनके लहू में था। जब पूरा परिवार पलायन नहीं करता था तो कुछ वहीं रह जाते थे। जो वहीं रह जाते थे वे धीरे-धीरे अधिक सभ्य पड़ोसियों के सम्पर्क में आए और अन्त में उनसे सम्बन्ध स्थापित कर लिया।

इस अवनति के बाद इन परम्पराओं के बारे में कुछ और बातें हैं। जहाँ तक मंदो सिङ (जिन्हें कुछ माधव या माधो कहते हैं) का सम्बन्ध है, उनके बारे में कुछ विस्तृत कहानियाँ हैं, लोक-कथाओं जैसी : "एक नौकरानी लड़की को एक युवा राजा से लड़का हुआ जिसने उसे मारने की धमकी दी यदि वह किसी को इस बारे में बताएगी। उसने लड़के को जंगल में जन्म दिया और वहीं छोड़ दिया। लेकिन वह रोज उसे दूध पिलाने आती थी। यह दो महीने तक चला। फिर एक दिन माँ नहीं आई, और बच्चा भूखा था और रोना शुरू कर दिया। कुछ किस्कू लड़कियों ने इसे सुना। बच्चे को ढूँढ़ा और वे उसे अपने साथ ले आईं।"

उन्हें तसल्ली हो गई कि वह लड़का उस लड़की का था। इसके बारे में कुछ नहीं कहा गया। लेकिन उन्होंने लड़की को बच्चा लेने के लिए कहा। उन्होंने कहा कि "उन्होंने उसे गोद ले लिया है।" बच्चा बड़ा हुआ और हर काम में बहुत बुद्धिमान बना। राजा ने उसे नौकरी दे दी, और जल्दी ही वह राजा के लिए महत्त्वपूर्ण बन गया। कुछ समय बाद राजा ने उससे पूछा कि "क्या उसकी शादी हुई थी।" क्योंकि उसकी शादी नहीं हुई थी इसलिए राजा ने महत्त्वपूर्ण लोगों को बुलाया और इसका कारण पूछा। आदेश देने के बाद भी लोग नहीं आए हालाँकि राजा ने उन्हें लाने के लिए हाथी, घोड़े आदि भेजे थे। राजा को क्रोध आ गया और उसने माधव को आदेश दिया कि "वह जाए और उन सभी लोगों की बेटियों की माँग में सिन्दूर भर दे।" इस पर वह गया और उन लोगों से पूछा कि "क्या वे उसे अपनी बेटी पत्नी के रूप में देंगे। यदि वे ऐसा नहीं करेंगे तो उसके पास राजा का आदेश था कि वह

जबरदस्ती उनकी बेटियों को अपनी पत्नी बनाएगा और उन्हें अपवित्र कर देगा।" वे लोग डर गए और उन्होंने विचार-विमर्श किया, लेकिन कोई भी उसे अपनी बेटी देने के लिए तैयार नहीं था; क्योंकि वे नहीं जानते थे कि उसका गोत्र क्या है। इसलिए उन्होंने वहाँ से पलायन करने का निर्णय लिया। क्योंकि उन्हें गाड़ियाँ चाहिए थीं, इसलिए उन्होंने एक दिन निर्धारित कर लिया। जब उन्होंने कहा कि "वे उसे एक पत्नी देंगे, इससे उन्हें गाड़ियाँ बनाने के लिए पर्याप्त समय मिल गया।" माधव ने उन पर विश्वास किया और उन लोगों ने उसे माधो सिङ नाम दिया। जब निर्धारित दिन आया, वे रात को भाग गए।

यह बताया जाता है कि कुछ लोग अपने लालच के कारण क्योंकि वे अपने धन (मवेशी) को नहीं छोड़ना चाहते थे, दूसरों के साथ नहीं गए, लेकिन माधो सिङ के साथ दोस्ती की और उसे अपनी पत्नी बनाने के लिए एक बेटी दी। वे बेदेया सोरेन गोत्र के लोग थे। सन्तालों से अलग हो जाने के बाद वे दिकू बन गए।

कुछ बहुत ही विस्तृत कहानियाँ, जो बहुत काल्पनिक हैं, जो टोड़े पोखोरी बाहा बनदेला के बारे में हैं, जहाँ उनके पूर्वजों ने बहुत सी हिन्दू परम्पराओं को अपनाया। कुछ परम्पराएँ शिखर से आगे घूमने का वर्णन करती हैं और बहुत से स्थानों के नामों का वर्णन करती हैं जहाँ वे कुछ समय के लिए रहे। यह भी बताया जाता है कि बहुत से लोग दिकू बन गए और उन्होंने शादियाँ कर लीं। इस प्रकार के लोग मूल रूप से टुडू और बासके गोत्र के थे।

परम्पराएँ आमतौर पर लोगों की वर्तमान दयनीय स्थिति के साथ समाप्त होती हैं। वे दिकू के आसपास रहते हैं। वे कहीं पर भी रुक नहीं पाते और बहुत गरीब हैं, इत्यादि। परिणामस्वरूप वे अपने पुराने रिवाजों को भूल गए हैं। उनके पास अब वो पुराने गुरुओं की शिक्षाएँ नहीं हैं। और इसके अलावा उनका कोई रिकॉर्ड (लिखित) नहीं है। उनके सभी रिकॉर्ड मौखिक हैं। इसलिए बहुत सी जानकारी खो गई है, मिश्रित हो गई है और विकृत हो गई है। 1855 के सन्तालों के विद्रोह के समय से बहुत सी जानकारियाँ खो गई हैं। बड़ी अजीब बात है कि मेरे एक सूचनादाता ने बताया कि "आजकल बहुत कुछ बूढ़ी महिलाओं से सीखा जाता है, जो शाम को कहानियाँ सुनाती हैं।" इन कहानियों से बहुत कुछ पता चलता है, और इससे कोलियन की कहानी का महत्त्व बढ़ता है।

छटियार, शुद्ध करने की रस्म

जन्म छटियार : जन्म लेने के बाद शुद्ध करने की रस्म

बच्चों का नाम उनके पिता के पिता के गोत्र नाम पर रखे जाते हैं, उनकी माँ के गौत्र के नाम पर नहीं। जब एक गाँव में बच्चा पैदा होता है, तो यह गाँव औपचारिक रूप से अशुद्ध हो जाता है। इसलिए वे तब तक कोई बोंगा-पूजा नहीं करते जब तक कि अस्वच्छता को दूर नहीं किया जाता। और जहाँ बच्चा पैदा होता है, वह घर अशुद्ध हो जाता है। इसलिए जब तक उस स्थान को शुद्ध नहीं किया जाता तब तक गाँव का कोई भी निवासी इस घर में भोजन नहीं करेगा और न ही कुछ पीएगा।

जब एक लड़का पैदा होता है तो वे पाँचवें दिन मुंडन करवाते हैं और लड़की पैदा होती है तो तीसरे दिन मुंडन किया जाता है। मुंडन की रस्मवाले दिन बच्चे का पिता सभी लोगों के अलावा गरीब लोगों को बुलाता है। वे सभी उसके घर आते हैं। इस दिन लोग उनके घर में इकट्ठे होते हैं। जब वे सभी आ जाते हैं तो वे एक नाई को मुंडन करने के लिए कहते हैं। सबसे पहले गाँव के पुजारी का मुंडन किया जाता है, उसके बाद गाँव के मुखिया का, उसके बाद उप-मुखिया का और उसके बाद गाँव के दूसरे लोगों का और सबसे अन्त में बच्चे के पिता का मुंडन किया जाता है।

अब नाई नवजात बच्चे को लाने के लिए कहता है। दाई के रूप में काम करनेवाली महिला बच्चे को गोद में लेकर दरवाजे तक जाती है, साथ ही पत्तियों से बने दो दोने लाती है, एक पानी के साथ और दूसरा बाल डालने के लिए। नाई बच्चे का मुंडन करता है। जब मुंडन हो जाता है तो दाई उस बाल को पत्ती के दोने में डालती है। इसके बाद वह एक तीर में दो धागे बाँधती है, जिससे उसने पैदा होने के बाद बच्चे की नाल को काटा था। अब बच्चे का पिता पत्ते के दोने में तेल डालता है और गाँव के लोगों को उस स्थान पर चलने के लिए कहता है जहाँ वे पानी में जा सकते हैं। वे जाते हैं। जब वे नहाने के बाद वापस आते हैं तो दाई अपने साथ तेल और हल्दी व उस तीर को ले जाती है जिस पर उसने धागे बाँधे थे, और गाँव की महिलाओं को नहलाने के लिए पानी वाले स्थान पर ले जाती है।

नहाने के स्थान पर दाई बच्चे के बालों के साथ दोना पानी में डालती है और उसे तैरने देती है और पाँच सिन्दूर के निशान बनाती है। दूसरे धागे और तीर को वह धोती है और वापस अपने घर लाती है। घर आकर दाई शेष बचे धागे को हल्दी के पानी में रँगती है, और इसे बच्चे की कमर पर बाँधती है। इसके बाद बच्चे की माँ घर के छज्जे के नीचे बैठती है और बच्चे को अपने हाथों में लेती है। वह बच्चे के साथ-साथ अतनक के कुछ पत्तों को भी पकड़ती है।

अब वह दाई गाय के कुछ गोबर में पानी मिलाती है और छज्जे पर लगाती है और कुछ बूँदें बच्चे की माँ पर छिड़कती है। अपने बाएँ हाथ में गोबर और पानी लेकर वह अपने सिर पर लगाती है। इसके बाद बच्चे की माँ अन्दर जाती है और बच्चे को बिस्तर पर लिटा देती है। अब दाई कुछ और पानी लेती है, इसे तीन दोनों में डालती है। एक दोने का पानी वह बच्चे की चारपाई के चारो पायों पर छिड़कती है और इसके बाद दोने को फेंक देती है। इसके बाद वह दूसरे दोने में रखे आटे के पानी को गाँव के पुजारी के ऊपर छिड़कती है, उसके बाद गाँव के मुखिया पर, उसके बाद उप-मुखिया पर, उसके बाद गाँव के महत्त्वपूर्ण आदमी पर और उसके बाद गाँव के दूत पर छिड़कती है। इसके बाद वह गाँव के अन्य लोगों के सिर और छाती पर पानी छिड़कती है। इसके बाद चौथे दोने के आटे के पानी को वह सबसे पहले गाँव के पुजारी की पत्नी पर छिड़कती है, उसके बाद क्षेत्र के पुजारी की पत्नी पर, उसके बाद गाँव के मुखिया की पत्नी पर, उसके बाद उप-मुखिया की पत्नी पर, उसके बाद गाँव के महत्त्वपूर्ण आदमी की पत्नी पर, उसके बाद मुखिया के दूत की पत्नी पर और उसके बाद गाँव की अन्य महिलाओं और उनकी छाती पर छिड़कती है।

अब घर के पति-पत्नी एक-दूसरे से पूछते हैं : "हम किसका नाम लेंगे?" तब वे कहते हैं कि "अगर यह एक लड़का है, तो हम पिता का नाम लेंगे, या अगर यह एक लड़की है, तो हम माँ का नाम लेंगे।" पहले जन्मे लड़के को अपने पिता के पिता का नाम मिलता है, और पहली लड़की को उसके पिता की माँ का नाम मिलता है। दूसरे जन्मे बच्चे का नाम उसकी माँ के पिता के नाम पर रखा जाता है, और दूसरी लड़की को नाम उसकी माँ की माँ का नाम मिलता है। बाद में आनेवालों को पिता और माता के भाइयों और बहनों के नाम मिलते हैं।

अब दाई आँगन से बाहर आती है, और उन्हें वह नाम बताती है और वे उन्हें एक के बाद एक बधाई देते हैं और दाई उनसे कहती है : "आज से यदि यह एक लड़का है तो शिकार करते समय और पीछा करते समय उसे इस नाम से पुकारो और यदि यह एक लड़की है तो उसे उसका नाम लेकर बुलाओ : 'आओ पानी लेने चलें'।"

इसके बाद वे आँगन में पत्तों के दोने में नीम के साथ मांड़ लाते हैं। वे पहले गाँव के पुजारी को और उसके बाद गाँव के अन्य अधिकारियों को उक्त क्रम से इसे

देते हैं और उसके बाद गाँव के सभी पुरुषों को देते हैं। बाद में वे गाँव के पुजारी की पत्नी और सभी महिलाओं को दे देते हैं। अब अशुद्धियाँ दूर हो जाती हैं, और बच्चा अपने रिश्तेदारों के बीच आ जाता है। पाँच दिन बाद नाई और दाई फिर से केवल बच्चे का मुंडन करते हैं। इसके बाद यह रस्म समाप्त होती है।

रिवाज के अनुसार दाई को निम्न सामान मिलता है : जब एक लड़का पैदा होता है तो उसे एक कपड़ा, तीन गज लम्बा, और एक मन (अर्थात 40 किलोग्राम) धान और गर्भनाल काटने के लिए एक हाथ का कड़ा; और यदि एक लड़की होती है तो उसे तीन गज लम्बा एक कपड़ा, बीस सेर अनाज और गर्भनाल काटने के लिए एक हाथ का कड़ा।

जब बिना शादी के बच्चा होता है

यदि एक लड़की बिना शादी के एक बच्चे को जन्म देती है, तो उसका पिता और भाई गाँव के मुखिया और उसके सहायक को सूचना देते हैं। ये दोनों गाँव के लोगों को बुलाते हैं और जब वे सब इकट्ठे हो जाते हैं तो लड़की से पूछते हैं कि बच्चे का पिता कौन है। गाँव के लोग उस व्यक्ति को पकड़ते हैं और बेशक वह मना करे तो भी उसकी बात नहीं मानी जाती है।

लेकिन यदि वह साबित कर देता है कि दूसरे युवा भी इसमें शामिल हैं, तो उस नवजात बच्चे के जन्म की स्थिति विधुआ होती है। यदि एक व्यक्ति जिम्मेदार साबित होता है तो वह उस लड़की को अपनी पत्नी के रूप में अपनाता है। लेकिन दो या तीन लोग इसमें साबित होते हैं तो उन्हें कुछ पैसा देना पड़ता है। इसके बाद वे उस लड़के का मुंडन जोग मांझी (गाँव के नैतिकता के संरक्षक) के नाम पर किया जाता है और बच्चे का गोत्र यही माना जाता है। या यदि जोग मांझी उसका कोई रिश्तेदार होता है तो वे उस बच्चे का मुंडन जोग परनिक के नाम से या गाँव में किसी भी व्यक्ति के नाम से करते हैं जो पैसा उन युवाओं ने दिया था उसमें से कुछ बच्चे की माँ को मिलता है, ताकि वह उसकी देखभाल कर सके। कुछ पैसा उस व्यक्ति को मिलता है जिसके नाम पर उसका मुंडन किया गया है, और बाकी पैसा गाँव के लोग ले लेते हैं। यदि बच्चे की माँ किसी को पिता के रूप में नाम देने में असमर्थ है, तो बच्चा भी बिधुआ अर्थात नाजायज बन जाता है, अगर लड़की के पुरुष रिश्तेदार उसके लिए पति के रूप में खड़े होने के लिए एक आदमी को खरीदने में असमर्थ हैं। लेकिन अगर वे उसके लिए एक पति खरीदने में सक्षम हैं, तो बच्चे को यह एक गोत्र मिलेगा, और वे उसके नाम पर बच्चे का मुंडन कर देते हैं। पति को खरीदने के लिए लड़की के पुरुष रिश्तेदारों को बीस रुपये देने होंगे। यह पैसा उस आदमी को मिलता है जो पति बनने के लिए तैयार होता है।

यदि वे एक पति की खरीद करने में असमर्थ हैं, तो वे बच्चे का मुंडन जोग मांझी या उसके सहायक या गाँव के किसी भी आदमी के नाम से करवा देते हैं और बच्चे को इस आदमी का गोत्र मिल जाएगा। इस समय बच्चे की माँ के पुरुष रिश्तेदारों को भुगतान करना होगा, और जिस व्यक्ति के नाम पर बच्चे का मुंडन किया जाता है उसे पैसा मिलेगा।

पहले जब पैसे का चलन नहीं था, एक जोड़ा बैलों का, बछड़े के साथ एक गाय (दूध देनेवाली) और एक बोरी धान देना पड़ता था। यह उस आदमी को मिलता था जो पति बनने के लिए तैयार होता था।

यदि एक सन्ताल व्यक्ति ने किसी दूसरी जाति के साथ या एक ऐसी सन्ताल लड़की के साथ सम्भोग किया है जिसका पति किसी दूसरी जाति का है, और एक बच्चा पैदा हो जाता है, तो इस मामले में हम उसे जीवन-भर के लिए समाज से बाहर निकाल देते हैं, और इस प्रकार के लोग हमसे दूर चले जाएँगे।

चाचो छटियार : एक रस्म जब एक सन्ताल को पूर्ण सामाजिक अधिकार दिये जाते हैं

चाचो छटियार के लिए कोई निर्धारित समय नहीं होता है। इसे केवल शादी से पहले करना होता है, और इस रस्म को किये बिना किसी भी बच्चे की शादी बड़े होने पर नहीं हो सकती। जब एक आदमी के दो या ज्यादा बच्चे होते हैं, तो वह एक समय पर सबके साथ में यह रस्म पूरी करेगा। यदि बच्चा इस रस्म से पहले मर जाता है तो वे उसका दाह-संस्कार नहीं करते और उसकी अस्थियाँ को दमुदा नदी में प्रवाहित नहीं करते।

एक व्यक्ति अपने बच्चों के लिए चाचो छटियार रस्म करना चाहता है; वह हड़िया तैयार करता है और गाँव के लोगों को लगाने के लिए तेल और हल्दी तैयार करता है। तब वह गाँव के मुखिया और उसके सहायक को बुलाता है और उन दोनों को हड़िया पिलाता है, वे उससे पूछते हैं : "यहाँ देखो, यह कौन सी हड़िया है जो तुम हमें दे रहे हो?" वह कहता है : "बाबा, यह हड़िया सूचित करने के लिए है; मैं 'फलाँ कार्य करना चाहता हूँ', मैं अपने बच्चों के लिए चाचो छटियार रस्म करना चाहता हूँ।" यह सवेरे के समय होता है। हड़िया पीने के बाद गाँव का मुखिया और उसका सहायक गाँव के लोगों को बुलाने के लिए गोड़ैत को भेजते हैं। वे आते हैं। जब सब इकट्ठे हो जाते हैं तो पहले गाँव की लड़कियाँ गाँव के पुजारी और उसकी पत्नी को तेल लगाती हैं जो चटाई पर बैठे होते हैं। इसके बाद वे क्षेत्र के पुजारी और उसकी पत्नी को तेल लगाती हैं, उनके बाद गाँव के मुखिया और उसकी पत्नी को, इसके बाद उसके सहायक और उसकी पत्नी को,

उसके बाद दूत और उसकी पत्नी को, और अन्त में गाँव की सभी महिलाओं और पुरुषों को तेल लगाया जाता है। अब वे हड़िया परोसते हैं। सबसे पहले वे गाँव के मुखिया और उसके सहायक को देते हैं, उसके बाद सभी लोगों को देते हैं। जब हड़िया परोसने का एक दौर समाप्त होता है तो वे बच्चे के पिता से पूछते हैं : "यह कितनों के लिए है?" वह उत्तर देता है : "इतनों के लिए।" जितने बच्चों का चाचो छटियार करवाना होता है उतने ही दौर हड़िया के चलते हैं जिसे पत्तों के दोनों में परोसा जाता है। इसके बाद वे बच्चों के पिता से पूछते हैं : "कितने इड़ी और कितने एरबा को कान में छेदना है?" वह कहता है : "इड़ी और इतने एरबा को कान में छेदना है।" जवाब में वे कहते हैं : "बहुत सौभाग्यशाली!" तब वे उससे पूछते हैं : "देश कहाँ हैं?" बच्चों का पिता उन देशों के नाम बताता है जहाँ बच्चे के दादा-दादी रहते हैं। तब वे उनके नाम से हड़िया पीते हैं। अब बच्चे के दादा-दादी गाँव के लोगों को हड़िया देते हैं जो वे अपने घर से अपने साथ लाते हैं। इस पर गाँव के लोग नाचते और गाते हैं :

यहाँ से, इस दिशा से नीलगाय जाती हैं,
यहाँ से, इस दिशा से नीलगाय हिरण जाते हैं।

रास्ता, रास्ता, नीलगाय का रास्ता,
चलो, चलो, नीलगाय के रास्ते पर चलो!

नीलगाय का रास्ता तालाब के किनारे से होकर जाता है,
नदी के किनारे से होकर नीलगाय हिरण का रास्ता जाता है।

ओह, माँ! उसे सोने की घंटी बाँध दो,
ओह माँ, उसे बाँध दो, बजनेवाली घंटियाँ!

फिर सभी वे इस हड़िया को पीते हैं : 'इसके बाद वे पाठ शुरू करते हैं। दुनिया का निर्माण कैसे हुआ, और उस समय से सन्ताल लोग कैसे रेशम के कीड़े की तरह खाते हुए दूसरे क्षेत्रों में फैले हैं।' ये सब वे इसलिए बताते हैं ताकि उनके बच्चे भूलें नहीं। ये सब वर्णन करते हुए वे यह कहते हैं : "वे यहाँ-वहाँ फैल गए", वे हिकिम परगना के बारे में बताते हैं, शिखर क्षेत्र में पहला मुखिया। वे कहते हैं, हिकिम परगना ने उनसे कहा था : "आ जाओ हम यहाँ बसते हैं; मैंने अपने लिए इस पवित्र जंगल, पवित्र मिट्टी को खोजा है।" पूर्वजों ने कहा : "आ जाओ! आओ उनकी सहायता करते हैं! हम जंगल को साफ करेंगे, जलाकर और पेड़ काटकर; हम जिन्दा रहेंगे और जीते रहेंगे।" एक साथ आने के बाद वहाँ उन्होंने शादियाँ कीं।

उन्होंने जंगलों को जलाकर और पेड़ काटकर साफ किया। उन्होंने इड़ी और एरबा के बीज को जमीन में दबाकर छिपाए रखा। उन्होंने जिस एरबा बीज को बोया था अब वह इड़ी की बालियों तक बढ़ गई थी। वे अब देखेंगे कि उन्होंने जिस जगह को जलाकर साफ किया था, उसमें इड़ी और एरबा पक गए; अब पक्षी इसे खा सकते थे। फिर उन्होंने कहा : "आओ! हम रखवाली करेंगे!" मुर्गे कुड़कुड़ाते हैं, छिपकलियाँ गरदन हिलाती हैं, और पक्षी भी चहचहाते हैं। इस समय पर दो लोग, पति और पत्नी, रखवाली करते थे। उन्होंने चौराहे पर जंगल को साफ किया। उन दोनों ने रखवाली की। रखवाली करते हुए वे एक सूखे झुके हुए पोपोड़ो पेड़ पर चढ़े और खेले। और ठाकुर की कृपा से सूखे पोपोड़ो पेड़ से तोड़े हुए दाने, बिना दाना गिराए, बिना बिखेरे, आराम से उतारे। और जब इसे जमीन पर कुचला गया, वह धार्मिक रूप से औपचारिक रूप से अशुद्ध हो गई।

"मूसलीवाले दिन, ओखलीवाले दिन हम पहले हैं; आगवाले दिन, ज्वालावाले दिन हम पहले हैं, पानी टपकने से बने गड्ढे पर, पानी के तालाब पर हम प्रथम हैं; जलाने के लिए लकड़ी लानेवाले दिन, पत्ते लानेवाले दिन हम प्रथम हैं; तुममें से जो नहीं जाएगा, हमने उन्हें भी भेजा। (गाँव के लोग यहाँ पर उत्तर प्राप्त करते हैं : "जो लोग दुखी हैं वे सोमाए की तंग सँकरी घाटी की पतली रेत में मगरमच्छ के झुंड की तरफ गए")। गाँव के लोगो! अब हम तुमसे आग्रह करते हैं, आज से हम जन्म पर शुद्धिकरण कर रहे हैं, सामाजिक पहल कर रहे हैं, हम कर्जवान हो गए हैं, हमने सुंडी (घर, हाड़ी घर) से उधार लिया है। तब हमें दी गई एक जगह जमा किया गया और तब-तब हमने तुमसे पूछा, आने के लिए निमंत्रण दिया। इसके फलस्वरूप तुम अपने पैरों पर आए, हम लोगों ने अपने सर आँखों से तुम्हारा खड़े होकर और बैठकर स्वागत किया। इस बारे में भी हमने अनदेखा किया और इसे आधा-अधूरा किया : "हमारे पास ऊँचे बैठने के स्थान, ऊँचे बरामदे नहीं हैं और हम जरूरतमन्द हैं।" तुमसे विवाह के दिन, जन्म छटियार के दिन, सामाजिक पहल के दिन, मृत्यु के दिन, हम लोग काम करेंगे और हड़िया चिपने के लिए कमाएँगे। प्रार्थना करते हैं, हम काम करेंगे और पानी के लिए कमाएँगे, हम काम करेंगे और पत्तों को एक साथ सिलेंगे। हम तुमसे प्रार्थना करते हैं, गाँव के लोगो! हम कौए की तरह थे, हम धान पक्षी की तरफ सफेद हो गए हैं। आप गाँव के लोग गवाह हो।"

अब वे हड़िया पीते हैं, और छटियार गान शुरू करते हैं और दोङ गाने में वे नाचते हैं।

इसके बाद यह रस्म समाप्त होती है।

ओ! शिरोम की बाली बन चुकी है!
उस महिला को अमुक लड़की पैदा हुई है।

ओ! मारंग झाड़ी पर फूल खिल गए हैं!
अमुक लड़का पैदा हुआ है।

मोटा और तगड़ा लड़का,
छोटा तोता, छोटी मैना।

दुहमहाँ लड़का, दुहमुहाँ लड़की
दोनों को एक बार ले आओ
छोटा तोता, छोटी मैना।

दागना

पुराने पूर्वज कहते थे यदि किसी के शरीर पर जले हुए का निशान नहीं है, मरने के बाद अगले जन्म में उसके हाथों में एक बहुत बड़ा कीड़ा होगा। इसलिए सभी बच्चे दागकर निशान बनवाने के लिए दर्द सहन करते थे। कुछ लोग केवल एक निशान बनवाते थे, कुछ तीन और कुछ पाँच, कुछ लोग सात जलने के निशान बनवाते थे। वे बाएँ हाथ पर निशान बनवाते हैं। जलने के निशान इस प्रकार से बनवाए जाते हैं : वे सिगार की तरह एक कपड़े को मोड़ लेते हैं। वे इसके ऊपरी सिरे पर आग लगाते हैं और उसे वहाँ रखते हैं जहाँ निशान बनाना होता है। यह धीरे-धीरे जलता है। जब यह जल जाता है तो निशान बनवानेवाला व्यक्ति राख को वहीं दबा लेता है। इसके बाद फफोला बन जाता है और यह जल जाता है। जब यह ठीक हो जाता है तो जले हुए का निशान बन जाता है।

गोदना

महिलाएँ जलने का निशान नहीं बनवातीं। वे गोदना गुदवाती हैं ताकि अगले जन्म में उनकी बाजुओं में बहुत बड़ा कीड़ा न हो। वे स्तनों पर गोदना गुदवाती हैं। कोई विशेष आकृतियाँ नहीं होतीं, कुछ अनिश्चित आकृतियाँ होती हैं जो सुन्दर दिखती हैं। पहले वे एक लकड़ी और स्याही के साथ बनाती हैं, और इसके बाद वे पैटर्न के साथ-साथ सूई चुभाती हैं। जब गोदना पूरा हो जाता है तो वे इस पर हल्दी लगाती हैं और स्नान करती हैं।

विवाह के सम्बन्ध में

अगुआदार/रायबार

जब किसी को अपने बेटे के लिए पत्नी की आवश्यकता होती है, तो वह एक अगुआदार को पकड़ लेता है। वह उससे कहता है : "मैं कहता हूँ, हमारे लिए कहीं दुल्हन ढूँढ़ो।" अगुआदार का जवाब : "कैसी लड़की?" लड़के का पिता कहता है : "इस प्रकार की।" अगुआदार कहता है : "मुझे कुछ याद है एक ऐसी लड़की है। रुको, मुझे पहले उनसे पूछना चाहिए कि वे सहमत हैं या नहीं।" लड़के का पिता उससे कहता है : "ठीक है, पूछ लो और मेरे पास 'इतने' दिन बाद आओ।"

इसके बाद अगुआदार सम्बन्धित मित्रों के घर जाता है और उनसे पूछता है : "मैं कुछ मित्रों को आपके पास लाना चाहता हूँ, यह आपके अनुरूप होगा या नहीं? आप क्या कहते हैं?" वे उसे उत्तर देते हैं : "किस तरह के दोस्त? आप हमें काफी डरा रहे हैं।" अगुआदार कहता है : "अच्छे दोस्त, निश्चित रूप से, डर का कोई कारण नहीं है।" फिर वह उनसे स्पष्ट रूप से बात करते हुए कहता है : "क्या उन्होंने 'इस लड़की' का रिश्ता कहीं तय किया है?" वे उसे उत्तर देते हैं : "नहीं, उसका रिश्ता तय नहीं हुआ है।" शादी का अगुआदार कहता है : "इस मामले में, मैं कुछ दोस्तों को आपके पास लाऊँगा।" वे उसे उत्तर देते हैं : "ठीक है, ऐसा है, तो आप कुछ दोस्त ला सकते हैं। वे किस गोत्र के हैं?" अगुआदार उन्हें बताता है : " 'इस' गोत्र के हैं।" तब वे उससे पूछते हैं : "किस गाँव के हैं?" वह कहता है : "अमुक, गाँव के।" वे उससे पूछते हैं : "वे कौन हैं?" वह कहता है : "वे अमुक हैं।" तब वे कहते हैं : "ठीक है, बशर्ते वे हमसे खुश हों।" अगुआदार उनसे कहता है : " 'इस' दिन मैं उन्हें यहाँ लाऊँगा, कृपया घर पर रहें।" वे उत्तर देते हैं : "कृपया इस बार कहीं बाहर होने दें, अन्यथा शर्म आएगी, यदि हम एक-दूसरे से सहमत नहीं हुए।"

अगुआदार फिर लड़के के पिता के पास जाता है और उससे कहता है : "दोस्तों ने कहा, ठीक है, कृपया उन्हें ले आओ, लेकिन इस बार कहीं बाहर लड़की को देखेंगे। मैंने 'इतने' दिनों के बाद उनके लिए एक समय तय किया है; तब हम जाएँगे।"

शगुन

जब निश्चित दिन आता है, तो अगुआदार वहाँ आता है और सुबह जल्दी उन्हें साथ लेकर जाता है : लड़के के माता-पिता और गाँव के कुछ लोग। जब वे यात्रा शुरू करते हैं और यदि वे अपने ही गाँव की सीमा के अन्दर, या लड़की के गाँव में, आग, कुल्हाड़ी, किसी महिला के सिर पर लकड़ी, साँप या सियार को अपने सामने सड़क पार करते हुए देखते हैं तो यह एक बुरा शगुन है, और वे घर लौट आते हैं। लेकिन अगर वे अपने स्वयं के गाँव की सीमा के अन्दर, या लड़की के गाँव में, एक पूर्ण बरतन, एक गाय, एक नया मिट्टी का बरतन, एक बैलगाड़ी या एक बाघ के पैरों के निशान देखते हैं, तो ये उनके लिए बहुत बढ़िया शगुन होता है। इसलिए वे लड़की के गाँव के जोग मांझी के पास जाते हैं। (शगुन के सम्बन्ध में आजकल यह केवल एक रिवाज है, क्योंकि लड़के के पिता गाँव के मुखिया को पहले बता देते हैं, अर्थात इस दिन हम सुबह-सवेरे बरतनों को देखेंगे; लोगों को चेतावनी देंगे कि इस समय वे किसी ऐसी चीज को नहीं छुएँगे जो उनकी शादी में बाधा उत्पन्न करे। अगुआदार लड़की के गाँव के मुखिया को यह भी बता देता है कि उसके गाँव के लोग भी इस तरह व्यवहार करें।)

अगुआदार जोग मांझी से कहता है : "हम एक बरतन को देखने आए हैं। कृपया, हमें वह दिखाएँ।" जोग मांझी तब लड़की के पिता के घर जाता है और उन्हें बताता है : "दोस्त आ गए हैं।" वे जवाब देते हैं : "बहुत अच्छा!" तब जोग मांझी लड़की से कहता है : "तुम कुछ लड़कियों के साथ हमारे घर आओ। कुछ मेहमान हमारे घर आए हैं। तुम उनके लिए पानी डाल देना हमारे घर ऐसा करने के लिए कोई नहीं है।" लड़की के माता-पिता तब अपनी बेटी से कहते हैं; "जाओ बेटी!" फिर तीन लड़कियाँ जाती हैं। जब वे वहाँ पहुँचती हैं और जो भी इकट्ठा होते हैं उन्हें नमन करती हैं। सम्बन्धित लड़की शर्मिन्दा न हो इसलिए, उस लड़की को तीनों के बीच में रखा जाता है। अगुआदार लड़के के माता-पिता को फुसफुसाते हुए कहता है : "बीच में उस लड़की को देखो!" जब वे सभी का अभिवादन कर चुकी होती हैं, तो लड़कियाँ एक पल के लिए वहाँ खड़ी होंगी और फिर घर चली जाएँगी। जब वे चली जाती हैं तो जोग मांझी शादी करानेवाले से पूछता है : "अच्छा, यह कैसी है? आप सन्तुष्ट हैं या नहीं?" मेहमान जवाब देते हैं : "हाँ, सब ठीक है, जहाँ तक हमारा सम्बन्ध है, हम खुश हैं। सवाल यह है कि लड़कीवाले भी खुश होंगे।"

जोग मांझी तब लड़की के माता-पिता के घर जाता है, और वे उससे पूछते हैं : "यह कैसा है? आपके दोस्त क्या कहते हैं? वे प्रसन्न हैं या नहीं?" फिर जोग मांझी जवाब देता है : "उन्होंने कहा है कि सब ठीक है, वे प्रसन्न हैं।"

लड़की के पिता तब जोग मांझी से कहते हैं : "कृपया, अपने दोस्तों को यहाँ लाएँ, उन्हें निकलने से पहले थोड़ा पानी पीना चाहिए।" जोग मांझी अपने घर लौटता है और मेहमानों से कहता है : "श्रीमान अगुआदार, वे हमें बुला रहे हैं, कृपया हम जाने से पहले कुछ पानी पी लेते हैं।" लड़केवाले कहते है : "नहीं, जैसा था वैसा ठीक है, क्या हम बाद में नहीं पी सकते? निश्चित रूप से पीएँगे।" यदि लड़की के पिता ने हड़िया या कुछ और बनाया है, तो जोग मांझी उनसे आग्रहपूर्वक बात करता है : "आओ, तुम्हें बैठने की जरूरत नहीं है। मैं आपको ज्यादा देर तक यहाँ नहीं रखूँगा।" इसके बाद वे समझ जाते हैं कि उन्होंने हड़िया तैयार की है। फिर वे जाते हैं। जोग मांझी उन्हें अपने साथ ले जाता है। लड़कियाँ वहाँ होती हैं। ज्योंहि मेहमान आते हैं, लड़कियाँ उनके लिए बिस्तर बिछाती हैं, बैठने के लिए स्टूल या लकड़ियों का पटरा रखती हैं। उनके लिए पानी रखते हुए वे फिर से उनको नमन करती हैं। यह होने के बाद लड़की के माता-पिता मेहमानों का अभिवादन करते हैं और वे एक-दूसरे से पूछते हैं, वे क्या करना चाहते हैं। इसके बाद लड़कियाँ मेहमानों के पैरों को धोती हैं। इसके बाद वे उन्हें अन्दर ले जाती हैं और उन सभी को हड़िया और भोजन परोसती हैं। खा-पीकर वे उन्हें अलविदा कहते हैं। कुछ लोग पहली बार लड़की के माता-पिता के घर नहीं जाते। वे सीधे जोग मांझी के घर से लौट आते हैं।

जब वे घर वापस आते हैं, तो युवक का पिता अगुआदार से कहता है, "ठीक है, इतने दिन बाद यहाँ वापस आओ।" जब वह तय दिन पर आता है तो वे उसे हड़िया देते हैं और उससे कहते हैं : "कृपया, दोस्तों को भी यहाँ लाएँ।" अगुआदार तब लड़की के घर जाता है और उनसे कहता है : "लड़केवाले हमें बुला रहे हैं, हम कब जा रहे हैं?" लड़की का पिता कहता है : "थोड़ा रुकिए, मुझे कुछ और लोगों को बुलाना है।" वह तब गाँव के मुखिया और उसके सहायक और जोग मांझी को बुलाता है; अगर उसके पास हड़िया या कुछ है, तो वे पीते हैं और बात करते हैं। लड़की के पिता कहते हैं : "दोस्त हमें बुला रहे हैं : हम अगुआदार के लिए कौन सा दिन तय करें?" वे तब से पाँचवें दिन को तय करते हैं। अगुआदार लौटता है और युवक के पिता को बताता है कि लड़कीवाले इतने दिनों के बाद आएँगे। लड़के का पिता कुछ घड़े हड़िया तैयार करता है।

तय दिन लड़कीवाले सुबह उसके माता-पिता और कुछ लोगों को लेकर जाते हैं ताकि दूल्हे को देखा जा सके। अगुआदार वहाँ उनकी देखरेख करता है। यदि वे स्वयं के गाँव, या लड़के के गाँव में आग, कुल्हाड़ी, महिला के सिर पर जलाने के लिए लकड़ियाँ, साँप या सियार सड़क को बाईं ओर से पार करते हुए देख लेते हैं तो वे घर लौट जाते हैं और शादी नहीं होती है। यह अपशगुन माना जाता है। लेकिन यदि वे खुद के गाँव में या लड़के के गाँव की सीमा में पूर्ण मिट्टी का घड़ा, गाय, नया बरतन, एक जोड़ा बैलों का, या एक बाघ-चीते के पैरों के निशान देख

लेते हैं तो इसे बहुत अच्छा शगुन माना जाता है। परिणामस्वरूप वे लड़के के गाँव के जोग मांझी के घर जाते हैं। अगुआदार जोग मांझी को कहता है : "जोग मांझी, कृपया हम दोस्तों से मिलना चाहते हैं, हमें यहाँ अधिक समय तक न रखें।" फिर जोग मांझी लड़के के घर जाता है और उसके माता-पिता से कहता है : "दोस्त आए हैं। क्या मैं थोड़ी देर के लिए लड़के को अपने साथ ले जाऊँ?"

युवक के माता-पिता उसे अपने कुछ साथियों के साथ भेज देते हैं। जोग मांझी उन्हें साथ ले जाता है। वे वहाँ पहुँचते हैं और मेहमानों का अभिवादन करते हैं। युवक दो अन्य लोगों के बीच साथ में जाता है। अगुआदार अब लड़की के माता-पिता को फुसफुसाते हुए कहता है : "बीच में उसे देखो।" वे ऐसा करते हैं। यदि वे प्रसन्न नहीं हैं तो वे निजी तौर पर अगुआदार को कहते हैं : "हमारी लड़की निश्चित रूप से प्रसन्न नहीं होगी, वह बहुत बूढ़ा है", या वे कोई और बहाना बनाएँगे या अन्य नाम लेंगे, और वे चुपचाप घर लौट आएँगे। यदि वे प्रसन्न होते हैं, तो वे अगुआदार को बताएँगे। अगुआदार जोग मांझी को यह बताता है, और वह युवक के माता-पिता को सूचित करता है। यह सुनकर युवक के माता-पिता जोग मांझी से कहते हैं : "कृपया मित्रों को यहाँ लाएँ। जब वे लोग पानी ले लें तो वे घर जाएँ।" वह उन्हें लाता है, और तब वे सभी एक-दूसरे को शुभकामनाएँ देते हैं, तो वह युवक को लेकर फिर एक बार लड़की के माता-पिता और उनके साथियों का अभिवादन करते हैं। अब घर की लड़कियाँ मेहमानों के पैर धोती हैं, और उन्हें अन्दर ले जाती हैं। पहले उन्हें हड़िया परोसी जाती है, इसके बाद उन्हें भोजन देते हैं। जब वे खा चुके होते हैं, तो वे उन्हें अलविदा कहते हैं। वे घर लौटते हैं।

घर-बार को देखना

अब लड़कीवाले लड़के के घर-बार को देखने जाते हैं, ताकि वे जान सकें कि उनकी स्थिति कैसी है। इस अवसर पर लड़की के चाचा-चाची, मामा-मामी, उनके गाँव का मुखिया और उसके सहायक और गाँव के अन्य लोग उनके साथ जाते हैं।

अगुआदार उन्हें सीधे भावी दूल्हे के माता-पिता के घर ले जाता है। यहाँ वे बैठने के लिए चारपाई, स्टूल और लकड़ी के स्लैब रखते हैं और वे बैठ जाते हैं। तब वे लोटे और पीतल के कप में पानी लाते हैं, और उन्हें एक के बाद एक नमन करते हैं। इसके बाद वे एक मिट्टी के बरतन में तेल और पानी व लकड़ी का स्लैब लाते हैं। वे मेहमानों के पैरों को लकड़ी के तख्ते पर रखकर उन्हें धोते हैं और तेल से उनका लेप करते हैं। जब जोग मांझी के पैरों को धोया जाता है तो वह घर के अन्दर जाता है और मिट्टी के छोटे बरतनों में तेल लाता है और कुछ दातुन लाता है और उन्हें कहता है : "आओ! हम पानी के पास चलते हैं।"

तब वह उन्हें वहाँ ले जाता है। यहाँ वे नहाते हैं, अपने दाँत साफ करते हैं और अपने शरीर पर तेल लगाते हैं। इसके बाद वे वापस घर लौटते हैं और फिर से चारपाइयों पर बैठ जाते हैं। घर के लोग अब चटाइयों को अन्दर ले जाते हैं और कहते हैं : "कृपया दोस्तों के लिए लोटे में पानी लाएँ"; और पानी लाया जाता है। अब मेहमान अपने हाथ धोते हैं। वे उन्हें घर के अन्दर ले जाते हैं और वे चटाइयों पर बैठ जाते हैं।

जोग मांझी कहता है : "कृपया हड़िया लाओ।" यह किया जाता है। पहले गाँव के मुखिया को हड़िया दी जाती है, उसके बाद उसके सहायक को, उसके बाद और वहाँ मौजूद सभी लोगों को हड़िया दी जाती है। वे प्रत्येक को चार दोने हड़िया देते हैं। फिर जोग मांझी कहते हैं : "कृपया हमें पीतल के कप में हड़िया लाएँ, हमारे दोस्तों में से प्रत्येक को एक बार परोस दो।" उसके बाद वे उन सभी को हड़िया देते हैं, और गाँव के मुखिया कहते हैं : "जोग़ मांझी! कृपया एक लड़की को बुलाएँ और उससे ये दोने उठवाएँ।" वह ऐसा करती है और एक पीतल के बरतन और लोटे में पानी लेकर आती है, उसके बाद सभी अपने हाथ उस बरतन में धोते हैं।

फिर से जोग मांझी कहते हैं : "कृपया पत्तल लाओ!" और वह लाई जाती है। पहले एक पत्तल वे गाँव के मुखिया के सामने रखते हैं, और इसके बाद पत्तल को उसके सहायक के सामने, और उसके बाद वहाँ आनेवाले सभी लोगों के सामने रखते हैं। जोग मांझी कहते हैं : "सुनो! कोई एक लड़का यहाँ आओ! हमें कुछ भुना हुआ और चूड़ा दो।" पहले वह गाँव के मुखिया को दिया जाता है, उसके बाद उसके सहायक को, और उसके बाद वहाँ आनेवाले सभी लोगों को। अब जोग मांझी कहता है : "कृपया, सम्मानित दोस्तो! आइए, हम भूने हुए चावल और चूड़े को गीला करें।" वे ऐसा करते हैं, और फिर से जोग मांझी कहता है : "कृपया, कुछ गुड़ लाएँ।" जब वह लाया जाता है, तो वे गाँव के मुखिया और उसके सहायक को देते हैं और उसके बाद वहाँ मौजूद सभी लोगों को देते हैं।

जोग मांझी फिर कहता है : "आदरणीय मित्रो! जैसा कि आप देख रहे हैं, हम लोग अनाज को सुखानेवाले लोग हैं। पुराने समय में हमारे पूर्वज कहते थे कि धनी लोग धान और भूसी को सुखाते हैं, जैसा कि हम करते हैं। सम्मानित मित्र, विशेष रूप से दुखी होंगे।" मेहमान जवाब देते हैं : "दुखी लोग सोमा की सँकरी घाटी में बालू-रेत पर जा चुके हैं जहाँ मगरमच्छ रहते हैं।" उसके बाद वे खाते हैं, और जब यह काम हो जाता है तो जोग मांझी फिर कहते हैं : "सुनो! हमने खलियान को साफ कर दिया है, कृपया हमें फिर से भूना हुआ चावल और चूड़ा दें।" वे इसे लाते हैं और सभी को देते हैं जो वहाँ मौजूद होते हैं। इसके बाद जोग मांझी कहता है : "कृपया दोस्तों को पूर्वजों की कोठरी से थोड़ा पानी लाएँ!" फिर वे उन्हें हड़िया से भरे एक-एक दोना देते हैं। वे खाते हैं और पीते हैं।

अब जोग मांझी कहता है : "सबसे बड़े बेटे की पत्नी, तुम आओ! (यदि ऐसा कोई नहीं है, तो वह किसी और लड़की को बुलाएँगे), यहाँ आओ! इन पत्तलों को उठाकर फेंक दो। एक लोटे में थोड़ा पानी लाओ, और हम सभी के लिए पीतल के बरतन में डालो। हम अपने हाथ और मुँह धोएँगे। जब वे खुद धो चुके होते हैं, तो वे उनमें से प्रत्येक को दो पत्तीवाले दोने में हड़िया देते हैं।" वे फिर घर से निकलते हैं, खलियान में प्रवेश करते हैं और बिस्तर पर बैठते हैं। जोग मांझी कहते हैं : "सबसे बड़े बेटे की पत्नी, तुम आओ! (अगर वहाँ ऐसा कोई नहीं है तो अन्य कोई)। कृपया हुक्का और तम्बाकू लाओ।" वह इसे लाती है, और मेहमानों को दे देती है।

जोग मांझी अब घर में जाता है और युवक के पिता से कहता है : "यहाँ देखो, श्रीमान! हम मेहमानों को चावल के साथ खाने के लिए क्या देंगे?" वह जवाब देता है : "आपमें से कोई मेरे सबसे बड़े बेटे को बुलाओ।" वे उसे पुकारते हैं। वह आता है और कहता है : "आपने मुझे क्यों बुलाया है, पिता जी?" उसके पिता जवाब में उससे कहते हैं : "बेटे जाओ और सबसे बड़े बधिया खस्सी को लाओ।" वह जाकर लाता है।

तब जोग मांझी कहते हैं : "एक लोटे में थोड़ा पानी लाओ।" वे इसे लाते हैं और पानी को खस्सी के सिर पर डालते हैं। इसके बाद वे इसे मार देते हैं।

वे मेहमानों से बैठकर भोजन करने के लिए कहते हैं। जब वे उन्हें चावल और शोरबा दे देते हैं तो जोग मांझी कहता है : "जैसा कि आप देख रहे हैं, आप हमारे दोस्त हैं। हम लोग आपको सुखा रहे हैं; हमारे पूर्वज, धनी लोग, वे लोग धान और भूसी को सुखाते हैं जैसा कि हम अपने दोस्तों को सुखा रहे हैं, इससे आप दुखी होंगे।" तब मेहमान जवाब देता है : "हाँ, साहब! दुखी लोग सीमा की सँकरी घाटी की बालू पर जा चुके हैं जहाँ मगरमच्छ रहते हैं।" फिर वे सभी चावल और शोरबा को खाते हैं। खाना खाने के बाद वे हाथ धोते हैं और तम्बाकू और चूना चबाते हैं।

अलविदा कहने से पहले वे फिर से उन्हें अन्दर ले जाते हैं और उन्हें हड़िया देते हैं। जब वे इसे पी चुके होते हैं तो वे बाहर आते हैं और अलविदा कहते हैं। वे एक पंक्ति में खड़े हो जाते हैं, और इस अवस्था में वे एक-दूसरे का अभिवादन करते हैं। इसके बाद वे अलविदा कहते हैं, और चले जाते हैं।

सगाई

अगुआदार जाता है और वापस आता है। वे सगाई के लिए दिन निर्धारित करते हैं। वे सगाई की रस्म को पूरा करते हैं : पहले दुल्हन चुनाव करती है; निर्धारित दिन को अगुआदार लड़के के पिता, उसके बड़े और छोटे भाई, उसकी माँ के भाइयों, उसके पिता की बहन के पति, और गाँव के मुखिया, उसके सहायक और गाँव के

अन्य लोगों को लेकर लड़की के घर जाता है। गाँव के रास्ते के अन्तिम छोर पर होनेवाली दुल्हन के गाँव का जोग मांझी हाथ में पानी का लोटा लेकर मेहमानों का स्वागत करता है और उन्हें लड़की के घर ले जाता है। यहाँ पर वे चारपाइयाँ, स्टूल और लकड़ी का तख्ता उनके सामने रख देते हैं, और वे बैठ जाते हैं।

लड़की के माता-पिता और उनके भाई घर से बाहर आते हैं और मेहमानों को पानी पिलाते हुए उनका अभिवादन करते हैं। इसके बाद वे वही करते हैं जो लड़के के घर में किया गया था : उनके पैर धोते हैं, उन्हें नहलाने के लिए ले जाते हैं, और जब वे वापस आते हैं तो वे उन्हें हड़िया और भुना हुआ चावल और चूड़ा देते हैं। जब वे उन्हें खा चुके होते हैं तो वे खलियान में जाते हैं और वहाँ बैठ जाते हैं।

लड़के के घर की तरह वे यहाँ भी एक खस्सी लाते हैं और उसके सिर पर पानी डालते हैं। जोग मांझी कहता है : "आदरणीय दोस्तो! यहाँ पर कुछ सब्जियाँ हैं, इसे हमारे लिए काट दो।" इसके बाद मेहमान खस्सी को मारते हैं। जोग मांझी पुकारता है : "सबसे बड़े लड़के! तुम यहाँ आओ, इस खस्सी को हमारे लिए मार दो।" वे ऐसा ही करते हैं। मीट को टुकड़ों में काटते हैं और चावल और सब्जी तैयार करते हैं। अब मेहमान कहते हैं : "जोग मांझी, जल्दी करें और शीघ्र वापस भेजें।"

इसके बाद जोग मांझी कहता है : "बड़े लड़के! तुम इस प्रकार हमारे लिए चटाइयाँ बिछा दो।" वह ऐसा करता है और जोग मांझी कहता है : "आदरणीय दोस्तो! हम चारपाइयों से उठेंगे और चटाइयों पर बैठेंगे।" वे चटाइयों पर बैठ जाते हैं और जोग मांझी कहता है : "अब हड़िया ले आओ!" प्रत्येक व्यक्ति दो दोने हड़िया पीते हैं।

जोग मांझी कहता है : "अब दुल्हन के हाथ से थोड़ा पानी मँगवाओ।" वे पीतल के कप में पानी लाते हैं। होनेवाली दुल्हन पहले एक पूरा दोना हड़िया का भरकर लाती है और एक पानी का लोटा गाँव के मुखिया को देती है और उसके सामने सिर झुकाती है। इसके बाद वह इसे सहायक को देती है और उसके सामने भी सिर झुकाती है। इसके बाद वह होनेवाले दूल्हे के पिता को एक पीतल का कप भरकर हड़िया और लोटे में पानी देती है। जब वह हड़िया पी चुका होता है तो वह पीतल के कप को नीचे रख देता है, और दुल्हन के बाजू को पकड़कर उसे अपनी जाँघ पर बैठाता है। वह एक पीतल का हार पहनाता है और उसके मुँह को चूमता है। अब वधू पक्ष के लोग गाते हैं :

मेरी अच्छी माँ! कृपया मुझे एक लोटा पानी लेने दो
ताकि मैं इसे अपने ससुर के सामने रख सकूँ, जब मैं उसको नमन करूँ

वे यह गाते हैं जब होनेवाली दुल्हन होनेवाले दूल्हे के पिता को पानी देती है। जब वह दुल्हन को अपनी जाँघ पर बैठाता है तो वे गाते हैं :

उसकी तरफ देखो, 'अमुक' को
उसे जानो, 'अमुक' को
यदि तुम उससे खुश हो तो उसे अपनी जाँघ पर बैठाओ।

होनेवाली दुल्हन दूल्हे के पिता की जाँघ से उतरती है और उसके सामने सिर झुकाती है; एक बार फिर से वह उसे हड़िया देती है। इसके बाद वह उन सभी को हड़िया और लोटे में पानी देती है। और वे यह गीत गाते हैं :

वे कौन हैं जो तुम्बे के खोल में पानी लेते हैं, टोंटीदार बरतन में पानी लेते हैं?
वे कौन हैं जिन्होंने तुम्बे के खोल में पानी लिया, टोंटीदार बरतन में पानी लिया?

वे कौन हैं जिन्होंने खोजा, वे कौन हैं जिन्हें अच्छा शगुन मिला,
तुम्बे के खोल के पानी के साथ, टोंटीदार बरतन के पानी के साथ?

'अमुक' लोग हैं जो तुम्बे के खोल का पानी, और टोंटीदार बरतन का पानी लेते हैं;
'अमुक' लोग हैं जिन्होंने तुम्बे के खोल का पानी और टोंटीदार बरतन का पानी लिया।

'अमुक' लोग हैं जो खोजते हैं, अमुक लोग हैं जिन्हें अच्छा शगुन मिलता है
तुम्बे के खोल और टोंटीदार बरतन के पानी के साथ।

'अमुक' शब्द के स्थान पर सम्बन्धित दुल्हन और दूल्हे के गोत्र का नाम लेते हैं। जैसा कि जानते हैं, एक ही गोत्र के लोग शादी नहीं करते, केवल तभी शादी करते हैं जब वे अलग-अलग गोत्र के होते हैं।

जब सभी हड़िया पी लेते हैं तो वे जोग मांझी से कहते हैं : "सुनिए, जोग मांझी! कृपया एक बार अन्दर जाएँ और देखें कि चावल और शोरबा तैयार है या नहीं।" वह अन्दर जाता है और देखता है कि वह तैयार है। लड़की के पिता ने अपने बड़े बेटे की पत्नी से कहा : "हे बहू! लोटे और दोने में पानी ले आओ।" वह ऐसा करती है और हाथ धोने के लिए लोटे से पीतल के बरतन में सभी को हाथ धोने के लिए पानी डालती है। अब जोग मांझी पुकारता है : "हे सबसे बड़े लड़के!

कृपया, आप वहाँ, चावल और शोरबा, पत्ते के प्लेट और पत्ते के दोने लाएँ।" इन्हें लाकर वह पहले ग्राम प्रधान को देते हैं, उसके बाद उसके उप-प्रधान को और उसके बाद सभी को दे देते हैं जो वहाँ उपस्थित होते हैं। अब गाँव का मुखिया मेहमानों को औपचारिक पाठ सुनाता है : "धनी पूर्वजों ने धान और भूसी को सुखाया; कृपया इस पर विशेष रूप से कल्पना करने का कष्ट करें।" वे उत्तर देते हैं : "हाँ, श्रीमान! हम अवश्य ही खाएँगे। केवल तभी जब बहुत सी चीजें लाई जाती हैं : मसखरे के लिए पुआल के गट्ठे, पानी, पत्ते, लकड़ी; जब ये सभी चीजें लाई जाएँगी, जब यह पक जाएगा, जब यह अन्त में तैयार हो जाएगा, जब सभी जरूरतें पूरी हो जाएँगी, तब हम इन्हें खाएँगे।"

जब वे खा और पी चुके होते हैं, तो वे अपने हाथ-मुँह धोते हैं, और बाहर आँगन में आकर तम्बाकू चबाते हैं। जोग मांझी कहता है : "यहाँ देखो, श्रीमान! हम मेहमानों को अलविदा कब कहेंगे?" वे जोग मांझी को कहते हैं : "कृपया अभी अन्दर जाओ और देखो कि वहाँ जगह है या नहीं।" वह ऐसा करता है, वहाँ जगह है; तब वे मेहमानों को ले जाते हैं (अर्थात गाँव का सरपंच, उसका सहायक और सम्बन्धित दूल्हे का पिता और उसके साथ दो-तीन लोग अन्दर जाते हैं) और उनके बैठने के लिए चटाइयाँ बिछाई जाती हैं; और जब वे बैठ चुके होते हैं तो जोग मांझी कहता है : "कृपया हड़िया ले आओ।" वे ले आते हैं और मेहमानों को हड़िया देते हैं। ऐसा करने के बाद दूल्हे का पिता और दुल्हन का पिता एक साथ बैठते हैं, और वे दोनों हड़िया लाते हैं। तब वे दोनों कहते हैं : "समधी जी! कृपया यह हड़िया पीओ, आओ!" हड़िया पीते हैं। जब वे पी रहे होते हैं तो कहते हैं : "आओ, दोस्तों का अभिवादन करें।" वे दोनों मेहमानों का अभिवादन करते हैं। इसके बाद दुल्हन और दूल्हे के ससुर एक-दूसरे के हाथों को पकड़ते हैं और तीन बार आगे-पीछे हिलाते हैं। वे दोनों अपना सिर ऊपर तक उठाते हैं। इसके बाद तीन बार एक-दूसरे के कन्धों को थपथपाते हैं; और जब यह हो जाता है तो वे फिर से अपने हाथों को आगे और पीछे ले जाते हैं और उन्हें अपने सिरों की तरफ उठाते हुए कहते हैं : "साहेब!" इस समय वे गाते हैं :

आनन्द, आनन्द, आनन्द! ओ माँ!
आनन्द, देखो क्या आनन्द है!
दोनों तरफ के समधी
जंजीरों से बँध गए हैं,
दोनों समधी आनन्द ले रहे हैं।

इसके बाद लड़की का पिता कहता है : "सुनो, मेरे समधी! अब यह आपका घर है।" और दूल्हे का पिता कहता है : "दूर में जो घर है वो भी आपका है, मेरे समधी!"

इसके बाद दोनों समधी एक-दूसरे से कहते हैं : "मेरे समधी! जब आप गाँवों और टोलों में घूम रहे थे, शिकार कर रहे थे और पीछा कर रहे थे। मैदानों में और खुले क्षेत्र में, जंगलों में, तब आपने आज तक नदियों में खोदे गए कुओं से पानी पीया है, तालाबों से पानी पीया है; अब आज से ऐसा करना बन्द कर दें, बेलों की छाया है, तुम्बे के खोल में पानी है, चिड़िया का घोंसला है, कृपया सीधे चले आओ। दाएँ और बाएँ मत मुड़ना! जब आप इस दिशा में कभी घूमते हुए आ जाएँ, तो यहाँ आ जाओ। आप अपने रास्ते में कुछ पानी पीओगे; आप अपने बच्चों से मिलोगे।" एक साथ वे हड़िया को खत्म करते हैं।

इसके बाद मेहमान कहते हैं : "जोग मांझी! कृपया जल्दी करो और हमें जाने की आज्ञा दो।" वे बाहर आते हैं। दुल्हन पक्ष के लोग एक तरफ खड़े हो जाते हैं, और दुल्हन पक्ष के लोग दूसरी तरफ खड़े हो जाते हैं। वे एक-दूसरे के आमने-सामने होते हैं। वे एक के बाद एक मेहमानों का अभिवादन करते हैं। जब उनको अलविदा कह दिया जाता है तो वे घर चले जाते हैं। इस समय जोग मांझी कहता है : "सम्मान के योग्य दोस्तो, जैसा कि आप जानते हैं, आपने हमारे लिए पहाड़ियों से सब्जियाँ प्राप्त की हैं, आप निश्चित तौर पर युद्ध-कुल्हाड़ियाँ भूल गए हो, यहाँ छोड़ रहे हो। देखो! यह आपका है।" और वह बकरे का कन्धा उन्हें दे देता है। वे उसे अपने साथ ले जाते हैं।

इसी तरह से दुल्हन का पिता और उसके परिवार के लोग जाते हैं और दूल्हे को सगाई का संकेत देते हैं।

पैसे का लेनदेन

अगुआदार आता और जाता है। दूल्हे के पिता उससे कहते हैं : "यह पता करो कि दोस्तों के मन में क्या है और हमें बताएँ।" वह जाता है, और लौटने पर वह कहता है : "उन्होंने हाँ कहा है।" दूल्हे के पिता फिर गाँव के मुखिया और उनके सहायक को और गाँव के दो-तीन लोगों को एक साथ बुलाते हैं और उन्हें हड़िया पेश करते हैं। गाँव का मुखिया फिर उससे पूछता है : "यह कौन सी हड़िया हैं?" दूल्हे के पिता कहते हैं : "यह, अगुआदार की हड़िया है। मेरा इरादा है कि हमें पैसे दे देने चाहिए।" वे हड़िया खत्म करते हैं।

फिर वे पाँच या सात दिन के लिए एक रस्सी पर गाँठ बाँधते हैं। अगुआदार दुल्हन पक्ष के लोगों के लिए गाँठ को ले जाता है। यदि उन्हें लगता है कि समय बहुत नजदीक है तो वे लम्बा समय चाहते हैं; और वे जो कहते हैं वह किया जाएगा।

जब नियत दिन आता है, तो दूल्हे के पिता गाँव के मुखिया और उनके सहायक, जोग मांझी और गोड़ैत को बुलाते हैं और कहते हैं : "पैसे सौंपने का दिन आ गया है।

साथ आओ, हम दूल्हे की बारात-रूप में जाएँगे।" तब ये लोग कहते हैं : "गाँव में छोटे और बड़े लोग हैं, उन्हें पहले बुलाओ और लाओ।" फिर वे गोड़ैत को उन्हें एक साथ बुलाने के लिए भेजते हैं। वे आते हैं और दुल्हन के पिता से पूछते हैं : "यहाँ देखो, श्रीमान! पर्याप्त तेल और हल्दी है या नहीं?" वह जवाब देता है : "पर्याप्त होगी।" अब वे गाँव के पुजारी और उनकी पत्नी को एक चटाई पर एक-दूसरे के पास बैठाते हैं, और विलेपन करनेवाली लड़कियों से तेल और हल्दी से लेप करवाते हैं। इसके बाद वे ग्राम प्रधान और उनकी पत्नी का लेप कराते हैं, उनके बाद परनिक, जोग मांझी, जोग परनिक और गोड़ैत को उनकी पत्नियों सहित लेप लगाते हैं। इसके बाद दूल्हे के माता-पिता छप्पर की घास के किनारे बैठ जाते हैं और लेप कराते हैं। गाँव की सभी छोटी-बड़ी महिलाएँ आती हैं। अब जोग मांझी कहते हैं : "कृपया, दूल्हे को लेकर आएँ। हम उसका भी लेप लगाएँगे।" दूल्हे की माँ फिर कहती है : "रस्म का संचालन करनेवाला कोई नहीं है। यदि युवक की कोई बड़ी बहन नहीं है, तो उसके बड़े भाई की पत्नी या उससे छोटी बहन भी ऐसा कर सकती है।" फिर वे कहते हैं : "दूल्हे के पीछे चलनेवाला कोई नहीं है, हमें कौन मिलेगा?" तब वे कहते हैं : "उसके पिता के छोटे भाई का बेटा है। वह दूल्हे से छोटा है। हम उसे दूल्हे के पीछे चलनेवाला बना देंगे। यदि कोई चचेरा भाई (पिता के भाइयों का पुत्र) नहीं है, तो किसी अन्य व्यक्ति का पुत्र यह काम करेगा, बशर्ते वह चचेरे भाई के रिश्ते में हो।"

अब वे एक लोटा लाते हैं जिसे वे दूल्हे के बड़े भाई की पत्नी को देते हैं और उससे कहते हैं : "कृपया, दूल्हे के फेरे लें।" लेप करनेवाली लड़कियाँ अपने हाथों में चटाई लेती हैं, और दूल्हे के बड़े भाई की पत्नी उनका मार्गदर्शन करती है, और पानी का लोटा ले लेती है और उसे थोड़ा चक्कर लगाते हुए गिराती है। वे तीन बार चक्कर लगाते हैं। इसके बाद लेप करनेवाली लड़कियाँ चटाई बिछाती हैं, और दूल्हा, उसके पीछे चलनेवाला और रस्म के संचालक इस पर बैठ जाते हैं।

जोग मांझी कहता है : "कृपया दूल्हे की माँ से कहें कि वह आ सकती है।" वह आती है। अब उनके पास एक दोने में तेल और हल्दी है, और वे जोग मांझी से कहते हैं : "दूल्हे की माँ से कहो कि वह अपने बेटे के गाल पर कुछ तेल और हल्दी लगाए।" जब वह ऐसा करती है तो जोग मांझी लेप करनेवाली लड़कियों से कहता है : "कृपया, दूल्हे को लेप लगाएँ।" वे ऐसा करती हैं। और अगुआदार उनसे कहता है : "तैयार हो जाओ, रात हो रही है। साथ चलो।" वे अब शुरू करने की स्थिति में आ जाते हैं।

तब वे अगुआदार पूछते हैं : "क्या आप हमें मुख्य मार्ग से या किसी अन्य रास्ते से ले जाएँगे?" वह कहता है : "हम मुख्य रास्ते से चलेंगे।" वे अपने साथ दो रुपये और एक पीतल का हार, एक केतली-ड्रम और एक भेड़ का सींग लेते हैं,

ढोल और भेड़ की सींग बजाते हुए वे चल पड़ते हैं। जब वे गाँव पहुँचते हैं, तो गाँव के सीमांकन पर रुक जाते हैं। अगुआदार दुल्हन के घर पर पहले जाता है और उनसे कहता है : "देखिए, हम आए हैं, कृपया हमसे पानी के साथ मिलें, और हमें दिखाएँ कि आप हमें कहाँ बिठा रहे हैं।" अब गाँव के कुछ लोगों के पास एक खाली घर हो सकता है, और वे जोग मांझी से कहते हैं : "जाओ और पता करो और हमें बताओ वे क्या चाहते हैं।" वह उस स्थान पर जाता है। और अपने हाथ की हथेली पर एक पत्तल पर पानी के साथ लोटा लेकर वह दूल्हे की बारात में जाता है और उनसे कहता है : "साथ आओ! दूल्हे के बारातियों, मैं आपको ठहरने की जगह पर ले चलता हूँ।" तब वे वहाँ जाते हैं। दूल्हा पक्ष जोग मांझी और गोड़ैत से कहता है : "कृपया, हमें जलावन की लकड़ी और पत्ते, चावल पकाने के लिए दो मिट्टी के बरतन, एक मिट्टी का छोटा बरतन, कुछ लकड़ी के चम्मच और कड़छी दें। हमें दिखाएँ कि हमें पानी कहाँ मिल सकता है। रात होने पर हमें यह कहाँ मिलेगा? और पके हुए चावल को अन्दर डालने के लिए, कृपया हमें एक सपाट टोकरी भी दें।" वे ये सब लाते हैं।

वर पक्ष के लोग अब थकान मिटाने के लिए हड़िया परोसते हैं; जोग मांझी और उसके साथी को देते हैं और खुद भी पीते हैं। जोग मांझी और उसके साथी फिर उनसे कहते हैं : "अपना भोजन तैयार करो, और जब हम तैयार हो जाएँगे तो हम तुम्हें बुलाएँगे।"

वधू के घर में वे हड़िया पीते हैं। इसके बाद वे वर पक्ष के लिए भेजते हैं। जब वे आते हैं, तो वे एक-दूसरे को नमन करते हैं। इसके बाद वे उन्हें आँगन में पुआल पर बैठा देते हैं। गाँव के लोग भी बैठ जाते हैं। जोग मांझी मेहमानों के लिए पानी और तम्बाकू लाते हैं और कहते हैं : "हमें हड़िया लाकर दो।" वे ऐसा करते हैं, और वे हड़िया पीते हैं। जोग मांझी तब कहते हैं : "सुनो, तुम दुल्हन के पिता हो, तुम दुल्हन की कीमत के रूप में कितने रुपये लोगे? हम वर पक्ष को बताएँगे।" वधू पक्ष के लोग और वर पक्ष के लोग मौखिक रूप से एक साथ बात नहीं करते हैं। वधू पक्ष की तरफ से जोग मांझी पत्तियों से बने दो दोने लाते हैं। एक दोने में वह बीस कौड़ी डालता है, और एक दोने में वह तीन मुड़े हुए धागे डालता है। इनमें से एक या दो सफेद धागे और अधिकतर लाल धागे हैं।

अब वह अगुआदार को बुलाता है और उससे कहता है : "यहाँ देखो, अगुआदार यह तुम्हारा है, इसे ले लो।" वह वर पक्ष के लिए दो दोने लेता है। वे धागा नहीं लेते हैं, लेकिन एक कौड़ी निकालकर वे दोने को वापस अगुआदार को सौंप देते हैं, और कहते हैं : "इसे दुल्हन के पिता के पास ले जाओ।" वे फिर से एक निकालते हैं और पत्ते के दोने को वापस भेजते हैं। ऐसा वे तीन या पाँच बार करते हैं। इसके बाद वे और नहीं लेते और अब बात करते हैं।

यदि दुल्हन के पिता को तीन रुपये की दुल्हन की कीमत मिलती है, तो दूल्हे के पिता दो कौड़ी रखते हैं। अगर दुल्हन की कीमत पाँच रुपये हो जाती है, तो वह तीन कौड़ी रखता है, और अगर वे सात रुपये दुल्हन की कीमत के रूप में देते हैं, तो वह सात कौड़ी रखता है। जब वधू का मूल्य तीन रुपये होता है, तो वर पक्ष को बदले में कुछ नहीं मिलता है। जब कीमत पाँच रुपये होती है तो उन्हें एक गाय और एक पीतल का दोना मिलता है और दूल्हे के लिए एक सूती शॉल और लुंगी का कपड़ा मिलता है, और दूल्हे के गाँव के लोगों को एक खस्सी, एक हड़िया का मिट्टी का बरतन; साढ़े पाँच सेर चावल, नमक और हल्दी के साथ मिलता है। इसे वे 'दुल्हन का प्रतिदान' कहते हैं। और यदि वर पक्ष के लोग कीमत के रूप में सात रुपये प्राप्त करते हैं, तो उन्हें बछड़े के साथ एक गाय, एक पीतल का दोना और एक पीतल की प्लेट और दूल्हे के लिए सूती शॉल और लुंगी का कपड़ा देते हैं; और वर पक्ष के लोगों को एक बधिया बकरा, एक मटका हड़िया, और साढ़े सात सेर चावल दिया जाता है।

उसके बाद दूल्हा पक्ष दुल्हन को पीतल का हार पहनाता है और दुल्हन हड़िया देती है। इसके बाद वे दुल्हन की दो रुपये कीमत जोग मांझी के हाथों में देते हैं और वह सभी का अभिवादन करता है। इस पैसे को खास नाम से जाना जाता है; जोग मांझी यह पैसा दुल्हन के पिता को देता है। दूसरों का अभिवादन करने के बाद वे अपने स्थान पर जाते हैं। थोड़ी देर के बाद वे फिर से बुलाते हैं और दावत में भाग लेते हैं। वे वही करते हैं जो उन्होंने सगाई के समय किया था। जब वे खा चुके होते हैं, तो वे अपने स्थान पर आराम करते हैं। अगली सुबह वे फिर से दूल्हा पक्ष को बुलाते हैं। वे उन्हें हड़िया देते हैं, और दुल्हन की माँ अगुआदार को पाँच सेर भुना हुआ चावल और चूड़ा देती है और उसे कपड़े में बाँध देती है। सभी अब बाहर आँगन में जाते हैं और एक-दूसरे को प्रणाम करते हैं। वे वर पक्ष को अलविदा कहते हैं। और वे अच्छी तरह से घर जाते हैं।

विवाह

अगुआदार जाता है और आता है। शादी के लिए दोनों पक्ष मिलते हैं। जब पैसा सौंप दिया जाता है, तो शादी होती है, कभी-कभी उसी वर्ष शादी होती है और कभी-कभी एक या दो साल के अन्तराल के बाद भी होती है।

जब उन्हें लगता है कि शादी कर देनी चाहिए तो वर का पिता अगुआदार से कहता है : "हमें दोस्तों से रस्सी की गाँठ लाकर दो।" वह दुल्हन के घर जाता है और उनसे कहता है : "कृपया हमें गाँठ दे दें।" दुल्हन का पिता तब गाँव के मुखिया और उसके सहायक और जोग मांझी को एक साथ बुलाता है और उन्हें हड़िया देता है।

जब वे इसे पी रहे होते हैं तो गाँव का मुखिया उनसे पूछता है : "यह कौन सी हड़िया है?" दुल्हन का पिता उन्हें जवाब देता है : "अगुआदार आ गया है। कितने दिनों तक हम उसके लिए गाँठ बाँधेंगे?" वे दिनों और सम्भावित अड़चनों को गिनते हैं। जब वे ऐसा कर चुके होते हैं, तो वे नौ गाँठ बाँध लेते हैं।

इसके बाद वे दुल्हन की माँ के लिए बारह गज लम्बे लाल और सफेद धारीदार कपड़े को संकेत के रूप में मोड़ते हैं, और दुल्हन की नानी के लिए आठ गज लम्बा कपड़ा देते हैं, और दुल्हन के नाना के लिए सात हाथ लम्बा कपड़ा देते हैं। वे अगुआदार को गाँठ लगा धागा देते हैं और वह इन सबको दूल्हे के पिता के पास ले जाता है।

जब दूल्हे के पिता को यह मिलता है, तो वह गाँव के मुखिया और अपने सहायक को बुलाता है और उनसे कहता है : "आप यह देखिए, उन्होंने हमें गाँठ के रूप में सन्देश भेजा है। हमें क्या कहना है?" वे कहते हैं : "यह अच्छा है, आइए हम उनके जवाब में भी गाँठ बाँधें।" वे हड़िया पीते हैं और गाँठ बाँधते हैं। वे पाँच धागे भेजते हैं, एक दुल्हन के पिता के लिए, एक दुल्हन के गाँव के मुखिया के लिए, एक उप-मुखिया के लिए, एक जोग मांझी के लिए, और एक दूल्हे के पिता के रिश्तेदारों के लिए। दुल्हन के पिता के लिए गाँठवाला धागा तुरन्त अगुआदार के हाथों भिजवाया जाता है।

जब तीन दिन शेष रहते हैं, तो दूल्हे के पिता गाँव के मुखिया और उनके सहायक को बुलाते हैं और उनसे कहते हैं : "सुनो, श्रीमान! जैसा कि आप जानते हैं, दिन नजदीक आ रहा है, आइए, हम विवाह के पंडाल को स्थापित करें।" वे उसे उत्तर देते हैं : "बिलकुल ठीक।" दूल्हे के पिता फिर उनसे कहते हैं : "कृपया मेरे लिए पाँच युवकों और पाँच लड़कियों को लाओ।" जोग मांझी तब गाँव के युवकों को एक साथ बुलाता है, गोड़ैत को भेजता है, और उनसे कहता है : "हमारे यहाँ शादी के लिए मंडप तैयार करो।" उसके बाद वह गाँव के पुजारी को ले आता है। जब वह आता है, तो ग्राम प्रधान दूल्हे के पिता से कहता है : "कृपया पुजारी को तीन मुर्गे, एक धब्बेदार और दो सफेद, साढ़े तीन सेर चावल, हड़िया का एक बरतन और यज्ञ करने के लिए आवश्यक सामग्री दें।" पुजारी यह सब कुछ पवित्र स्थान में या खुले मैदान में ले जाता है और शादी के मंडप के नाम पर मुर्गों की बलि देता है। वह निम्नलिखित आह्वान करता है : "मैं आपको यह भेंट करता हूँ, इसे सहर्ष स्वीकार करें, हमारी सहायता करें, इसे बड़ा समझें, हम 'अमुक' गाँव में बारात लेकर जा रहे हैं; सड़क पर, जंगल में कोई न गिरे, कोई बाधा न आए, न दाईं तरफ से, न बाईं तरफ से। मेरे ठाकुर, मेरे पिता! हम खाएँगे, हम पीएँगे, हमारे पेट में दर्द न होने देना, हमारे सिर में दर्द न होने देना। दोस्तों से हमारा झगड़ा न हो, कुछ भी बुरा न हो, कोई दुश्मनी न हो, कोई नुकसान न हो, कोई विनाश न हो, मेरे पिता, मेरे ठाकुर!"

यह आहवान करने के बाद वह धब्बेदार मुर्गे की बलि जाहेर एरा को देता है। सफेद मुर्गे की बलि पाँच (मोरेको तुरोइको)[1] को देता है और साथ ही उक्त प्रार्थना करता है। अन्त में वह शेष बचे सफेद मुर्गे की बलि मारंग बुरु को देता है, और यही प्रार्थना करता है। गाँव का पुजारी अपने साथ दो आदमी और लाता है; वे तीनों मुर्गों का कीमा बनाते हैं और खाते हैं, और हड़िया पीते हैं। इसके बाद वे घर लौट जाते हैं।

जोग मांझी फिर शादी के पंडाल में जाता है और युवकों से पूछता है : "क्या आपने शादी का पंडाल बना दिया है या अभी तक नहीं बनाया है?" वे उसे उत्तर देते हैं : "हाँ, हमने इसे पूरा कर दिया है।"

जोग मांझी फिर उनसे कहता है : "बीच में एक गड्ढा खोदो! हम वहाँ महुए का पेड़ लगा देंगे।" इसके बाद वह उनसे पूछता है : "क्या आपने गड्ढा खोद दिया है या अभी तक नहीं खोदा?" जब वे ऐसा कर देते हैं तो जोग मांझी दूल्हे के माता-पिता से कहता है : "कच्ची हल्दी की तीन गाँठें और पाँच कौड़ियाँ और दूब घास के तीन तिनके ले आओ। हल्दी को पीस लें, धूप में सूखे चावल के तीन दानों को हल्दी में मिलाएँ।" वे इसे इकट्ठा करते हैं और इसे एक गट्ठर में बाँधते, और जहाँ उन्होंने गड्ढा खोदा था उसमें रख देते हैं। ऐसा करने के बाद वे महुए के पेड़ को गड्ढे में लगाते हैं, और ऐसा करने के बाद वे महुए के पेड़ को गड्ढे में रोप देते हैं, पेड़ को लगाने के बाद वे इसके चारों और पुआल लपेट देते हैं।

उसके बाद जोग मांझी महिलाओं को बुलाते हैं जो समारोह की संचालक होती हैं, और उनसे कहता है : "इस पर मिट्टी पोत दें और चिकना करें, और इसे आटे के साथ सफेद कर दें, और कुछ लाल-गेरुए पत्थर को पीस लें। जब ऐसा किया जा रहा हो, तो विवाह मंडप में रंग-लेप करें और सामने दूल्हा और दुल्हन के चित्रों को चित्रित करें।" समारोह की संचालक ऐसा करती हैं।

इसके बाद जोग मांझी उन युवकों से कहता है जो विवाह-मंडप को स्थापित करते हैं : "यह काम समाप्त हो गया है; अब कुछ और काम करने से पहले खाना खाकर अपने-आपको मजबूत करें।" वह दूल्हे के घर जाता है, तेल और दातुन को निकालता है और युवकों को देता है और उनसे कहता है : "जाओ और स्नान करो।" वे जाकर स्नान करते हैं और अपने दाँतों को साफ करते हैं। घर वापस आकर वे बैठ जाते हैं। जोग मांझी शादीवाले घर से हड़िया का बरतन लाता है, और उन्हें हड़िया पीने को देता है। इसके बाद वह चावल की एक बड़ी टोकरी और सब्जी का एक छोटा मिट्टी का बरतन लाता है। इसके अलावा वह पत्तों की प्लेटें और एक लोटा पानी लाता है। उन्हें लोटा सौंपते हुए वह उनसे कहता है : "अपने हाथ धो लो।" वे ऐसा करते हैं। जोग मांझी फिर कहते हैं : "मैं कहता हूँ, आपमें से एक, कृपया हमें चावल दे, और आपमें से एक सब्जी दे।"

1. पाँच।

फिर वे सभी खाते हैं, और जब वे भोजन कर लेते हैं तो वह उनसे कहता है : "कुछ धागों को मोड़ो, और तुममें से कुछ युवक धागा बाँटो। और तुममें से कुछ आम के पत्तों को लाकर धागे में पिरो दो और शादी के मंडप के चारों कोनों पर धागे बाँध दो।" वे ऐसा करते हैं। फिर से जोग मांझी उनसे कहता है : "गाँव की गली में तीन स्थानों पर धागों को बाँध दें, एक मुखिया के घर, और एक गाँव की प्रत्येक गली के प्रत्येक छोर पर।" वे ऐसा करते हैं और सारा काम खत्म कर लेते हैं।

इसके बाद दूल्हे का पिता जोग मांझी से कहता है : "कृपया गाँव के मुखिया, उनके सहायक और गाँव की सभी विवाहित महिलाओं को बुलाएँ! उनका तेल और हल्दी से लेप करें।" वह खुद ऐसा करता है। जब वे बैठ जाते हैं, तो वे सबसे पहले उनमें से प्रत्येक को दो दोने हड़िया देते हैं। इसके बाद जोग मांझी लेप करनेवाली लड़कियों को बुलाता है और उनसे कहता है : "तेल और हल्दी से हमारे लिए उनका लेप करो।" वे ऐसा करती हैं। सबसे पहले वे गाँव के पुजारी और उसकी पत्नी का लेप करती हैं, उसके बाद क्षेत्र के पुजारी और उसकी पत्नी, गाँव के मुखिया और उसकी पत्नी का, उप-मुखिया और उसकी पत्नी का, साथ में जोग मांझी और उसकी पत्नी का लेप करती हैं। उसके बाद उसके सहायक और उसकी पत्नी का, उसके बाद गोड़ैत और उसकी पत्नी का, और इसके बाद सभी विवाहित महिलाओं का लेप करती हैं। इसे वे शादी का लेप और हल्दी कहती हैं। जब सभी को लेप लगा दिया जाता है तो दूल्हे के माता-पिता घास पर बैठ जाते हैं और उन दोनों को तेल लगाया जाता है। अन्त में वे दूल्हे को लेप लगाती हैं जो अपने दोस्तों और विवाह की संचालक महिलाओं के साथ चटाई पर बैठा होता है। इस समय पर वे यह गीत गाती हैं :

हल्दी, हल्दी, सम्पूर्ण पदार्थ,
वह कौन है जो मुझे हल्दी लगाती है,
मुझे एक पूर्ण पुरुष बनने में अर्पित करती है?
हल्दी, हल्दी, सम्पूर्ण पदार्थ,
माँ ने मुझे हल्दी का लेप किया,
मुझे एक व्यक्ति बनने के लिए अर्पित किया।

ज़ब वे दूल्हे का लेप करती हैं, तो वे साथ में उसके दोस्तों का भी लेप करती हैं, और सबसे आखिर में वे समारोह के संचालक महिलाओं का लेप करती हैं। जब प्रत्येक दो-दो दोने हड़िया पी चुके होते हैं, तो वे अलग हो जाते हैं और घर चले जाते हैं। लेकिन इस दिन से विवाह सम्पन्न होने तक युवक-युवतियाँ दिन-रात नृत्य करते हैं।

तीन दिनों के बाद दूल्हे के साथ जाने का समय आता है। दूल्हे का पिता भोर के समय मिट्टी के मटके को हड़िया से भर देता है, और गाँव के मुखिया और उसके सहायक, जोग मांझी और उसके सहायक को बुलाकर उन्हें हड़िया देता है।

जब वे हड़िया पी रहे होते हैं तो गाँव का मुखिया दूल्हे के पिता से पूछता है : "यहाँ देखो, यह कौन सी हड़िया है? हमें जौ अनाज नहीं मिलता है। 'जौ अनाज' एक रूपक शब्द है, अर्थात, मामले की व्याख्या, वह उन्हें वहाँ क्यों लाया है?" दूल्हे के पिता फिर जवाब में कहते हैं : "दूल्हे के साथ जाने के लिए हमारी मदद करें।" गाँव का मुखिया फिर जोग मांझी से कहता है : "गाँव के लोगों को एक साथ बुलाओ।" वह गोड़ैत को भेजता है, जो सभी को वहाँ लाता है। वे सभी को हड़िया देते हैं। दूल्हे के पिता जोग मांझी से कहते हैं : "कृपया मेरे लिए पाँच लोगों को बुलाओ।" वह उन्हें लाता है, और दूल्हे के पिता कहते हैं : "दूल्हे की बारात और हमारे भोजन के लिए चावल, शोरबा, नमक, और हड़िया के पाँच मटके लाओ। भोर होने पर हम अग्रदूत को भेजेंगे!" साथ ही वे एक बकरा और एक मटके में हड़िया, साढ़े तीन सेर चावल (अगर दुल्हन की कीमत पाँच रुपये है, तो साढ़े पाँच सेर), नमक, तम्बाकू, हल्दी की जड़ की तीन गाँठें लेते हैं; एक छोटे मिट्टी के बरतन में तेल। इन चीजों को अनिवार्य भेंट माना जाता है, अर्थात वे इसे बोंगाओं के लिए भेंट कहते हैं।

जब अग्रदूत लोग भोजन कर लेते हैं, तो वे उक्त सभी चीजों को लेते हैं। जब वे दुल्हन के गाँव पहुँचते हैं, तो उनमें से एक उस घर में जाता है जहाँ शादी होनी है। यहाँ भी शादी का मंडप स्थापित किया हुआ है जैसा दूल्हे के गाँव में था। एक आदमी कहता है : "श्रीमान जी! हम अग्रदूत आए हैं।" दुल्हन का पिता तब जोग मांझी से कहता है : "कृपया उन्हें बताएँ कि कहाँ रहना है।" जोग मांझी तब अग्रदूतों को ले जाता है जहाँ उन्होंने दूल्हे की बारात के लिए मंडप बनाए हैं। वह उन्हें पानी और खाना पकाने के लिए मिट्टी के बरतन, एक टोकरी, लकड़ी के चम्मच, जलाऊ लकड़ी, पत्तलें और दोने देता है। उसके बाद वह विवाहवाले घर लौटता है।

अग्रदूतों को भेजने के बाद दूल्हे के गाँव के लोग, पुरुष और महिलाएँ 'जल-विवाह' के लिए जाते हैं। दूल्हे की माँ एक टोकरी लेती है। इसमें धूप में सुखाया गया धान, चावल, दूब घास, एक अंडा, तेल, सिन्दूर और धागे का एक गट्ठर लेते हैं। दूल्हे की चाची एक तलवार ले जाती है, और उसकी फुआ धनुष और बाण ले जाती है। दो लड़कियाँ उनके सिर पर पतली गरदनवाले घड़े लिये रहती हैं जिन्हें उन्होंने कपड़े से ढक रखा होता है जो दुल्हन के लिए होते हैं। इन दोनों घड़ों को वे शगुन का घड़ा कहती हैं। दूल्हे के जीजा को सबसे अधिक सम्मान मिलता है। वह अपने साथ एक कुदाली रखता है और जोग मांझी खुद हड़िया और दोने ले जाता है। दूसरे लोग केवल देखते हैं। जिनके पास चपटी टोकरी, तलवार और धनुष और बाण होता है, नाचते हुए चलते हैं और पानी के पास पहुँच जाते हैं।

जब वे वहाँ पहुँचते हैं, तो वे तीन बार गोल नृत्य करते हैं। इस समय दूल्हे का जीजा पानी के किनारे के पास एक छोटा सा गड्ढा खोदता है, और एक उद्घाटन करके वह पानी को छोटे गड्ढे में आने देता है। जब यह किया जाता है, जोग मांझी इस गड्ढे के तीन कोनों में तीन तीर लगाता है। वह पाँच बार गोल धागा बाँधता है और एक अंडे को एक तीर के पास रखता है। वह प्रत्येक तीर के पास एक कौड़ी रखता है। इसके बाद वह बाणों पर सिन्दूर लगाता है। इसके बाद वह मारंग बुरु के लिए एक दोना, एक दोना मृतक ग्राम प्रधान को, और एक दोना परगना हड़ाम (बोंगा) को हड़िया भेंट चढ़ाते हैं। शेष हड़िया वे खुद पीते हैं।

अब दूल्हे की माँ, चाची और फुआ वहाँ पर नृत्य करती हैं, और लेप करनेवाली दो लड़कियाँ उनके पीछे-पीछे चक्कर लगाती हैं, और इन दोनों के बाद अन्य सभी वहाँ पहुँचती हैं। इसके बाद वह जिसके पास धनुष और तीर है, वह पानी में तीर मारती है, और जिसके पास तलवार है, वह पानी को काटती है। इसके बाद दो लेप करनेवाली लड़कियाँ बरतनों में पानी भरती हैं। इसके बाद सभी वापस लौटते हैं और शादी के मंडप में चले जाते हैं।

जोग मांझी तब दूल्हे के जीजा से कहता है : "जैसा कि हमने एक गड्ढे को पानी के पास खोदा है, वैसा ही यहाँ आँगन में भी खोदें।" वह ऐसा करता है, और जोग मांझी तीन कोनों पर तीन तीर लगाता है। इन तीरों पर वह पाँच बार गोल धागा बाँधता है और दोनों लड़कियों से कहता है : "दोनों शगुन-बरतन यहाँ रखो।" वे ऐसा करती हैं।

जोग मांझी अब कहते हैं : "आप तीनों लड़कियाँ शादी मंडप के बाँस को पकड़ें।" दूल्हे को भी वहाँ लाया जाता है। जोग मांझी लड़कियों के बाएँ हाथ की छोटी उँगली को महुए की डाली पर बाँधता है, और उनमें से प्रत्येक के दाहिने हाथ में धान के दाने देता है, और इस धान के दाने से वह भूसी को एक हाथ से बिना तोड़े हटाने कहता है। वे ऐसा करती हैं, और जोग मांझी उनके बन्धन खोल देता है। वहाँ पर वह अपने दाहिने हाथ और दाहिने पैर के अँगूठे पर पाँच बार धागा लपेटता है और फिर वह उसे मोड़ता है। अब वह एक युवक को पुकारता है : "आम के तीन पत्ते लाओ।" इसके बाद वह कहता है : "तीन दूब घास के तिनके और धूप में सुखाए गए तीन धान के दाने, साबुत, टूटे न हों, और उन्हें हल्दी के पानी में भिगो लें।" वह युवक तीन दाने लाता है जिनमें से लड़कियाँ चावल निकालती हैं। इसके बाद जोग मांझी तीनों दानों और दूब के तिनकों को आम के पत्तों में लपेटता है और इसे उस धागे से बाँध देता है जिसे उसने दूल्हे के दाएँ हाथ पर लपेटा था।

इसके बाद जोग मांझी शहबाला (दूल्हे का जीजा) से कहता है : "कृपया दूल्हे की दाढ़ी बनाएँ।" और वह ऐसा करता है। दाढ़ी बनाने के लिए उसे दो-ढाई सेर कूटा हुआ चावल, नमक और तम्बाकू मिलता है। इसके बाद वे शादी के मंडप में

रखे पानी के पास दूल्हे को ले जाते हैं। और वे दो जुए लाते हैं और एक तलवार लेते हैं। वे दूल्हे को हुए पर बैठाते हैं और उसके पिता को उसके सामने खड़ा करते हैं, उसके सिर पर तलवार रखते हैं। जोग मांझी तलवार पर शगुन के बरतन से एक लोटा पानी डालते हैं, और दूल्हे के सिर पर पानी टपकता है, जो अपने पिता के पीछे बैठा होता है। इसके बाद वे तलवार ले लेते हैं, और विवाह की आयोजक लड़कियाँ दूल्हे को शगुन के बरतन के पानी से नहलाती हैं।

अब वर पक्ष खुद को तैयार करता है : वे दूल्हे के घर में खाना खाते हैं और हड़िया पीते हैं। जब वे खा रहे और पी रहे होते हैं तो लड़कियाँ दूल्हे को तेल लगाती हैं, हार पहनाती हैं और उसके गले में एक आभूषण पहनाती हैं और उसकी आँखों में काजल लगाती हैं। इस समय वे यह गीत गाती हैं : (अशुद्ध बिहारी भाषा में) :

मेरी दुल्हन के पिता का घर कितनी दूर है?
मेरे ससुर का घर कितनी दूर है?
यहाँ से गंगा नदी, वहाँ से जाबो नदी,
इन दोनों के बीच में मेरे बेटे, तुम्हारी दुल्हन के पिता का घर है।

तेल और हल्दी जो लेप के बाद बच जाता है उसे वे शादी के अगुआदार को सौंप देते हैं। अब जोग मांझी दूल्हे के पिता को कहता है : "कृपया दुल्हन के लिए कपड़े, लाल और सफेद धारीदार कपड़े, दुल्हन की दादी के लिए कपड़े, दुल्हन के छोटे भाई के लिए पगड़ी, दुल्हन के माता-पिता के लिए सिन्दूर, दुल्हन के माता-पिता के लिए तेल, नीम, अरंड के पत्ते, और थोड़ी सी घास लाओ।" वे ये चीजें बाहर लाते हैं, और उन्हें एक परात में रखते हैं, और इसे शादी के अगुआदार को देते हुए कहते हैं : "देखो! यहाँ पर हैं तुम्हारी चीजें।"

इसके बाद शहबाला साल-वृक्ष के पाँच पत्ते, एक छोटा पैकेट सिन्दूर और मुट्ठी-भर धूप में सूखे हुए धान देने के लिए कहता है। वे उसे देते हैं, और वह इन्हें अपने कपड़े में बाँध लेता है। इसके बाद वह दूल्हे को पगड़ी पहनाता है, और दूल्हे की बारात चलने के लिए तैयार हो जाती है। दूल्हे की माँ एक लोटा पानी लेती है और पत्तल में गुड़ लेती है, और उसका पिता कपड़े में पैसे बाँध देता है। वे मांझीस्तान जाते हैं। यहाँ वे एक चटाई बिछाते हैं। और दूल्हे की माँ इस पर बैठ जाती है। वह दूल्हे को अपनी जाँघ पर बैठाती है। जब वह बैठ जाता है तो वह अपने बेटे के मुँह में गुड़ डालती है, और उसकी माँ उसके मुँह में एक रुपया रखती है। उसकी माँ अपना हाथ आगे लाती है; और दूल्हा अपने मुँह में लिया हुआ रुपया अपनी माँ के हाथ में गिरा देता है। इसे दूध का पैसा कहते हैं। और यह माँ का अधिकार है।

दूल्हा, शहबाला, दूल्हे के साथी और लेप करनेवाली लड़कियाँ अब मांझी हड़ाम (मृतक मांझी) को नमन करते हैं, और जो उनके पास वहाँ छोटे बरतन में हड़िया है, वे उसे भेंट चढ़ाती हैं। लेप करनेवाली लड़कियाँ अब दूल्हे को गोद में उठाकर गाँव की गली के अन्त तक ले जाती हैं और उसे वहीं बिठा देती हैं, और वहाँ से घर लौट जाती हैं। विवाह का अगुआदार दुल्हन के घर दूल्हे की बारात का आयोजन करता है, साथ में ढोलक लेकर जाता है। आजकल वे अपने साथ बड़े-बड़े ड्रम और बाजे, पालकी, रॉकेट, चकरी, बम, बन्दूकें आदि लेकर जाते हैं। अर्थात धनी लोग ऐसा करते हैं। लेकिन इस प्रकार की चीजें पहले प्रयोग नहीं की जाती थीं।

जब दूल्हा पक्ष दुल्हन के गाँव में पहुँचता है, तो वे गाँव की गली के प्रवेश द्वार पर रुकते हैं। शादी का अगुआदार दुल्हन के घर जाता है और उनसे कहता हैं : "हम आ चुके हैं। अगर कुछ भी है, यदि आप तैयार नहीं हुए हैं, तो जल्दी तैयार हो जाएँ।" वे उसे उत्तर देते हैं : "हम तैयार हैं।" जोग मांझी अब एक बार गोड़ैत को गाँव के लोगों को बुलाने के लिए भेजता है। वे वहाँ आते हैं। वे खुद का तेल और हल्दी से लेप करते हैं, वे हड़िया भी पीते हैं, और सभी विवाहित महिलाएँ खुद को सिन्दूर लगाती हैं, अविवाहित, तलाकशुदा या विधवा महिलाएँ ऐसा नहीं करती।

अब जोग मांझी गोड़ैत के कन्धों पर पानी का एक बरतन ले जाता है, और वह खुद पानी का एक लोटा ले जाता है, पत्तल पर खड़ा होता है, उसके हाथ की हथेली पर रखता है। वे दोनों दूल्हे की बारात में जाते हैं, जो इस बीच नृत्य कर रहे हैं। जोग मांझी को देखकर वे रुक जाते हैं। जोग मांझी और गोड़ैत कहते हैं : "कृपया दोस्तो! पानी पी लो।" जोग मांझी वर पक्ष को पानी के साथ लोटा देता है। वे इसे दोनों हाथों से लेते हैं। इसके बाद वे एक-दूसरे का अभिवादन करते हैं, और दूल्हा पक्ष पानी पीता है।

इसके बाद दुल्हन की माँ जो एक लोटा लिये होती है जो उसकी हथेली पर रखा होता है और एक दोने में गुड़ लिये रहती है और एक पीतल की परात पर खड़ी होती है, वर पक्ष का संचालन करती है और उसके साथ तेल लगानेवाली लड़कियाँ और गाँव की औरतें होती हैं जो गली के सिरे पर खड़ी रहती हैं ताकि पानी के साथ दूल्हे का स्वागत कर सकें। जब वे वहाँ पहुँचते हैं तो वह अगुआदार को कहती है : "वर को यहाँ ले आओ, हम उसे खाने के लिए गुड़ और पीने के लिए पानी देंगे।" जब वर पक्ष और वधू पक्ष एक-दूसरे का अभिवादन कर चुके होते हैं और इस प्रकार एक ही पक्ष बन जाते हैं तो वे नाचते हैं। अगुआदार वधू की माँ को कहता है : "यहाँ देखो, यह दूल्हा है।" वह अपनी सास को नमस्कार करता है और अन्य महिलाओं को भी नमस्कार करता है। जब दूसरी औरतें और लेप लगानेवाली लड़कियाँ दूल्हे को देखती हैं तो वे गाली गाती हैं :

आज, वे कहते हैं, वे आज आएँगे, कल, वे कहते हैं, वे कल आएँगे;
वह कितना अमीर का बेटा हो, उसे आधी रात तक इन्तजार करना होगा!

तुम्हारी माँ की दोस्ती कुत्ते से है,
तुम्हारी माँ की दोस्ती बिल्ली से है,
छी-छी, तुम एक हरामी हो,
मैं अपनी बेटी तुम्हें नहीं दूँगी।

पहले वे कहते थे, तुम युवा और सुन्दर हो, युवा और सुन्दर हो, वे कहते हैं,
मैंने उसे देखा, उसके दाँत बाहर निकले हुए हैं,
चेहरा उस बकरे-जैसा है जिसकी बलि दी जानेवाली है, माथा बेढंगा है।

अपनी माँ के प्यार, 'नौजवान'!
अपने पिता के भविष्य, 'नौजवान!'
तुम्हारे चेहरे पर झुर्रियाँ पड़ गई हैं जैसे बागीचे में अंजीर हो।
दूल्हे के माता और पिता, वे कहते हैं,
शहर में तेल बेचने जाते हैं।
मेले में नमक का व्यापार करने जाते हैं।
तेल, नहीं नमक का व्यापार
नमक, नहीं नमक का व्यापार;
लोहार के पास जाते हैं उसकी धौंकनी चलाने,

पहले वे कहते थे, शहर में जाते हैं तेल का एक बरतन लेकर,
मैंने उन्हें देखा, मैंने उनकी तरफ देखा,
वह वहाँ खड़ा था, मुँह छिपाकर, जैसे कद्दू में सुराख हो।

'नौजवान' कीं बजाय वे दूल्हे का नाम लेती हैं। दुल्हन की माँ दूल्हे के पैरों को धोती है; इसके बाद वह उसके मुँह को माँजती है और उसके मुँह में गुड़ देती है; इसके बाद वह फिर से उसका मुँह धोती है और उसे पीने के लिए थोड़ा पानी देती है। उसी तरह से वह दूल्हे के शहबाला को खिलाती है और दूल्हे के दोस्तों को भी खिलाती है।

अब लेप करनेवाली लड़कियाँ गाँव की गली से पहले घर के बाहर से गोद में उठाकर दूल्हे और उसके दोस्तों को ले जाती हैं। जोग मांझी अपने हाथ की हथेली पर लोटा में पानी लेकर उनके साथ जाते हैं। दूल्हा पक्ष और दुल्हन पक्ष नृत्य करते हैं।

जहाँ लेप करनेवाली लड़कियों ने गाँव की गली में दूल्हे को बिठाया है, वहाँ उस घर की औरतें बाहर आती हैं और दूल्हे, शहबाला और उसके साथी को गुड़ और पानी देती हैं। उसी तरह वे हर घर में उनका स्वागत करती हैं। जब वे दुल्हन के घर के बाहर पहुँचते हैं, तो दुल्हन की माँ फिर से उन्हें खाना खिलाती है। वहाँ से वे गाँव की गली में जाते हैं, और हर घर में वहाँ की महिलाएँ उनको खाना खिलाती हैं। उसके बाद जोग मांझी उन्हें गाँव के बाहर ले जाता है, जहाँ दूल्हा पक्ष को ठहरना है, और उनसे कहते हैं : "यहाँ आपको रुकना है। कृपया यहाँ रहें।" दूल्हा पक्ष अब अपना स्वयं का भोजन खाते हैं और अपनी हड़िया पीते हैं।

इसके बाद जोग मांझी दुल्हन के घर जाता है और उन्हें तैयार होने के लिए कहता है; वह उन्हें कहता है : "दूल्हे को नहला दो।" वे दूल्हे के लिए एक दोना तेल और एक दोना हल्दी, एक दोना पानी, एक चटाई, एक लकड़ी का तख्ता बैठने के लिए, और एक लुंगी का कपड़ा लेती हैं और एक सूती शॉल लेती हैं और जोग मांझी इन्हें दूल्हे के पास ले जाता है, और वे ढोल बजाते हुए और ढोलक बजाते हुए चलते हैं। जब वे वहाँ पहुँचते हैं तो जोग मांझी कहता है : "हमें हमारा दूल्हा दो।" दूल्हा खड़ा हो जाता है, और अगुआदार उसे हाथ पकड़कर महिलाओं को सौंपता है, जो एक चटाई बिछाती हैं और दूल्हे को इस पर बैठाती हैं। दुल्हन की तीन बड़ी बहनें दूल्हे को तेल से रगड़ती हैं और उसके बालों में कंघी करती हैं।

जब वे इसे पूरा कर लेती हैं, तो वे चटाई को हटा देती हैं, लकड़ी के तख्ते को वहाँ रख देती हैं और दूल्हे को उस पर बिठाती हैं। वे अपने साथ पानी से भरा एक पात्र लेकर आए हैं, और इस पानी से वे उसे स्नान कराती हैं। ऐसा करने के बाद जोग मांझी कहते हैं : "सुनो! दूल्हा जन्म के बाद पहने हुए कपड़ों को कैसे फेंकेगा।" वधू पक्ष की महिलाएँ तब जोग मांझी को लुंगी और शॉल देती हैं, और वह दूल्हे को दे देता है, जो इसे लेता है और अपने गीले कपड़े उतारने के बाद खुद को ढक लेता है। लेप करनेवाली लड़कियाँ तब कहती हैं : "उसने जन्म के बाद पहने कपड़े फेंक दिये हैं। हम इन्हें उबालेंगे?" दूल्हा पक्ष फिर उन्हें हड़िया का एक बरतन देता है। इसे सिर पर रखकर वे इसे जोग मांझी के घर ले जाती हैं, और इसे वहीं रख देती हैं और वे अलग हो जाती हैं।

उसके बाद गाँव के मुखिया जोग मांझी और गोड़ैत को बुलाते हैं और उनसे कहते हैं : "कृपया गाँव के सभी बड़े और छोटे लोगों को एक साथ बुलाएँ। हम सिन्दूर को लगाते हुए देखेंगे।" वे उन्हें एक साथ बुलाते हैं, और जब वे आते हैं तो वे अगुआदार से कहते हैं : "अपने-आपको तैयार करें। साथ आएँ! हम सिन्दूर लगाना देखेंगे।" जब वे आ जाते हैं, तो गाँव के लोग जोग मांझी और गोड़ैत से कहते हैं : "कृपया आम की पाँच पत्तियाँ लाएँ।" वे ला देते हैं। दूल्हा पक्ष के लोग दुल्हन के घर के बाहर गाँव की गली में रुके रहते हैं और वहाँ नाचते हैं।

वधू पक्ष के लोग फिर कहते हैं : "कृपया, आप वर पक्ष के सभी लोग अन्दर आएँ।" वे अन्दर जाते हैं और उन्हें हड़िया दी जाती है, जिसे वे पीते हैं। दूल्हे का शहबाला, दूल्हे को अपने कन्धे पर बैठाकर लाता है। उसी समय अगुआदार कहता है : "दुल्हन का छोटा भाई कपड़े के लिए रो रहा है।" गाँव के लोग तब कहते हैं : "उसे किसी के कन्धे पर बैठाकर लाओ।" दुल्हन का बहनोई फिर उसे अपने कन्धे पर लेता है और उसे बाहर लाता है। वे इसे और दूल्हे को एक ही स्थान पर एक साथ लाते हैं। वे दोनों को एक लोटा पानी और पाँच आम के पत्तों को देते हैं। अब, दूल्हा, तीन बार उसके सिर पर आम के पत्तों के साथ पानी छिड़कता है। और दुल्हन पक्ष के सभी लोग युवक से कहते हैं : "अब, तुम भी तीन बार पानी दूल्हे पर छिड़क दो।" वे दोनों एक-दूसरे पर छिड़कते हैं। इसके बाद वे दूल्हे से कहते हैं : "उसके सिर पर एक पगड़ी रखो।" वह ऐसा करता है, और वे उससे कहते हैं : "अब, उसे चूमो।" वह ऐसा करता है; इसके बाद वे एक-दूसरे को मुँह से चबाए हुए चावल से फूँकते हैं।

अब वे कहते हैं : "कृपया दुल्हन को लाएँ।" घर के अन्दर वे दुल्हन को दुल्हन के कपड़े पहनाते हैं और उसे एक परात में बैठाते हैं। जोग मांझी फिर दूल्हा पक्ष से कहते हैं : "सम्मानित दूल्हा पक्ष, यह जो आप यहाँ देखते हैं वह आपके लिए है।" वे उसे घर के बाहर गाँव की गली में ले जाते हैं जहाँ दूल्हा अपने शहबाला के कन्धे पर सवार होता है। वहाँ वे उसे उठाकर दुल्हन के सामने रखते हैं। इन दोनों के बीच दूल्हा पक्ष अब एक कपड़े को पर्दे के रूप में लटकाता है। दुल्हन की तरफ से जोग मांझी दुल्हन के हाथ की हथेली में पानी का एक लोटा रख देता है, और दूल्हा पक्ष दुल्हन के लिए भी ऐसा ही करता है और उससे कहता है : "अब, नौजवान, एक आम के पत्ते से उसके सिर पर तीन बार पानी छिड़क दो।" दुल्हन पक्ष के लोग भी उससे कहते हैं : "अब, तुम भी तीन बार आम के पत्ते से दूल्हे के सिर पर पानी छिड़क दो।" वे दोनों ऐसा करते हैं।

दूल्हे का शहबाला दूल्हे को साल की पाँच पत्तियाँ देता है। पत्तियों के ऊपरवाले हिस्से में वह कुछ सिन्दूर लगाता है। दूल्हा पक्ष उससे कहता है : "अब दुल्हन के सिर से कपड़ा हटा दें।" वह ऐसा करता है, और वह अपने बाएँ हाथ में दुल्हन के सिर के ऊपर सिन्दूर थामे रहता है। दुल्हन पक्ष के लोग उससे कहते हैं : "पहले थोड़ा नीचे जमीन पर गिराओ।" वह ऐसा करता है, और वे उससे कहते हैं : "अब अपने दाहिने हाथ की छोटी उँगली से दुल्हन के माथे पर पाँच बार सिन्दूर लगाओ।" जब उसने ऐसा किया तो वे उससे कहते हैं : "अपने बाएँ हाथ से दुल्हन की गरदन पकड़ लो और उस पर सारे सिन्दूर का लेप कर दो।" वह ऐसा करता है; फिर वे 'हरि बोल' (भगवान का नाम) पुकारते हैं।

इसके बाद दूल्हे का शहबाला दूल्हे को जमीन पर उतार देता है, और उसकी बारात को कहता है : "अब अपनी दुल्हन को अपनी पीठ पर बैठाओ।" वह ऐसा करता है, और इसके बाद दुल्हन की बड़ी बहन आती है और दूल्हे और दुल्हन के कपड़ों को एक साथ बाँध देती है।

इसके बाद दुल्हन की माँ और उसके साथ की औरतें, जिनमें तीन भाभियाँ (भाइयों की पत्नियाँ), घर के अन्दर जाती हैं और पीतल की परात और दूब घास, धूप में सूखा थोड़ा धान, धूप में सूखा थोड़ा चावल, तीन आटे के गोले और तीन गोले गोबर के लेती हैं, और एक दोने में हल्दी, और एक दोने में तेल लेती हैं। वे इसे पीतल की प्लेट में रखती हैं। वे घर से निकलकर गाँव की गली में जाती हैं, जहाँ दुल्हन के साथ जानेवाली महिला और दूल्हे का शहबाला और उसके साथी बैठे हुए हैं। दुल्हन की माँ परात को दुल्हन और दूल्हे के सिर पर, और उसके शहबाला के सिर पर से और उसके दो साथियों के सिर पर घुमाती है।

इसके बाद वह अपने सिर पर से तीन बार दूब घास, धूप में सुखाया हुआ धान, और धूप में सूखे चावल जो परात में हैं, घुमाती है। फिर वह दूब घास और धान व चावल उनकी पीठ के पीछे फेंकती है। और तेल और हल्दी को एक साथ मिलाकर वह दूल्हे के दोनों गालों पर लगाती है और वह अपने हाथ से तेल और हल्दी लेता है और अपनी सास के दोनों गालों पर लगाता। इसके बाद दुल्हन की माँ दूल्हे के शहबाला और उसके साथियों के साथ भी ऐसा ही करती है, और वे भी अपनी बारी में उसके साथ ऐसा ही करते हैं। दुल्हन के पिता के भाइयों की दो पत्नियाँ भी उसी तरह से करती हैं।

उसके बाद वे लोग घर में जाते हैं, और उनमें से एक मिट्टी के बरतन के ढक्कन में कुछ गरम अंगारे लेती है, और दूसरी एक लकड़ी का मूसल लेती है और उसे बाहर सड़क पर लाती है। वे ढक्कन को दुल्हन और दूल्हे के सामने गरम अंगारे के साथ रखते हैं। दुल्हन की माँ उसके दाहिने हाथ में मूसल ले जाती है और उसे गरम अंगारे के साथ ढक्कन के ऊपर रखती है, और अपने बाएँ हाथ से वह गरम अंगारे का अभिवादन करती है; उसके बाद वह अपने बाएँ हाथ में मूसल लेती है और इसे ढक्कन के ऊपर से घुमाती है, और अपने दाहिने हाथ से वह गरम अंगारे को प्रणाम करती है; फिर से वह मूसल को अपने दाहिने हाथ में लेती है और इसे परात से घुमाती है और उसके बाएँ हाथ से गरम अंगारे को प्रणाम करती है। फिर वह मूसल को उसकी दो सलहजों को दे देती है। वे दोनों भी उसी तरह से कार्य करती हैं। इस तरह से काम करने के बाद अन्तिम महिला अंगारों को मूसल के साथ टुकड़े-टुकड़े करती है और मूसल को अन्दर ले जाती है। इसे वे शुद्धीकरण कहते हैं।

उसके बाद वह और जिसने दुल्हन व दूल्हे की गाँठ एक साथ बाँधी थी, एक लोटा पानी लाती हैं और उनके पैरों को धोती हैं, और अपने बाएँ हाथ से दुल्हन को पकड़कर वह दोनों घर में ले जाती हैं; उनके दाहिने हाथ में जो लोटा है, जिसमें पानी बचा है, वह उसे बाहर उड़ेलती हैं। और दूल्हे का शहबाला और उसकी बाराती चलते हैं। जब वे दरवाजे पर पहुँचते हैं, तो दुल्हन की छोटी बहन उनके लिए रास्ता रोक देती है, और यदि वह ऐसा करने में असमर्थ है, तो वह दरवाजा बन्द कर देती है। इसे वे 'द्वार छेकाई' कहते हैं। दूल्हा उसे एक आना देता है; तब वह उनके लिए दरवाजा खोलती है।

घर के अन्दर वे उनके लिए चटाई बिछाती हैं और दूल्हा और दुल्हन और उनके साथी इन पर बैठ जाते हैं। अब लेप करनेवाली लड़कियाँ आती हैं और उनका तेल और हल्दी से लेप करती हैं; जब वे ऐसा कर चुके होते हैं, तो वे हाथ धोते हैं। उसके बाद वे उन्हें भोजन देते हैं। दुल्हन का छोटा भाई दूल्हे से जबरन चावल लेता है; वह उसे मुट्ठी-भर खिला देता है; इसके बाद वे एक ही थाली से एक साथ भोजन करते हैं। जब वे खा चुके होते हैं, तो वे उन्हें धोते हैं। इसके बाद समारोह का संचालन करनेवाली महिला (जिसे वे श्रीमती शहबाला भी कहते हैं) जिसने दुल्हन और दूल्हे को एक साथ बाँधा था, उनके कपड़ों को खोलती है जिससे वे एक साथ बँधे थे। इसके बाद दूल्हा और उसका शहबाला और दूल्हे के साथी युवक बाहर गौशाला में चले जाते हैं।

इसके बाद दुल्हन का पिता अपने समधी और अगुआदार व जोग मांझी को माड़ झोर पिलाने के लिए घर के अन्दर ले जाते हैं। दूल्हे का पिता जैसा कि आप जानते हैं घर से उपवास करके चला था। वे उसे हड़िया और भोजन देते हैं। अब वे बाहर खलियान में चले जाते हैं। दूल्हे के बाराती घर से बाहर गाँव की गली में ही रहते हैं।

अब गाँव के मुखिया और जोग मांझी घर के अन्दर जाते हैं। वे उन्हें हड़िया पीने के लिए देते हैं। वे दुल्हन के पिता से पूछते हैं : "चलिए, हम दूल्हा पक्ष को शादी के मंडप में ले जाते हैं।" यहाँ वे हर जगह उनके लिए पुआल फैलाते हैं। वे उन्हें बुलाते हैं; वे आते हैं और सभी वहाँ खड़े होते हैं। दुल्हन पक्ष की ओर से जोग मांझी दूल्हा पक्ष के गाँव के मुखिया से बात करता है, उसे नाम से सम्बोधित करता है, और कहता है : "आप, 'अमुक' मुखिया।" वह जवाब देता है : "हाँ, श्रीमान जी!" जोग मांझी कहता है : "कृपया, हम अपने शरीर को अनाज की टोकरी की तरह सीधा रखें, आइए हम रीढ़ के सिरे को स्थिर करें।" अब दूल्हा पक्ष के सभी लोग बैठ गए। इसके बाद वे पानी का एक लोटा लाते हैं और उसे अपने सामने रखते हैं, और एक दोना तम्बाकू लेते हैं।

इसके बाद दुल्हन पक्ष के लोग दूल्हा पक्ष के गाँव के मुखिया से पूछते हैं : "आप, हमारे 'अमुक' मुखिया।" वह जवाब देता है : "हाँ श्रीमान जी!" वे कहते हैं : "जब हम एक जगह बैठते हैं, तो ऐसा लगता है जैसे हम एक जगह पर रहते हैं। आपका मन और आत्मा भी हमारे साथ है क्या?" दूल्हा पक्ष जवाब देता है : "जैसा कि आप यहाँ देखते हैं, श्रीमान जी! जबसे यह पूछा गया है, पूछताछ की गई है, हमारी आत्माएँ पहाड़ियों की तरह बढ़ गई हैं, हमारी छाती बाँस की चटाई की तरह चौड़ी हो गई हैं, हमारे पैर पाँच हाथ लम्बे हो गए हैं, हमारी दाढ़ी भैंस के सींगों की तरह उग आई हैं, श्रीमान जी! आपके आशीर्वाद से हम अच्छे हो गए हैं।" वधू पक्ष के लोग कहते हैं : "ठाकुर की कृपा से हमें वही मिलेगा जो अच्छा है।" फिर वे गाते हैं :

ओ माँ! अपने पिता के घर मत जाओ,
ओ पिता! राजा के दरबार में मत जाओ,
वे आ रहे हैं, ओ माँ और पिता! मेरे दूल्हे की बारात।

उन्हें आने दो, मेरी बेटी! उन्हें आने दो,
घर के दरवाजे पर मेरी बेटी एक चन्दन का पेड़ है।
हम उनके सामने सोने के सिंहासन रखेंगे, मेरी बेटी!
हम उन्हें खाने के लिए सुपारी देंगे।

आओ दोस्तो, बैठ जाओ दोस्तो!
हमारे आँगन में, महिलाओ!
पहले राजकुमार को बैठाओ, 'अमुक' राजकुमार बैठ जाओ,
उसके बाद दस दोस्तों को बैठा दो।

ओ, बहन! एक लोटा पानी ले आओ,
ओ, बहन! एक दोना तम्बाकू ले आओ;
हुक्का और तम्बाकू, यह सही विधि है।

अब वे उन्हें हड़िया देते हैं; वे दो-दो दोने पीते हैं। गाँव के मुखिया और जोग मांझी दुल्हन के पिता के पास जाते हैं और प्रत्येक दो-दो दोने हड़िया पीते हैं। जब वे इसे पी चुके होते हैं, तो गाँव का मुखिया दुल्हन के पिता से कहता है : "हमने दूल्हा पक्ष को हड़िया दी है; यह कैसी है, हम, जबकि वे वहाँ बैठे हैं, उनसे दुल्हन के बाकी पैसे माँगेंगे या नहीं?" अगर वहाँ ज्यादा हड़िया नहीं है, तो वह कहेगा : "हम इसे अभी सुलझा लेंगे, जबकि वे वहाँ बैठे हैं।"

गाँव का मुखिया और जोग मांझी दोनों बाहर जाते हैं। गाँव का मुखिया कहता है : "हम इन दोस्तों को हड़िया देने जा रहे हैं, आप, जोग मांझी इसे घर से लाएँ।" जोग मांझी दो लोगों को घर ले जाता है। वहाँ वे उन्हें हड़िया के दो दोने देते हैं, जिसे वे पीते हैं। जोग मांझी उनसे कहता है : "मैं कहता हूँ, तुम दोनों इन दोस्तों को हड़िया पिलाओ! जो बड़े और छोटे आए हैं, उन सबको दे दो।" वे उससे कहते हैं : "कृपया, जोग मांझी, हमें दो मिट्टी के सँकरे बरतन लाकर दें।" वह उनके लिए बरतन लाता है और उन्हें दोने से भरी टोकरी देता है।

गाँव के मुखिया और उसके सहायक से शुरू करते हुए वे दूल्हा पक्ष के सभी लोगों और सभी गाँववालों को हड़िया देते हैं और वे पीते हैं। अब जोग मांझी कहता है : "कृपया सम्माननीय बारातीगण! हम दुल्हन के बाकी पैसे देखना चाहते हैं; इसे बाहर निकाल लो।" वे गाते हैं :

निकालो! नौजवान, निकालो,
पैसा, मछली की तरह सुन्दर।
बाहर निकालो, नौजवान, निकालो!
सोना, मछली के लहू जैसा।

हमें दो, नौजवान! हमें दो,
पैसा मछली की तरह अच्छा।
हमें दो, नौजवान, हमें दो!
सोना, मछली के लहू के जैसा।

आप कौन हैं जो यहाँ बैठे हैं?
पैसा, मछली की तरह अच्छा।
आपके साथ ये दूसरे लोग कौन हैं?
सोना, मछली के लहू जैसा!

'अमुक' व्यक्ति यहाँ बैठा है,
पैसा, मछली जैसा।
बड़े-बड़े लोग यहाँ बैठे हैं,
सोना, मछली के लहू जैसा।

अब विवाह का अगुआदार शेष एक रुपया (या तीन या पाँच रुपये) जोग मांझी के हाथ में देता है और कहता है : "ये रहे बाकी के पैसे, श्रीमान जी!" गाँव के मुखिया से शुरू करते हुए वह वहाँ जाते हैं और सभी को प्रणाम करते हैं।

इसके बाद अगुआदार महिलाओं के कपड़ों में से दुल्हन की दादी के लिए दो कपड़े और उसकी माँ के लिए एक कपड़ा निकालता है। यह देखकर वे उन्हें मापते हैं कि वे कितने गज के हैं। वे उचित लम्बाई के हैं। दुल्हन की माँ तब लाल और सफेद धारीदार कपड़े पहनती है, दुल्हन की दादी और उसकी नानी कपड़ों को पहनती हैं। और वे गाती हैं[1] :

माँ! यह कपड़ा लो,
पिता जी! मुट्ठी-भर पैसे लो,
भाई! बैल ले लो।

एक सेर चावल के लिए
उन्होंने सिन्दूर खरीदा है।
पूरे जीवन-भर मैं बन्धन में रहूँगी।

अच्छे कपड़े जल्द ही मैले हो जाएँगे और फट जाएँगे,
पैसे जल्दी खर्च हो जाएँगे या खो जाएँगे,
बैल भी मर जाएँगे या चले जाएँगे।

एक सेर चावल के लिए
उन्होंने सिन्दूर खरीदा है।
जीवन-भर मैं प्रतिबन्धित रहूँगी।

इसके बाद शादी का अगुआदार एक बकरा लाता है, जिसकी बाद में बलि दी जाती है, हड़िया का एक मटका, जिसका (बाद में) तर्पण होता है, दुल्हन के प्रत्येक रुपये के लिए डेढ़ सेर चावल, हल्दी के तीन टुकड़े, थोड़ा नमक, थोड़ा सा तेल और थोड़ा तम्बाकू, और यह सब दुल्हन के माता-पिता को देता है। उसके बाद वह वहाँ एक के बाद एक सभी को प्रणाम करता है। जिन महिलाओं को कपड़ा मिला है, वे बकरे को गोद में उठाकर एक के बाद एक सभी को प्रणाम करती हैं। बकरे को खम्बे से बाँधने के बाद वे उससे दूध दुहने का नाटक करती हैं। फिर वे एक छोटा सा मिट्टी का बरतन लाते हैं, और इसमें वे हड़िया डालते हैं। वे पत्ते लाते हैं, और पहले से बताते हैं कि 'यह जौ का दलिया है' जिसे दूल्हा पक्ष के बीच बाँटते हैं, जो इस हड़िया को खाने का नाटक करते हैं, और महिलाएँ हाथ धोती हैं।

1. बिहारी में।

अब गाँव के मुखिया जोग मांझी से कहते हैं : "कृपया पानी का एक लोटा लाएँ।" वह इसे लाता है और इसे गाँव के मुखिया और उसके सहायक से शुरू करते हुए, उसके बाद दूल्हा पक्ष के पास ले जाता है। वे पानी के इस लोटे के साथ कुछ भी नहीं करते हैं। जोग मांझी ही इसे अपने पास ले जाते हैं। गाँव के मुखिया, जोग मांझी से कहते हैं : "जब आप लोटा लेकर दूल्हे की बारात में जाएँ, तो उन्हें बताएँ कि हम सब्जियाँ[1] बाँटेंगे।" एक के बाद एक वे लोटे को प्रणाम करते हैं।

दुल्हन का पिता अब शादी के मंडप के खम्बे के पास से गोबर लेता है। इसके बाद वह घर से बाहर एक पत्तल पर चावल लाता है और इसे गाय के गोबर के लेप के ऊपर रखता है। इसके बाद वह हड़िया का एक छोटा बरतन और चार दोने लाता है। इसके बाद वे घर से एक बकरा लाते हैं और उसे चावल खिलाते हैं। वे इसकी गरदन पर एक खम्बा रखते हैं। जोग मांझी अब बकरी की गरदन और खम्बे के चारों ओर रस्सी बाँधते हैं, और गाँव के लोगों से कहते हैं : "तुम यहाँ आओ।" वे आते हैं और बकरी के सिर पर पानी डालते हैं। जोग मांझी दूल्हे की बारात को कहता है : "कृपया, सम्मानित बारातियो! सब्जियाँ बासी और सख्त हो रही हैं, आओ और उन्हें लो।" फिर वे गाते हैं :

तलवार पकड़ो, तलवार पकड़ो, बहादुर सैनिको!
दो बधिया बकरे यहाँ बँधे हुए हैं;
बहादुरो! जल्दी से तलवार का प्रयोग करो।

दूल्हा पक्ष के बीच में से एक आदमी खड़ा होता है, और जैसा कि उन्होंने उसे कहा है, वह एक तलवार लाता है, और इसके साथ वह बकरे को मारता है। जोग मांझी घर जाता है और पत्तल पर चावल लाता है। इस पर वे बकरे का सिर रखते हैं। फिर से जोग मांझी घर में जाता है और हड़िया का एक मटका और दो बड़े दोने और तीन से चार साधारण दोने लाता है।

दुल्हन का पिता अब एक तर्पण के रूप में हड़िया के दो दोने डालता है; ऐसा करने के बाद वह उन दोनों व्यक्तियों को बुलाता हैं जिन्होंने बकरे को रखा था और जिसने उसका सिर कलम किया था। जब वे आते हैं, तो दुल्हन के पिता दो दोने लेता है; उसके बाद वह दोनों के हाथों को आपस में जोड़ता है उन्हें हड़िया से भरा एक-एक बड़ा दोना देता है। वे दोनों इसे पीते हैं, और वह कहता है : "कृपया एक-दूसरे को प्रणाम करें! और उसके बाद गाँव के मुखिया और उसके सहायक और सभी लोगों को प्रणाम करें।" वे दोनों ऐसा करते हैं, और अब वे सभी कहते हैं : "इसके अनुसार हम मानते हैं कि हमने सब ठीक कर लिया है; आओ, बैठक को समाप्त करते हैं।"

---

1. बकरी के बारे में।

दुल्हन की लोग तब वधू पक्ष के ग्राम प्रधान से कहते हैं, उसे नाम से सम्बोधित करते हैं : "कृपया, 'अमुक' मुखिया! अनाज की टोकरी की तरह हमें अपने शरीर को थोड़ा हिलाने दें।" वह जवाब देता है : "श्रीमान जी! यह ठीक है, यह सही है।" वे सभी एक साथ खड़े होते हैं, और प्रणाम करने के बाद दूल्हा पक्ष के लोग उनके आवास पर जाते हैं लेकिन पाँच लोग वहीं रहते हैं।

अब ज़ोग मांझी घर से तेल लाता है, और दो युवकों को पकड़कर वह उनसे कहता है : "तुम दोनों इन दोस्तों के पैर धोओ।" वे ऐसा करते हैं; बाद में वे फिर से और पानी लाते हैं। जोग मांझी दुल्हन पक्ष के पाँच लोगों से कहता है : "आओ, हम अन्दर चलें।" जब वे अन्दर चले जाते हैं तो वे उनके सामने लकड़ी का तख्ता रख देते हैं, औंर वे इन पर बैठ जाते हैं। इसके बाद जोग मांझी दो युवकों से कहता है : "हड़िया लाओ और दोस्तों को चार-चार दोने दो।" वे उन्हें यह देते हैं, और वे इसे पीते हैं। फिर से जोग मांझी दो युवकों से कहता है : "तुममें से एक, उन्हें चावल दो और तुममें से एक, उन्हें सब्जी दो, जब तक कि उनका पेट न भर जाए।" वे खाते हैं।

इसके बाद दूल्हा पक्ष दुल्हन के पिता को दुल्हन की शेष कीमत के बदले में उपहार, अर्थात एक बकरा (खस्सी), चावल, नमक, हल्दी, तेल और हड़िया का एक मटका, साढ़े पाँच सेर चावल देते हैं। यह प्राप्त करने के बाद वे उन्हें प्रणाम करते हैं; वे बकरे को ले जाते हैं, हड़िया के मटके को सिर पर रखते हैं, चावल को अपने कपड़े में बाँधते हैं, हाथों में नमक और हल्दी लेते हैं, और वे अपने आवास की ओर चले जाते हैं। दूल्हा पक्ष के सभी लोग इन्हें खाते हैं।

अब जोग मांझी बकरे के सिर को लेता है जिसे उन्होंने कुछ समय पहले मारा था, और दूल्हा पक्ष को एक सेर चावल देता है और उनसे कहता है : "आप, दूल्हा पक्ष! थोड़ी देर पहले आप सब्जी तोड़ने गए थे। जैसा कि आप जानते हैं, आप टोकरी को भूल गए और इसे छोड़ दिया; यहाँ देखो! हम इसे आपके सामने रख रहे हैं।" वे बकरे का सिर और चावल को पकाते हैं और इसे आपस में बाँटते हैं, और जोग मांझी के लिए पाँच भाग अलग रख देते हैं, जो बाद में इसे अपने लिए ले जाता है। बकरे के सिर को देने के बाद और उसे उनके पास छोड़ने के बाद, वह पाँच लोगों को अपने साथ दुल्हन के घर ले जाता है। ये दुल्हन के दादा के यहाँ एक मटका हड़िया पीते हैं; जब वे ऐसा कर चुके होते हैं, तो वे दुल्हन के नाना के पास जाते हैं और वहाँ एक मटका हड़िया और पीते हैं। जब यह हो जाता है, तो उन्हें हड़िया का एक पूरा मटका, बारह सेर सूखे और कूटे हुए चावल, और एक ठोस पीतल का हार मिलता है और वे इन्हें अपने आवास पर ले जाते हैं।

इसके बाद जोग मांझी उनके आवास में जाता है और पके हुए चावल के पाँच हिस्से प्राप्त करता है। वह दूल्हा पक्ष के सभी लोगों से कहता है : "शादी के मंडप में पैसे देने के लिए गाँव के मुखिया के साथ आओ।" दूल्हे के बाराती एक मटका हड़िया एक रस्सी से लटकाते हैं और प्रथम श्रेणी की हड़िया एक लोटे में लेते हैं, और जोग मांझी उन्हें गाँव के मुखिया के पास ले जाता है। और, दूल्हे के बाराती ढोलक बजाते हुए चलते हैं। वे मुखिया के घर में पहुँचते हैं, जहाँ वे खलियान में पुआल बिछाते हैं, जिस पर दूल्हे के बाराती बैठ जाते हैं।

इसके बाद दूल्हे के बाराती, मुखिया से कहते हैं : "कृपया, मुखिया जी! हम अकेले ऐसा नहीं कर सकते।" फिर वे गाँव की सभी महिलाओं और पुरुषों को बुलाते हैं। जोग मांझी कहता है : "कृपया, पिता जी मुखिया! अब आप जानते हैं, आप माता और पिता हैं, कृपया इन दोस्तों से हमारी तरफ से पूछो, वे कैसे हैं।" गाँव का मुखिया शुरू करता है :

"ठीक है, पिता मुखिया! दो, पति और पत्नी, एक इच्छित लड़का, धन और धान्य, पुरुष और महिला सेवक, महिला कृषक सेविकाएँ और श्रमिक, पूर्वज, दादा और दादियाँ, पिता का छोटा भाई, चाचा, भतीजे और भतीजियाँ, छोटे भाई और बेटियाँ, चावल से भरा एक घर, एक पानी का घर, मवेशी और भेड़ व बकरियाँ, माँ की सम्पत्ति, पत्नी की सम्पत्ति, कपड़े और आभूषण, शरीर और आत्मा, नीचे जमीन, ठंडा पानी, (दूसरी तरफ) सोलह कोस की नदी, इस स्थान पर हम आते और जाते नहीं : क्या हमारे पास यह ठीक है?" मुखिया का सहायक भी इसी तरह से बोलता है। इसके बाद गाँव का मुखिया और उसके सहायक दूल्हे के बारातियों और उनके दोस्तों से पूछते हैं : "आप यहाँ कैसे आए, श्रीमान जी, और आप कहाँ तक जाओगे?" दूल्हे के बाराती उत्तर देते हैं : "यहाँ तक हम आ चुके हैं, श्रीमान जी!" उसके बाद मुखिया कहता है : "घूमने के कई रास्ते हैं; वे जंगल में घूमते हैं, वे लकड़ियाँ खोजते हैं; इससे हल बनेगा, जो जोता जाएगा, इससे पहिया बनेगा, इससे छड़ियाँ बनेंगी, इससे हल बनेगा, इससे हल का हत्था बनेगा। हम गाँवों में जाते हैं; हम बरतन खोजते हैं; इससे एक चौड़े मुँहवाला मिट्टी का बरतन बनेगा, इससे छोटा बरतन बनेगा। आप किस प्रकार का बरतन चाहते हैं?"

दूल्हे के बाराती उसे उत्तर देते हैं : "जहाँ तक हमारा सम्बन्ध है, श्रीमान जी! हम केवल एक दरारदार तल का एक बरतन चाहते हैं।" मुखिया फिर कहता है : "श्रीमान जी! ऐसे बरतन नहीं हैं। आप खरीद रहे हैं और व्यापार कर रहे हैं, आप किस तरह का बरतन चाहते हैं? क्या आपको हीरा या मोती चाहिए?" दूल्हा पक्ष जवाब देता है : "हम एक हीरा चाहते हैं; लेकिन दिन के लिए बाजार बन्द हो गया है; हमें आश्चर्य है कि हम इसे किस बाजार में प्राप्त करेंगे।" गाँव के मुखिया उनसे पूछते हैं : "क्या आप तीन दिन बाद बाजार जाना चाहते हैं या पाँच दिन बाद?"

दूल्हा पक्ष जवाब देता है : "जहाँ तक हमारा सम्बन्ध है श्रीमान जी, हम बाजारों के बारे में कुछ नहीं जानते हैं; हमने आपको पकड़ लिया है, आप किसी भी बाजार में हमारे लिए खरीदारी करेंगे।" मुखिया उनसे कहता है : "प्रतीक्षा करो! देखते रहो।" वे उसे उत्तर देते हैं : "ठीक है, हम यहाँ उपवास कर रहे हैं और प्यास लगी है।" मुखिया फिर कहता है : "बाजार भी बन्द है, कुछ भी नहीं खरीदा जा सकता है; जैसा कि दिखाई देता है आप बहुत देर से आए; आप बहुत देर से कैसे आए?" दूल्हा पक्ष जवाब देता है : "हम क्या करें मुखिया जी? जब हम आ रहे थे तो एक बैल मुँह से बच्चा दे रहा था[1], हम उसे देख रहे थे। वहाँ हमें देर हो गई। हम वहाँ से चले गए; उसके बाद हमने फिर से कुछ देखा, केंकड़ा घास में जंगली मुधमक्खियों का शहद[2], जहाँ उन्होंने शहद बनाया था; हम वहाँ इसे देख रहे थे। जब हम वहाँ से आगे बढ़े, जब हम आ रहे थे, हमने फिर से कुछ देखा, एक काले जामुन[3] का पेड़ देखा जिस पर पके हुए फल लगे थे; हमने इसे एक छोटी कुल्हाड़ी से काटा; यह कुल्हाड़ी[4] एक हिरण के सिर पर गिर गई और वह मर गया। फिर हम उसे किससे बाँधते? फिर वे थोड़ी सी कोगन घास[5] लाने गए। जब वे इस घास को खींच रहे थे, वे पीठ के बल गिरे और उनके नीचे आकर एक टोकरी भर बारह बटेर मर गए। इसलिए हमें आने में देरी हो गई।"

"इसके बाद जब हम चल रहे थे, तो एक नीलकंठ पक्षी जातुर नृत्य (पुरुषों का समवेत नृत्य) कर रहा था (इसका सन्दर्भ कपड़ा बुनने से है जो सन्तालों में पुरुषों का काम होता है); हम उसे देखने लगे; इस तरह से हमें देरी हो गई। इसके बाद एक राजा कौवा था जो सात अग्नियों को देख रहा था; हम उसे देख रहे थे; इस तरह से हमें देरी हो गई।"

अब दुल्हन के लोग उनसे पूछते हैं : "ठीक है, महोदय! आप इतनी दूर से आ रहे हैं, कौन सा मुखिया है, उप-मुखिया है जो खरीद रहा है, व्यापार कर रहा है?" इस समय वे गाते हैं[6] :

हमें बताओ, हमें बताओ, भाई!
हमें अपना गोत्र बताएँ।
हम गोत्र को नहीं जानते, हम जनजाति को नहीं जानते।
हम आपके गोत्र को नहीं जानते हैं।

---

1. इसका अर्थ एक बरतन से कपड़े निकाले जा रहे थे जिसमें ये उबल रहे थे।
2. कुछ सन्तालों के लिए एक मटका हड़िया और कुछ के लिए गर्भाधान।
3. यूजेनिया जम्बोलान।
4. छोटी कुल्हाड़ी छोटी डालियाँ और झाड़ियों को काटने के लिए।
5. इम्पेराटा अरूनडीनेसी।
6. बिहारी में।

दूल्हा पक्ष जवाब देता है : "जहाँ तक हमारा सम्बन्ध है, श्रीमान जी! हम बकरियों को झुंड में ले गए थे; हाँ, ठीक है, तो हम सुनेंगे। नायक 'अमुक' आदमी है (नौजवान के पिता का नाम लेते हैं) और अगुआदार 'अमुक' व्यक्ति है (नौजवान की माँ का नाम लेते हैं)।" अब दुल्हन के लोग पूछते हैं : "ठीक है, महोदय, बैल के कितने झुंड आप (भार ढोने के लिए) ला चुके हैं?" दूल्हा पक्ष के लोग एक-दूसरे से पूछते हैं कि दूल्हे के कितने भाई हैं, और वे दुल्हन के लोगों से कहते हैं : "जहाँ तक हमारा प्रश्न है, महोदय! हम तीन झुंडों में बँट गए हैं (या अगर अधिक भाई हैं तो और अधिक बताते हैं)।" दुल्हन के लोग तब पूछते हैं : "हमारे पास कितनी मोहरें हैं?" दूल्हा पक्ष जवाब देता है : "महोदय! मोहरें बहुत सारी हैं।" (वे बताते हैं कि वहाँ कितनी लड़कियाँ हैं।) दुल्हन के लोग तब कहते हैं : "महोदय! आपने कहाँ पर पानी पिया है?"[1] दूल्हे के पिता ने उन्हें जवाब दिया : "महोदय! हमने अमुक जगह पर पानी पिया है।" दुल्हन के लोग फिर से पूछते हैं : "अच्छा, महोदय! आप क्या कर रहे हैं?" दूल्हा जवाब देता है : "जहाँ तक हमारा सम्बन्ध है, महोदय! हम हीरे और मोती[2] का कारोबार कर रहे हैं।" दुल्हन के लोग कहते हैं : "बाजार अभी बन्द है, यह बहुत दूर है, इन्तजार कर रहे हैं, देख रहे हैं।"

दूल्हा पक्ष तब जवाब देता है : "हाँ, फिर हमें इसका इन्तजार करना, देखना होगा।" दुल्हन के लोग कहते हैं : "मुखिया से पूछो : वह तुम्हारे लिए खरीदारी करेगा। क्या लाए हो? सरसों या तिल?"[3] दूल्हा पक्ष जवाब देता है : "महोदय, सरसों लाए हैं।" दुल्हन के लोग तब कहते हैं : "हमारे देश में, सरसों बहुत सस्ती है, और हीरे बहुत प्रिय हैं। आप इसे खरीदने में सक्षम हैं तो केवल उसी स्थिति में मुखिया आपके लिए इसे खरीदेगा। वहाँ तराजू और जवाहरात दोनों हैं, 36 वर्ग का भार और 30 वर्ग का भार, दोनों हैं। आपको कौन सा पसन्द है?" दूल्हा पक्ष जवाब देता है : "महोदय! हम इसे मुखिया के तराजू से तोलेंगे। जो भी उचित पूर्ण वजन के रूप में दिखाया जाएगा; हम हीरे से सन्तुष्ट हैं, हम इसे खरीद लेंगे।" फिर वे गाते हैं :

तालाब के किनारे पर चट्टान पर
व्यापारी ठहरे हुए हैं;
आप जानते हैं, पिता जी, वहाँ
वे सोना पिघला रहे हैं।

---

1. बेटे के विवाह में अलंकारिक सन्दर्भ।
2. लड़की के लिए हीरा और लड़के के लिए मोती।
3. लड़की के लिए तिल और लड़के के लिए सरसों।

आप जानते हैं, पिता जी, वहाँ
वे हाथ के कड़े बना रहे हैं;
आप जानते हैं, पिता जी!
वहाँ वे हीरे और मोतियों का व्यापार कर रहे हैं।

दुल्हन की तरफ के लोग तब कहते हैं : "महोदय, आपने हमारे गाँव के मुखिया को अपने लिए खरीदारी करने के लिए पकड़ लिया है; इस सम्बन्ध में कुछ और अधिक भुगतान करना है; आपको यह देना पड़ेगा।" दूल्हा पक्ष कहता है : "कितना भुगतान करना होगा, महोदय? यदि यह देना पड़ेगा तो क्या हम यह नहीं देंगे, महोदय?" तब जोग मांझी उन्हें कहता है : "पैसे दे दो।" अब वे जोग मांझी को एक रुपया देते हैं, जो गाँव के मुखिया के लिए शादी के मंडप का शुल्क है। जोग मांझी यह रुपया लेता है और गाँव के लोगों को प्रणाम करता है। वह कहता है : "यह पिता के छोटे भाई[1] के लिए चारपाई की रस्सियों के लिए है।" इसके बाद वह दूल्हा पक्ष को प्रणाम करता है और दूल्हा पक्ष को हड़िया देता है जिसे मुखिया लाता है, वे बातें करते हुए पीते हैं। इसमें से गाँव के मुखिया को दो दोने मिलते हैं।

अब दुल्हन के गाँव का मुखिया कहता है : "जहाँ तक इस स्थान का सम्बन्ध है, मेरा मानना है कि हमने सब कुछ ठीक से किया है, और कैसे?" दूल्हे के लोग जवाब देते हैं : "हाँ, सम्भावना है कि हमने इसे ठीक किया है।" जोग मांझी खड़ा होता है और कहता है : "हमारे 'अमुक' मुखिया महोदय! (वह दूल्हे के गाँव के मुखिया को सम्बोधित करता है।) आओ, हम थोड़ी कमर सीधी कर लें।" वहाँ पर वे सभी खड़े हो जाते हैं, मुखिया से शुरू करते हुए सभी अपने-अपने आवास पर चले जाते हैं।

अब जोग मांझी इनमें से तीन पुरुषों को बुलाता है : "सम्मानित दूल्हा पक्ष! कृपया, मेरे साथ अपने तीन पुरुषों को भेजिए।" वह उन्हें गाँव के मुखिया के घर में ले जाता है। वे वहाँ बैठते हैं, और वे उन्हें अच्छी हड़िया देते हैं। वे इसे पीते हैं; इसके बाद वे उन्हें देते हैं जो प्रथागत इसके अधिकारी है; एक मटका हड़िया, बारह सेर चावल, एक ठोस पीतल का कड़ा, छीली हुई मटर का एक बड़ा प्याला, हल्दी की जड़ की तीन गाँठें, तम्बाकू और नमक। इस चावल में से जोग मांझी तोलकर एक सेर अपने लिए लेता है। ये तीनों लोग भी इन सभी चीजों को अपने साथ लेते हुए, अपने आवास पर चले जाते हैं।

---

1. गाँव के मुखिया को सम्बोधित। पूरी प्रक्रिया दुल्हन के आखिरी बन्धन अपने पिता के घर से टूटने से जुड़ी है।

अब जोग मांझी दुल्हन के लोगों से कहता है : "आओ, हम गाँव के लोगों को इकट्ठा करेंगे, हम हाथ हिलाने की रस्म पूरी करेंगे।" तब वह गोड़ैत को गाँव के लोगों को बुलाने के लिए भेजता है। वह स्वयं एक लोटा पानी लेकर दूल्हे की बारात के पास जाता है और उनसे कहता है : "आओ, हम चुमावन की रस्म को देखेंगे।" वे तैयार हो जाते हैं और अपने साथ निचोड़कर निकाली गई एक बरतन हड़िया और एक छोटा बरतन उड़ेली गई हड़िया का ले जाते हैं। इसे वे हड़िया बनाना[1] कहते हैं। जब दूल्हे की बारात आती है तो वे उनके बैठने के लिए पुआल बिछाते हैं। दुल्हन के गाँव का मुखिया दूल्हे की बारात से कहता है : "कृपया, यहाँ बैठ जाओ! हम चुमावन की रस्म को देखेंगे।" वे बैठ जाते हैं।

अब दुल्हन पक्ष जोग मांझी को कहता है : "कृपया, लेप करनेवाली लड़कियों को बुलाओ और थोड़ी हल्दी पीसो। हम दुल्हन और दूल्हे का लेप करेंगे। लेप करनेवाली लड़कियाँ दूल्हे और दुल्हन का लेप करती हैं और उनके साथ आनेवाले लोगों का लेप करती हैं।" इसके बाद वे उन्हें भोजन देते हैं। इस समय दूल्हा नहीं खाएगा, और जब वे उससे खाने के लिए कहते हैं तो वह बोलेगा नहीं। दुल्हन का पिता उससे कहता है : "आप दोनों खा लो, मेरे दामाद! मैं आप दोनों को दूध[2] दूँगा।" और जैसा कि उसने वचन दिया था, वह एक बछड़ा देता है और तब दूल्हा खाता है। जब वे खा चुके होते हैं तो वे खड़े हो जाते हैं। लेप करनेवाली लड़कियाँ चटाई को लपेट देती हैं और अपने कपड़े से कुछ हल्दी के टुकड़े निकालती हैं। अब समारोह की आयोजक महिला पानी का एक लोटा लेती है और आँगन में जाती है। जब वह बाहर चली जाती है तो वे देखते हैं कि महुआ स्थापित करने के स्थान पर कोई रंगोली नहीं बनी है। जोग मांझी उससे कहता है : "कृपया! वहाँ पर गाय के गोबर से लीप दो और उस पर चावल के आटे से रंगोली बनाओ।" वह उत्तर देती है : "मुझे कुछ दो, तभी मैं रंगोली बनाऊँगी।" जोग मांझी दूल्हे की बारात से कहता है : "कृपया सम्मानित बारात! यहाँ पर कोई रंगोली नहीं बनी है, जैसा कि आप देखते हैं।" वे उसे उत्तर देते हैं : "यहाँ कोई रंगोली क्यों नहीं बनी हुई है; आप रंगोली बनवाओ।" वह उन्हें जवाब देता है : "मैं कोशिश कर रहा हूँ; यह सही नहीं है।" तब वे कहते हैं : "उसे राजी कीजिए, जो कुछ उसे चाहिए हम वह देंगे।"

इसके बाद रस्म पूरी करनेवाली महिला गाय के गोबर का लेप करती है और रंगोली बनाती है, ताकि यह अच्छा लग सके। जोग मांझी उससे कहता है : "अब, कृपया एक लोटा पानी ले जाएँ और दुल्हन और दूल्हे को तीन बार गोल घुमाएँ जहाँ रंगोली बनाई गई है।" वह ऐसा करती है; तब जोग मांझी उन लड़कियों से कहता है जो चटाई लिये हुए हैं : "इस रंगोली पर चटाई बिछाएँ।"

1. शराब की भट्टी से हड़िया निकालना।
2. गाय का बछड़ा उपहार में देना।

वे ऐसा करती हैं, और जोग मांझी दुल्हन और दूल्हे, उसके बहनोई, दो साथियों और रस्म पूरी करनेवाली महिला से कहता है : "कृपया, चटाई पर बैठ जाएँ।" वे सभी बैठ जाते हैं, और जोग मांझी घर में जाते हैं और दुल्हन की माँ से कहते हैं : "कलश[1] निकालो।" दुल्हन की माँ और उसके साथी, तीनों भाइयों की पत्नियाँ कलश निकालती हैं; और वे अपने कपड़े की एक तह में एक सेर धान को भी अपने साथ ले जाती हैं; दुल्हन और दूल्हे के सामने वे धान को कपड़े की तह से बाहर निकालती हैं और उसे नीचे रख देती हैं, और उसके बाद वे बरतन को धान के ऊपर रख देती हैं। उन्होंने पतले गरदनवाले बरतन के मुँह पर मिट्टी के बरतन का ढक्कन लगाया। इसके बाद वे तेल को गर्म करती हैं और ढक्कन पर डालती हैं। दुल्हन की माँ एक बाती को घुमाती है, और इसे वे जलाती हैं।

इसके बाद जोग मांझी दुल्हन के पिता से कहता है : "कृपया, हमें हड़िया दो।" वह हड़िया लेकर आता है। जोग मांझी दूल्हे की बारात के एक युवक को और दुल्हन पक्ष के एक युवक को दूसरी बार हड़िया परोसने के काम में लगाता है। वह इन दो युवकों को पत्तल के दोने देता है, जिससे लगभग दो टोकरियाँ भरी हुई हैं। दूल्हा पक्ष का युवक, दुल्हन पक्ष के लोगों को हड़िया देता है, और दुल्हन पक्ष का युवक दूल्हा पक्ष के लोगों को हड़िया देता है, दोनों पक्ष के ग्राम प्रधानों के साथ शुरुआत की जाती है।

जोग मांझी फिर घर में जाता है और दुल्हन की माँ से कहता है : "कृपया, चुमावन की रस्म को पूरा करें; हमने हड़िया पीनी शुरू कर दी है।" भाइयों की पत्नियाँ तब बाहर आती हैं, और गाँव की औरतें दरवाजे पर खड़ी होती हैं। अब वे चुमावन की रस्म शुरू करते हैं। दुल्हन की माँ ऐसा करनेवाली पहली महिला होती है। एक परात में उसने धूप में सुखाया हुआ धान, धूप में सुखाया हुआ चावल, दूब घास, एक जोड़ी कड़े और एक ठोस पीतल का हार रखा है। वह परात को तीन बार दुल्हन और दुल्हन के सिर के ऊपर से घुमाती है। इसके बाद वह अपने हाथ में थोड़ा सा धान, चावल और दूब घास लेती है और उसे अपने ऊपर लहराती है और फिर उसे अपनी पीठ के पीछे फेंक देती है। वह फिर दुल्हन और दूल्हे के सामने बैठ जाती है। पहले वह दूल्हे की कलाई में कड़े पहनाती है, और दुल्हन की गरदन में एक पीतल का हार पहनाती है। उसके बाद वह उनका अभिवादन करती है, और वे दोनों भी उसका अनुसरण करते हैं। तत्पश्चात माता की दो बहनें भी उसी प्रकार कार्य करती हैं; लेकिन वे दूल्हे को कोई आभूषण नहीं पहनाती हैं; इसके बदले वे उसे पैसे देती हैं। उसके बाद गाँव के मुखिया की पत्नी, उसके सहायक की पत्नी और गाँव की सभी महिलाएँ दुल्हन पर गहने डालती हैं या उसे पैसे देती हैं,

---

1. शगुन की थाली और पूजा के लिए लोटा।

और दूल्हे को वे सिर्फ पैसे देती हैं। दुल्हन की छोटी बहन, दुल्हन और दूल्हे के पैरों को धोती है, और वह दूल्हे के पैर पकड़ती है। दूल्हा उसे एक आना देता है। अब वे दूल्हा और दुल्हन को खड़ा करते हैं, तो वे दोनों घर में चले जाते हैं, और जोग मांझी दूल्हे के प़िता को गिनने के बाद पैसे सौंप देता है।

अब दुल्हन के पिता, गाँव के मुखिया, और जोग मांझी के साथ अन्दर जाते हैं। गाँव का मुखिया दुल्हन के पिता से पूछता है : "यहाँ देखो, कितनी हड़िया है?" दुल्हन का पिता जवाब देता है : "दूल्हा पक्ष के लिए पर्याप्त होगा।" गाँव का मुखिया जोग मांझी से कहता है : "कृपया जाकर दूल्हा पक्ष की इच्छा जानें।" दुल्हन कहती है : "मैं अपने पिता और अपने लोगों को पानी दूँगी।" जोग मांझी बाहर जाता है और यह दूल्हा पक्ष को बताता है। वे उसे उत्तर देते हैं : "यदि पानी है, तो कृपया, हमारे लिए भी कुछ लाओ, हम पी लेंगे।" जोग मांझी फिर से अन्दर जाता है और दुल्हन और लेप करनेवाली लड़कियों को बाहर लाता है। इसके बाद वह हड़िया के एक बरतन को बाहर लाता है और लेप करनेवाली लड़कियों से कहता है : "एक लोटा पानी लाओ।" वे ऐसा करती हैं, और वह दूल्हे और दुल्हन की बारात के लिए लेप करनेवाली लड़कियों को बुलाता है। तब दुल्हन दूल्हा पक्ष के ग्राम प्रधान के पास पानी का लोटा ले जाती है। मुखिया लोटा लेता है और कुल्ला करता है। जोग मांझी तब दुल्हन को पीतल के प्याले से हड़िया मुखिया को देने के लिए देता है, और वह मुखिया को देती है। वह इसे लेता है और पीता है। इसके बाद वह अपने बाएँ हाथ से दुल्हन की ऊपरी बाँह पकड़ लेता है और उसे अपनी जाँघ पर बैठा लेता है; वह उससे एक कड़ा पहनाता है और उसे चूमता है। दुल्हन दूर चली जाती है, और चक्कर लगाकर वह मुखिया को प्रणाम करती है।

वहाँ से दुल्हन उप-मुखिया के पास जाती है जो उसी तरह से रस्मों का व्यवहार करता है। उसके बाद वह दूल्हे के पिता के पास जाती है और उसके बाद वह दूल्हे के चाचा के पास जाती है जो पहलेवालों की तरह ही करता है। इसके बाद वह दूल्हा पक्ष के सभी लोगों के पास जाती है। वे उसे कोई कड़ा या आभूषण नहीं पहनाते। वे उसे पैसा देते हैं। अब वे उठ जाते हैं। दुल्हन घर के अन्दर चली जाती है और दूल्हा पक्ष के लोग अपने आवास पर चले जाते हैं।

अब जोग मांझी दुल्हन के माता-पिता से पूछता है : "क्या अभी चावल और शोरबा तैयार नहीं हुए हैं?" वे उसे उत्तर देते हैं : "हमने सभी कुछ तैयार कर लिया है; दूल्हे की बारात को बुलाओ और खाना खाओ।" जोग मांझी गोड़ैत को कहता है : "तुम जाओ और गाँव के सभी लोगों को बुला लाओ, गरीबों को भी, ताकि वे खाना खा सकें। मैं दूल्हे की बारात को बुलाता हूँ।" वे दोनों ऐसा करते हैं। वे घर से बाहर गली में एक घर से पानी लाते हैं। सभी अपने हाथ धोते हैं। गाँव का मुखिया उनसे कहता है : "आ जाओ! हम खलियान में बैठते हैं।" वे जाते हैं और बैठ जाते हैं।

जोग मांझी गाँव के युवाओं को काम पर लगाता है, चावल और कुछ शोरबा लाता है, कुछ पत्तल, और कुछ पत्ते के दोने लाता है। वह गाँव के मुखिया और उसके सहायक के सामने पत्तल और पत्ते के दोने रखता है, और उसके बाद सभी बारातियों और गाँव के लोगों के सामने पत्तल और दोने रखे जाते हैं। इसके बाद मुखिया से शुरुआत करते हुए वे सभी को चावल और शोरबा देते हैं।

अब गाँव का मुखिया कहता है : " 'अमुक' मुखिया, महोदय! पुराने समय में वे कहते थे : अमीर लोग धान और भूसा सुखाते हैं; जहाँ तक हमारा सम्बन्ध है, महोदय, मैं मानता हूँ कि हम लोगों को सुखा रहे हैं।" दूल्हे की बारात तब उत्तर देती है : "बिलकुल ऐसा है, महोदय; क्या वे कहते नहीं हैं : हम कहते हैं हम सभी खाते हैं; इसके सम्बन्ध में बहुत अधिक की आवश्यकता है, वहाँ पानी है, पत्ते हैं, लकड़ी है, पुआल है, जो भी कुछ है, जब इन चीजों को पास में लाया जाता है केवल तभी हम भोजन खा सकते हैं। जो लोग ऐसा कहते हैं वे सोमाई की तंग घाटी, केरे तालाब, बालू रेत और मगरमच्छों के पास जा चुके हैं।" इसके बाद वे खाते हैं; यदि वे गाँव के लोगों को दो समय का भोजन देते हैं, तो दूल्हे की बारात को तीन समय का भोजन देते हैं। जब वे खा चुके होते हैं तो सभी पुरुष चले जाते हैं। इसके बाद गाँव की महिलाएँ खाना खाती हैं। जब खा चुकी होती हैं तो वे भी चली जाती हैं। दूल्हा सिन्दूर भरने के समय से ही दुल्हन के घर में रहता है।

इसके बाद जोग मांझी दूल्हे के कुछ बारातियों को भोजन खाने के लिए बुलाता है। वे आते हैं, उनकी संस्था दुल्हन की कीमत में दिये गए रुपये के बराबर होती है। जब वे आ जाते हैं तो वे उनके पैरों को धोते हैं, उन्हें घर के अन्दर ले जाते हैं और पहले उन्हें दो दोने हड़िया के देते हैं। इसके बाद वे उन्हें चावल और शोरबा देते हैं, और वे पेट-भर के खाते हैं। उसे वे उपहार भोजन कहते हैं, जो बलि दिये गए बकरे के बदले में होता है और उन दूसरी चीजों के बदले में होता है जो दूल्हा पक्ष ने दी है। जब वे खा चुके होते हैं तो वे अपने आवास पर चले जाते हैं।

अब जोग मांझी दुल्हन के पिता और बारातियों में से दो अन्य लोगों को लाता है ताकि वे हड़िया पी सकें। वे उन्हें घर के अन्दर ले जाते हैं और उन दोनों को हड़िया एक साथ देते हैं। वे एक-दूसरे का अभिवादन करते हैं और पीते हैं। इसके बाद वे सभी को देते हैं। अब वे गाते हैं :

स्तम्भों को देखो, स्तम्भों को देखो, मेरे समधी!
शुभ जंगल से स्तम्भों को देखो।

छत की शहतीरों को देखो, छत की शहतीरों को देखो, मेरे समधी!
शुभ जंगल से छत की शहतीरों को देखो।

कड़ियों को देखो, कड़ियों को देखो, मेरे समधी!
शुभ जंगल से कड़ियों को देखो।

बाड़ को देखो, बाड़ को देखो, मेरे समधी!
शुभ जंगल से बाड़ को देखो।

छप्पर की घास को देखो, छप्पर की घास को देखो, मेरे समधी!
शुभ जंगल से छप्पर की घास को देखो।

कड़ियों के नीचे तख्तों पर
कौन लोग बैठे हुए हैं?
वहाँ पर कौन लोग आराम कर रहे हैं?

तख्तों के नीचे कड़ियों पर
'अमुक' लोग बैठे हुए हैं,
'अमुक' लोग विचार-विमर्श कर रहे हैं।

युवा ससुर, वृद्ध ससुर,
हम खुशी मनाएँगे, हम एक साथ खेलेंगे,
जब तक जीवन रहता है, ससुर जी!
पाताल लोक का राजा हमें जल्दी बुलाएगा।

वे हड़िया खत्म करते हैं और वे गाना बन्द कर देते हैं। वे अपने आवास पर चले जाते हैं, अर्थात बारात चली जाती है।

वर पक्ष के लोग अब गाँव के नौजवानों के पास जाते हैं और पूरी रात उनके साथ नृत्य करते हैं; वे नाचते-गाते हुए ढोल बजाते हैं और गाते हैं। वर पक्ष के वृद्ध लोग अपनी बारात के युवा पुरुषों से कहते हैं : "केवल नाचना, युवा साथियो! सिर्फ नाचना लेकिन किसी को भी स्पर्श न करें।" वे जुर्माना लगाते हैं। दूल्हे की बारात में जानेवाले लोग दुल्हन के गाँव की लड़कियों के साथ छेड़छाड़ नहीं कर सकते; यदि वे ऐसा कुछ करते हैं, तो वे उन्हें बहुत कठोर दंड देते हैं। दूसरी तरफ यदि वधू पक्ष का कोई व्यक्ति वर पक्ष के गाँव की लड़कियों के साथ छेड़छाड़ करता है तो वे इसे गम्भीरता से नहीं लेते।

अगली सुबह जोग मांझी वर पक्ष के आवासों में जाता है और उनसे पूछता है : "यह कैसा है, सम्मानित दूल्हा पक्ष! आपने अपना दोपहर का भोजन किया है या नहीं?" वे उसे उत्तर देते हैं; कुछ समय पहले हमने अपना भोजन कर लिया है और अच्छी तरह किया है, और आपके हिस्से को हमने आपके लिए रखा है; कृपया जल्दी करें और हमें विदा करें। वे फिर अपने पास में से बड़े और छोटे मिट्टी के बरतन और भोजन के अपने पाँच हिस्से देते हैं। वर पक्ष तुरन्त कुछ अग्रदूतों को वर पक्ष के घर पर भेजते हैं। तब जोग मांझी दुल्हन के घर दूल्हे के लोगों को ले जाता है। दुल्हन के घर के बाहर सड़क पर दूल्हा पक्ष के लोग नाचते हैं।

जोग मांझी इसके बाद अन्दर जाता है और दुल्हन के माता-पिता से कहता है : "कृपया, दूल्हे और दुल्हन का तेल और हल्दी से लेप करें; दुल्हन के साथ जाने के लिए मुझे पाँच युवक दें और एक बुजुर्ग दें!" लेप करनेवाली लड़कियाँ दुल्हन और दूल्हे का लेप करती हैं; वे दुल्हन के साथ जानेवाले लोगों को लाते हैं। तब जोग मांझी कहते हैं : "ठीक है, उन्हें खाने दो और अपने-आपको मजबूत करने दो।" इसके बाद वे सभी दुल्हन और दूल्हे को और उनके साथ चलनेवालों को भोजन देते हैं और वे खाते हैं।

वहाँ जोग मांझी इन सभी से कहते हैं : "ठीक है, आप तैयार हो जाओ! मैं दूल्हा और दुल्हन को बाहर लाऊँगा।" जब वे तैयार हो रहे होते हैं तो जोग मांझी दुल्हन के माता-पिता से कहता है : "कृपया मुझे एक लकड़ी का मूसल दें जिसका लोहे का छल्ला पत्तियों से ढका हो।" वे उसे लाते हैं, और वह उसे दुल्हन के भाई को सौंप देता है। अब जोग मांझी दुल्हन की माँ से कहता है : "कृपया, एक लोटा पानी और पीतल के दोने में गुड़ की व्यवस्था करें और एक चटाई दें।" दुल्हन की माँ उसे जवाब देती है : "हम सब तैयार हैं।" यह कहते हुए वह दुल्हन के कपड़े में एक सेर धान डालती है। जोग मांझी फिर कहता है : "क्यों, मांझी हड़ाम के लिए हड़िया कहाँ है?" वे उसे ढक्कन के साथ एक छोटा बरतन सौंप देते हैं। इसे अपने हाथ में लेते हुए वह उन सबसे कहता है : "चलो! हम बाहर जाते हैं।" जब वे बाहर जा रहे होते हैं, तो दुल्हन वापस आती है और घर के दरवाजे पर अपने कपड़े की तह में रखे धान को हिलाती है, उसका अभिवादन करती है और चली जाती है। इसके बाद वे जोग मांझी के पास जाते हैं। दूल्हा पक्ष भी दूसरों के साथ वहाँ जाता है।

दूल्हा पक्ष नाच रहा है, और जोग मांझी मृत मांझी हड़ाम के तर्पण के रूप में हड़िया उड़ेल रहा है। जब वह ऐसा करता है तो वह एक आह्वान करता है : "जैसा कि यहाँ दिखाई दे रहा है, मांझी हड़ाम! मैं आपको अर्पित करता हूँ! यह आपको दूल्हा और दुल्हन के लिए कहा जा रहा है। जंगल में जाते समय कोई बाधा न हो, कोई ठोकर न लगे, कोई विधवा न मिले, कोई बुरा शगुन न हो, कोई मंत्र या टोना उनको न लगे।

सड़क पर, जंगल में पेट दर्द न हो, कोई सिरदर्द न हो! 'अमुक' वर्ष से पहले दुल्हन और दूल्हे के लिए हम बूढ़े लोग बिस्तर के नीचे पत्ती से बने दोने को ढकें! सबसे पहले आप चलेंगे, हम तुम्हारे पीछे चलेंगे, फिर दूल्हे और दुल्हन पक्ष के लोग, दुल्हन के भाई चलेंगे।" वहाँ पर सभी, दुल्हन पक्ष के लोग और दूल्हा पक्ष के लोग गाँव की गली के अन्त में चौराहे पर जाते हैं।

चौराहे पर वे एक चटाई बिछाते हैं और दुल्हन की माँ को उस पर बैठाते हैं। फिर वे पहले दूल्हे को लाते हैं और उसे अपनी सास की जाँघ पर बैठाते हैं। वह उसका मुँह धोती है; उसके बाद वह तीन बार उसके मुँह में गुड़ डालती है, और वह उसे खाता है। अब दुल्हन की माँ उसके हाथ से पानी का लोटा लेती है; वह दूल्हे के मुँह को धोती है और फिर उसे चूमती है। उसके बाद वह उतर जाता है, और वे दुल्हन को ले आते हैं। उसके साथ भी उसी तरह से किया जाता है। इसके बाद दुल्हन के पिता के भाइयों की दो पत्नियाँ भी उसी तरह से दुल्हन और दूल्हे के साथ करती हैं।

दुल्हन के गाँव के लोग पंक्तियों में खड़े होते हैं, एक तरफ पुरुष और दूसरी तरफ महिलाएँ। दुल्हन की माँ विवाहित जोड़े से कहती है : "उन्हें प्रणाम करो!" एक के बाद एक, गाँव के मुखिया से शुरू करते हुए वे दोनों ऐसा करते हैं; पहले लेप करनेवाली लड़कियों के साथ और उनके बाद दुल्हन अपने दूल्हे के बहनोई और उनके साथियों के साथ-साथ दुल्हन पक्ष के सभी पुरुषों और महिलाओं को प्रणाम करते हैं। इसके बाद दूल्हा पक्ष के मुखिया से शुरू करते हुए दुल्हन के गाँव के सभी लोगों को प्रणाम करते हैं। फिर वे गाते हैं :

चलो! प्रिय, चलो, प्रिय!
अपने घर, प्रिय!
पालना बहुत भारी है, बहुत भारी है।

तिलाई पेड़ के मैदान में,
मैंने घोड़ा बाँधा है, प्रिय!
पालना बहुत भारी है, प्रिय!

खाली गाँव में
ईख के पौधे उगाए थे।
वह ईख कितनी मीठी थी?

हम नहीं जानते कि क्या वह कड़वी है,
हम नहीं जानते कि क्या वह मीठी है,
हम नहीं जानते कि यह कैसी है।

'अमुक' लोग जानते होंगे,
गाँव के भाई जानते होंगे,
क्षेत्र के लोग जानते होंगे।

इस पर जोग मांझी दूल्हा पक्ष से बकाये के लिए पूछता है : "रंगोली को पूरा करने के लिए दो आने, चूल्हे के लिए दो आने, और एक पैसा 'चरवाहे' के लिए।" रंगोली का शुल्क उस लड़की को मिलता है जिसने विवाह के मंडप के स्थान पर रंगोली बनाई है, और चूल्हे का खर्च उन लोगों को मिलता है जो खाना पकाते हैं और चरवाहे का एक पैसा जोग मांझी को दिया जाता है।

इसके बाद जोग मांझी दूल्हा पक्ष को बुलाता है : "आओ! हम साथ में थोड़ी बातचीत करेंगे।" वह बुजुर्ग पुरुषों को एक तरफ ले जाता है, और वे एक-दूसरे के पास पंक्तियों में बैठ जाते हैं। जोग मांझी गाँव के लोगों को बुलाता है। इनमें से वे बुजुर्ग पुरुषों को भी लाते हैं, जो दूल्हा पक्ष के सामने बैठते हैं।

अब वधू पक्ष का ग्राम प्रधान बात करना शुरू करता है : "सम्मानित दूल्हा पक्ष! एक बात है जिसके बारे में मैं बात करूँगा; शिकार या उसका पीछा करने के दौरान, जब संकट और खतरा होता है, तो वादा नहीं होता है, ठीक है? तब अच्छा शगुन होता है, दाईं ओर एक बैल, बाईं ओर एक कठफोड़वा, हम एक साथ बाँध देते हैं, एक साथ बन्धन में शामिल हुए हैं; अब फिर दिन-आत्मा, पाँच पर्वतीय आत्माएँ, एक साथ बैठे हमारे पूर्वज, हमारे बन्धनों में शामिल हो गए हैं; दूल्हा पक्ष के घर को दुल्हन मिल गई है, और दुल्हन पक्ष के घर को दूल्हा मिल गया है; यह घरों का एक आदान-प्रदान बन गया है। अब आपको शिकार और पीछा करने के लिए भटकना पड़ सकता है, आप बाजार या किसी ऐसी चीज में जा सकते हैं, आप गाँव-गाँव घूम सकते हैं, ठीक है? इस समय तक, ज्ञान की कमी के कारण, आपने कुंडों से और नदियों से पानी पीया है; अब जैसा कि यहाँ देखा गया है, हमने मकान खरीद लिये हैं, आज से फिर दाईं ओर या बाईं ओर नहीं जाएँगे। घर में एक खलियान में एक दोना पानी और छाया है, कृपया यहाँ पर आएँ। बारह भट्टों से आपने एक बरतन का चयन किया है; आपने इसे खरीदा; फिर अगर यह आलसी है, अगर यह सुस्त है, अगर यह अनियमित और गाँठदार है, अगर यहाँ दुख की बात आती है, अगर यह खो जाता है, तो यह हमारी जिम्मेदारी नहीं है...अगर यह टिन का हो जाता है, अगर यह ताँबे का हो जाता है, अगर यह एक वेश्या बन जाता है, एक तवायफ, अगर यह एक दवा, एक चुड़ैल बन जाता है, तो आपको सावधान रहना होगा। घर की गुणवत्ता से लोगों का विकास होता है, जिस प्रकार कि खलियान की गुणवत्ता के कारण मवेशियों का विकास होता है...हमने भी बदले में कुछ दिये बिना दुल्हन को ले लिया है, दुल्हन के भाई के लिए बैल,

उसकी दादी के लिए कपड़ा, दुल्हन की माँ के लिए कपड़ा, ये भी हमें बदले में कुछ दिये बिना मिला है; हड्डियों और राख दोनों को हमने बेच दिया है। सिर का खून, कानों का खून, यह हमने नहीं बेचा है, हम इसका पालन करेंगे। ठीक है, अगर एक पूरा दिन या आधा दिन चावल जलाया जाता है, या शोरबा को जलाया जाता है, तो आप इसे भुगत सकते हैं, आप इसे सहन कर सकते हैं; यदि उकसाने और ताने देने से यह ठीक नहीं होगा, तो 'अमुक' मुखिया, कृपया हमें एक आदमी भेजें; अगर कोई आदमी नहीं है तो कृपया हमें एक मुड़ी हुई छड़ी भेजें; और यदि कोई छड़ी नहीं मिल रही है, तो कृपया हमें एक कुत्ता भेजें; हम साथ में परामर्श करेंगे।"

अब दूल्हा पक्ष के ग्रामीण मुखिया ने जवाब में कहा : "यह सच है, महोदय! यह अकेले हमारे द्वारा नहीं किया गया है, दिन की आत्मा, पाँच पर्वत आत्माएँ, एक साथ बैठे हुए पूर्वजों ने, अच्छा शगुन होने पर, दाईं ओर बैल और बाईं ओर एक कठफोड़वे को बाँधा, हम बन्धनों में बँध गए, यह सच है! हमने बारह भट्ठों में से चयन किया, और चीजें खरीदी हैं। हमने आपके पालतू तोते को अपनी तरफ कर लिया है; नतीजतन अगर यह टिन या ताँबा बन जाता है, तो हमारी जिम्मेदारी है, अगर यह आलसी हो जाता है, तो यह हमारी जिम्मेदारी है; अगर यह दुखी होता है, अगर यह खो जाता है, तो यह हमारी जिम्मेदारी है, यदि यह खाई और छेद बन जाता है, तो यह हमारी जिम्मेदारी है; अगर यह एक आवारा, एक वेश्या, एक दवा या चुड़ैल बन जाता है, तो यह हमारी जिम्मेदारी है। अगर यह चोर बन जाता है तो यह हमारी जिम्मेदारी है, हड्डियों और राख दोनों को हमने खरीद लिया है। सिर का रक्त, कान-रक्त हमने नहीं खरीदा है, यह आप अनुवर्ती कर सकते हैं। हाँ, अगर एक दिन, आधे दिन में चावल जला दिया जाता है, शोरबा जला दी जाती है, तो क्या हम उसे शिक्षित नहीं करेंगे और उसे सिखाएँगे नहीं? और अगर उसे शिक्षित नहीं किया जाएगा और पढ़ाया नहीं जाएगा, तो हम आपको सूचना भेजेंगे और एक साथ परामर्श करेंगे।"

"ठीक है! फिर आपके लिए भी, जब आप हमारी दिशा में आएँ तो आप हमसे मिले बिना न गुजर जाएँ, हम से मिलकर जाएँ। जब आप शिकार पर जा रहे हों या पीछा कर रहे हों, गाँव में से होकर जा रहे हों तो आप पुरुष लोग दाईं या बाईं तरफ से न गुजर जाएँ। इस समय तक ज्ञान की कमी के कारण आपने हमारी नदियों और तालाबों से पानी पीया। आज से इसे छोड़ दें, इसे छोड़ दें। सीधे यहाँ आएँ, छाया में बैठें और पानी के प्याले से पानी पीएँ। कृपया सीधे आएँ। यह घर हमारा है और यह घर आपका है।"

उसके बाद जोग मांझी दुल्हन का हाथ पकड़कर उसे दूल्हे के गाँव के मुखिया के पास ले जाता है और उससे कहता है : "यह व्यक्ति, पिता जी, मैं तुम्हें दे रहा हूँ।" गाँव का मुखिया जवाब देता है : "हाँ, पिता जी हम उसे प्राप्त कर चुके हैं।"

इसके बाद दूल्हा पक्ष अपने घर जाना शुरू करता है, दुल्हन को अपने साथ ले जाता है। इस समय जोग मांझी उन्हें पुकारता है : "रुको! दूल्हा पक्ष एक बार रुक जाओ, तुम युद्ध-कुल्हाड़ी लेना भूल रहे हो।" वह उन्हें बलि दिये बकरे का स्कन्ध भाग देता है। दूल्हा पक्ष के साथ मिलकर दुल्हन के पाँच भाई और एक संरक्षिका दूल्हे के घर जाते हैं। संरक्षिका एक चटाई साथ ले जाती है, उसे अपने काँख में दबाकर ले जाती है। दूल्हा पक्ष चला जाता है और दुल्हन पक्ष के लोग अपने घरों को लौट जाते हैं।

दूल्हे द्वारा दिये गए खस्सी को मारकर उसके कच्चे मांस को तीन भागों में विभाजित किया जाता है। सिर के साथ एक हिस्सा दुल्हन के पिता को, और दो हिस्से गाँव के लोग कीमा बनाकर खाते हैं। और उन्होंने प्रस्तुत हड़िया पी। वे विवाह-मंडप में महुआ के डाल को उखाड़ते हैं, और वे धूप में सुखाए हुए चावल, कच्ची हल्दी, दूबी घास को वहाँ से निकालते हैं जहाँ उसे दबाया गया है। वे इन चीजों को ढीला करते हैं और देखते हैं कि वे कैसे विकसित हुए हैं। अगर हल्दी और धूप में सुखाए गए चावल उग आए हैं, तो दूल्हा और दुल्हन बहुत भाग्यशाली होते हैं। बाद में गाँव के नौजवानों को एक सपाट टोकरी पके हुए चावल, एक बरतन शोरबा और एक बरतन हड़िया मिलती है। इसे वे ओस हड़िया, ओस चावल कहते हैं।

इसके बाद जोग मांझी लेप करनेवाली लड़कियों को उनके अभिभावकों के पास भेज देते हैं, प्रत्येक को भोजन के साथ। और वे अपने-अपने घर चली जाती हैं।

अब दूल्हा पक्ष के लोग अपने गाँव पहुँचते हैं। अगुआदार उन्हें गाँव की गली के प्रवेश द्वार पर रोक देता है, और खुद दूल्हे के घर के लिए अग्रिम में जाता है। वह उनसे कहता है : "दूल्हा और दुल्हन आए हैं; आओ! हम उन्हें पानी के साथ मिलेंगे।" फिर दूल्हे के पिता, मुखिया और उसके सहायक, जोग मांझी और उसके सहयोगी और दूल्हे के गाँव के गोड़ैत को अपने घर ले आते हैं और उन्हें दो-दो हड़िया के दोने देते हैं और कहते हैं : "सुनो, मुखिया! साथ आओ, दूल्हा-दुल्हन की जोड़ी आ गई है; हम उन्हें पानी के साथ मिलेंगे।" मुखिया फिर कहता है : "ठीक है, फिर जोग मांझी, गाँव के नौजवानों को बुलाओ।" जोग मांझी गोड़ैत को भेजता है और उन्हें लाया जाता है। गाँव का मुखिया दूल्हे के पिता से कहता है : "कृपया घर में हड़िया का एक मटका तैयार करें।" वहाँ का ग्राम प्रधान जोग मांझी से कहता है : "इन युवकों को हड़िया के दो दोने दें।" दूल्हे के पिता थोड़ी हड़िया पीते हैं, जोग मांझी कुछ युवकों को देते हैं।

मुखिया फिर युवकों से कहता है : "अपने कपड़ों को कसकर अपनी कमर में बाँध लो और नाचते हुए एक जोड़ी ढोल पकड़ लो।" वह जोग मांझी से कहता है :

"कृपया एक बरतन में पानी और एक लोटा रखें।" जब उन्हें ये चीजें मिल गईं, तो वह उनसे कहता है : "आओ, हम दूल्हा और दुल्हन, दुल्हन के भाई, उन सभी को लेकर आएँगे।" फिर युवा लड़कियाँ और पुरुष सभी गाँव की गली के प्रवेश द्वार पर दूल्हा और दुल्हन के स्वागत के लिए जाते हैं। जोग मांझी दूल्हे के भाइयों को पानी पिलाते हैं और उनकी संरक्षिका को भी पानी पिलाते हैं।

अब दूल्हे की माँ दूल्हा, दुल्हन, दुल्हन के भाइयों और उनके साथियों के पैर धोती है और उनके मुँह में गुड़ और पानी देती है। जबकि गाँव की महिलाएँ और लड़कियाँ दुल्हन को गीत के माध्यम से गाली देती हैं। जिस तरह दुल्हन के लोगों ने दूल्हे के साथ अपमानजनक गानों के साथ स्वागत किया, उसी तरह का गीत गाया जाता है लेकिन केवल नाम बदला जाता है। इस समय जोग मांझी लड़कियों से कहते हैं : "कृपया दुल्हन और दूल्हे को अपनी गोद में ले जाएँ।" उन्हें अपने साथ ले जाते हुए हर घर में ले जाया जाता है, और हर घर की महिलाएँ उनके पैर धोती हैं और पानी और गुड़ मुँह में डालती हैं। जब वे गाँव के मुखिया के घर पहुँचते हैं, दूल्हा और दुल्हन, दुल्हन के भाई और संरक्षिका मांझीस्थान में मृत मांझी हड़ाम को नमन करते हैं; और घर की महिलाएँ उनके पैर धोती हैं और उनके मुँह में पानी और गुड़ देती हैं। सबसे आखिर में वे दूल्हे के घर पहुँचते हैं और बाहर गली में रुकते हैं। शहबाला की पत्नी दुल्हन और दूल्हे के कपड़ों के सिरों को एक साथ आपस में बाँधती है। अब एक पीतल के थाली पर दूल्हे की माँ धूप में सूखे चावल, धूप में सुखाया हुआ धान, दूबी घास, आटे के तीन गोले और गाय के गोबर के तीन गोले, एक बड़े पत्ती-दोने में हल्दी व्यवस्थित करती है; तेल, एक लोहे का कड़ा, सिन्दूर और एक कंघी, और वह इसे बाहर गली में ले जाती है। इस पीतल की थाली के साथ वह दुल्हन और दूल्हा और बाकी सभी की तीन बार आरती करती है। उसके बाद वह पीतल की थाली नीचे रखती है, और अपने हाथों में थोड़ी सी दूबी घास, धूप में सुखाए हुए चावल, और धूप में सुखाए हुए धान के साथ वह दूल्हा और दुल्हन पर तीन बार फिराती है, इसके बाद वह उसे दुल्हन की जोड़ी के पीछे फेंक देती है।

अब वह हल्दीवाले पानी से चुमावन करती है, जो उसने पत्ती से बने दोने में रखा है, जो दूल्हे के गाल पर लगाया जाता है, और वह भी उसके साथ ऐसा ही करता है। उसके बाद दूल्हे की माँ हल्दी को दुल्हन के गाल पर भी लगाती है, और वह अपनी सास के साथ भी ऐसा ही करती है। इसके बाद दूल्हे की माँ दुल्हन के सिर पर तेल लगाती है और उसे थोड़ी सी कंघी करती है, और उसे वह सिन्दूर लगाती है; और वह अपनी सास को भी तेल लगाती है और उसे थोड़ी कंघी करती है और अपनी बारी में उस पर सिन्दूर लगाती है। इस समय दूल्हे की माँ दुल्हन की बाईं बाँह पर एक लोहे का कड़ा पहनाती है, और आटे के गोले और गाय-गोबर

के गोले एक बार में तीन दिशाओं में फेंक देती है। वहाँ दूल्हे के पिता के बड़े और छोटे भाइयों की पत्नियाँ भी ऐसा ही करती हैं।

अब दूल्हे की माँ अगुआदार से कहती है : "मुझे लकड़ी का मूसल दो।" वह इसके लिए दुल्हन के भाई से पूछता है और उसे दूल्हे की माँ को सौंप देता है। इसे वे 'उपहार मूसल' कहते हैं। अब एक मिट्टी के बरतन के ढक्कन पर, लेप करनेवाली लड़कियाँ घर से बाहर गली के प्रवेश द्वार से गरम अंगारे लाती हैं। अब तीनों भाइयों की तीनों पत्नियाँ (पहले दूल्हे की माँ) लकड़ी के मूसल को अपने बाएँ हाथों में लेती हैं, इसे ढक्कन पर गरम अंगारों पर लहराती हैं और अपने दाहिने हाथों से इसे प्रणाम करती हैं; इसके बाद वे अपने दाहिने हाथों में मूसल लेती हैं और उसे हिलाती हैं और अपने बाएँ हाथों से प्रणाम करती हैं; फिर से वे एक बार मूसल को अपने बाएँ हाथ में ले लेती हैं, उसे हिलाती हैं और अपने दाहिने हाथों से प्रणाम करती हैं। वह चुमावन रस्म निभानेवाली अन्तिम महिला थी, जो मूसल के साथ ढक्कन पर गरम अंगारों को तोड़ती है, और मूसल को वह घर में ले जाती है। इसे वे शुद्धीकरण की रस्म कहते हैं।

तब वे दूल्हे और दुल्हन को घर के दरवाजे पर लाते हैं। यहाँ पर वे पीतल की एक थाली में उनके पैर धोते हैं। इसके बाद वे उन्हें घर में ले जाते हैं। तब दूल्हे की छोटी बहन उनके लिए दरवाजा बन्द कर देती है। वे गाते हैं :

यदि आपमें ताकत है,
यदि आप परिपक्व हैं,
आप, 'अमुक', इस पत्थर के दरवाजे को खोलो।

यदि आपमें ताकत है,
यदि आपमें परिपक्वता है,
आप, 'अमुक', पत्थर के दरवाजे को थोड़ा खोल दो।

इसे वे द्वार छेकाई का गीत कहते हैं। दुल्हन तब अपनी ननद को एक आना देती है, और वह उनके लिए दरवाजा खोलती है। वे अन्दर जाते हैं, और लेप करनेवाली लड़कियाँ उनके लिए चटाई बिछाती हैं। दूल्हा और दुल्हन वहाँ बैठते हैं और उनके साथ दूल्हे के बहनोई, उसके साथी, लड़की संचालक, और युगल भी आते हैं। लेप करनेवाली लड़कियाँ उनको तेल और हल्दी लगाती हैं। ऐसा करते हुए वे गाती हैं :

किसके लिए, पिता जी! हाथी पर काठी लगाई गई हैं?
किसके लिए, पिता जी! यह सुन्दर रानी है?

युवा राजकुमार के लिए, हाथी को सजाया गया है,
युवा राजकुमार के लिए, यह सुन्दर रानी है।

तुम पूर्व में गए थे, मेरे लड़के, तुम पश्चिम से आए थे;
मेरे बेटे तुम्हें कहाँ से यह कीया का फूल मिला?

सात समुद्र पार, गंगा नदी के पास
पिता जी ने कीया का फूल खरीदा था।

अब लेप करनेवाली लड़कियाँ दूल्हे और दुल्हन और उनकी बारात को सिन्दूर लगाती हैं, जो सभी वहाँ बैठे हैं; ऐसा करने के बाद वे अपने हाथ धोती हैं। अब वे दूल्हा और दुल्हन को दूध में पका हुआ चावल देती हैं, और दूसरों को चावल और शोरबा देती हैं। इस समय दूल्हे की छोटी बहन दुल्हन से जबरन चावल लेती है; वह दुल्हन के मुँह में एक मुट्ठी डालती है; इसके बाद वे दोनों एक साथ अपना खाना खाते हैं। जब वे खा चुके होते हैं, तो लेप करनेवाली लड़कियाँ सभी के हाथ धुलाती हैं। वे धीरे-धीरे बाहर जाते हैं; दूल्हा-दुल्हन के भाइयों के साथ रहता है, और दुल्हन, अपनी संरक्षिका के साथ।

जोग मांझी तब दुल्हन के भाइयों को बुलाता है। गाँव के दो लड़के पैर धोते हैं; इसके बाद लेप करनेवाली लड़कियाँ उनके लिए पानी लाती हैं। वे अपने हाथ धोते हैं, और जोग मांझी दुल्हन के भाइयों से कहते हैं : "घर में चलो, हमारे पास कुछ मांड होगा।" वे भीतर जाते हैं; वे उनके लिए चटाई बिछाते हैं, और वे बैठ जाते हैं। पहले वे उनमें से प्रत्येक को दो-दो दोने हड़िया देते हैं। वे इसे पीते हैं; उसके बाद दूल्हे की माँ खुद दुल्हन के भाइयों को खाना देती है; वह उन्हें प्रसन्न करने के लिए भरपूर भोजन कराती है। फिर से जोग मांझी कहते हैं : "कृपया हड़िया लाएँ।" फिर वे पीते हैं, प्रत्येक दो दोने हड़िया पीते हैं; उसके बाद जोग मांझी उन सभी को एक घर में ले जाता है। जब वे वहाँ जाते हैं, तो जोग मांझी दूल्हा पक्ष को बुलाता है। जब वे आते हैं, तो वे उन्हें हड़िया और भोजन देते हैं। इसे वे 'धूल को हटानेवाला भोजन और हड़िया' कहते हैं। सभी सोने चले जाते हैं।

जब दिन निकलता है दूल्हे का पिता जोग मांझी से कहता है : "कृपया दुल्हन के भाइयों को याद रखें, क्या वे उठ गए हैं या नहीं?" जोग मांझी जवाब देते हैं : "वे ऊपर हैं।" फिर दूल्हे के पिता, दुल्हन के भाई, दुल्हन और दूल्हे और गाँव के मुखिया और गाँव के दो लोग खलियान में जाते हैं। और दूल्हे के पिता दुल्हन के भाइयों को एक गाय का बछड़ा देते हैं और उनसे कहते हैं : "यह आपका है, महाशय! इसे ध्यान से देखें, ताकि इसे याद रखें।" दुल्हन का छोटा भाई, या उसका बड़ा भाई, फिर बछड़े की पीठ को थपथपाता है और उसे प्रणाम करता है;

इसके बाद वह गाँव के मुखिया और सभी उपस्थित लोगों के सामने सिर झुकाता है। अब वे एक साथ बैठते हैं, और गाँव के मुखिया दुल्हन के भाइयों से कहते हैं : "पुराने समय में, वे कहते हैं, सफेद-चींटी की एक पहाड़ी पर खड़े होकर उन्होंने दुल्हन के भाई के लिए बैलगाड़ी को जोड़ा। जहाँ तक हमारा सम्बन्ध है, हम यह प्रस्तुत कर सकते हैं। यह विशेष रूप से आपके लिए है।" वे उत्तर देते हैं : "दुखी लोग सोमाई घाटी में मगरमच्छों के पास चले गए जहाँ बालू-रेत है।" मुखिया फिर कहता है : "कृपया, श्रीमान जी! हमने इसे काट दिया है और यह अलग हो गया है, यह दुखी हो सकता है; यह भटक सकता है, यह खो सकता है, यह दूर हो सकता है, इसके लिए आप सावधानी रखेंगे।" दुल्हन के भाई जवाब देते हैं : "हाँ, श्रीमान जी! इस बीच कुछ दिन और रहने दीजिए।" प्रणाम करने के बाद वे अन्दर जाते हैं।

जोग मांझी तब दूल्हे के पिता से कहता है : "कृपया, हमें तेल और दातुन दें, हम नहाने जा रहे हैं।" वे उन्हें यह देते हैं, और जोग मांझी दुल्हन के भाइयों को पानी के पास ले जाता है। उनका स्नान, वापसी और बैठना होता है। जोग मांझी अन्दर जाता है और वहाँ के लोगों से कहता है : "हम आ गए हैं; हम बहुत भूखे हैं; जल्दी करो।" लेप करनेवाली लड़कियाँ दुल्हन के भाइयों के हाथ पर पानी डालती हैं, और वे हाथ धोते हैं। जोग मांझी फिर इन्हें घर के अन्दर ले जाता है और उनसे कहता है कि वे चटाई पर बैठ जाएँ, और वे ऐसा करते हैं।

इस समय जोग मांझी कहते हैं : "कृपया! हममें से प्रत्येक को चार-चार दोने हड़िया दें।" यह किया जाता है, और वे इसे पीते हैं। लेप करनेवाली लड़कियाँ हाथ धुलाती हैं। वे दोने तोड़कर फेंक देते हैं।

दूल्हे की माँ अब परात में कूटा हुआ और पका हुआ चावल लाती है। लेप करनेवाली लड़कियों में से एक लड़की एक लोटा पानी लेकर आती है। दुल्हन की माँ तब दुल्हन के भाइयों से कहती है : "यह लो, दुल्हन के सम्मानित भाइयो! कूटा हुआ और पका हुआ चावल गीला कर लो।" वे ऐसा करते हैं; लेप करनेवाली लड़कियों में से एक, चम्मच से गुड़ डालती है और उन्हें देती है। इसके बाद वे उन्हें दही देती हैं।

अब दुल्हन के पिता ने भोजन की शुरुआत की : "महोदय! पूर्व में धनी लोग धान फैलाते थे और बाँस की चटाई पर भूसा निकालते थे; जैसा कि आप देख रहे हैं, हम दुल्हन के भाई को सूखने के लिए फैला रहे हैं; इसके लिए विशेष रूप से शोक मनाओ।" वे उत्तर में कहते हैं : "शोक प्रकट करनेवाले अग्रिम में जाते हैं, श्रीमान जी! सोमाई की संकीर्ण घाटी में; पतली रेत में उन्होंने घर बनाए।" इसके बाद वे भोजन करते हैं। भोजन करने के बाद वे उन्हें पीतल की प्याली में हड़िया देते हैं। वे खुद प्याली को धोते हैं, और दूल्हे के पिता दुल्हन के भाइयों से कहते हैं : "अब, महोदय मेरी बहू के भाई, अपने पत्तल अपने साथ ले जाओ; पत्तियों को यहाँ रहने दो।" फिर वे बाहर चले जाते हैं।

जोग मांझी फिर से घर में चला जाता है और दुल्हन के पिता को कहता है : "क्या हमें इन मित्रों को सब्जियाँ देनी होगी?" वह जवाब देता है : "वहाँ एक बधिया बकरा है।" जोग मांझी गाँव के एक युवक से कहता है। वे उसे हड़िया देते हैं। वह पीता है, और जोग मांझी उसे कहते हैं : "यहाँ देखो, युवक! गाँव के सभी बड़े और छोटे लोगों से कहो : मेरे साथ आओ, हम दुल्हन के भाई को सब्जियाँ देंगे।" पूरा परिवार, माँ और बच्चे, सभी आते हैं और दूल्हे के घर में इकट्ठा होते हैं। गाँव के लोग उन्हें हड़िया और चावल देते हैं।

जोग मांझी घर से पानी का एक लोटा लेकर आता है और अपने हाथ की हथेली पर रखता है; और एक आदमी बधिया बकरा लाता है। फिर जोग मांझी गाँव के मुखिया और उनके सहयोगी लोटे को प्रणाम करते हैं। इसके बाद वह उसे दुल्हन के भाई को देता है जो उसे प्रणाम करता है। इसके बादे गाँव के लोग, पानी के लोटे को प्रणाम करते हैं और अन्त में वह लोटे को महिलाओं को प्रणाम करने के लिए देता है।

अब जोग मांझी एक फरसा को पकड़ता है और दुल्हन के भाई को देता है। खस्सी को रस्सी से बाँधने के बाद वे उसके सिर पर पानी डालते हैं और उसको पत्तल में चावल खाने को दिया जाता है। "आओ, दुल्हन के सम्मानित भाइयो! हमारे लिए सब्जियों को बाँधना।" वे दुल्हन के भाई को कहते हैं : "खड़े हो जाओ!" उनमें से एक फरसा पकड़ लेता है और खस्सी पर घुमाता है; वह इसके बाद फरसा नीचे रख देता है। गाँव के पुरुषों में से एक फरसा को लेता है और पशु को मारता है। दुल्हन के भाई खस्सी को मारते नहीं हैं, क्योंकि वे कहते हैं कि इससे शादी में बाधा आएगी। जोग मांझी पत्तल पर चावल और खस्सी के सिर को रखता है और घर के अन्दर चला जाता है। इसके बाद वह कुछ पुआल नीचे बिछाता है और उस पर कुछ रक्त डालता है। दूल्हे के पिता उस स्थान पर थोड़ी सी हड़िया छिड़कते हैं जहाँ खस्सी की बलि दी गई थी; और दूल्हे का भाई और वह आदमी जिसने खस्सी की बलि दी है, के सामने एक पत्तल पर हड़िया रखता है और वह उन्हें हड़िया पीने के लिए कहता है। वे ऐसा करते हैं; इसके बाद वह फिर से उन्हें हड़िया देता है।

जोग मांझी फिर इन दोनों से कहता है : "कृपया! एक-दूसरे को प्रणाम करें! इसके बाद आप सभी को यहाँ प्रणाम करेंगे।" फिर वे एक-दूसरे को समधियों की तरह प्रणाम करते हैं, और गाँव के मुखिया से मिलने के बाद वे वहाँ उपस्थित सभी को प्रणाम करते हैं। अब गाँव के दो नौजवान वहाँ सभी को दो-दो दोने हड़िया देते हैं। जब वे नशे में होते हैं, तो वे चुप रहते हैं। युवा लोग नाच रहे हैं, और कुछ लोग काम कर रहे हैं।

दूल्हे के पिता फिर गाँव के मुखिया से कहते हैं : "कृपया, महोदय, हमें अच्छे समय में चुमावन समारोह करने दें।" मुखिया फिर जोग मांझी से कहता है :

"गाँव के सभी लोगों को यहाँ बुलाओ; हम चुमावन समारोह देखेंगे।" वह गाँव के लोगों को एक साथ बुलाने के लिए गोड़ैत को भेजता है। दूल्हे की बड़ी बहन, या अगर बड़ी बहन नहीं है, तो एक छोटी बहन, दूल्हे के घर में चुमावन का आयोजन करती है। दुल्हन के घर में मंडप की तरह रंगोली बनाती है; लेकिन वह उन्हें पूरा नहीं करती जब तक कि दूल्हे के पिता उसे बछड़ा देने का वादा नहीं करते।

लेप करनेवाली लड़कियाँ अब दूल्हा और दुल्हन को घर में ले जाती हैं और उन्हें एक चटाई पर बैठाती हैं, और उनके साथ दूल्हे को, उनके साथियों को बैठाती हैं और चुमावन के आयोजन में भाग लेती हैं। लेप करनेवाली लड़कियाँ तेल और हल्दी से उनका लेप करती हैं; हालाँकि, दूल्हे की माँ पहले उन्हें इंगित करती है; जब उसने उनके लिए रास्ता बनाया, तो लेप करनेवाली लड़कियों ने उनका लेप किया। जब लेप समाप्त हो जाता है, संचालक अर्थात बहनोई की पत्नी दुल्हन और दूल्हे के कपड़े को एक साथ बाँध देती है। इसके बाद वे उन सभी को भोजन देते हैं। इस समय दुल्हन नहीं खाएगी, और जब वे उससे पूछते हैं, तो वह नहीं बोलती है। दूल्हे का पिता फिर उससे कहता है : "कृपया खाओ, बहू, मैं तुम्हें एक बछड़ा दूँगा।" फिर वह खाती है। भोजन करने के बाद वे उठ जाते हैं।

अब हाथ में पानी का लोटा लेकर संचालक महिला उन्हें बाहर विवाह मंडप में ले जाती है। दुल्हन पक्ष के लोग भी उनके साथ हैं। जहाँ उन्होंने रंगोली बनाई है, वहाँ वे तीन बार चक्कर लगाते हैं, और महिला संचालक भी लोटे में पानी भरकर चारों तरफ छिड़कती है। लेप करनेवाली लड़कियाँ अब रंगोली पर चटाई बिछाती हैं; इसके बाद दूल्हा और दुल्हन और उनके साथी इस पर बैठ जाते हैं। फिर वे वही करते हैं जैसा कि उन्होंने दुल्हन के घर में किया था। चुमावन समारोह में गाँव की सभी महिलाएँ उन्हें कड़े, हार, अँगूठियाँ, पैसा देती हैं। लेकिन दुल्हन के भाई उन्हें कुछ नहीं देते। दुल्हन के भाई और गाँव के सभी लोग चुमावन समारोह के दौरान हड़िया पीते हैं। हड़िया समाप्त हो गई है, और चुमावन समारोह भी समाप्त हो गया है। दूल्हे की छोटी बहन ने दुल्हन के पैर धोए, और इस समय वह दुल्हन के पैर को पकड़ती है। दूल्हे की माँ तब दो आना माँगती है : "आपने दुल्हन के पैर पर कैसे किया?" वह उससे कहती है : "हमने पैसे में से एक आना उठा लिया।" दूल्हे की माँ तब कहती है : "उसे गिरने दो।" संरक्षिका पैर पकड़नेवाली महिला को एक आना देती है, और उसे मुक्त करती है। इसके बाद वे एक-दूसरे को प्रणाम करती हैं। सभी खड़े हो जाते हैं, और तीन चक्कर लगाने के बाद दूल्हा, दुल्हन और उनके साथी घर के अन्दर चले जाते हैं।

जोग मांझी फिर दूल्हे के पिता से कहते हैं : "एक बार यहाँ घर में आइए।" पुरुषों के एक जोड़े के साथ वह अन्दर चला जाता है। दूल्हे की माँ गाँव के मुखिया की पत्नी और कुछ महिलाओं को बुलाती है और उन्हें अन्दर ले जाती है।

इसके बाद पैसे, पीतल के हार और विभिन्न चीजों की तरफ देखते हुए वे उन्हें गिनते हैं। वे इन सभी चीजों को दूल्हे की माँ को दे देते हैं और बदले में उन्हें हड़िया मिलती है।

इसके बाद वे दावत देना शुरू करते हैं। जिस प्रकार से उन्होंने दुल्हन के घर में किया था, वे वही कार्य दूल्हे के घर में भी करते हैं। जब वे भोजन और हड़िया ले चुके होते हैं तो जो लोग नाचना चाहते हैं वे नाचते हैं और जो सोना चाहते हैं वे सोते हैं।

जब दिन निकलता है तो महिला संचालक दूल्हा और दुल्हन के विवाह के कपड़ों को उबालती है और ऐसा करने के बाद वह उन्हें धोती है और उन्हें लाती है। वे दुल्हन के भाइयों और संरक्षिका को अपने दाँत साफ करने को दातुन देते हैं। जब वे ऐसा कर चुके होते हैं, तो वे उन्हें दूल्हा और दुल्हन सहित बासी भोजन, कूटा हुआ और पका हुआ चावल देते हैं। बाद में वे गाँव के लोगों को दुल्हन और दूल्हे को नहाते हुए और अपने बालों को धोते हुए देखने के लिए इकट्ठा करते हैं। गाँव के मुखिया और उसके सहायक की पत्नियाँ जोग मांझी और उसका सहायक और गोड़ैत और गाँव के पुजारी विशेष रूप से आते हैं। वे फिर स्नान और बाल धोना शुरू करते हैं। उनके सामने बैठने के लिए दो लकड़ी के तख्ते रखे गए हैं और एक बड़ी पत्तल में उन्होंने कुछ मुलतानी[1] को भिगो दिया है। वे दातुन लाए हैं। वे दूल्हा और दुल्हन को लकड़ी के तख्ते पर एक-दूसरे के पास बैठाते हैं। वे उगते हुए सूर्य की दिशा में मुँह करके बैठते हैं। दुल्हन दूल्हे के दाहिने हाथ की तरफ बैठती है। दूल्हा दातुन को चबाकर दुल्हन को दाँतों को साफ करने के लिए देता है। दुल्हन के हाथ में शेष बची दातुन को संचालक महिला दूल्हे को देती है। अब वे अपने दाँतों को साफ करते हैं, और अपने मुँह और हाथों को धोते हैं।

दूल्हा फिर अपने बाएँ हाथ से मुलतानी मिट्टी का थोड़ा सा हिस्सा लेता है और दुल्हन के सिर पर लगाता है; और दुल्हन दोने में थोड़ी सी मुलतानी मिट्टी लेकर दूल्हे के बालों को धोती है। तत्पश्चात संचालक महिला दुल्हन के बालों को धोती है। दुल्हन इसके बाद दूल्हे के पैरों को धोती है और उसके पैरों पर तेल मलती है। उसके बाद वह उसे नमन करती है; और फिर वह दूर चला जाता है। संरक्षिका, दुल्हन के भाई और गाँव के लोग इसे बैठे हुए देखते हैं। दुल्हन इसके बाद गाँव के पुजारी, खेत के पुजारी, गाँव के मुखिया और उसके सहायक, जोग मांझी और उसके सहायक और गोड़ैत के पैर धोती है और उसके बाद दूल्हे के पिता और मामा और उनके लोगों के पैर धोती है। उसके बाद वह महिलाओं की ओर मुड़ती है, अर्थात, गाँव के पुजारी की पत्नी, क्षेत्र के पुजारी की पत्नी, गाँव के मुखिया की और उसके सहायक की पत्नी, जोग मांझी की और उसके सहायक और गोड़ैत की माँ, और दूल्हा और दूल्हे के पिता और उसकी बहनों के पैर धोती है।

1. सन्तालों द्वारा बालों को धोने के लिए प्रयोग की जानेवाली एक प्रकार की मिट्टी।

इसके बाद वह दूल्हे के बड़े भाइयों, बहनोइयों और दूल्हे के छोटे भाइयों के पैर धोती है, और वह प्रत्येक के पैर को पकड़ लेती है जब तक कि वे कड़ा या पैसा नहीं दे देते। इसके बाद वह और बाकी लोग एक-दूसरे पर पानी छिड़कते हैं और एक-दूसरे को प्रणाम करते हैं। इसके बाद वह उसी तरह से दूल्हे की बड़ी और छोटी बहनों के साथ करती है। कुछ देने के बाद वह उन्हें मुक्त कर देती है। उसके बाद वे एक-दूसरे पर पानी डालते हैं और एक-दूसरे को प्रणाम करते हैं। संचालिका और दुल्हन अब एक-दूसरे के पैर धोते हैं, और वे एक-दूसरे के पैर को पकड़ लेते हैं। दोनों एक-दूसरे को कुछ देते हैं, और वे एक-दूसरे को प्रणाम करते हैं। इसके बाद वे उन सभी को हड़िया देती हैं।

अब दूल्हे और दुल्हन के भाई, दूल्हा और दुल्हन, व दुल्हन की संरक्षिका घर के अन्दर जाते हैं। दुल्हन को जो भी कुछ मिला है वे उसकी गिनती करते हैं और उसे दूल्हे की माँ को सौंपते हैं। अब वे दूल्हा और दुल्हन द्वारा दी गई हड़िया पीते हैं।

जब वे भोजन कर लेते हैं, तो गाँव का मुखिया उनके सामने प्रवचन करता है। दूल्हा और दुल्हन उसकी तरफ मुँह करके बैठते हैं। वह कहता है : "दुल्हन यह तुम्हारा घर है; यहाँ आपके बड़े और छोटे बरतन हैं; जो कुछ तुम्हारा है उसे अच्छी तरह से देखो। ये दोनों तुम्हारे माँ और पिता हैं; उन्हें वह दें जो वे आपसे माँग सकते हैं, और जो कुछ भी वे आपको करने के लिए कहते हैं, उसे करो; उन्हें सुनो; यह तुम्हारा पति है; जब रात होती है, अँधेरा होता है, पेट में दर्द होता है, सिरदर्द होता है, अपनी माँ और पिता को बताएँ, और अगर ये दोनों आपकी इच्छा के अनुसार नहीं करते हैं, तो अपने पति से कहें, 'आओ और मेरी मदद करो।' रात और अँधेरे में अकेले बाहर न जाएँ।"

ग्राम प्रधान माता-पिता से कहता है : "यह बहू अपने हिसाब से नहीं आई है; हमने खुद इसे खरीदा है और उसे लाया गया है, वह यहाँ एक अजनबी है... दिन-प्रतिदिन शिक्षा के माध्यम से उसका अच्छी तरह से और सावधानी से मार्गदर्शन करें।"

गाँव का मुखिया फिर दूल्हे से कहता है : "युवक, जिस दिन आप शिकार और पीछा करते हुए जाएँगे, या आप जंगल में भटकेंगे, आपको कुछ-न-कुछ मिल जाएगा; यदि आपको एक खोखला फल, एक खोखला चिरौंजी[1] का फल, राल, भिलवा[2] मिलता है, तो इसे अकेले न खाएँ, एक टुकड़ा खाएँ, अपनी पत्नी को आधा टुकड़ा दें...या यदि आप एक पक्षी या उस तरह की किसी चीज को मारते हैं, तो एक टुकड़ा खाएँ, अपनी पत्नी के लिए अपने कपड़े के एक हिस्से में आधा टुकड़ा लेकर घर आएँ। और, अब युवक! इस समय तक धार्मिक या सामाजिक

1. बुकानिया लतीफ़ोलिया।
2. सेमेकार्पस एनाकार्डियम।

उत्सवों में भाग लेने के साथ, जहाँ भी तुम रात में थे, तुम भोर में थे, इसलिए अब देखो, हमने तुम्हारे ऊपर एक घंटी लटका दी है; फलस्वरूप, जहाँ आप दोनों का स्थान होता है, जब लेटने का समय होता है, तो उसे वहाँ ले जाएँ और आप दोनों लेट जाएँ; आप भी, दुल्हन, जब दैनिक काम के लिए यह युवक कहीं जाता है या वह कहीं से आता है तो उसे एक लोटा पानी और एक दातुन टहनी दें। जब आप पानी लेने के लिए अपनी सखियों के साथ जाती हैं, पत्तियों को लाने के लिए जाती हैं, किसी और के साथ बात न करें या उसके साथ हँसे नहीं; यह आपका आदमी है, कहीं और नहीं देखना है।"

दुल्हन फिर जवाब देती है : "हाँ, पिता जी! अच्छा शगुन है, दाईं ओर एक बैलगाड़ी, बाईं ओर एक कठफोड़वा, आपने बन्धन में बाँध दिया। अब, जैसा कि आप, समुदाय के लोग मुझे यहाँ लेकर आए हैं। ये दोनों यहाँ मेरी माँ और मेरे पिता हैं, और यहाँ एक मेरा साथी है; वह कहीं से भी थककर भूखा आता है; जैसे ही मैं उसे देखूँगी मैं पानी दूँगी और उससे मिलूँगी, और मेरे माता और पिता कहीं से भी थके और भूखे आते हैं, उनके लिए भी मैं पानी दूँगी उनसे मिलूँगी; अगर मैं इस तरह से काम नहीं करती हूँ, तो आप मुझे दोष दे सकते हैं।"

अब गाँव का मुखिया मजाक में बोलता है : "दुल्हन बहुत अच्छी है; जिस तरह से उसने हमें चावल और सब्जी और हड़िया दी है, यह हम सभी ने देखा है; हमारे पास खाने-पीने की चीजें हैं; हम इसे मानते हैं।"

अब दूल्हे के पिता अगुआदार और बहनोई को उनका बकाया देते हैं। अगुआदार को एक पाँच हाथ लम्बा लँगोटी का कपड़ा, एक चार आने का सिक्का और पैर पादुका के लिए एक आना मिलता है। दूल्हे के बहनोई को पाँच हाथ लम्बा कपड़ा मिलता है। वे अब आँगन में चले जाते हैं।

जोग मांझी घर में प्रवेश करता है और दूल्हे की माँ से कहता है : "कृपया मुझे तेल और कंघी दे दो।" वे उसके लिए इसे खरीदते हैं। फिर उन्होंने खलियान में एक चटाई बिछाई; इस पर वे दुल्हन के भाइयों को बैठाते हैं। गाँव के तीन युवकों ने उन्हें तेल रगड़कर नहलाया; इसके बाद वे उन्हें कंघी करते हैं और उनके साथ मजाक करते हैं। गाँव की औरतें भी प्रार्थना करती हैं और वे उन्हें सिन्दूर लगाती हैं। लेप करनेवाली लड़कियाँ पुआल और पट्टियों की लटकन बनाती हैं। गाँव के नौजवान दुल्हन के भाइयों के बालों की चोटियाँ गूँथते हैं और उन्हें कसकर बाँधते हैं।

जोग मांझी अब आँगन में एक ढोलक लेकर आता है। वे ढोल बजाते हैं और तेल लगानेवाले नौजवान दुल्हन के भाइयों को नाचने के लिए पकड़ लेते हैं और महिलाएँ नाचने के लिए संरक्षिका से कहती हैं। वे नृत्य कर रहे हैं और गीत गा रहे हैं :

दुल्हन अपने भाइयों को दोपहर के भोजन का इन्तजार करने बोलो,
खाना खाकर वह तुम्हारी माँ के पास जा रहा है।

एक चोरी करनेवाला कुत्ता छिपकर जा रहा है,
दुल्हन का एक भाई लालची की तरह चाट रहा है।

चोरी करनेवाला कुत्ता कौन है, लड़कियो?
दुल्हन का भाई कौन है, लड़कियो?

चोरी करनेवाला कुत्ते को मारो, लड़कियो!
एक बरतन से दुल्हन के भाई को ढक दो, लड़कियो!

संरक्षिका दस्त आवरक,
कोई जिद कर रहा है
कोई जिद कर रहा है, माता! लड़कियो! पहाड़ों की तलहटीवाले घर में,
दुल्हन का भाई दाढ़ी-मुँड़ा, पागल,
कोई जिद कर रहा है
कोई जिद कर रहा है, माता! लड़कियो! पहाड़ों की तलहटीवाले घर में।

इसके बाद वे घर के बाहर सड़क पर चले जाते हैं। वे दूल्हा और दुल्हन को ले जाने और फिर से वापस लेने के लिए पाँच दिन तय करते हैं। फिर से वे संरक्षिका को घर में ले जाते हैं। उन्होंने उसके लिए एक सेर चावल, एक सेर कूटा हुआ और पका हुआ चावल रखा है। इसके बाद वे बाहर सड़क पर चले जाते हैं। जोग मांझी अब दुल्हन के भाइयों के लिए साढ़े पाँच सेर भूने हुए और कूटे हुए चावल लाता है; वह उनकी लाठी और अलग-अलग औजार भी बाहर लाता है।

अब दुल्हन के भाई दुल्हन से कहते हैं : "कृपया, दुखी मत हो; पाँच दिनों में हम वापस आएँगे और आप दोनों को ले जाएँगे। आप इस बीच हड़िया पीएँ और साढ़े पाँच सेर कूटा हुआ चावल तैयार कीजिए।" इसके बाद संरक्षिका दुल्हन को निर्देश देती है और शिक्षित करती है : "कृपया यहाँ रहें! यह आपका घर है, यह दरवाजा आपके बाहर और अन्दर जाने के लिए है; आप सभी काम करें, लगन से भोजन करें। हमारे लिए लम्बे समय तक इन्तजार न करें, यह जीवन-भर के लिए तुम्हारा घर है; हड्डियों और राख दोनों के साथ हमने आपको बेच दिया है; पत्ते के एक दोने के लिए हमने आपको बेचा है, आधा दोने के लिए भी हमने आपको बेचा है; इसलिए आप हमारे साथ अनुकूल नहीं होंगे। दुखी न हों; पाँच दिनों में हम फिर से आएँगे।"

वर और वधू, दूल्हे के भाई और संरक्षिका सभी गाँव के लोगों को प्रणाम करते हैं, जो गाँव के मुखिया से शुरू होता है। इसके बाद दुल्हन के भाई और संरक्षिका एक तरफ खड़े होते हैं, और दूल्हा और दुल्हन उन्हें प्रणाम करते हैं, और ये दोनों घर के अन्दर अकेले जाते हैं। दूल्हा तब तम्बाकू का एक छोटा पैकेट और एक छोटा पैकेट चूना निकालता है और दुल्हन पानी का लोटा लेती है। वे दोनों दुल्हन के भाइयों के पास जाते हैं। दुल्हन अपने भाई को पानी का लोटा देती है। वह पीता है और उसे लोटा वापस देता है। उसके बाद दूल्हा उसे चूना और तम्बाकू देता है; वह अपने कमर के कपड़े में इसे रखता है। इसके बाद वे चले जाते हैं।

जब वे जा चुके होते हैं, तो गाँव की युवा लड़कियाँ और पुरुष विवाह मंडप को खोल देते हैं, जैसा कि वे दुल्हन के घर में करते हैं, उसी तरह वे 'ओस की हड़िया' और 'ओस के चावल' खाते हैं और पीते हैं। उन्हें कोई भेंट नहीं मिलती। बाद में वे नृत्य करते हैं।

जब पानी लाने का समय होता है, तो दुल्हन पानी खींचने के लिए गाँव की लड़कियों के एक जोड़े के साथ जाती है। वह अपने साथ पानी लानेवाली जगह पर थोड़ा सा तेल और सिन्दूर ले जाती है। वहाँ वह तेल और सिन्दूर के साथ पाँच निशान बनाती है और नीचे की ओर पानी खींचती हुई वह अपने साथियों के साथ वापस आती है।

पाँच दिनों के बाद अगुआदार और दुल्हन के दो भाई आते हैं। एक-दूसरे को नमस्कार करने के बाद, उनके पैरों को 'पानी' से धोया जाता है, उन्हें घर के अन्दर ले जाते हैं और उन्हें हड़िया देते हैं। बाद में वे उनके लिए कुछ मुर्गे मारते हैं, और चावल और सब्जी तैयार करके उन्हें देते हैं। वे सोने के लिए लेट जाते हैं। जब दिन होता है, तो वे उन्हें बासी भोजन, कूटा और पका हुआ चावल देते हैं। दोपहर के भोजन के लिए वे चावल और सब्जी तैयार करते हैं।

वे इसे खाते हैं। सास फिर दुल्हन को कंघी करती है और उसके बालों को सँवारती है और सिन्दूर लगाती है। दूल्हा भी तैयार होता है। दुल्हन के लिए वे हड़िया के एक बड़े बरतन और पाँच सेर कूटा हुआ चावल ले आते हैं। कूटा हुआ चावल वह एक कपड़े में बाँधती है। उसके बाद वह अपने सास-ससुर को प्रणाम करती है; दुल्हन और उसके दो भाई व अगुआदार भी उन्हें प्रणाम करते हैं। दुल्हन अपने सिर पर हड़िया लेती है और कूटा चावल लेकर अपनी काँख के नीचे रखती है; फिर वे दोनों दुल्हन के पुराने घर जाते हैं। जब वे वहाँ पहुँचते हैं, तो दोनों के पैर धोए जाते हैं, दुल्हन की बड़ी और छोटी बहनें ऐसा करती हैं। इसके बाद वे दूल्हे के पैर को पकड़ लेती हैं। जब वह उन्हें पैसे या हार देता है तो वे उसे आजाद कर देती हैं; इसके बाद वे एक-दूसरे पर पानी डालते हैं और एक-दूसरे को नमस्कार करते हैं। वे दोनों को घर के अन्दर ले जाते हैं और उन्हें खाना देते हैं।

जब शाम हो जाती है, तो वे गाँव के मुखिया और उनके सहायक और उनके और सभी गाँव के लोगों को बुलाते हैं। जब वे आते हैं, तो दूल्हा और दुल्हन उन्हें नमन करते हैं। सबसे पहले दुल्हन के पिता हड़िया और कूटा हुआ चावल देते हैं जिसे वे लाते हैं,...मृत पूर्वजों और मारंग बुरु को उपहार देते हैं। फिर वे हड़िया और कूटा चावल बाहर लाते हैं और इसे गाँव के लोगों को देते हैं, जो खाते-पीते हैं, उसे आपस में बाँटते हैं। इस हड़िया को वे 'गर्भनाल को दफनानेवाली हड़िया' कहते हैं। बुजुर्ग लोग फिर एक साथ बात करते हैं : "अच्छा शगुन होने के बाद, दाहिनी ओर एक बैल, बाईं ओर एक कठफोड़वा है, जैसा कि यहाँ देखा गया है, बन्धन में बँधे हैं। हमने एक शादी की है, हमारे पास दूल्हा और दुल्हन हैं जो जाकर वापस आ चुके हैं। हड़िया और चावल भी हमें पर्याप्त मात्रा में मिला है; सभी मामलों में यह पर्याप्त है; कृपया, आप दोनों, दुल्हन के माता-पिता, इसे विशेष रूप से अपना कष्ट समझें।" वे दोनों जवाब देते हैं : "हाँ, महोदय! जो लोग कष्ट करते हैं वे पहले से चले गए हैं।"

दूल्हा और दुल्हन दो रात के लिए वहाँ रुकते हैं। शादी करानेवाला अगुआदार कहता है : "मैं उन्हें वहाँ ले जाऊँगा।" वे उनके लिए एक बरतन हड़िया और पाँच सेर कुटा हुआ चावल तैयार करते हैं। लड़की इसे अपने सिर पर रखती है और चावल बगल में रखती है। वहाँ के लोगों को नमन करने के बाद, वे अगुआदार के साथ दूल्हे के घर जाते हैं। जब वे वहाँ पहुँचते हैं तो वे गाँव के सभी लोगों को एक साथ बुलाते हैं। जैसा कि वे दुल्हन के पुराने घर में हड़िया और चावल के साथ करते हैं, उसी तरह वे दूल्हे के घर में भी करते हैं। वे खाते और पीते हैं, और यहाँ वे दुल्हन के पुराने घर की तरह औपचारिक पाठ भी करते हैं। उसके बाद सभी अपने-अपने घर चले जाते हैं। अब दूल्हा और दुल्हन अच्छी तरह से बस गए हैं।

सिर पर छोटी टोकरी रखकर विवाह

यह गरीब लोगों की शादी है। दूल्हा दुल्हन के घर नहीं जाता है, केवल अगुआदार और पाँच लोग दुल्हन पक्ष के घर जाते हैं। वे शादी के मंडप नहीं बनाते, और वे दूल्हा पक्ष को बाहर के आवासों में भी नहीं ठहराते हैं।

प्रथागत कार्य वही होते हैं जो आम शादी में होते हैं, जैसे, खाना-पीना और हड़िया भी उसी तरह से है। खाने और पीने के बाद दूल्हा पक्ष दुल्हन को दूल्हे के घर ले आता है। लड़की के साथ दुल्हन के तीन भाई और एक संरक्षिका जाती है। 'रंगोली को पूरा करने' और 'चूल्हे के खर्च' के लिए कुछ भी नहीं दिया जाता। सिन्दूर लगाने का काम दूल्हे के घर में होता है।

घर जमाई[1]

जिन लोगों का कोई बेटा नहीं है, या जिनके बेटे छोटे हैं और किसी काम के लायक नहीं हैं, ऐसे लोग घर-दामाद रखते हैं, जब वे बेटियाँ बड़ी हो जाती हैं; दामाद केवल एक गरीब आदमी या एक अनाथ, घर में रखा जाता है। घर-जमाई को दुल्हन की कोई कीमत नहीं चुकानी पड़ती और न ही कोई प्रथागत बकाया देना होता है; सभी खर्च लड़की की तरफ होते हैं। शादी अन्य लोगों की तरह ही की जाती है। वे दुल्हन के साथ अपने सास-ससुर की सेवा पाँच साल तक करते हैं। उन्हें कोई मजदूरी नहीं मिलती, केवल भोजन और कपड़े मिलते हैं।

जब वे एक घर में दामाद को ले जाते हैं, तो वे उसे एक बछड़ा दिखाते हैं। अगर वह पाँच साल से पहले चला जाता है, तो लड़की अपने पति के साथ नहीं जाएगी। वह बछड़ा अपने साथ ले जाता है। जिस समय दोनों की शादी होती है उस समय पिता लड़की को भी एक बछड़ा देता है। और पाँच साल के लिए वह उसे अनाज देता है और यह धान वह किसी को ब्याज पर दे सकती है। जब पाँच वर्ष बीत जाते हैं; यदि वे प्रसन्नता के साथ रहते हैं तो वहीं रहेंगे, उन्हें मजदूरी भी मिलेगी, नहीं तो वे चले जाएँगे।

और अगर किसी लड़की के माता-पिता के कोई पुरुष सन्तान नहीं है, और अगर घर का दामाद और उसकी पत्नी दोनों उनकी देखभाल करेंगे और मृत्यु तक माता-पिता को खिलाएँगे, तो दोनों को घर और गृहस्थी, सभी कृषि और अन्य सम्पत्तियाँ मिल जाएँगी और आधी मवेशी मिलेंगे। शेष आधी लड़की के पिता के अन्य भाइयों (या चचेरे भाई) को मिलेगा। घर जमाई और उनकी पत्नी को अन्तिम-संस्कार समारोहों के संयोजन में खर्च वहन करना पड़ता है। यदि दो या तीन घर-दामाद हैं, तो सम्पत्तियाँ विभाजित होती हैं।

विधुर, विधवा, और तलाकशुदा की शादी

विधुरों को पसन्द नहीं किया जाता है; इसलिए लड़कियाँ ऐसे लोगों से शादी करने के लिए जल्दी से सहमत नहीं होती हैं। वे कहते हैं : "एक विधुर के रूप में वह एक घिसा हुआ झाड़ू है; कौन इतना मूर्ख होगा कि उससे शादी करने के लिए तैयार होगा?"

तलाकशुदा पुरुषों को भी पसन्द नहीं किया जाता है। वे कहते हैं : "एक तलाकशुदा आदमी, एक अस्थिर साथी होता है, पता नहीं कितने दिनों के लिए है।" वे विधवाओं पर दोष भी लगाते हैं। वे कहते हैं : "एक विधवा, एक घोड़ी है जो हिनहिनाती है।"

---

1. दामाद जो पत्नी के घर में रहता है।

तलाकशुदा लड़कियों को विशेष रूप से दोषी ठहराया जाता है। वे कहते हैं : "एक तलाकशुदा लड़की, एक मैना के सिर के समान होती है, चिकनी-चिकनी"; "एक तलाकशुदा लड़की, एक हरे बुलबुल पक्षी की तरह होती है, वह एक हजार तरीके से रोना जानती है"; "एक तलाकशुदा लड़की झाँसा देनेवाले तीतर की तरह गुमराह रहती है, एक जगह नहीं रहती है, एक तलाकशुदा लड़की भोथुया मछली[1] की तरह भटकती रहती है।"

अगर एक विधुर या तलाकशुदा आदमी एक कुँवारी से शादी करता है, तो उसके माता-पिता पाँच या सात रुपये दुल्हन की कीमत लेंगे, यानी दुल्हन को बदले में कुछ नहीं मिलता है। शादी को कुँवारा और कुँवारी स्त्री के रूप में सम्पन्न किया जाता है।

पूर्व में विधुर लोग तलाकशुदा महिलाओं से शादी नहीं करते थे, और आजकल भी यह नियम के अनुसार नहीं है; अभी भी कुछ लोग ऐसे व्यक्तियों से शादी करते हैं, क्योंकि उनकी उम्र हो गई है। जो विधवा या तलाकशुदा महिला से शादी करते हैं, उन्हें केवल दुल्हन की कीमत का आधा भुगतान करना पड़ता है, और अगुआदार को विवाह शुल्क के रूप में आठ आने मिलते हैं। गाँव के मुखिया को कुछ नहीं मिलता। ना माँ के लिए कपड़ा, ना दादी के लिए कपड़ा, कुछ भी नहीं मिलता और कोई भेंट नहीं मिलती है और इसी तरह, नहाना और बाल धोना, कोई जाना और आना भी नहीं होता है। यह कोई वास्तविक शादी नहीं है, हम इसे एक अस्थायी तौर पर भाड़े पर रखना कहते हैं। इस तरह की शादी का नाम संघा है। दूल्हा के द्वारा दुल्हन को सिन्दूर नहीं लगाया जाता है। सिन्दूर एक फूल पर डालकर दुल्हन के बालों पर बाएँ हाथ से सटाया जाता है। कोई दावत भी नहीं देनी होती है, दूल्हा केवल कुछ लोगों को हड़िया देता है।

जिन औरतों को शादी से पहले ही एक बच्चा होता है उन्हें 'चुपी चड़वी' कहा जाता है, वे तलाकशुदा की श्रेणी में आती हैं। जो भी ऐसी लड़की से शादी करता है, वह एक तलाकशुदा लड़की के हिसाब से उस दुल्हन का भुगतान करता है। लेकिन शादी एक कुँआरी महिला की तरह ही की जाती है।

लड़की द्वारा जबरदस्ती शादी के लिए मनवाना

अगर किसी भी गाँव में एक युवक और एक लड़की तन-मन से एक हो गए तो लड़की इस बारे में जोग मांझी को सूचित करेगी। यह जानने के बाद कि युवक क्या चाहता है, जोग मांझी लड़की को युवक के माता-पिता के घर ले जाता है।

1. ओफियोसेफलस गचुआ।

कुछ दिनों के बाद माता-पिता गाँव के मुखिया को बताते हैं। वे एक साथ आते हैं और बात करते हैं। वे लड़की और युवक से पूछते हैं कि उनका इरादा क्या है। अगर ये दोनों कहते हैं कि वे तैयार हैं और सहमत हैं, तो वे उन्हें अलग कर देते हैं और शादी के लिए एक दिन तय करते हैं। गाँव के समुदाय को पाँच-चार आने के सिक्के मिलते हैं, शादी आम शादियों की तरह कर दी जाती है।

अगर किसी भी युवक और लड़की के बीच सम्भोग-सम्बन्ध बन जाता है, और बाद में युवक उससे शादी करने के लिए तैयार नहीं होता है, तो लड़की अपने तरीके से उसके साथ जबरदस्ती करेगी। यदि युवक उससे शादी करने की बात करता है, तो इस मामले में उसकी शादी उक्त तरीके से हो जाएगी। लेकिन अगर वह युवक उससे शादी करने के लिए सहमत नहीं होगा, तो वह ग्राम-सभा के निर्णय के अनुसार लड़की को तीन रुपये का भुगतान करेगा, और ग्राम-सभा युवक के पिता और लड़की के पिता को जुर्माना करेगी। चार-पाँच आने के सिक्के का जुर्माना किया जाता है। जब लड़की को पैसे मिल जाते हैं, तो जोग मांझी उसे उसके माता-पिता के घर ले जाएगा।

जबरदस्ती सिन्दूर भरना

ग्राम समुदाय के सहयोग के बिना किसी भी लड़की को सिन्दूर लगाने को 'इपुतुत' कहा जाता है। यह दो तरह का होता है। कभी-कभी एक युवा अपने ज्ञान और सहमति के साथ एक लड़की को सिन्दूर लगाता है, और कभी-कभी वे सिन्दूर को बिना अधिकार या कारण के लगाते हैं। अगर कोई युवक और लड़की इसकी कामना करते हैं, और वे सहमत हो जाते हैं, जबकि लड़की के माता-पिता उस युवक को आशीर्वाद देने के लिए तैयार नहीं हैं, तो युवक जबरन लड़की को सिन्दूर लगाएगा, दोनों के एक साथ बात करने और फैसला करने के बाद। यदि कोई युवक किसी लड़की के प्यार में पड़ गया है, और उसे सन्देह है कि लड़की के अभिभावक उसे अपनाएँगे या नहीं, या लड़की उससे खुश होगी या नहीं, तो वह युवक उस लड़की को बिना बताए सिन्दूर लगाएगा। और कभी-कभी ऐसा भी होता है कि वे गुस्से में किसी लड़की को अपवित्र कर देते हैं, जिससे वह तलाकशुदा बन जाती है।

लोग कहते हैं अगले जन्म में कुँवारी महिला पत्नी के रूप में मिलती है जो कुँआरी कन्या से विवाह करते हैं, लेकिन विधवा या तलाकशुदा नहीं, इसलिए कभी-कभी यह भी होता है कि जब एक व्यक्ति की पहली पत्नी विधवा होती है या तलाकशुदा होती है तो वह व्यक्ति जबरदस्ती किसी कुँआरी लड़की को सिन्दूर लगा देता है चाहे वह उसे अपनी पत्नी के रूप में रखे या नहीं; वह इस प्रकार अगले जन्म के लिए अपना बन्दोबस्त कर लेता है।

जब कोई युवक किसी लड़की को जबरन सिन्दूर लगाने जा रहा होता है, तो वह अपने कपड़े की एक तह में, एक पत्ते में सिन्दूर को रखता है, और एक ऐसी जगह पर जाता है जहाँ वह पानी ला रही होती है या एक मैदान में जहाँ झूला लगा होता है या कोई त्योहार होता है। बिना किसी चेतावनी के वह लड़की के माथे पर सिन्दूर लगा देता है। यदि उसके पास कोई सिन्दूर नहीं है, तो वह मिट्टी या चूने के जरिये भी यह कर सकता है। किसी त्योहार के दौरान या जब वह पत्ते और जलाऊ लकड़ी ला रही होती है, तो वह जबरन लड़की को सिन्दूर लगाता है। यदि किसी लड़की को जबरन सिन्दूर लगाया गया है, तो उसे कानून के अनुसार, उस व्यक्ति की पत्नी बन जाना चाहिए और अगर वह उसके साथ नहीं रहती है, तो वह तलाकशुदा बन जाती है।

जब एक युवक एक लड़की के साथ जबरन सिन्दूर लगाता है, तो वह एक बार इस डर से भाग जाता है कि लड़की के पिता और पुरुष रिश्तेदार उसकी पिटाई करेंगे। जब लड़की के पिता और पुरुष रिश्तेदारों को पता चलता है कि उसे सिन्दूर जबरन लगाया गया है तो वे उग्र हो जाते हैं, और गाँव के लोगों को एक साथ बुलाकर युवक के घर पर धनुष-बाण के साथ एक रक्तरंजित[1] रास्ते का पीछा करते हुए जाते हैं। पहले वे उस गाँव के मुखिया के पास जाते हैं और उसे बताते हैं। वह उनसे कहता है : "कृपया, रिवाज के अनुसार हमारे लिए कार्य करें।" फिर वे युवक के आँगन में प्रवेश करते हैं और पानी के घड़ों को तोड़ देते हैं, और घर में घुसकर बरतनों और चिमनी को टुकड़े-टुकड़े कर देते हैं और उन्हें तितर-बितर कर देते हैं, और अगर वे वहाँ युवक को पाते हैं, तो वे उसे बाँधते हैं और उसे मारते हैं, ताकि पह पहाँ झूठ बोले, वे उसे जिन्दा छोड़ देते हैं, ...इसके बाद वे उसे आँगन के बीच में लिटा देते हैं और बधिया बकरे या सूअरों का शिकार करने जाते हैं। यदि उन्हें बकरियाँ मिलती हैं तो वे एक कुल्हाड़ी से दो को मारते हैं और सूअर मिलते हैं तो वे दो को अपने तीर-धनुष से मारते हैं। इसके बाद वे कुछ मवेशियों को जब्त करने के लिए पशु-झुंड में जाते हैं। वे गाँव के मुखिया के घर पर बहुत अच्छे बैल या भैंस के तीन जोड़े ले आते हैं, और मारे गए दो बधिया जानवरों को भी वहाँ ले जाते हैं।

गाँव के मुखिया अब गाँव के लोगों को एक साथ एक बैठक में बुलाते हैं, और मामले में न्याय करते हैं। वे मामले की जाँच करते हैं, यह पता लगाने के लिए कि यह कैसे हुआ। फिर वे लड़की के घर पर कुछ पुरुषों को भी भेजते हैं और उससे पूछते हैं कि क्या यह उसकी सहमति से हुआ या जबरन युवक ने उसको सिन्दूर लगाया, और वे लड़की के घर से एक बधिया जानवर (बकरी या सूअर) भी ले आते हैं। तीनों पशु दोनों पक्षों के लोग खाते हैं, और मवेशी की जिम्मेदारी युवक

1. एक सामान्य अभिव्यक्ति व्यक्त करना जबरदस्ती सिन्दूर लगाने की प्रक्रिया के प्रति, जैसे एक तेन्दुए ने उसे पंजा मारा है, उनका अपना एक तरह का रवैया इस कृत्य के ऊपर।

पक्ष के मुखिया और ग्राम परिषद लड़की पक्ष के ग्राम प्रधान को प्रभार देते हैं, जब तक कि युवक का पिता ठीक पैसा नहीं देता। लड़की के पिता को बदले में कुछ दिये बिना सोलह रुपये मिलते हैं, चाहे वह युवक लड़की को मिले या नहीं। और युवक के गाँव के मुखिया को युवक के पिता से पाँच रुपये मिलते हैं। इसे वे मुंडन के रुपये कहते हैं। पूर्व में वे कभी-कभी किसी लड़की को जबरन सिन्दूर लगाने के अपराध में ऐसे युवक की पीट-पीटकर हत्या कर देते थे और पूछताछ नहीं करते थे। गाँव का मुखिया युवक को शरण देने के लिए खड़ा होता है; इसलिए उसे पैसे मिलते हैं। इन पाँच रुपयों में से मुखिया अपने हिस्से के रूप में अपने गाँव के लोगों को दो रुपये देता है। वह लड़की जिसे सिन्दूर लगाया गया है; कुछ अपवादों के साथ, युवक से शादी के लिए तैयार हो जाती है। वे बाद में कुँआरे लड़के और कुँआरी लड़की की शादी करते हैं। और अगर वे युवक का विवाह लड़की के साथ नहीं करते हैं, तो वह तलाकशुदा हो जाती है।

दूसरी पत्नी लाना

अतीत में वे केवल एक पत्नी से सन्तुष्ट रह रहे थे; किसी की दो पत्नियाँ नहीं थीं। और आजकल, अगर वे दो-तीन पत्नियों को छोड़ देते हैं, तो वे इसे अच्छा नहीं कहते हैं; और ऐसे बहुत कम लोग हैं। लेकिन अगर किसी पुरुष की पत्नी को सन्तान नहीं होती है, तो अगर पति चाहता है, दोनों सहमति से दूसरी पत्नी ले आते हैं। पहली पत्नी घर पर राज करती है। और अगर पति के बड़े भाई की मृत्यु हो जाती है, तो उसका छोटा भाई, भले ही उसकी पत्नी हो, अपनी भाभी को पत्नी के रूप में रख सकता है, और वे ऐसा करते हैं ताकि बच्चे अलग-थलग न हो सकें। और ये बुरा नहीं मानते हैं। लेकिन अगर किसी के छोटे भाई की मृत्यु हो जाती है, तो एक बड़ा भाई इस व्यक्ति की पत्नी को नहीं रख सकता है। छोटे भाई की पत्नी की वे एक बोंगा के बराबर सम्मान करते हैं, वे उसके बिस्तर को भी नहीं छूते हैं।

जो लोग दो पत्नियों को रखने के दोषी होते हैं, वे बाद में इसका परिणाम भुगतेंगे क्योंकि पहली पत्नी और एक सह-पत्नी शान्ति से नहीं रहेंगी। लोग कहते हैं : "एक सह-पत्नी सूई की चुभन के समान है", "एक सह-पत्नी एक जलती हुई लकड़ी के समान होती है, एक सह-पत्नी उस मुर्गी के समान होती है जिसने अभी-अभी बच्चों को अंडों से निकाला है, वे हमेशा झगड़ती रहती हैं, वे कभी समझौता नहीं करतीं। पहली पत्नी आते हुए लात मारती है, जाते हुए लात मारती है, सह-पत्नियाँ एक-दूसरे के पैर पर लकड़ी मारती हैं, एक सह-पत्नी की कलह सहन नहीं होती। एक सह-पत्नी जैसे ऐटका[1] (अल्कुसी) की खुजली के जैसी।"

1. मुकुना प्रुरीयन्स, अत्यधिक खुजलाहट उत्पन्न करता है।

हिरोम बाइहा (सह-पत्नी के लिए पहली पत्नी से सहमति)

जब शादीशुदा जोड़े को सन्तान नहीं होती है, या एक पुरुष किसी भी कारण से, सह-पत्नी प्राप्त करता है, तो वह अपनी पहली पत्नी को इस बात से सहमत किये बिना नहीं कर सकता कि सह-पत्नी को उसके घर में लाए। अगर पहली पत्नी राजी नहीं होती है, तो वह दरवाजे पर खड़ी होकर सह-पत्नी को घर में नहीं घुसने देती है और उसकी पिटाई कर सकती है। इस बारे में एक प्रथागत नियम है। पहली पत्नी को सह-पत्नी के बदले में पाँच रुपये या एक बछड़ा मिलता है। जब वह ऐसा करती है, तो तीनों एक-दूसरे के बगल में बैठ जाते हैं, जो सूरज के उगने के समय ग्राम परिषद के सामने होते हैं। पति और पत्नी सह-पत्नी को पुरुष के दाहिनी ओर बैठाते हैं। वह आदमी अपनी पहली पत्नी को सिन्दूर लगाता है, और बचा हुआ सिन्दूर वह दूसरी पत्नी को लगाता है, और अपने बाएँ हाथ से वह डिमबू फूल[2] (तुलसी) में डाल के सह-पत्नी के सिर के बालों में सटा देता है। पहली पत्नी घर को सँभालती है।

भाग जाना

जब एक पुरुष और एक महिला एक साथ रहने के लिए किसी दूसरे स्थान पर भाग जाते हैं, तो हम इसे भागना कहते हैं। एक महिला जिसका पति है, या सम्बन्धित महिला या लड़की, जिसे शादी करने की अनुमति नहीं है, इस तरह वे पति के डर से या बहिष्कृत होने के डर से भाग जाते हैं।

यदि कोई पुरुष किसी विवाहित महिला के साथ भाग जाता है तो वे पूर्व में उन्हें ढूँढ़ लेते थे और मार डालते थे और कोई इस मामले का जिक्र नहीं करता था। आजकल वे दुल्हन का दोहरा भुगतान लेते हैं और महिला को उसे सौंप देते हैं, और जिस गाँव से वे भागे हैं वहाँ का मुखिया पाँच रुपये लेता है क्योंकि वह उनकी जान बचाता है। और यदि सम्बन्धित व्यक्ति सम्भोग करते हैं तो ऐसे लोगों का बहिष्कार किया जाता है। यदि वे अलग नहीं होते हैं तो वे अपने पूरे जीवन के लिए निर्वासित रहेंगे और कोई भी उनके साथ न खाएगा, न पीएगा। यदि वे अलग हो जाते हैं तो उन्हें वापस जाति में मिला लिया जाता है लेकिन एक भारी कीमत पर। लेकिन यदि वे दोनों को उनके घर में रहने की अनुमति देते हैं तो पूरे परिवार को जाति से बाहर कर दिया जाता है। और गाँव के लोगों को भी दंड दिया जाता है, अन्यथा लोग उन्हें अपनी बेटियाँ नहीं देंगे और उनकी बेटियों को अपने यहाँ नहीं लेंगे।

---

1. ओसीमम बेसीलिकम।

विवाहित महिला को अपने कब्जे में लेना और दूसरे की पत्नी के साथ भाग जाना कुछ-कुछ रिवाज है। यदि वे किसी दूसरी जाति के साथ भागते हैं तो वे जीवन-भर के लिए जाति से बाहर रहेंगे, और उनके माता-पिता को भी दंड मिलता है।

तलाक

पूर्व में लोगों को केवल दो कारणों से अलग किया जाता था, अर्थात महिला का व्यभिचार और जादू-टोना। आजकल, यदि पति और पत्नी शान्ति से नहीं रहेंगे, तो वे इस कारण से 'पत्तों को भी फाड़ देते हैं'। जबसे सह-पत्नियाँ रखने का रिवाज शुरू हुआ, तब से कोई पत्नी भी, इस कारण के आधार पर तलाक की माँग कर सकती है। यदि वे जादू-टोना के आधार पर अलग हो जाते हैं, तो एक महिला को 'पत्ते फटे' हुए बिना फिर से शादी की जा सकती है, अन्यथा केवल जब यह ठीक से किया गया हो। महिला के व्यभिचार के कारण अलगाव का प्रथागत नियम ऊपर उल्लिखित किया गया है।

यदि किसी की पत्नी को पाँच चुड़ैल खोजनेवालों द्वारा एक चुड़ैल के रूप में घोषित किया गया है, तो उसके पति, ग्राम परिषद के साथ मिलकर, उसे उसके माता-पिता या उसके पुरुष रिश्तेदारों के घर में भेज देते हैं और यहाँ तक कि उसकी इच्छा के एक बच्चे को भी साथ भेज देते हैं। अगर उसके पास एक स्तनपान करनेवाला बच्चा है तो वह बाद में वह पुरुष अपने इस बच्चे को घर ले आएगा, और उसकी सहायता के लिए उक्त महिला को भुगतान करेगा। इसके लिए किसी सजा का प्रावधान नहीं है केवल ग्राम परिषद को भोजन मिलेगा। और अगर बाद में एक बेटी बड़ी हो जाती है और शादीशुदा होती है, तो इस महिला को माँ को दिया जानेवाला कपड़ा नहीं मिलेगा।

आजकल जब तलाक उनके शान्ति से नहीं रहने के कारण होता है, तो दोषी व्यक्ति को जुर्माना भरना पड़ता है। यदि कोई पुरुष अपनी पत्नी को उसकी गलती के बिना छोड़ देता है तो उसे दुल्हन का भुगतान वापस नहीं मिलेगा और उसे खुद भी हर्जाना देना होगा। कोई भी बच्चा पुरुष का होगा और उसे अपनी पत्नी को एक गाय, एक गट्ठर धान, एक पीतल का प्याला और एक टुकड़ा महिला का कपड़ा देना होगा। और अगर वह अपने बच्चे को दूध पिलाती है और जब पुरुष उस बच्चे को लेने आता है तो उसे महिला को सोलह मन धान और एक कपड़ा देना पड़ता है। अगर बुखार या बीमारी के दौरान बच्चे पर कोई खर्च आता है तो यह भी माँ को मिलेगा।

यदि पति और पत्नी महिला की गलती के कारण अलग हो जाते हैं, तो पुरुष को दुल्हन का भुगतान वापस मिल जाएगा और महिला को कुछ भी नहीं मिलेगा।

इस मामले में ग्राम परिषद के लिए भोजन, वे दोनों तरफ से लेंगे। चार से पाँच आना दोनों पक्षों से।

जब पत्नी इसलिए तलाक माँगती है क्योंकि पति दूसरी पत्नी ले आया है, तो उस आदमी को दुल्हन का भुगतान नहीं मिलेगा, और उसे एक गाय, एक गट्ठर धान, एक कपड़ा और एक पीतल का प्याला देना होगा।

पत्ते फाड़ने की प्रक्रिया में दोनों तरफ के गाँव के लोग और गाँव का मुखिया जमा होते हैं। दोनों पति-पत्नी को आमने-सामने खड़ा करके उनके बीच एक पानी से भरा लोटा रखते हैं। गाँव का मुखिया कहता है : "तुम दोनों, हम गाँव के लोग आह्वान करते हैं बोंगा, पाँच पहाड़ी आत्माओं और बूढ़ों के पूर्वजों का, इस अच्छे शगुन में, दाहिने तरफ एक बैलगाड़ी, बाईं तरफ एक कटफोड़वा, हम एक साथ जुड़ते हैं, ऐसे जुड़ते हैं जैसे कचनार (जोम लार), नसबेल (बांडो लता)[1] और उस दिन हमने तुम दोनों को जोड़ा था हमेशा के लिए एक चट्टान, एक शिला की तरह जब तक तुम बूढ़े न हो जाओ। इस सबमें हमारी कोई गलती नहीं है, तुम दोनों कसम खाओ, नहीं तो भविष्य में तुम हमें ही दोष दोगे कि इनके चलते हम अलग हो गए। तुम दोनों अगर अपने भले के लिए अलग होना चाहते हो तो आह्वान करो बोंगा, पाँच पहाड़ी आत्माओं और बूढ़ों के पूर्वजों का और इन पत्तों को फाड़ दो, अन्यथा मत फाड़ो।"

उसके बाद वे उसे अपने बाएँ पैर पर खड़ा करते हैं, और सूर्य निकलने के समय वे उसका हाथ उठाते हैं। उसके बाद वे उसे तीन साल[2] के पत्ते देते हैं। वह इन्हें लेता है, और कपड़े के टुकड़े के साथ अपनी गरदन पर लपेटता है। वह दिन की भावना को आमंत्रित करता है और जल्दी से मध्य पसलियों के साथ तीन पत्तियों को डंठल से ऊपर तक फाड़ देता है। उसके बाद वह मुड़ता है और अपने दाएँ पैर से पानी के लोटे को ठोकर मारता है और त्याग करता है और गाँव के मुखिया से शुरू करते हुए वहाँ सभी को प्रणाम करता है। औरत भी उसी तरह उन्हें प्रणाम करती है।

यदि पत्ते बीच के डंठल के साथ सीधे नहीं फटते हैं तो लोग कहते हैं कि वे फिर से मिल सकते हैं और यदि लोटे का पानी निकलता नहीं है तो वे कहते हैं कि उनका प्यार गया नहीं है, शायद वे फिर से मिलेंगे।

---

1. बहुनिया वाहली मतलब जोम लार, स्पैथोलोबस रॉक्सबर्गि मतलब बांडो लता।
2. शोरिया रोबस्टा, सन्तालों का पवित्र पेड़।

जाति से बाहर करना

केवल दो अपराधों के कारण पूर्वजों ने हमारे लिए यह नियम बनाया है कि हम लोगों को बहिष्कृत करें, अर्थात दूसरी जाति के लोगों के साथ सम्भोग करना या गैर-अनुमेय रिश्तेदार के साथ सम्भोग करना। यदि कोई इस तरह से दुर्व्यवहार करता है, तो ग्राम प्रधान, प्रतिद्वन्द्वी के प्रधानों को एक साथ बुलाता है और गाँवों को सूचित करता है 'अमुक' के साथ खाएँ-पीएँ नहीं, और उनके साथ विवाह सम्बन्ध न बनाएँ अन्यथा आप उसी आग से जल सकते हैं। लेकिन ये लोग उन्हें जाति से बाहर करने में सक्षम नहीं होते हैं। यह समुदाय के लोगों के हाथ में है। परिषद की बैठक में लोगों की तलाश के दौरान वे मामले को लाते हैं। यदि परगना, देस मांझी, मांझी और देश के लोगों को प्रमाण नहीं मिलता है, तो वे उन लोगों को कठिन सजा देते हैं जिन्होंने मामले को शुरू किया था। लेकिन यदि प्रमाण मिल जाता है तो वे आदेश देते हैं : "ठीक है, हम उनके लिए पत्तों को जमीन में गाड़ देंगे।" इसके बाद युवा गीत बनाते हैं, और गाँव की तरफ जाते हुए गाते हैं और उनकी प्रशंसा करते हैं और अपराध करनेवाले लोगों का नाम लेते हुए गाते हैं। सभी लोग गाँव की गली में घुसते हैं, ढोलक बजाते हुए और वे शरारती व्यक्ति के घर के सामने एक लट्ठ गाड़ देते हैं और एक जली हुई झाड़ू रख देते हैं। गाँव के लोग भी तब तक शामिल रहते हैं जब तक कि उन्हें शान्ति नहीं मिलती। वे शरारती लोगों को बेहद चिन्तित कर देते हैं। वे उसे आग नहीं देते और गाँव के कुएँ से पानी नहीं भरने देते। बहुत कठिनाई पैदा करते हैं।

यदि गाँव का मुखिया उन्हें एक लोटा पानी के साथ गाँव की गली में घुसने से पहले मिल लेता है तो वे गीत नहीं गाते; लेकिन इस मामले में वे जाति से बाहर करने की प्रक्रिया जरूर करते हैं।

समाज में दोबारा मिलाना

बहिष्कृत लोग, जिन्हें फिर से समाज में मिलाया जा सकता है, वे तमाम आवश्यक चीजें मुहैया कराने की कोशिश करते हैं जिससे वे फिर से समाज के सदस्य बन सकें। जब वे आवश्यक प्रावधान पूरा कर देते हैं तो वे ग्राम प्रधान को सूचित करते हैं, जो परगना को बताता है। परगना बारह इलाकों के परगना को सूचित करता है। तय दिन पर वे गाँव में इकट्ठा होते हैं। बाहर एक पड़ाव डालते हैं। बहिष्कृत लोग सूअर और बकरियाँ मारते हैं और एक बड़ी दावत देते हैं। सब तैयार हैं।

इसके बाद बहिष्कृत हुए आदमी के हाथ में एक लोटा पानी देकर उसे गाँव की गली के अन्त में भेजा जाता है। वहाँ वह अपनी गरदन के चारों ओर कपड़े का एक टुकड़ा लपेटकर खड़ा होता है, लोटे को अपने दोनों हाथों की हथेलियों

पर रखते हुए ऊपर की ओर मुँह करता है और गिड़गिड़ाता है और वह बहुत दयनीय और विनम्र दिखता है। आदरणीय बूढ़ा परगना, देश के परगना एकत्रित ग्राम प्रधानों से कहता है : "आओ, हम उसकी आत्मा को सान्त्वना दें; उसे दया की बहुत आवश्यकता है।" उसके बाद वह बाहर निकाले गए आदमी के पास जाता है। जब वे उस तक पहुँचते हैं, तो बहिष्कृत व्यक्ति बोंगा की पूजा करता है और उनसे कहता है : "हे पिता, मैंने पाप किया है, मैं अपनी गलती को स्वीकार करता हूँ, मुझ पर दया करो।" तब आदरणीय वृद्ध परगना (पहले यह मुर्मू लोगों का अधिकार था) बहिष्कृत व्यक्ति के हाथों से एक लोटा पानी प्राप्त करता है, और बोंगा की पूजा करता है और बहिष्कृत आदमी से कहता है : "क्योंकि आपने अपने पाप को स्वीकार किया है, हमारे और हम पर यह सब (पाप) चढ़ा।" थोड़े से पानी के साथ अपने मुँह को साफ करके वह दूसरों को लोटा देता है। सभी अगुआ लोग अपने मुँह को धोते हैं।

इसके बाद वे गाँव में प्रवेश करते हैं। वहाँ पर वह आदमी सभी प्रमुख पुरुषों के पैर अपने आँगन में धोता है। ऐसा करने के बाद वे खाने के लिए एक-दूसरे के साथ कतार में बैठ जाते हैं। उसके बाद वह आदमी एक के बाद एक पत्तलों पर चावल डालता है। वह उन पर पानी छिड़कता है; वह उन्हें सब्जी देता है, और वह अपनी पत्तल पर, प्रत्येक परगना के लिए पाँच रुपये और गाँव के प्रत्येक प्रधान के लिए एक रुपया और अपने गाँव के मुखिया के लिए पाँच रुपये नीचे रखता है।

अब वे खाते हैं, और जब वे ऐसा कर चुके होते हैं तो वन्दनीय परगना देश के लोगों से कहता है : "इस दिन से हमने इस आदमी को अपने में शामिल कर लिया है। अस्वच्छता और अपवित्रता दूर हो गई है। फलस्वरूप इस दिन से हम इसके यहाँ पानी पी लेंगे, हम उसका एक हुक्का-कटोरा भी पी लेंगे, हम उसे शादी में अपनी बेटी भी देंगे, उसकी बेटियाँ हम भी लेंगे; नदी में एक खोदे हुए गड्ढे में पानी की तरह, एक कुंड में पानी की तरह, हमने सभी को साफ और शुद्ध बना दिया है। कोई भी व्यक्ति जो इस दिन का कहीं भी उल्लेख करता है या उदासीनता से बोलता है, हम उस पर एक सौ रुपये का दंड करेंगे और उससे सामाजिक दंड के रूप में एक सौ पत्तल (पके हुए चावल) लेंगे।" इसके बाद वे वहाँ एक गड्ढा खोदते हैं, वहाँ गोबर के गोले डालते हैं और उस पर एक पत्थर दबाते हैं। अब वे एक-दूसरे को नमस्कार करते हैं और चले जाते हैं।

जब एक विवाहित लड़का अपने पिता के घर रहता है

एक साथ रहनेवाले भाई

सन्ताल जब शादी करते हैं तो वे तुरन्त अलग घर नहीं बसाते। वे अपने माता-पिता के घर में रहते हैं। अगर कोई पुरुष अपने ससुर के घर में रहने के लिए दूर जाता है तो वे उसे बहुत दोष देते हैं, और इस तरह के आदमी को विरासत का कोई हिस्सा नहीं मिलता। कुछ लोग ऐसे बेटे के लिए अन्तिम-संस्कार समारोह करते हैं। आजकल कुछ पुरुष उन्हें मूल सम्पत्ति का हिस्सा देते हैं लेकिन यह केवल एक एहसान है; पूर्व में उनका इस पर कोई अधिकार नहीं होता था।

जब तक पिता अपने बेटों का अलग घर नहीं बनाते, तब तक वे एक साथ काम करते हैं, एक साथ खाते हैं। नवयुवकों के माता-पिता अपनी पुत्रवधू को अपनी पुत्रियों के रूप में देखते हैं। अपने बेटों में पिता सबसे बड़े बेटे को सबसे ज्यादा प्यार करता है, बशर्ते वह अच्छा हो और माँ अपने सबसे छोटे बच्चे को सबसे ज्यादा प्यार करती है। अपनी पत्नियों के सहित युवा अपने चाचा और चाची को अपने माता-पिता की तरह सम्मान देते हैं, और वे भी उन्हें अपने बच्चों की तरह देखते हैं।

पिता अपने बेटों को शिक्षा देता है और माँ भी अपनी पुत्रवधू को अपनी बेटी की तरह शिक्षा देती है। सबसे छोटी बहू सबसे बड़ी बहू को बहन कहती है और सास की तरह ही उसका कहना मानती है। बड़ी बहू छोटी बहू को लड़की कहती है और उसे अपनी छोटी बहन समझती है। जब माता-पिता की शक्ति क्षीण हो जाती है, तो बड़ा लड़का और बड़ी बहू उन्हें सहारा देते हैं और छोटे जब कोई गलती करते हैं तो वे समझाते हैं। जब छोटे अलग रहते हैं तो झगड़ा होता है। वृद्ध व्यक्ति अधिकतर अपनी पत्नी को डाँटता है। यदि काम और धन्धा सही नहीं चल रहा होता है और कभी-कभी अपने बेटों को भी धमकाता है लेकिन अपनी बहू को कभी नहीं। जो वास्तव में झगड़ा शुरू करते हैं वे सास और बहू होती हैं और भाइयों की पत्नियाँ होती हैं, उनके झगड़े में भाई भी आपस में दुश्मन बन जाते हैं। सन्ताल कहते हैं : "एक सास कड़वा कद्दू होती है, वह स्वादिष्ट नहीं होती।"

"एक बहू अपने कान बन्द कर लेती है, वह सुनती नहीं।" "एक बहू अजगर होती है, जो अपने-आपको घसीटती रहती है, वह हिलती नहीं।" बेटियों के पतियों को वे कहते हैं : "एक बेटी का पति, मुड़ी हुई लकड़ी होता है, और अधिक मुड़ जाएगा", "दूसरे का बच्चा, एक जंगली मुर्गा होता है वह आपका कभी नहीं बन सकता।"

एक बड़े भाई की पत्नी और उसके पति के छोटे भाई और बहनें बहुत अच्छे दोस्त होते हैं। वे झगड़ा नहीं करते। लड़कियाँ अपने बड़े भाई की पत्नी को सब कुछ अच्छा और बुरा दोनों बताती हैं, और युवक बात करते हैं और अपने बड़े भाई की पत्नी के साथ खूब हँसते हैं इस पर किसी का कोई ध्यान नहीं होता है।

बूढ़े लोग और उनकी पत्नियाँ, अपने पोते-पोतियों से बहुत प्यार करते हैं; वे उन्हें अपनी पीठ पर घुमाने ले जाते हैं; वे उन्हें प्यार करते हैं, और भाइयों की पत्नियाँ भी, यदि वे एक-दूसरे के साथ शान्ति से रहते हैं तो उन सभी के बच्चों को पीठ पर बैठाते हैं और उन्हें प्यार करते हैं। और जब उन्हें बुखार हो जाता है या बीमार हो जाते हैं तो वे उनकी देखभाल भी करते हैं।

भाइयों का अलग होना

जब पोतों-पोतियों की संख्या अधिक हो जाती है या जब वे एक साथ घर में सद्भाव से नहीं रहते हैं तो माता-पिता उन्हें अलग करते हैं। ग्राम प्रधान और ग्राम परिषद के साथ मिलकर पिता कृषि, अन्य भूमि और मवेशियों को बड़े और छोटे, सभी को समान भागों में बाँटता है और उन्हें देता है, और वह अपने लिए एक हिस्सा रखता है। वह पुत्र जिसके साथ वृद्ध दम्पती रहता है, उसके साथ उसका हिस्सा रहता है। जब माता-पिता नि:शक्त हो जाते हैं तो बेटों को उनकी सहायता करनी पड़ती है क्योंकि उस समय जब वे बच्चे थे तो स्वयं की सहायता नहीं कर सकते थे; माता-पिता ने उनके लिए बहुत कष्ट सहा था। बेटियों को कोई हिस्सा नहीं मिलता है। आमतौर पर, जिस समय उनकी शादी होती है उस समय वे उन्हें एक बछड़ा देते हैं। और अलग होने के समय, यदि वे कुँआरी हैं तो वे उन्हें एक बछड़ा देते हैं। और बेटे, जो अलग होने के समय कुँआरे हैं, उन्हें मवेशियों का दोगुना हिस्सा मिलता है; एक हिस्सा उनकी शादी के लिए। जो मवेशी बहुओं को अपने पिता और भाइयों से मिलते हैं उन्हें नहीं बाँटा जाता, लेकिन दामाद जो मवेशी शादी के समय अपने ससुर से प्राप्त करता है उन्हें बाँटा जाता है।

पति और पत्नी अपने स्वयं के घर में

घर बसाना

जब पति-पत्नी अपने माता-पिता से अलग हो जाते हैं तो वे अपने लिए एक घर बनाते हैं। वे गाँव के मुखिया से एक स्थान प्रदान करने के लिए कहते हैं और उसे हड़िया और खाना देते हैं। पति पेड़ों को काटता है और उन्हें जंगल से लाता है; वह जंगल में घास काटता है या कहीं से खरीदता है। वह जमीन में नौ खम्भों को स्थापित करता है; वहाँ पर वह तीन छत की बीम डालता है; तीन स्थानों पर वह दोहरा आड़ा-तिरछा बीम स्थापित करता है, वह चालीस शहतीरों को लगाता है, और तीन स्थानों पर, शीर्ष पर, मध्य में, और इनमें से सबसे नीचे, वह आड़ी लकड़ियाँ लगाता है। इसके बाद वह छत की रूपरेखा तैयार करता है और इसके बाद फिर वह एक चारदीवारी बनाता है; ऐसा करने के बाद वह पूर्वजों को रखने के लिए अलग जगह बनाता है। पत्नी फिर मिट्टी से लिपाई करती है। बाद में वह घर में मिट्टी भरती है और चूल्हा बनाती है। पति लकड़ी की या पतली बाँस की छड़ियों का दरवाजा बनाता है। घर में उनके पास दो चारपाइयाँ, एक लकड़ी की ओखली और मूसल, एक छाज, टोकरी, झाड़ू, मिट्टी के बरतन, बड़े और छोटे लकड़ी के बने हुए, कड़ाही, छेनी, दराँती, चाकू, हल, और उसके भाग, तीर और धनुष, कुल्हाड़ी, तलवार और नाचने के लिए ढोलक होते हैं। गरीब लोगों के पास युद्ध-कुल्हाड़ी, तलवार, नाचने के लिए ढोलक नहीं होता।

पूर्वजों के लिए पवित्र कोठरी होती है; गैर-पुरुषों से सम्बन्धित महिलाओं को वहाँ जाने की अनुमति नहीं होती है और कुछ लोग अपनी बेटियों को भी वहाँ जाने की इजाजत नहीं देते हैं, जब उनकी शादी हो चुकी होती है। इस कोठरी में वे एक छोटा सा बाड़ा बनाते हैं, और यह पूर्वजों को छिपाने की जगह होती है। कोठरी में पैसे भी रखे जाते हैं। घर के पीछे के हिस्से में मैदान होता है। यहाँ वे मक्के की खेती करते हैं और गाँव की गली की ओर घर के सामने उनका दरबार आँगन होता है। यह वे चारों ओर बाड़ लगा देते हैं। वे बाहर जाने के लिए दो दरवाजे बनाते हैं : एक घर के पीछे जाने के लिए, एक सामने गली में जाने के लिए।

आदमी गाय, बैल और भैंसों के लिए एक गौशाला बनाता है, बकरियों और भेड़ों के लिए एक तह और सूअरों के लिए एक और छप्पर ढालता है। घर में मुर्गा और बिल्ली रहते हैं, और कुत्ता घर की रखवाली करने के लिए बरामदे में बैठा रहता है।

परिवार के कपड़े

एक आदमी की पोशाक कपड़े का एक टुकड़ा होता है जो एक हाथ चौड़ा और पाँच हाथ लम्बा होता है, इस तरह से उसे कमर पर लपेटना होता है और अपने ऊपरी भाग को लपेटने के लिए एक सूती शाल या एक कपड़ा, पाँच हाथ लम्बा और तीन हाथ चौड़ा होता है। यदि वे अमीर हैं, तो वे एक पगड़ी भी बाँधते हैं, जो लगभग पाँच हाथ लम्बे कपड़े की होती है। गरीब लोग लँगोट के रूप में दो हाथ लम्बे और आधे हाथ चौड़े कपड़े का उपयोग करते हैं, या उनके पास ढाई हाथ लम्बा और एक हाथ चौड़ा कपड़ा होता है और ठंड के मौसम के दौरान उनके पास कपड़े का एक टुकड़ा होता है जो लगभग तीन हाथ की चौड़ाई के साथ चौकोर होता है।

महिलाओं की पोशाक एक कपड़े का टुकड़ा होता है जो दस हाथ लम्बा होता है; यह कमर और पीठ और स्तन के ऊपर लपेटा जाता है।

बच्चे नग्न रहते हैं जब तक वे आठ साल के नहीं हो जाते। इस उम्र के बाद लड़कों को एक लँगोट मिलती है और लड़कियों को एक धोती। पुरुष बालों को गाँठ लगाते हैं और महिलाएँ अपने बालों को गाय की पूँछ की तरह रखते हुए गूँथती हैं। सभी कंघी का इस्तेमाल करते हैं।

सन्तालों के आभूषण

पूर्व में पुरुष और महिलाएँ एक निश्चित आयु तक पहुँचने तक गहने का उपयोग नहीं करते थे और युवा पुरुषों और लड़कियों के गहने केवल फूल थे। आजकल सभी कान में झुमकी पहनते हैं, चाहे महिला हो या पुरुष, चाहे लड़के हों या लड़कियाँ। बुजुर्ग पुरुष भी कलाई में कड़ा पहनते हैं। इनके अलावा बुजुर्ग पुरुषों के पास कोई आभूषण नहीं होता है। बुजुर्ग महिलाओं के पास कलाई का कड़ा, हार और अँगूठियाँ होती हैं।

युवा पुरुषों के पास कंगन, हार और अँगूठियाँ होती हैं, और जब वे नृत्य करते हैं, तो वे उन्हें एड़ियों में खोखली घंटियों, खोखली पायल, नीलकंठ पक्षी के पंख और फूलों के साथ सजाते हैं। लड़कियाँ चूड़ियाँ, पायल, घुमावदार पायल, पतली पैर की अँगूठियाँ, खोखली घंटियाँ, हार, अँगूठियाँ, ठोस चुस्त उपर्युक्त हार,

ठोस गले के गहने, बाँह के गहने, ऊपरी बाँह के गहने और पुष्प के साथ शृंगार करती हैं। छोटे लड़कों और लड़कियों को वे खोखली पायल और छोटी खोखली घंटियाँ पहनाते हैं।

पुरुषों के काम

फागुन के महीने से लेकर बैसाख के अन्त तक (अर्थात, फरवरी के मध्य से मई के मध्य तक) यह 'बैठने का समय' होता है। फिर पुरुष अपने स्वयं के उपयोग के लिए उपकरण बनाते हैं और घर के लिए साज-सामान इकट्ठा करते हैं; वे हलबीम और साँकल, हल और पटेला (मिट्टी को एक समान बनाने का उपकरण), फावड़े और गाड़ी के पहिये, गाड़ी के शाफ्ट और एक्सल (धुरी), रस्सियाँ और जुए के चमड़े का साँकल, चमड़े के पट्टे और रस्सियाँ, कताई के पहिये और कपास की सफाई के औजार, चरखे, कस्सियों और कुदाल के हत्थे, कुल्हाड़ियाँ, चारपाई के पाए और ढाँचे, मचिया और लकड़ी के तख्ते—बैठने के लिए, करछुल और चम्मच, धनुष और तीर, बाँसुरी, लकड़ी का मूसल और खरल और बुनाई के यंत्र बनाते हैं। वे कपड़े बुनते हैं और चारपाइयाँ बीनते हैं और वे लकड़ी लाते हैं और अपने घरों की मरम्मत करते हैं।

जेठ से भादों (अर्थात, मई के मध्य से अगस्त के मध्य तक) वे कृषि-कार्य करते हैं। फिर वे सुबह से दोपहर तक हल चलाते हैं, और बाद में वे खेत में मेड़ आदि बनाते हैं। सबसे पहले वे बाजरा और जंगली मकई, बाद में कोदन, मड़ुआ, अरहर, कुल्थी, बीन और बाजरा[1] बोते हैं। इसके बाद वे रोपाई के लिए धान बोते हैं। वे मक्का पर कुदाल से गुड़ाई करते हैं (इसमें महिलाएँ उनकी मदद करती हैं)। वे धान रोपण के लिए पहली जुताई करते हैं; इसके बाद वे दूसरी बार हल चलाते हैं, और अन्त में तीसरी बार हल चलाते हैं; वे खेत में मेड़ें भी तैयार करते हैं; वे खेतों की मिट्टी को दलदली और पहटाना बना देते हैं। तब वे रोपने के लिए धान की पौध को उखाड़ते हैं। धान लगाना महिलाओं का काम है।

मध्य जुलाई से मध्य अगस्त के दौरान वे कपास और तिलहन[2] बोते हैं। भादों (अगस्त के मध्य से सितम्बर के मध्य तक) वे हरड़ और सरगुजा[3] के लिए खेतों की जुताई करते हैं और इन्हें बोते हैं। वे मक्के की फसल काटते हैं।

1. Janhe. कोदन—पसपालम स्क्रोबिकुलेटम; Kode. मड़ुआ—इलुसीन कोरोकाना; Raher. अरहर—कजानस इंडिकस; Ghangra. कुलथी—डोलीकोरा कअजांध; Sutri. बीन—फासीओलुस कलकारेटस; Bajra. बाजरा—सोरघुम बुलगारे।
2. Tilmin Oilseed. तिलहन—सिसामम।
3. Horec. कुरथी—डोलोकोष बिफियोरस।

इस काम में महिलाएँ उनकी मदद करती हैं। वे साँवा घास, ज्वार-बाजरा, कैओन धान की फसल काटते हैं। इस कार्य में भी महिलाएँ उनकी सहायता करती हैं। पुरुष अनाज को निकालते हैं।[1]

सितम्बर के मध्य से अक्टूबर के मध्य तक वे खेत की जुताई करते हैं जहाँ मक्का बोया गया था, और सरसों की बुवाई करते हैं, और वे बाजरे और शुरुआती धान की फसल काटते हैं। नवम्बर के मध्य से दिसम्बर के मध्य तक वे खेतों को खोदते और महिलाओं के साथ वे धान की कटाई करते हैं, बाजरे और तिलहन को काटते हैं, अरहर और अन्य फसलों को और सरगुजा को उखाड़ते हैं। महिलाएँ अकेले कपास निकालती हैं। बीजों को निकालने के बाद वे पुआल को फेंक देते हैं, अनाज ओसाने-बरसाने के बाद वे इसका एक ढेर बनाते हैं, और पुआल की रस्सियों से वे पुआल को गट्ठरों में बाँधते हैं। वे दूसरी फसलों को कूटकर निकालते हैं और ढेरी बनाते हैं। इसके बाद वे गाड़ियों में भरकर अपने घर ले आते हैं और माघ के महीने में (जनवरी के मध्य से फरवरी के मध्य तक) वे सरसों की कटाई करते हैं और घास को काटते हैं। अब कृषि-कार्य समाप्त हो गया है।

पुरुष इस कार्य के अलावा साहूकारों के साथ व्यापार करते हैं और वे गाँव के मुखिया को किराये का भुगतान करते हैं। महिलाएँ और पुरुष तेल निकालने में एक-दूसरे की सहायता करते हैं। वे सरसों का तेल नहीं निकालते। वे कुछ फलों से तेल निकालते हैं। जैसे महुआ-पेड़ का फल, कुसुम, मालकांगनी, नसबेल, लाल बेली, रेंडी, बहेड़ा, करंज और नीम इत्यादि।[2]

महिलाओं के काम

महिलाएँ लगातार काम करती हैं। मुर्गा के बाँग देने के बाद वे धान कूटती हैं। जब दिन निकलता है, तो वे आँगन को गाय के गोबर और मिट्टी से लीपती हैं। इसके बाद वे पानी निकालती हैं और घर लाती हैं। अगले दिन वे पुरुषों और बच्चों को माँड़ देती हैं जो रात में बच गया था। जब वे खा चुके होते हैं तो वे स्वयं भोजन ग्रहण करती हैं। इसके बाद वे चूल्हे में आग जलाती हैं और दोपहर के भोजन को चूल्हे पर रख देती हैं; वे चावल पकाती हैं, शोरबा बनाती हैं; वे पत्ते के दोने और

1. Iri. साँवा घास—पैनीकम क्रशगली; Gundli. ज्वार-बाजरा—पैनीकम मिलीआरे; Erba Millet. कैओन धान—सेटेरिया इटालिका।
2. Kuindi. महुआ-पेड़ का फल—बासीया लाटीफोलिया; Baru. कुसुम—स्क्लीचेरा ट्रिजुगा; Kujri. मालकांगनी—सिलीस्ट्रस पैनिकुलेटा; Bando. नसबेल—स्पैथोलोबस परविफ्लोरस; Bonga Sarjom. लाल बेली—वेंटीलैगो कैलीकुलाटा; Eradon. रेंडी—रिसिनस कॉम्युनिस; Lopon. बहेड़ा—टर्मिनलिया बेलेरिका; Koronj. करंज—पोनगामिया गलाबरा; Nim. नीम—मेलिया अजादीरता।

पत्ते की थाली को तैयार करती हैं। पके हुए चावल को बाहर निकालती हैं, और जब दोपहर हो जाती है, तो वे पुरुषों और बच्चों को उनका दोपहर का भोजन देती हैं और बाद में खुद खाती हैं। दोपहर के बाद वे दूसरी बार पानी लाने के (लगभग 5 बजे तक) बाद विभिन्न प्रकार के काम करती हैं, सब्जियाँ तोड़ती हैं, और यदि वे किसी जंगल के पास रहते हैं तो वे जलाऊ लकड़ी लेने जाती हैं या वे सूती धागे को चरखे[1] पर कातती हैं। वे एक धनुष[2] से कपास को साफ करती हैं, वे टहनियों पर रूई के रोल बनाती हैं, वे चरखा चलाती हैं, वे अपनी उँगलियों पर धागे को चढ़ाते हुए समेटती हैं ताकि पुरुष बाद में कपड़ा बुनते समय इसका उपयोग कर सकें। पानी लेने के लिए दूसरी बार जाती हैं और फिर शाम के भोजन की तैयारी करती हैं। अँधेरा होने के दो घंटे बाद वे खाना खाती हैं। महिलाएँ दूसरों के बाद खाना खाती हैं। सभी सन्ताल कभी-कभी मांसाहारी भोजन खाते हैं। ज्यादातर वे सब्जियों के साथ पके हुए चावल खाते हैं और मटर के दानों को खाते हैं। मीट तैयार करने के मसाले हल्दी, अनीस बीज, लहसुन, तेल और नमक हैं, उनका प्रयोग करते हैं। मछली के लिए मसाले हल्दी और मेथी[3], तेल और नमक हैं; सब्जियों और मटर में केवल नमक का इस्तेमाल किया जाता है। वे एक साथ घर के अन्दर होती हैं तो अलग-अलग मामलों के बारे में बात करती हैं, उसके बाद वे सोने के लिए लेट जाती हैं। बुवाई और कटाई के समय महिलाएँ धान लगाती हैं, मक्के की बुवाई करती हैं और जब धान पक जाता है तो वे उसे काटती हैं। घर की सफाई और सजावट महिलाओं का काम होता है।

बच्चों के कार्य और मनोरंजन

जब तक वे मवेशियों को पालने में सक्षम नहीं होते, तब तक छोटे लड़के केवल दौड़ते और खेलते हैं। जब वे मवेशियों को चराने के योग्य हो जाते हैं तो वे दूसरे गाँव के लड़कों के साथ मिलकर मवेशी और भेड़-बकरियाँ पालते हैं। सुबह वे मवेशियों को बाहर निकलने देते हैं, और वे उन्हें दो या तीन साथियों के साथ जाने देते हैं। वे बाँसुरी बजाते हैं, वे पक्षियों का शिकार करते हैं। दोपहर के समय वे मवेशियों को ऐसी जगह ले जाते हैं, जहाँ वे आराम करते हैं, ताकि वे स्वयं भोजन कर सकें।

1. चरखा—सूत कातना।
2. यह धनुष अब काफी दुर्लभ है। यह बाँस से बना होता है। एक छोर पर दाहिने हाथ में यह थोड़ा सिकुड़ा हुआ है, बाकी का हिस्सा बटा हुआ और मुड़ा हुआ है और एक डोरी बँधी हुई है जो इसे एक धनुष बनाती है। यह धनुष की डोरी को रूई के नीचे रखकर बाएँ हाथ के अँगूठे और तर्जनी से खेलने का काम करता है।
3. ट्रिगोनेला फोनम ग्रेकम।

जब वे खा चुके होते हैं, तो वे मवेशियों को चराने के लिए बाहर ले जाते हैं, और जब शाम हो जाती है तो वे मवेशियों को गाँव में लाते हैं। दोपहर के समय बड़े लोग गायों का दूध निकालते हैं; वे बच्चों को दूध देते हैं जो कुछ बचा है, वे उसे इकट्ठा करते रहते हैं और उसका मक्खन बनाते जाते हैं। मक्खन बनाने के लिए वे दूध उबालते हैं; उबला हुआ होने के कारण दही भी बन जाता है। वे पानी के साथ उसको मिश्रित करते हैं; इसके बाद वे मक्खन को निकालते हैं और उसे गरम करके घी बनाते हैं। वे मक्खन और दूध को खुद खाते हैं। वे गरीब लोगों को भी इसका हिस्सा देते हैं।

बहुत छोटे लड़के मिट्टी की गाड़ियाँ बनाते हैं और उन्हें खींचते हैं; बड़े उनके लिए लकड़ी की छोटी गाड़ियाँ भी बनाते हैं। वे उनके लिए धनुष और तीर बनाते हैं, और वे इनके साथ छिपकली, टिड्डे बनाते हैं। जब वे थोड़े बड़े हो जाते हैं, तो वे टिर और कटी[1] खेलते हैं।

छोटी लड़कियों का काम बच्चों को पीठ पर लादकर खिलाना, सब्जियों को तोड़ना और किसी-न-किसी काम में उनकी माँ की मदद करना है। जब वे काफी बड़ी हो जाती हैं, तो वे पानी और पत्तियाँ लाती हैं और विभिन्न प्रकार के काम करती हैं। जब वे छोटी लड़कियाँ होती हैं, तो वे चावल और शोरबा तैयार करने का अभिनय करती हैं। जब वे थोड़ी बड़ी हो जाती हैं, तो वे गली में नाचती और गाती हैं।

बड़े होने तक लड़के और लड़कियाँ एक साथ मिलकर निम्न खेलों को खेलते हैं : हेडल, गुडु, भेला टैप टूप, सुई गुटु, भिरकाई-भिरकाई, कन्थार, एलिया, सिमिक-सिमिक, क़ुल-कुल, केरा सारे सापे तायो-तायो, पुसी-पुसी, दुरप टेंगन, झम्पा, बेट-बेट, सिकरिक-सिक़रिक, सुटम ओरक, होन गुजुर, किटांकेटा, आइताउ, पाइतांउ और दूसरे खेल।[2]

विवाहित लोगों के दुख और सुख

कुछ विवाहित लोग बड़ी शान्ति से रहते हैं। पति अपनी पत्नी के बोझ को हल्का करता है और पत्नी भी अपने पति के लिए ऐसा ही करती है। शाम को पति और पत्नी अपने काम और व्यवसाय के बारे में एक साथ बात करते हैं। जब कोई आवश्यकता होती है तो पति अपनी पत्नी से कहता है : "वर्तमान के लिए हमारे लिए माँड़ तैयार करो; वर्तमान में यह तंगी का समय है।" और पत्नी भी अपने पति से कहती है : "हमारे लिए भोजन की व्यवस्था करो। यह समाप्त हो रहा है।"

1. टिर और कटी (गिल्ली और डंडा)
2. सन्तालों के खेलों में इतनी विविधता है कि उसके लिए एक अलग पन्ने की जरूरत पड़ेगी।

या "बच्चों के कपड़े फट रहे हैं, आप उन्हें कपड़े कैसे उपलब्ध कराएँगे?" या "हमारा बेटा बड़ा हो गया है, क्या आप उसकी कहीं बहू नहीं देखेंगे? वह शायद कहीं-न-कहीं कुछ अपराध कर सकता है और हमारे लिए यह मुश्किल कर सकता है।" या "बच्चे मेरी बात नहीं मानते, जब मैं उन्हें एक आदेश देती हूँ, तो मुझे कितना बोलना चाहिए? उन्हें डाँटो, ताकि वे डर जाएँ।" या "बच्चे बीमार हैं, किसी को उनकी नब्ज दिखा दें।" ऐसे अच्छे शादीशुदा लोग एक-दूसरे की बातें सुनते हैं। वे काम करते हैं और एक मन से भोजन खाते हैं।

लेकिन कुछ महिलाएँ बहुत बुरे स्वभाव की होती हैं, वे दिन-भर अपने पति को परेशान करती हैं। वे भयानक रूप से गुस्से में बोलती हैं, और जल्दी रूठ जाती हैं। पति को कभी शान्ति नहीं मिलती। वह किसी और के साथ या किसी अन्य चीज के बारे में बात करता है तब उसकी पत्नी एक बार उसके साथ कुछ बुरा करने के लिए लांछन लगाएगी। अगर पति को कहीं से आने में थोड़ी देर हो जाती है तो महिला रूठ जाएगी, और अगर वह पानी या कुछ भी माँगता है तो वह एक बार गुस्से में उससे बात करती है, वह उसे गालियाँ देती है। वह कहती है कि अपने आप पी लो, क्या उसने तुम्हें कुछ नहीं दिया। वह प्यासा हो सकता है। वह उसे गाली देगी और डाँटेगी, जब तक कि उसे गुस्सा नहीं आता। अब पुरुष ऐसी महिला को पीटता है। इसलिए वह उग्र हो जाता है और उसकी पिटाई करता है, ताकि वह झूठ बोले। औरत चीखती है और गाली-गलौज करेगी : "वह महिला जो तुम्हारे पास है, अपनी रखैल को चाकू मार दो! उसे लाओ, उसे खाना बनाने दो, तुम दोनों के बारे में क्या मुझे पता नहीं है; तुम्हारा पेट, क्या यह बढ़ नहीं रहा है? तुम अन्धे मूर्ख हो, तुम घूर रहे हो, जानवर की तरह मरो; क्या तुमने मुझे तब नहीं देखा? तुम्हारी फूटी आँखें! क्या वह तुम्हारे गले में लिपटी थी? मैं यहाँ नहीं रहूँगी; क्या आप सोचते हैं कि क्या आप केवल एक ही आदमी हैं?" और बच्चे रोते हुए बाहर भागते हैं और रोते हैं : "यहाँ आओ, पिता जी! यहाँ आओ, पिता जी, वह हमारी माँ को मार रहा है।" गाँव के लोग फिर आते हैं और दोनों को चेतावनी देते हैं; और अगर ऐसा दोबारा होता है और उन्हें यह पता चलने के बाद कि किसकी गलती है तो उसे दंड भरना पड़ेगा। कुछ महिलाएँ बहुत आलसी होती हैं और सब कुछ सहती हैं। कुछ पुरुष भी बहुत बुरे स्वभाव के होते हैं; बिना किसी कारण के वे अपनी पत्नियों को पीटते हैं। वे भोजन और काम में गलती निकालते हैं, जबकि वह अच्छा होता है; दिन-भर वे अपनी पत्नियों पर चिल्लाते हैं और वे कठोर शब्दों में उनके साथ बोलते हैं और कुछ पुरुष हड़िया पीकर भटक जाते हैं। जब पुरुष या महिला, या दोनों इस तरह से खराब व्यवहार करते रहते हैं तो वे अलग हो जाते हैं। लेकिन कुछ लोग अलग नहीं होते, क्योंकि उन्हें बच्चों पर दया आती है, ऐसे लोग बड़ी परेशानी में रहते हैं।

पिता-माता और बच्चों के दुख-सुख

माता-पिता अपने बच्चों को जान-बूझकर नहीं मारते, अगर वे नाराज नहीं होते हैं; और वे स्वयं भोजन नहीं करते, यदि कोई भोजन है तो वे इसे बच्चों को देंगे। माँ की उपस्थिति में पिता बच्चों को डरा नहीं पाता; उनकी माँ उनकी रक्षा करती है; और बच्चों को दंडित नहीं किया जाता है। इसलिए वे जैसे चाहें वैसे रहते हैं। यदि उन्हें एक या दो बार कुछ करने का आदेश दिया जाता है तो वे नहीं मानते हैं, माता-पिता उन्हें अकेला छोड़ देते हैं। अगर उन्हें पीटा जाता है या ऐसा कुछ किया जाता है, तो बच्चे रिश्तेदारों के पास भाग जाते हैं। ये उन्हें डराते नहीं और घर नहीं भेजते हैं। वे उन्हें अपने घर पर रखते हैं जिससे बच्चों की हिम्मत बढ़ जाती है, माता-पिता उन्हें लाने के लिए मजबूर होते हैं और केवल उनसे हारकर ही वे उन्हें घर लाने में सक्षम होते हैं। बड़े होने पर भी बच्चे बिना किसी डर के गलतियाँ करते हैं क्योंकि वे खुद दंडित नहीं हुए होते हैं। माता-पिता को दंडित किया जाता है। सन्तालों को अपने बच्चों से बहुत परेशानी होती है, क्योंकि बच्चों को अनुशासन में नहीं रखा जाता है। इसलिए जब तक वे छोटे होते हैं या अपने माता-पिता के घरों में रहते हैं, बच्चों को उनके बुरे व्यवहार के लिए वह दंड नहीं मिलता है जो कि मिलना चाहिए। कभी-कभी जब वे पूरी तरह से चिन्तित हो जाते हैं तो माता-पिता अपने दुर्व्यवहार करनेवाले बच्चों से कहते हैं : "तुम युवा हो या युवा लड़की हो, जब हम दोनों नहीं रहेंगे तो तुम्हें अपने-आपको साफ करने के लिए भी पर्याप्त पानी नहीं मिलेगा, और तुम उड़ जाओगे एक बवंडर की तरह।"

पुरुष और महिला सेवक

जिनके परिवार में सहायता के लिए कम लोग होते हैं वे नौकर रखते हैं। वे औरों को उनके लिए सहायक खोजने के लिए कहते हैं : "हमारे लिए एक नौकर या ऐसा कोई खोजें।" जब उन्हें कोई मिलता है तो वे बताते हैं या कहते हैं : "'अमुक' जगह पर मैंने पाया है कि एक है।" फिर वह आदमी जो नौकर चाहता है, और जो खोजने के लिए गया था, वे उस युवक या लड़की और उसके माता-पिता के पास जाते हैं। वे उन्हें भोजन और हड़िया देते हैं इसके बाद वे मजदूरी के बारे में बात करते हैं। पुरुष सेवकों को मजदूरी के रूप में दो रुपये वार्षिक मिलते हैं, और वे उन सभी प्रकार की कृषि फसलों की रोजाना एक-एक मुट्ठी भरकर मजदूरी के रूप में रखते हैं, जिन्हें वे काटते हैं। सेवा करनेवाली लड़कियों को सालाना मजदूरी में केवल एक रुपया मिलता है, लेकिन फसल की पैदावार के सम्बन्ध में उन्हें पुरुष नौकरों के समान ही मिलता है। पुरुष सेवकों को बरसात के मौसम के

लिए कपड़े मिलते हैं अर्थात कपड़े का एक टुकड़ा पाँच हाथ लम्बा और एक लुंगी मिलती है। जब वे पूरे साल काम करते हैं, तो उन्हें एक धोती का कपड़ा, पाँच हाथ लम्बा और पाँच हाथ का सूती कपड़ा मिलता है। साल के अन्त में स्नान के समय उन्हें बीस पाव रोटी मिलती है; इस समय वे अपनी नौकरी जारी रखने या छोड़ने के बारे में बात करते हैं। महिला सेवकों को बारिश के मौसम में तीन हाथ का एक लुंगी कपड़ा और स्तन पर डालने के लिए चार हाथ लम्बा एक कपड़ा मिलता है। और पूरे साल काम करने के बाद उन्हें पहनने के लिए दस हाथ लम्बा एक महिला वस्त्र मिलता है।

पुरुष नौकर मालिक की मदद करता है, और महिला नौकर मालिक की पत्नी की मदद करती है। यदि कोई लड़की नौकर नहीं है तो पुरुष नौकर ही सुबह मालिक की पत्नी की मदद करने के लिए हाथ बँटाता है। एक पुरुष सेवक जिसके काम से मालिक की पत्नी प्रसन्न होती है, वह बड़े आराम से रहता है। लेकिन अगर मालिक की पत्नी नाराज होती है तो पुरुष नौकर को परेशानी होती है। उसको भोजन वह कंजूसी से देगी, और वह अपने पति को नौकर को डाँटने के लिए भी कहेगी। यदि मालिक की पत्नी नौकर से प्रसन्न होती है तो वह उसे अपने पति द्वारा डाँटने नहीं देती। यदि मालिक की पत्नी की एक बड़ी बेटी है तो वे कभी-कभी एक नौकर को भी घर-दामाद बना सकते हैं लेकिन तभी जब मालिक की पत्नी प्रसन्न हो; यदि मालिक की पत्नी हमेशा अच्छी होती है तो महिला नौकर बहुत आराम से रहती है, अन्यथा उन्हें परेशानी होती है।

वे युवा लड़कों को केवल मवेशियों को पालने के लिए ले जाते हैं, वे साल में उन्हें एक रुपया देते हैं और भोजन के अलावा कपड़े में एक पाँच हाथ लम्बी लुंगी और एक पाँच हाथ लम्बी सूती शाल देते हैं।

जब वे कृषि-कार्य के समय पर श्रमिकों को रखते हैं, चाहे वे पुरुष हों या महिलाएँ, तो वे उन्हें नाश्ता और दोपहर का भोजन देते हैं, बच्चों के लिए पिछले दिन शाम का बचा हुआ भोजन और दो सेर धान या मक्का, मजदूरी के रूप में देते हैं।

बुखार और बीमारी

जब पति या पत्नी या बच्चों को बुखार आता है तो वे किसी जानकार को हाथ की नब्ज दिखाते हैं। जब वे ऐसा करते हैं तो वह कहता है : “वह बिलकुल ठीक है; बीमार के लिए कुछ दवाई पीसने दो। वह ठीक हो जाएगा।” फिर लोग उससे कहते हैं : “महोदय, कृपया आप उसे दवा दें। वह फिर जंगल में जाएगा, खुदाई करेगा और दवा लाएगा।” जब वह ऐसा करता है तो वह इसे रोगी के लिए कूटता है; रस को वह एक दोने में निचोड़ता है। फिर वह उसे बीमार को पिलाता है।

वह उसके लिए कुछ तीन या चार दिन ऐसा करता है। यदि रोगी इससे ठीक नहीं होता है, तो दवा देनेवाला कहता है : "इससे सभी लोग ठीक हो जाते हैं यह कैसे है कि वह ठीक नहीं हो रहा है, इसका कारण किसी और से पता करें।"

फिर वे एक ओझा को लाते हैं। वह भविष्यवाणी करता है। जिस व्यक्ति को भविष्य जानना है वह तेल और साल की पत्तियों के साथ ओझा के पास जाता है, उसे ये चीजें सौंप देता है और उससे कहता है : "कृपया पिता जी, इन पत्तियों और मेरे इस तेल को देखें।" ओझा उससे पूछता है : "तुममें से कौन बीमार है?" वह कहता है : "मेरी पत्नी या मेरा बच्चा (जैसा भी मामला हो)।" ओझा कहता है : "तुम्हारा नाम क्या है?" वह उसे नाम बताता है। ओझा फिर उससे अपने गाँव के बारे में पूछता है। गाँव का नाम सुनते ही वह एक पत्ते पर थोड़ा सा तेल डालता है, इसके बाद वह अपने संरक्षक भगवान का नाम लेते हुए पत्ती पर तीन बार तेल छिड़कता है। वह फिर एक पत्ती को तेल के साथ दूसरी पत्ती पर दबाता है, उसे ढकता है और वह उसे रगड़ता है, एक मंत्र का उच्चारण करता है।

इसके बाद वह उसे जमीन पर थोड़ी देर के लिए रख देता है। इसे जमीन से उठाने के बाद वह इसे नमन करता है और पत्तियों को अलग करके देखता है। वह ओझा से पूछता है : "आप क्या देखते हैं पिता जी, बीमारी या एक बोंगा या लोग?" ओझा उसका जवाब देता है : "इसलिए तुम्हारा 'अमुक' बोंगा भूखा लग रहा है, और बुरी नजर का कुछ जादू भी है।" ओझा एक बार में चुड़ैलों का उल्लेख नहीं करेगा। यदि अलग-अलग गाँवों के दो या तीन ओझा, एक ही बात कहते हैं तो वह व्यक्ति उस बात पर विश्वास कर लेता है और घर पहुँचकर उस नाम वाले बोंगा के लिए एक परिवाद के रूप में पानी डालता है जिसे ओझा ने बताया है और कहता है : "वह ठीक हो जाए; जब वह ठीक हो जाएगा तो मैं आपको इतना भर दूँगा, इतना ज्यादा दूँगा जितना आपको चाहिए।"

इसके बाद वह गाँव के ओझा को अपनी मुसीबत से छुटकारा दिलाने के लिए पकड़ लेता है। ओझा सरहद के बोंगा को पकड़ने के लिए अटकल लगाता है। वह फिर कहता है : "बुरी नजरवाला बोंगा 'अमुक' है।" वह व्यक्ति जो अटकल लगाने के लिए आया है, कहता है : "कृपया उसे राजी कर लें।" अब ओझा थोड़ा धूप में सुखाए हुए चावल माँगता है। उसे वह एक पत्ते में मिलता है। ओझा फिर रोगी को अपने बाएँ हाथ से इस चावल को छूने के लिए कहता है तथा उसके बाद उसके ऊपर चावल के साथ झाड़-फूँक करता है। इसके बाद वह घर के मैदान के अन्त में जाता है और अपनी जाँघ पर पाँच स्थानों पर काँटे से खुद को चुभाता है; वह चावल पर खून बहाता है, इसके बाद वह पत्ती में चावल के साथ रक्तवाले चावल मिलाता है। तत्पश्चात वह अपने बाएँ हाथ से बोंगा के ऊपर फैलाता है, जो पकड़ा गया है। वह अब एक आह्वान करता है : "खबरदार, 'अमुक' मुखिया

के घर में तुमने खुद को स्थापित किया, इस घर को खटखटाया, आज के दिन मैंने तुम्हें पकड़ा, तुम्हें मैंने अपने हाथों से मछली की तरह पकड़ लिया, केकड़े की तरह; तुम कसम खाओगे कि आज से तुम इस घर को छोड़ दोगे, जो बीमार है, जो रोगग्रस्त है, वह ठीक हो जाए, पीड़ा को तुम कम करो, हो सकता है जिस प्रकार नदी के एक गढ़ में पानी शुद्ध होता है, जिस प्रकार एक झरने का पानी शुद्ध होता है, उसी तरह से यह शुद्ध हो जाए, मेरे ठाकुर!"

उसके बाद वह घर की चारदीवारियों के पास (बोंगा के लिए) चावल फैलाता है। तब वह इनसे कहता है : "यहाँ हे प्रभुओ! तुम यहाँ इन भागों में, तने में और जड़ों में, पानी में, कहीं भी, अवकाश में, छेदों में, तुम जो आगे बढ़ रहे हो, पास आते हो और तुम जो नहीं चलते हो, दूर से देखो, इसके पक्ष में।" इसके बाद वह जड़ों को लाता है और उन्हें रोगी के लिए कूट देता है। यदि रोगी इससे अच्छी तरह से ठीक नहीं होता है तो ओझा कहता है : "मैं इसे ठीक करने में असमर्थ हूँ; गाँव के मुखिया और उनके सहायक से प्रार्थना करें; कौन है जो भड़क रहा है और इसमें घुसा हुआ है।"

रिश्तेदार

रिश्तेदारों में, माता-पिता (पति और पत्नी दोनों में से) को छोड़कर, वे पत्नी तरफ के लोगों को सबसे ज्यादा पसन्द करते हैं। मामा और उनके परिवार के लिए और पत्नी के भाइयों के लिए पति और पत्नी बहुत सोचते हैं। वे ज्यादातर उनके पास जाते हैं। जब वे उनके पास जाते हैं तो वे एक मुर्गे और सूअर को मारते हैं और वे उन्हें बहुत अधिक हड़िया और भोजन देते हैं। तथा दोनों खुद भी बहुत आतिथ्य दिखाते हैं। पति के भाइयों और पति के मामा को भी प्रेम करते हैं और अतिथि-सत्कार करते हैं लेकिन इतना अधिक नहीं। एक लोक-कथा प्रचलित है :

"एक बार काफी समय पहले, एक बच्चे के मामा और चाचा एक दम्पती के घर में मिलने आए। जब वे अपना दोपहर का भोजन कर चुके थे तो बारिश होनेवाली थी। उस समय महिला ने बच्चे को अपनी गोद में बैठा लिया और उसे आँगन पुचकारा, फिर उसने कहा : "आपके मामा के घर की दिशा में, मेरे बच्चे! भारी बादल उठे हैं, वहाँ काली घटा है। अपने चाचा के घर की दिशा में साफ आकाश है।" फिर उसके पति के भाइयों ने बाहर आकर देखा, हर जगह एक ही तरह के बादल थे; परिणामस्वरूप, उनको पता लग गया कि उनके भाई की पत्नी हमें दूर भेजना चाहती है ताकि वह अपने भाइयों की सेवा कर सके। इसके अलावा किसी-न-किसी बहाने से वे चुपचाप खुद निकलते चले गए; वे अन्यथा क्या कर सकते थे? तब महिला के भाई भी जाने की बात कर रहे थे। लेकिन फिर वह उनसे कहती है :

"मेरे बड़े भाइयो! मत जाओ! हड़िया का एक बरतन है।" जब शाम हो गई तो उसने उन्हें हड़िया परोसी और उसने अपने पति के द्वारा सूअर को मरवाया। उसने उन्हें मांस, चावल, और हड़िया दी। उन्होंने भर पेट खाया और पीया।"

महिलाएँ अपने पति की तरफ के रिश्तेदारों से मुँह नहीं मोड़तीं; वे बच्चों के लिए पानी रखती हैं (अर्थात उनके लिए व्यवस्था करती हैं), ताकि जब उनके पिता न हों तो वे उन्हें आत्माओं की पूजा करना सिखा सकें। लेकिन महिलाओं के पास उनके लिए बहुत प्यार नहीं है, यह केवल लाभ के लिए है।

अगस्त के महीने में हर साल पति-पत्नी अपने रिश्तेदारों से मिलने के लिए जाते हैं, यहाँ तक कि जब वे बहुत दूर रहते हैं तो जहाँ तक वे उनके बारे में जानते हैं, बशर्ते उनके बड़े बेटे घर पर हों, नहीं तो केवल आदमी जाएगा। सम्बन्धी के यहाँ जाने का अर्थ है कि वे एक-दूसरे को भूल न जाएँ।

किसी भी समय जब वे संसाधनों को प्राप्त करना चाहते हैं तो पुरुष की तरफ के रिश्तेदार और महिला की तरफ के रिश्तेदार एक-दूसरे की मदद करते हैं जब वे एक-दूसरे के साथ रहते हैं, चाहे वह भोजन के सम्बन्ध में हो या मवेशियों के सम्बन्ध में हो। और जब सम्बन्धियों में से कुछ अनाथ हो जाते हैं या वे तनाव में होते हैं, ऐसे समय में जिन रिश्तेदारों के पास साधन होते हैं वे उनकी देखभाल करेंगे, या वे अपनी जमीन और खेतों को उनके साथ विभाजित करेंगे। लेकिन ऐसे लोग जो गरीबी और कठिनाइयों से मुक्त हो जाते हैं, ज्यादातर कृतघ्न होते हैं। केवल कुछ लोग आभार प्रकट करते हैं। कृतघ्न व्यक्ति आपको अँगूठा दिखाते हैं (आपको दोष देते हैं), वे आपको भटका सकते हैं। वे कहेंगे : "क्या आप सोचते हैं कि आपने मेरी सहायता की है, जब तक कि मैं पूर्ण रूप से सँभल नहीं गया; मैंने अपनी सहायता अपने-आप की है। किसी भी समय जब आपकी जरूरत होती है तो वे आपको मँझधार में छोड़ देंगे। वे बड़े होते हैं, फिर अपनी राह चल देते हैं। लेकिन ऐसे लोग किसी दिन अपना प्रतिशोध लेंगे, अगर वे खुद नहीं तो उनके बच्चे। लेकिन ऐसे लोगों को सजा मिलती है। उन्हें नहीं तो उनकी औलाद को मिलती है।"

महिलाएँ वास्तव में अपने पिता और पुरुष सम्बन्धियों पर आश्रित होती हैं। जब पति और पत्नी तालमेल से नहीं रहते हैं या जब पति कठिनाई में पड़ता है तो अपनी पत्नी को पीटता है या कोई उसे एक चुड़ैल कहता है, तो वह रोती हुई अपने पिता और पुरुष सम्बन्धियों के पास जाती है और वे उसके लिए आगे आते हैं। यह उनका अधिकार है क्योंकि शादी के दिन उन्होंने इस प्रकार की शर्त रखी थी। उसके पिता और पुरुष सम्बन्धियों को सूचित किये बिना वे चुड़ैल खोजनेवाले के पास नहीं जाते। और यदि वे चुड़ैल पकड़नेवाले से सहमत नहीं होते हैं तो वे उसे इस प्रकार की पाँच जगहों पर ले जाते हैं। इसके कारण महिलाओं को अपने पिता और पुरुष सम्बन्धियों पर बहुत भरोसा होता है।

जब पति या पत्नी की मृत्यु हो जाती है

यदि माँ अपने बच्चों की शादी से पहले मर जाती है तो भले ही उनके पिता को दूसरी पत्नी मिल गई हो, बेटे विभाजन की माँग नहीं कर सकते। लेकिन अगर उस समय बेटे शादीशुदा हैं तो वे चाहें तो अलग घर बना सकते हैं। गाँव की पंचायत सम्पत्ति के विभाजन की प्रक्रिया को पूरा करती है। पिता को एक हिस्सा मिलता है और बेटों को एक हिस्सा। यदि दूसरी पत्नी ने अपने पति के मरने से पहले उसके बेटे को जन्म नहीं दिया है, तो उसकी मृत्यु के बाद पहली पत्नी के बेटे पिता द्वारा छोड़े गए हिस्से पर भी कब्जा कर सकते हैं। यदि वे इस पर कब्जा कर लेते हैं तो उन्हें अपनी सौतेली माँ के लिए अन्तिम-संस्कार समारोह करना होगा, जब वह मर जाती है।

यदि कोई भी महिला किसी लड़के को जन्म दिये बिना विधवा हो जाती है तो पिता या पुरुष रिश्तेदारों को सारी सम्पत्ति मिल जाती है; महिला को केवल एक बछड़ा, एक गट्ठर धान, एक पीतल का प्याला और एक कपड़ा मिलता है और वह अपने पिता और भाइयों के घर चली जाती है। ऐसी कठिन स्थिति में कुछ लोग बड़े भाई की पत्नी को रखते हैं। वे उसे उसके पिता और भाइयों के घर नहीं जाने देते। सन्ताली इसे बहुत अच्छा मानते हैं।

एक व्यक्ति जो अपने बड़े भाई की पत्नी को रखता है, उसे अपने मृतक बड़े भाई की सम्पत्ति का केवल अपना हिस्सा मिलता है, उसे सब कुछ नहीं मिलता है।

जब विधवा की बेटियाँ होती हैं तो उनके दादा या उनके पिता के बड़े या छोटे भाई, माँ और बच्चों को अपने पास रखते हैं और उनकी सहायता करते हैं, तो सम्पत्ति उनके हाथ में रहती है। जब बेटियाँ बड़ी हो जाएँगी तो वे उनकी शादी कर देंगे। और जैसे ही उन्हें शादी के समय अपने पिता से उपहार मिलते, अगर वह जिन्दा होता, उसी तरह ये भी उन्हें देते हैं और उनकी माँ मरने तक उनका साथ देती है। यदि ऐसा कोई नहीं रहता है तो वह एक नि:सन्तान विधवा की तरह रीति-रिवाज निभाएगी और अपने पिता या भाई के घर जाएगी या एक बेटी के साथ रहेगी।

एक विधवा जिसके पास एक बेटा है उसके पास सारी सम्पत्ति रहेगी। बच्चों के दादा या उनके पिता के छोटे और बड़े भाइयों को केवल यह देखने का अधिकार है कि उनकी माँ भटक तो नहीं रही है। अगर माँ बच्चों की शादी से पहले फिर से शादी कर लेती है तो उनके दादा या उनके पिता के छोटे या बड़े भाई, बच्चों और सारी सम्पत्ति को प्राप्त कर लेंगे और बच्चों की माँ को कुछ भी नहीं मिलेगा। कुछ लोग उसे एक बछड़ा देंगे, विदाई दावत के रूप में।

विरासत का कानून इस तरह है : 'एक व्यक्ति के पिता को उसकी सम्पत्ति मिलेगी। यदि वह जीवित नहीं है तो उस आदमी के सभी भाइयों को सम्पत्ति मिलेगी। यदि वे जीवित नहीं हैं अर्थात वे मर चुके हैं तो उनके पुत्र अर्थात उस व्यक्ति के छोटे भाई या बड़े भाई के पुत्रों को यह सम्पत्ति मिलेगी। और जब ये या इनके पुत्र जीवित नहीं हैं तो मृतक व्यक्ति के चाचा या उनके बच्चों को यह सम्पत्ति मिलेगी। और यदि कोई उत्तराधिकारी नहीं है तो देश का राजा सम्पत्ति का हकदार होगा।'

ग्रामीण जीवन

गाँव के लिए स्थान की खोज करना और शगुन

सन्ताल दूसरों से दूर अपने लिए घर नहीं बनाते हैं; वे गाँव बनाते हैं और वहाँ वे एक ही स्थान पर एक साथ रहते हैं। एक गाँव के लिए स्थान का पता लगाने के लिए तीन से चार आदमी एक अगुआ के साथ जाएँगे और एक जंगल की जाँच करेंगे। जब वे जंगल में प्रवेश करने के बाद, किसी भी तीन प्रकार के बटेरों को उड़ते हुए देखते हैं तो वे कहते हैं : "भविष्य में किसी दिन यहाँ का एक गाँव खाली हो जाएगा।" लेकिन अगर वे इन पक्षियों को अपने अंडों पर चुप बैठे हुए देखते हैं या उन्हें एक बाघ मिलता है या एक बाघ के पैरों के निशान देखते हैं, तो वे कहते हैं : "भविष्य में किसी दिन हम बहुत आबादीवाले गाँव बन जाएँगे और हम यहाँ बस जाएँगे।" उसके बाद खोज जारी रखते हुए, वे इस तरह की एक जगह का चयन करते हैं अर्थात, जहाँ सूखी जमीन होती है, जहाँ अच्छी ऊँची भूमि और घर के खेत होंगे, जहाँ चावल के खेत तैयार किये जा सकते हैं और जहाँ पानी आसानी से उपलब्ध होता है। उन्होंने जो देखा है, उससे खुश होते हैं और घर लौटते हैं।

इसके बाद वे एक दिन शगुन लेने जाते हैं। वे अपने साथ दो सफेद और एक धब्बेदार मुर्गा, थोड़े से धूप में सुखाए हुए चावल, तेल, सिन्दूर और एक नये पतले गरदनवाले मिट्टी के बरतन में पानी ले जाते हैं। जहाँ अगुआ अपना घर बनाने का इरादा रखता है वहाँ वह शाम को जाता है और सिन्दूर से पाँच जगह निशान लगाता है। सिन्दूर के दागों के करीब वे धूप में सुखाए गए चावल के कुछ छोटे ढेर गिराते हैं, और इसके बगल में वे पानी का बरतन भी रखते हैं। इसी जगह के पास वे एक पंक्ति में मुर्गों को बाँधते हैं, बस इतनी दूर कि वे चावल तक नहीं पहुँच सकें। वहाँ पर वे एक आह्वान करते हैं : "हे सूर्य देव (सिङ बोंगा) एक बाँस की चटाई की तरह आप चारों कोनों में फैले हुए हो, चारों विश्व आपने ढक रखा है। इस शुद्ध जंगल में हम अच्छा शगुन खोज कर रहे हैं; ये आप हमें दिखाओ, दूध का दूध और पानी का पानी कर दो!" इसके बाद वे रात गुजारने के लिए कहीं दूसरी जगह पर चले जाते हैं।

अगली सुबह वे वहाँ जाते हैं और देखते हैं। अगर एक मुर्गे का पंख नीचे गिर गया है तो वे इस बारे में कहते हैं : "हमारे बीच कुछ बड़े लोग मर जाएँगे।"

और अगर छोटे पंख गिर गए हैं तो वे इस बारे में कहते हैं : "बच्चे भविष्य में यहाँ मर जाएँगे।" और अगर कोई भी पंख नहीं गिरा है, तो "यह उत्कृष्ट है, कोई भी जल्द से यहाँ नहीं मरेगा।" और अगर मुर्गे ने जगह को छोड़ दिया है तो वे इस बारे में कहते हैं : "गाँव में सभी अच्छे और गरीब हैं, हम खुद की अच्छी तरह से देखभाल करेंगे।" यदि वे एक जगह पर ढेर में मल-त्याग कर देते हैं, तो वे इस बारे में कहते हैं : "अकेले मुखिया अमीर बन जाएगा।" और अगर दो स्थानों पर करते हैं तो वे कहते हैं : "मुखिया और उसका उप-मुखिया धनी बन जाएँगे।" और अगर तीन जगहों पर छोड़ देते हैं, तो "ग्रामीणों को भी इसका लाभ मिलेगा।" जिन दिशाओं में चींटियाँ चावल को ले गई हैं, उन दिशाओं में बोंगा लाना आवश्यक होगा। यदि संकीर्ण मुँहवाले बरतन में पानी थोड़ा कम हो गया है तो वे इस बारे में कहते हैं : "कुछ वर्षों में हमें पानी की कमी होगी।" और अगर पानी बिलकुल कम नहीं हुआ है तो वे कहते हैं : "हमें पानी की कोई कमी नहीं होगी।" यदि मुर्गे गायब होते हैं और चावल नहीं होते हैं, और संकीर्ण मुँहवाले बरतन में पानी सूख गया है, तो वे कहते हैं : "यह जगह बीमार है।" और वे इसे छोड़ देते हैं; उन्हें वहाँ गाँव नहीं मिलेगा।

लेकिन अगर मुर्गे से अच्छा शगुन प्राप्त होता है, सँकरे मुँहवाले बरतन में चावल और पानी मिलता है तो वे एक छोटे से चौड़े गड्ढे को खोदते हैं। इसके तीन तरफ खोदी गई मिट्टी डालते हैं। इस मिट्टी को वे फिर से गड्ढे को भरते हैं। अगर यह दो तरफ से मिट्टी से भरा होता है तो वे कहते हैं : "हमें यहाँ सभी फसलें मिलेंगी।" और यदि कोई मिट्टी नहीं बची है (गड्ढे को भरने के लिए) तो वे कहते हैं : "यह स्थान अशुभ है।" उसके बाद वे उस सीमा के अन्दर एक और ऊँचे स्थान पर अच्छा शगुन खोजते हैं और दूसरे गाँव के मुखिया के नाम पर। वे इस तरह से करना जारी रखते हैं, जब तक कि उन्हें पूरी तरह से अच्छा स्थान नहीं मिलता। वे अन्त में ऐसे स्थान को खोज लेते हैं।

बसना

अब एक दिन वे लौटते हैं और अगुआ के लिए, एक-दूसरे के लिए आश्रय बनाते हैं। वह अगुआ, जिसे गाँव का मुखिया बनना है, पहले पेड़ को काट देता है। आजकल जंगल में खोज करने के बाद, वे जमींदार से अनुमति माँगते हैं; पूर्व में, इससे पहले कि जमींदारों ने अपनी उपस्थिति बनाई, इस तरह का कुछ भी नहीं था।

अगुआ के साथ मिलकर वे अब अपने बीच खेतों को आपस में बाँट लेते हैं। अपने सम्बन्धित क्षेत्रों में वे अपने लिए अपने मवेशियों को रखने के लिए एक झोपड़ी बनाते हैं। इसके बाद वे अपने पुराने घरों में वापस जाते हैं और एक-दूसरे

से कहते हैं : "हम कब शुरू करेंगे?" फिर वे अपने बच्चों को ले जाते हैं और वे सभी उनके साथ नये गाँव जाते हैं। आगे बढ़ने का समय फाल्गुन और चैत्र (अप्रैल के मध्य से फरवरी के मध्य) के बीच होता है। अब वे सभी खेतों के लिए जंगल साफ करते हैं और उनके द्वारा काटे गए पेड़ की लकड़ी घर के लिए होती है। जो भी बची हुई लकड़ियाँ आदि हैं, वे उन्हें जलाते हैं। वे घर बनाते हैं। वे गाँव के बीच से एक गली का निर्माण करते हैं और इस गली के अन्त में वे एक पवित्र पेड़ लगाते हैं।

पवित्र पेड़ में बोंगाओं को स्थापित करना

बोंगाओं को पवित्र पेड़ में स्थापित करने के लिए वे तीन से चार आदमियों का चयन करते हैं जो दैव-ग्रस्त होंगे। वे गाँव के मुखिया के साथ आते हैं। मुखिया के घर पर उन लोगों के लिए पानी डाला जाता है ताकि वे अपने-आपको धो सकें। वे अपने पैर धोते हैं और सिर पर पानी छिड़कते हैं। इसके बाद वे एक-दूसरे के साथ एक पंक्ति में बैठ जाते हैं। इसके बाद वे उनमें से प्रत्येक को एक मुट्ठी धूप में सुखाए हुए चावल सूप में डालकर देते हैं। जो पुरुष दैव-ग्रस्त (उत्प्रेरित) होते हैं वे दाहिने हाथ से धूप-सूखे चावल को सूप में रगड़ते हैं। अब गाँव के लोग आह्वान करते हैं : "आओ, प्रभुओ! पाँचो पवित्र पेड़ की स्त्री, परगना, मारंग बुरु, गोसाईं एरा, और मांझी हड़ाम! हम आपका आह्वान कर रहे हैं।" इसके बाद वे चारों लोग दैव-ग्रस्त हो जाते हैं और अपने सिर को हिंसक रूप से घुमाते हैं। दैव-ग्रस्त लोगों के मुँह के माध्यम से बोंगा कहते हैं, "सब कुछ ठीक है।" गाँव के लोग समझ जाते हैं कि बोंगा उत्प्रेरित लोगों के अन्दर वास कर चुके हैं।

उसके बाद वे उनसे पूछते हैं : "अब राजा की पूजा की, बोंगा की पूजा की, जमींदारों, घोड़ों के साथ मुंडाओं, छतरियों के साथ जमीन के अन्त तक, देश के अन्त तक, वे दौड़ते हैं, जल्दबाजी करते हैं, आत्माएँ, पहाड़ी आत्माएँ, पाँचों या पच्चीस अपने अनुचरों के साथ, बैठे हुए जल्दबाजी में पुकारते हैं, पत्थर का दरवाजा खुल चुका है, थोड़ा सा खुला है, जैसे एक गाय अपने बछड़े के साथ, दुधारू गाय की तरह दौड़ते हुए आते हैं, जल्दबाजी में आते हैं : अच्छा, तो अब पिता परमेश्वर, मेरे ठाकुर! जाति, जन्म, जब यह बताया जाता है, दिखाया जाता है, तभी हम जानते हैं, पहचानते हैं, ये वो आत्माएँ हैं, ये पहाड़ी आत्माएँ, तब सिर्फ पीपल पेड़ के नीचे, प्रमुख मचिया बरगद पेड़ के नीचे, बैठने के मुख्य लकड़ी का तख्त जिसे उसके सामने रखा जाएगा, उसके सामने फैलाया जाएगा, तभी हम उसकी पूजा करेंगे, उसके लिए श्रद्धांजलि देंगे।"

बोंगा फिर उत्तर देता है : "देखो तो, पाँच हैं या पच्चीस हैं; जब तुम शिष्यों के साथ बैठते हो, अच्छी तरह से बैठ जाते हो, जब महलियों[1] के सूप को पकड़ लेते हो, तब हमें साफ चावल के बारे में पता चलता है, मिश्रित चावल, तो मैं इस तरह से भागा चला आता हूँ जैसे दूध देनेवाली गाय के पास बछड़ा भागा आता है। मेरी जाति क्या है, मेरा जन्म हो सकता है, मैं बारह तरह का आकार दिखा सकता हूँ, उनके बारह अभिप्राय, यह क्या है, पूरी तरह से सच है, अन्यथा सब कुछ खत्म है। अमीर आदमी घोड़े घर के पीछे छज्जों पर, दूर हटाकर छिपाते हैं, मैं क्यों छिपाँऊ मेरी जाति, मेरा जन्म क्या है; वास्तव में खुशी के साथ आसान परिस्थितियों से मैं मजबूत हो सकता हूँ, मैं आशंकित हो सकता हूँ। इसलिए जो कोई भी मैं हो सकता हूँ, गंगा नदी में, सोरा नदी में, मेरी जाति, मैं स्नान कर सकता हूँ, अपने बालों को धो सकता हूँ, खुशी के साथ, आसान परिस्थितियों के साथ मैं मजबूत हो सकता हूँ, विरूपण हो सकता है। देखो मुझे, मैं 'जाहेर एरा' हूँ, पवित्र पेड़ की स्त्री।" सभी लोग कहते हैं : "स्वागत है, ईश्वर!" उसके बाद सभी बोंगा वही बात दोहराते हैं और अन्त में सभी अलग-अलग नाम बताते हैं।

उसके बाद गाँव के लोग चावल को सूप में रख लेते हैं, और जो कुछ वे उनसे कहते हैं, उसके हाथों में सौंप देते हैं। यहाँ भगवान पिता! मेरे गुरु! कूटे हुए अनाज, चावल के दानों को कोई आँखें नहीं हैं, कोई कान नहीं है। समझने के बाद, अपनी आत्मा की सन्तुष्टि के बाद, अपने दिल में, अपने मन में, अपने शरीर में अपने आपको सन्तुष्ट करने के बाद, हमें बताएँ, हमें दिखाएँ, हम अन्धे हैं, अज्ञानी हैं; जब हम बोलते हैं तो यह हमारे गले में रुक जाता है, हम शब्दों में घुट जाते हैं; इसलिए इसे मत रखो, इसे अपनी आत्मा में, अपने दिल में मत रहने दो। जोल्हों[2] के घर में, धुनिया[3] के घर में एक सूत फँस जाता है, चिपक जाता है; फटे हुए बाँस की तरह, जैसे धागा फैलाने से एक रास्ता दिखता है, वैसे ही आप हमें मार्ग दिखाओ, मेरे पिता, मेरे ठाकुर!

बोंगा तब जवाब देता है : "बाहर देखो, भाइयो! छोटे और बड़े, बैठे हुए, हमने खुद को समझा है, खुद को पानी-देश, नमक-देश के रूप में सन्तुष्ट किया है जिसके लिए यह हमारी आत्माओं में हो सकता है, अपनी आत्मा हम इसमें डाल सकते हैं, इसे अपना सकते हैं।" उसके बाद वे कहते हैं : "ठीक है, यह अच्छा है।"

उसके बाद गाँव के लोग कहते हैं : "कृपया, हे प्रभु! हम आपके लिए किस स्थान पर पूजा-स्थल और रहने की जगह बनाएँगे?" अब बोंगा उठकर जंगल की ओर चले जाते हैं। वे कुछ पत्थरों को ढूँढ़ते और साथ ले जाते हैं।

---

1. महलियों द्वारा बनाया गया। कृषि और पालकी वाहक होने के अलावा महली बाँसों से भी काम करते हैं।
2. मुस्लिम बुनकर।
3. सूती वस्त्र बनानेवाले मुस्लिम।

वे उन्हें उस स्थान पर ले आते हैं जहाँ वे उन्हें लगाते हैं; सोच-विचार कर, पेड़ों के नीचे एक स्थान पर एक-दूसरे के बगल में एक पंक्ति में तीन अलग-अलग पेड़ के नीचे रख देते हैं; एक पेड़ पवित्र महिला का प्रतिनिधित्व करता है, एक पेड़ पाँचों का प्रतिनिधित्व करनेवाला, और एक पेड़ मारंग बुरु का। फिर से जंगल में जाकर वे तीन पत्थर लाते हैं। एक गोसाईं एरा का प्रतिनिधित्व करता है जिसे वे महुए के पेड़ के नीचे रखते हैं, एक प्राचीन परगना का प्रतिनिधित्व करता है जिसे वे किसी भी पेड़ के नीचे रखते हैं और एक मांझी हड़ाम का प्रतिनिधित्व करता है जो वे गाँव की सड़क पर लाते हैं और इसे बाहर की गली में रखते हैं जहाँ गाँव के मुखिया का घर होगा। यहाँ वे बाद में एक संरचना का निर्माण करते हैं जिसे मांझी-स्थान कहते हैं।

वे फिर उस स्थान पर बैठ जाते हैं जहाँ वे पहले थे। गाँव के लोग कहते हैं : "हे प्रभु, किसके हाथों से तुम प्रसन्न होकर पूजा करवाना चाहते हो? अपने लिए एक पुजारी खोजें।" और उनके सामने पानी से भरा लोटा रख देते हैं। बोंगा तब उठता है। पवित्र पेड़ की स्त्री पानी का लोटा उठाती है और सारे बोंगा पुकारते है : "हे!" इस पानी भरे लोटे से बोंगा अपने लिए पुजारी चुनते हैं जो एक पुरुष होता है। वे किसी एक का चुनाव करते हैं और उसके सिर पर एक लोटा पानी डालते हैं।

अब सभी लोग खड़े हो जाते हैं और जिस आदमी को उन्होंने पुजारी बनने के लिए चुना है, वह एक के बाद एक, बोंगा (पत्थर) को नीचे रखता है और गाय के गोबर से उस जगह को लीपता है तथा सभी बोंगाओं पर सिन्दूर लगाता है।

अब वे दैव-ग्रस्त बोंगाओं को जीर्णोद्धार करने की प्रक्रिया शुरू करते हैं। पुजारी सूप में चावल को रखे हुए अभिप्रेरित बोंगाओं के हाथों में देता है। फिर वे उनसे कहते हैं : "कृपया मालिक! आपने जो वादा किया था, वह एक वादा है, यह वादा एक सुनहरा वादा है, हमारा वादा एक त्वचा का वादा है, कृपया हमें हाथ से वचन दें। आपके जाने से पहले एक दिया हुआ वचन ही वचन होता है, वह झूठा न हो और व्यर्थ न हो।" इसके बाद अभिप्रेरित बोंगा एक के बाद एक पुजारी को चावल देते हैं जो उनके हाथ में होता है। गाँव के लोग तब कहते हैं : "कृपया, लम्बा समय हो गया है और देरी बहुत हो चुकी है। घोड़े और छतरी; सीन और मन[1] जंगलों में हैं। खोदो और हासा और डिम्बू[2] सब्जियों से उनके पेट भरो।" तब दैव-ग्रस्त (अभिप्रेरित बोंगा) लोग वापस होश में आते हैं।

---

1. सीन और मन वनों का सन्दर्भ सन्ताल परगना के दक्षिण-पश्चिम में सिंहभूम और मानभूम जिलों से मिलता है। सन्ताल इन जिलों में रहे हैं और अब भी रह रहे हैं।
2. हासा : एलिया है; डिम्बू एक लता।

चावल को दैव-ग्रस्त लोग ले लेते हैं और गाँव में पहुँचने के बाद वे मुखिया के घर में जाते हैं जहाँ वह उन्हें भोजन खिलाता है। इस प्रकार बोंगा पवित्र पेड़ों में स्थापित होते हैं।

गाँव के मुखिया के सहायक

वहाँ सभी लोग एक साथ मांझी (गाँव के मुखिया) के पास आते हैं। उसने हड़िया तैयार की है। अब वह गाँव के कुछ लोगों को अपनी सहायता के लिए चुनता है। वह उन्हें पदों पर नियुक्त करता है; 'आप हमारे परनिक बनिए; आप हमारे गोड़ैत बनिए।' और अगर पर्याप्त लोग हैं, तो वह उसी समय एक जोग मांझी और एक जोग परनिक भी नियुक्त करेगा। और जो अपना खून दे सकता है उसे कुदम नायक नियुक्त करता है। वह उन्हें हड़िया देता है, वे उसे पीते हैं और फिर अपने घर चले जाते हैं।

मांझी गाँव के लोगों का मुखिया होता है। गाँव के सभी लोगों को उसके नेतृत्व को स्वीकार करना होगा। आदेश देने और आमंत्रित करने में, पुकारने में और रोकने में, नामकरण के अवसर पर, मुहूर्त पर, विवाह में, जब शिकार किया जा रहा हो या पीछा किया जा रहा हो, दावत और त्योहारों पर, धार्मिक प्रवचनों और पूजा पर, चावल और शोरबा के सम्बन्ध में, हड़िया और शराब के साथ, आत्माओं और पहाड़ की आत्माओं के साथ, लड़ाई और झगड़े में, संघर्ष और विवाद में, जब भूख और प्यास होती है, मालिकों और साहूकारों के साथ, जब अपराध और शरारतें होती हैं, चोरी के सम्बन्ध में, दवा और जादू-टोने के साथ, लड़कियों और रंडियों के साथ, जब लड़ाई, हत्या और दुष्टता होती है, दुख और तकलीफ में, आपदाओं और खतरों में, बीमारी और दर्द में, मरते हुए और बिछुड़ते हुए, मृत्यु और बीमारी के समारोहों में, दाह-संस्कार और अन्तिम-समारोह में—इन सभी के सम्बन्ध में इस मांझी की जिम्मेदारी होती है।

परनिक मांझी के सहायक होते हैं, वह प्रधानमंत्री की तरह, और जब मांझी अनुपस्थित होते हैं, तो परनिक गाँव पर शासन करता है। यदि मुखिया कहीं चला जाता है, और उसके कोई पुत्र या पुरुष रिश्तेदार नहीं हैं तो परनिक मांझी बन जाता है या यदि मांझी नि:सन्तान मर जाते हैं, और गाँव में उनके कोई पुरुष रिश्तेदार भी नहीं होते हैं, तो भी परनिक मांझी बन जाते हैं।

जोग मांझी युवा पुरुषों और लड़कियों के प्रभारी होते हैं। उसे यह देखना होगा कि गाँव में कोई बेशर्मी नहीं होगी। अगर इस तरह का कुछ भी होता है और उसे इसका पता नहीं चलता है, तो गाँव के लोग उसे लगाम और एक लकड़ी से बाँध देते हैं और मुखिया के खलियान में एक स्थान पर ले जाते हैं और उसकी पिटाई करेंगे और वे उसे जुर्माना भी लगाएँगे।

लेकिन अगर जोग मांझी को किसी भी युवक और युवती के साथ दुर्व्यवहार का पता चलता है, तो वह युवक को पकड़ लेगा और उसे ग्राम परिषद के प्रभार में दे देगा। यदि युवक लड़की को अपनी पत्नी के रूप में रखने के लिए एक परिषद की बैठक में सहमत होता है तो केवल युवक के पिता को जुर्माना देना पड़ेगा। लेकिन अगर वह युवक शादी करने का आश्वासन नहीं देता है तो जोग मांझी उसे ग्राम परिषद की उपस्थिति में पीटेंगे, और उसकी खाल उधेड़ देंगे। और वे उसके पिता को भी भारी जुर्माना लगाएँगे। कुछ लोग एक बेटे के लिए बार-बार जुर्माना भरने के कारण अत्यन्त गरीब हो जाते हैं।

सोहराई के दौरान सभी युवक और युवतियाँ जोग मांझी के घर में पाँच दिनों तक रुकते हैं, और उसके साथ खाते-पीते हैं और वे उसके घर में भी सोते हैं। और अगर कोई भी बात होती है, तो वह उसकी जिम्मेदारी होगी।

नामकरण और सामाजिक, आरम्भिक समारोहों में और विवाह आदि हर समारोह में जोग मांझी उपस्थित होता है; और वह आत्माओं की पूजा और धार्मिक त्योहारों में अगुआ होता है। जोग मांझी को गाँव के सभी लोगों की तुलना में अधिक हड़िया पीने को मिलती है।

पूर्व में जोग मांझी गाँव के युवक-युवतियों को बहुत कठोर अनुक्रम में रखते थे लेकिन आजकल वे बहुत लापरवाह हैं। गाँव की लड़कियाँ उन्हें पीने के लिए बहुत हड़िया देती हैं ताकि जोग मांझी को उनके बारे में कुछ भी पता चल जाए तो वह किसी को कुछ नहीं कहे। लेकिन वे इसे प्रकट नहीं कर सकते हैं, या अगर वे किसी भी तरह से भटक जाए तो बहुत भारी सजा नहीं हो सकती है। युवक भी मौका मिलने पर जोग मांझी को खुश करते हैं और वे उसे अपने पाप भी बताते हैं। ऐसे समय में जोग मांझी उनसे कहता है : "हमारे साथ समझदारी से चलो; आपको उनका समर्थन करना होगा अन्यथा मैं तुम्हें उजागर कर दूँगा।"

जोग परनिक जोग मांझी का सहायक होता है, और जब जोग मांझी नहीं होता तो वह जोग मांझी की जगह काम करता है।

मुखिया के आदेश से, गोड़ैत गाँव के लोगों को एक साथ परिषद की बैठकों में बुलाता है। जब आत्माओं की पूजा की जाती है तो वह गाँव में बलि के लिए मुर्गे इकट्ठा करते हैं और यदि कोई गट्ठर या इस तरह की कोई चीज आती है तो वह उन्हें अगले गाँव में भेजता है। वे गोड़ैत को बड़ा मणि कहते हैं क्योंकि उनकी बात गाँव में अधिक प्रचलित होती है, वह पुलिस की तरह है। पूर्वजों ने कहा है, यह बताया जाता है कि मारफी बुरु गोड़ैत के ठाकुर थे। गोड़ैत बहुत आवेगपूर्ण होते हैं। वे बहुत लालची भी हैं। कई स्थानों पर उन्होंने मांझी के पद को भी लूट लिया है; वे परगना भी बन गए हैं। यदि वे मांझी या परगना बन जाते हैं तो वे सही न्याय नहीं करते हैं; वे लोभ से काम लेते हैं। यदि एक गाँव का परनिक मांझी बन जाता है, गोड़ैत अपने अधिकार के कारण परनिक बन जाता है।

नायक (गाँव का पुजारी) गाँव के बोंगाओं के लिए बलि देता है, यह उसका एकमात्र काम है।

कुदुम नायक (सरहद के पुजारी) हर बार अपना खून चढ़ाते हैं, जब-जब नायक परगना बोंगा के नाम पर बलिदान करता है। जनथार (पहली फसल का चढ़ावा) के समय हर साल परगना बोंगा के लिए एक सूअर की बलि देता है और उस समय वह उसे और बोंगा को अपना खून भी देता है। शिकार में वह उसी की भेंट करता है, ताकि गाँव के लोग भाग्यशाली हो सकें और अच्छी तरह से लौट सकें। इस समय वह एक आह्वान करता है : "अभिवादन! हे परगना! खून चढ़ाता हूँ; खून निकाल दिया है, आपको शिकार की खातिर पेश किया जाता है, जहाँ दाईं ओर या बाईं ओर एक दासी लड़की या कुत्ते का पिल्ला, एक लोटो काँटा (कँटीली झाड़ी)[1] है, एक कड़के काँटा (चुभनदार झाड़ी) हो सकती है, गड्ढा और खोह हो सकता है। आप उसे दबा देना, उसे ढक देना। एक पुराना सूप और रूई का गोला हमारे लिए प्रबन्ध करना, हमारे लिए सुरक्षा प्रदान करना, पिता! मेरे ठाकुर, ईश्वर!"

कृषि भूमि का बँटवारा

जब उन्होंने एक नये गाँव के अधिपतियों को नियुक्त किया है तो वे एक दिन बैठते हैं और भूमि और खेतों को विभाजित करते हैं। वे इकाइयाँ बनाते हैं। कृषि भूमि की एक इकाई जो एक हल जोतने के लिए आवश्यक होती है। यह तय होने के बाद वे किराया तय करते हैं, और साथ-ही-साथ गांझी, परनिक, जोग मांझी, जोग परनिक, गोड़ैत, गाँव के पुजारी और कुदुम नायक के कार्यालयों को आवंटित भूमि से अलग रखते हैं। मांझी को चार भाग मिलते हैं, परनिक को तीन भाग मिलते हैं, जोग मांझी को दो भाग मिलते हैं और अन्य को एक-एक भाग, प्रत्येक के कार्यालयों को दिया जाता है। बिना किराया दिये वे इसका इस्तेमाल करते हैं। पूर्व में मांझी की आधी इकाई थी। आजकल कुछ ग्राम प्रधानों की आय बहुत अधिक है।

एक नये गाँव में, लोग अपने-अपने घरों के पास सहजन और पीपल के पेड़ लगाते हैं। वे सहजन की सब्जियाँ खाते हैं और पीपल पेड़ छाया के लिए इस्तेमाल करते हैं। यह कहा जाता है कि पीपल के पेड़ का उपयोग अगले जन्म में भी किया जा सकता है।

जब दूसरे लोग देखते हैं कि एक नये गाँव में उनकी फसल बहुत अच्छी है तो वे वहाँ आकर बस जाते हैं। पुराने निवासी उन्हें एक हिस्सा देंगे। चावल के खेत को तैयार करने के लिए मुखिया उन्हें परती भूमि दिखाएगा। तब गाँव आबाद हो जाता है।

1. लोटो मतलब रैंडिया डयूमेटोरम और कड़के का मतलब ब्राइडेलिया रेटुसा।

वे काम करते हैं। वे अपना व्यवसाय करते हैं। वे खाते-पीते हैं, वे नाचते हैं और खेलते हैं, वे आनन्द लेते हैं, वे वहीं रहते हैं।

धनी और गरीब लोग

एक ही गाँव में, सभी लोग समान नहीं हैं। कुछ लोगों के पास हल और मवेशी और नौकर दोनों हैं; वे कर्मशील हैं और उनके पास ज्ञान है, और वे बहुत कंजूस भी हैं, ऐसे लोग धनवान बनते हैं। लेकिन कुछ लोगों के पास हल और मवेशी नहीं हैं, वे अकेले हैं, वे बुखार से पीड़ित हैं, उन्हें कोई ज्ञान नहीं है, वे मूर्ख हैं, वे आलसी हैं, उनकी कोई सन्तान भी नहीं है, और उनकी स्त्रियाँ सारा धन बरबाद कर देती हैं या वे स्वयं हड़िया पीने पर खर्च करते हैं या वे अपराधों के कारण जुर्माना चुकाकर और इस तरह अत्यन्त गरीब बन जाते हैं, ऐसे लोग अमीर कैसे बनेंगे?

कुछ लोग अपने पिता के ऋण को लगातार चुकाते हैं, वे खुद को ऊपर उठाने में असमर्थ हैं, वे कर्ज के नीचे दबे रहते हैं; साहूकार अत्यधिक उच्च ब्याज लेते हैं, और वे खाते को अधिकार रहित रखते हैं। यदि आप एक सूदखोर के हाथों में पड़ जाते हैं, तो आपकी पीढ़ियाँ कर्ज से मुक्त नहीं हो सकतीं। आपके बछड़े और बकरियाँ, आपकी गाय और भैंस, आपकी कौड़ियाँ और कुल्हाड़ियाँ, आपके धान और चावल छीन लिये जाएँगे और अगर आप उन्हें मना करेंगे तो वे आपको पीटेंगे और आपसे छीन लेंगे।

लेकिन अगर सन्ताल देश में लोग गरीबी में रहते हैं और वे अपने हाथों और पैरों का उपयोग कर सकते हैं, तो यह उनकी अपनी गलती के कारण है। ऐसे लोग जिनके पास हल-पशु नहीं हैं, वे आसानी से किराये पर चार रुपये वार्षिक पर बैलों को ले पाएँगे। और जिन लोगों के कई बच्चे हैं, वे बैलों के बदले सेवा का आदान-प्रदान कर सकते हैं या वे श्रम और बैलों के बदले हल जोत सकते हैं। श्रम और बैलों का आदान-प्रदान इस प्रकार है : एक आदमी मालिक के लिए दो दिन की जुताई करता है और उसके साथ नाश्ता करता है, और फिर वह अपने लिए एक दिन की जुताई करता है। बैल के लिए सेवा का आदान-प्रदान इस प्रकार है : एक आदमी का बेटा हल और मवेशियों के मालिक के साथ नौकर के रूप में काम करता है और उसकी मजदूरी का रूप हल-मवेशियों की जोड़ी का किराया होती है। कुछ जमींदारों के अपवाद को छोड़कर, वे अन्यायपूर्ण किराया नहीं लेते हैं। जमीन की प्रत्येक इकाई के लिए छह या सात रुपये का किराया देना पड़ता है, और एक इकाई के साथ वे फसलों में इतना कमाते हैं कि जमींदार को सातवाँ हिस्सा और किसान को छह में से सातवाँ हिस्सा मिलता है।

और जिन लोगों के पास ताजा जमीन है, उन्हें ज्यादा मिलता है। ताजा पुन:निर्मित भूमि का अर्थ इस प्रकार है : "जब उन्हें एक गाँव मिला तो वे भूमि को इकाइयों में विभाजित करेंगे। उस समय जितने भी निवासी हैं, उतनी इकाइयों में वे भूमि को विभाजित करेंगे और प्रत्येक इकाई के लिए मालिक को किराया मिलेगा। सबसे पहले उन्हें प्रत्येक इकाई के लिए पाँच चार आने के सिक्के का भुगतान करना होगा। जब उनके पास लगभग पाँच वर्षों तक इसका उपयोग होता है, तो जमींदार प्रति इकाई अधिक शुल्क लेगा। लेकिन यह एक ही इकाई बनी रहेगी। जब नये लोग बसने आते हैं, तो पुराने निवासी उन्हें अपनी सम्बन्धित इकाइयों का एक-चौथाई हिस्सा देंगे और वे किराये को विभाजित करेंगे। पुराने निवासी और नये निवासी ताजा जमीन को साफ कर देते हैं और सीमाएँ बनाते हैं; वे इसे खरती (नये सिरे से अतिरिक्त भूमि को पुन: प्राप्त करना) कहते हैं।" हालाँकि ताजी भूमि और उनके किराये की पुनरावृत्ति आनुपातिक रूप से नहीं होगी; उन्हें केवल मूल इकाई का किराया देना होगा। लेकिन क्योंकि कुछ लोग आलसी होते हैं, इसलिए नई जमीन को साफ नहीं करते हैं; जब जमींदार लोगों का किराया बढ़ाता है, तो ऐसे लोगों को यह बोझ लगेगा।

आलसी लोग सावधानी से काम नहीं करते हैं; वे लापरवाही से हल चलाते हैं। जब ऐसे लोगों के पास थोड़ा ही कुछ होता है तो उनकी एकमात्र रुचि खाने, पीने और सोने के लिए होती है; वे गरीब हो जाते हैं, उनके साथ और क्या हो सकता है?

एक तरह के गरीब लोग पूर्ण गरीब नहीं बनते हैं क्योंकि जब उनके पास अपना कोई जरूरी काम नहीं होता है, तो वे अमीर लोगों के यहाँ मजदूरी करते हैं; इससे उन्हें कुछ मिलता जाता है, और लोगों को उन पर दया भी आती है। वे अपने बच्चों को मवेशियों को चराने के काम पर लगा देते हैं या वे उन्हें पानी और पत्तियाँ लाने के काम में लगा देते हैं और लोग उन्हें जितना उनका हक है उससे अधिक देते हैं और जब उनके बच्चे फसल काटने के समय उनके पास जाते हैं तो वे उनके लिए बहुत कुछ छोड़ देते हैं। शारीरिक रूप से कमजोर लोगों की मदद की जाती है। और जब अनाथों के पास कोई मदद करनेवाला नहीं होता है तो गाँव के मुखिया और उसका सहायक उनकी मदद करता है। और वे बड़े आराम से रहते हैं क्योंकि कोई भी उन्हें अनाथ नहीं कह सकेगा। बाद में जब वे बड़े हो जाते हैं तो वे उनकी शादी कर देते हैं। पूर्व में भिखारी नहीं होते थे। वे इसे अच्छा नहीं समझते; क्योंकि अगर उन्हें काम करने की इच्छा है तो वे गाँवों में आसानी से अपना गुजारा चला सकते हैं।

कुछ अच्छे लोग आसानी से अमीर बन सकते हैं। उनके पास हल और मवेशी हैं, उनके पास काम करनेवाले लोग भी हैं लेकिन लोगों के डर के कारण वे बहुत अमीर नहीं बनते हैं। वे केवल भोजन के लिए कमाते हैं।

कुछ महिलाओं को अमीर लोगों से बहुत ईर्ष्या होती है। वे कहती हैं : "इनके पास खाने और पीने के लिए बहुत अच्छी चीजें हैं, हमारे पास कुछ भी नहीं है।" तब वे उन पर जादू-टोना करवा देती हैं। तब ये अमीर लोग बीमार हो जाते हैं और गरीब हो जाते हैं और मर जाते हैं। और ऐसी महिलाएँ अमीर लोगों के घर में बोंगा भी दफना देती हैं ताकि उनकी मौत हो जाए।

गाँव में आपसी सहयोग

पूर्व में, जो लोग गरीब नहीं थे, वे जरूरत के समय एक-दूसरे की मदद करते थे। आजकल अच्छे लोग भी एक-दूसरे की मदद करते हैं। वे एक-दूसरे से आग माँगते हैं, वे एक-दूसरे को चूना और तम्बाकू चबाने के लिए देते हैं। कुदाली और काँटे, कुल्हाड़ियाँ, छेनी, हल और पत्थर तोड़नेवाला मूसल और लकड़ी के मूसल, सूप और टोकरी उधार देते हैं। और अगर किसी आदमी के पास कोई गाड़ी नहीं है तो गाँव के लोग उसे एक दिन के लिए गाड़ी और बैलगाड़ियों का इस्तेमाल करने देंगे। लेकिन अगर बैलगाड़ी मालिकों के आदमियों में से कोई भी गाड़ी चलाने के लिए जाता है, तो जिसने उधार माँगा है उसे चावल और शोरबा देना होगा। घर बनाते समय, जुताई, रोपण, चावल के खेतों में मेड़ बनाने और कटाई करने में वे एक-दूसरे की मदद करते हैं, और जो लोग मदद माँगते हैं उन्हें केवल चावल और शोरबा देनी होती है। कभी-कभी वे उन्हें खुश करने के लिए हड़िया भी देते हैं। और बुखार एवं बीमारी में वे एक-दूसरे के पास जाते हैं, रात गुजारने के लिए वे एक-दूसरे की मदद करते हैं। जब कोई आवश्यकता होती है तो वे पानी और पत्तियों को लाने में भी एक-दूसरे की मदद करते हैं, आँगन को गोबर से लीपने में मदद करते हैं। जो पुरुष दवा के बारे में जानते हैं, वे बिना किसी शुल्क के दवा देते हैं। उन्हें भोजन मिलता है और जब रोगी ठीक हो जाते हैं तो वे दवा देनेवालों की खातिरदारी करते हैं। सन्ताल विद्रोह के समय से वे एक-दूसरे की इतनी मदद नहीं कर रहे हैं। हालाँकि उनके पास बहुत कुछ होता है, पर वे इतने कंजूस होते हैं कि वे बिलकुल भी नहीं देंगे। वे मदद करने से इनकार कर देते हैं। लेकिन ऐसे कठोर लोगों को कोई भी पसन्द नहीं करता है। यदि वे स्वयं कठिनाइयों में पड़ जाते हैं तो कोई भी उनकी मदद नहीं करता बल्कि वे कहते हैं : "ठाकुर! इस आदमी को प्रतिशोध में सजा दे रहा है।"

वे एक-दूसरे को धान, चावल, नमक, तेल और पैसा बिना किसी ब्याज के देते हैं। लेकिन लम्बे समय तक नहीं। यदि वे लम्बे समय तक इसे लेते हैं तो हम इसे ऋण कहते हैं, और इस मामले में, ब्याज का भुगतान करना पड़ता है। ब्याज निम्न प्रकार के थे, जैसे : खाने वाले धान पर 50 प्रतिशत ब्याज, बीजवाले धान पर 100 प्रतिशत ब्याज और पैसों के लिए 25 प्रतिशत ब्याज चुकाना पड़ता था।

दूसरों के साथ काम करना

सन्ताली पुरुष और महिलाएँ दूसरों के साथ काम करना पसन्द करते हैं। जब आदमी हल, हल की शहतीर, छज्जों, जलाऊ लकड़ी, चौकी, छत के शहतीर, आड़े-तिरछे शहतीर के लिए लकड़ी काटने के लिए जंगल या किसी पहाड़ी पर जाते हैं तो एक साथ जाते हैं। एक जंगल में प्रवेश करना बहुत खतरनाक है। जब आपके पास साथी होते हैं तो काम इतना कठिन नहीं होता है। जमींदार या साहूकार के पास जाते समय भी वे एक-दूसरे की मदद करते हैं, और फसल काटने के समय वे एक ही जगह पर एक साथ फसलों के लिए खलियान बनाते हैं ताकि रात में वे अकेले न हों और काम आसान हो जाए। लड़के मवेशियों के झुंड को टोलियों में रखते हैं। वे बारी-बारी से मवेशियों को चराते हैं और जब कोई खतरा होता है तो वे एक-दूसरे की मदद करते हैं। जब महिलाएँ पानी खींचने जाती हैं या सब्जियाँ तोड़ने और पत्ते चुनने जाती हैं या जब वे किसी चीज को बेचने या खरीदने के लिए बाजार या किसी दुकान पर जाती हैं, तो वे दूसरों के साथ जाती हैं।

लोगों के साथ बातचीत करना

जब उनके पास कोई काम नहीं होता है तो गाँव के लोग एक-दूसरे से मिलने जाते हैं। पुरुष चूना और तम्बाकू माँगने के बहाने जाते हैं; वे तम्बाकू चबाते हैं। वे अपने स्वास्थ्य और परिस्थितियों के बारे में बात करते हैं। शाम को, वे जोग मांझी के स्थान पर एक साथ मिलते हैं। वे कुछ हास्य बातचीत शुरू करते हैं। वे एक साथ मजाक करते हैं और बिना संयम के बात करते हैं ताकि उनका मन शान्ति से रहे। महिलाएँ एक-दूसरे से आग या कुछ अन्य चीज माँगने के बहाने जाती हैं लेकिन वे ज्यादातर अपने विचार उस जगह पर रखती हैं जहाँ वे पानी लाने जाती हैं। वे एक-दूसरे को अपनी परेशानी और खुशियाँ बताती हैं और गाँव में जो कुछ भी हो रहा है, उसके बारे में बातचीत करती हैं। लेकिन कुछ महिलाएँ पुरुषों की तरह यह बात नहीं करतीं कि क्या दोषहीन है; उनके शब्द उग्र हो सकते हैं और इसलिए कई बार उनके बीच झगड़े होते हैं।

रिश्ते-नाते

सन्तालों का वास्तव में दो प्रकार के सम्बन्ध होते हैं : जन्मजात सम्बन्ध और वैवाहिक सम्बन्ध। लेकिन इन दो प्रकारों के अलावा सन्ताल बिना किसी वास्तविक रिश्ते के ग्राम सम्बन्ध की व्यवस्था करते हैं। कुछ लोग जन्म के अनुसार एक रिश्ते की व्यवस्था करते हैं और कुछ शादी के अनुसार ही करते हैं।

ग्राम (कृत्रिम) सम्बन्ध केवल व्यवहार और एक-दूसरे के प्रति सम्मान के लिए है। सन्ताल एक-दूसरे के साथ सम्बन्ध के अनुसार एक-दूसरे को सम्बोधित करते हैं। कुछ सम्बन्धों के मामलों में एक आदमी को 'तुम' से, कुछ में 'आप दोनों' से और कुछ में 'आप' से सम्बोधित किया जाता है।

पति और पत्नी, माता-पिता और बच्चे, भाई-बहन, एक तरफ पिता का बड़ा भाई और उसकी पत्नी और दूसरी तरफ भतीजा और भतीजी, भाइयों के बेटे और बेटियाँ; एक तरफ पिता की बहन और उसका पति और उसके भाई के बच्चे या उसके दूसरी तरफ पति के भतीजे और भतीजी; एक आदमी और उसकी बहन के बेटे और बेटियाँ; एक तरफ पिता का छोटा भाई और उसकी पत्नी और दूसरी तरफ उनके भतीजे और भतीजी; एक तरफ मौसा और मौसी और उनके दूसरी तरफ भतीजे और भतीजी; मामा और मामा की पत्नियों के भाई, बहनों के बच्चे, एक आदमी की पत्नी और उसके छोटे भाई, एक आदमी और उसकी पत्नी के छोटे भाई या बहन, दादा-दादी और पोते—ये सभी एक-दूसरे को 'तू' कहकर सम्बोधित करते हैं।

ससुर और सास एक तरफ होते हैं और जमाई और बहू दूसरी तरफ होते हैं, ससुर का बड़ा भाई और उसकी पत्नी या सास की बड़ी बहन दूसरी तरफ होती है या बहू दूसरी तरफ होती है; ससुर का छोटा भाई और उसकी पत्नी और सास की छोटी बहन एक तरफ होती हैं और जमाई या बहू दूसरी तरफ होती हैं; सास के भाई और बहन, भाई की पत्नी एक तरफ होती है और जमाई और बहू दूसरी तरफ होते हैं; पति का बड़ा भाई या उसकी पत्नी एक तरफ होते हैं और छोटी बहन का पति या छोटे भाई की पत्नी दूसरी तरफ होते हैं। पति या पत्नी की बड़ी बहन एक तरफ होती है और छोटी बहन का पति या छोटे भाई की पत्नी दूसरी तरफ होती हैं : ये सभी एक-दूसरे को 'आप दोनों' कहते हैं, जब वे एक-दूसरे को व्यक्तिगत रूप से सम्बोधित करते हैं।

विवाहित जोड़े के माता-पिता दोनों पक्षों के अपने भाइयों और बहनों के साथ, सह-सास-ससुर हैं, और जब वे एक-दूसरे को सम्बोधित करते हैं तो केवल एक व्यक्ति को 'आप' कहते हैं।

जिस रिश्तेदार को आप 'तू' कहकर सम्बोधित करते हैं, वह स्वयं के लिए 'मैं' का प्रयोग करेगा; जिस पर आप 'आप दोनों' कहते हुए सम्बोधित करते हैं, वह स्वयं या स्वयं को 'हम दोनों' कहेगा; और जिसे आप 'आप' कहते हुए सम्बोधित करते हैं, वह अपने-आपको 'हम' कहेगा (दोनों : आप और मैं और वे और मैं)। जब वे एक व्यक्ति को 'आप दोनों' कहते हैं तो उनमें उसकी पत्नी या पति शामिल होता है और जब वे एक व्यक्ति को 'आप' कहते हैं वे दो विवाहित बच्चों को शामिल करते हैं। और जिस तरह से वे उत्तर देते हैं उसी तरह से वे भी शामिल है जिनका उल्लेख किया गया है, बिना ये उपस्थित हुए यह एक बहुत ही सम्मानजनक व्यवहार है।

आपसी व्यवहार एवं सम्मान

जब हम लड़के थे, तो एक ही गाँव में रहनेवाले एक परिवार के सभी सदस्य सुबह एक-दूसरे को प्रणाम करते थे और गाँव के लोग एक-दूसरे को प्रणाम करते थे जब वे मिलते थे; और जब परिवार के सदस्य किसी यात्रा पर कहीं जाते हैं या वापस आते हैं, वे एक-दूसरे को प्रणाम करते हैं। और जब किसी गाँव के युवा किसी उत्सव में भाग लेने जाते हैं, तो वे मांझी हड़ाम और गाँव के मुखिया और उनकी पत्नी को नमन करते हैं। घर में पति-पत्नी रोजाना अपने बेटे और बहुओं को चूमते हैं। युवा पुरुष और लड़कियाँ बूढ़े और महिलाओं का सम्मान करते हैं। इन्हें निर्देश देने या नसीहत देने के लिए ये जो भी कहते हैं, ये उनके दिमाग में बैठ जाता है। वे बूढ़े पुरुषों और महिलाओं के प्रति निर्लज्ज नहीं हैं, उनकी उपस्थिति में, वे एक खाट पर नहीं बैठते हैं, युवा पुरुष और लड़कियाँ हड़िया या शराब नहीं पीते हैं, जवान लोग उस जगह पर नहीं जाते जहाँ एक बैल खाया जाता है। पुरुष महिलाओं को जो कुछ भी कहते हैं, उस पर वह बहुत ज्यादा ध्यान देती हैं, वे पुरुषों की उपस्थिति में अपने बालों को खुले नहीं होने देती हैं। गाँव के लोग गाँव के मुखिया और उसके सहायक का सम्मान करते हैं, और गाँव के लोग जो कहते हैं, ये दोनों भी उसकी उपेक्षा नहीं करते हैं।

आजकल यह अलग है। महिलाएँ पुरुषों का सम्मान नहीं करती हैं, बेटे अपने बूढ़े पिता का सम्मान नहीं करते हैं, बेटियाँ भी अपनी माँ के प्रति बहुत आसक्त होती हैं, वे एक-दूसरे को नमस्कार नहीं करते, वे जानवरों की तरह एक-दूसरे के बगल से गुजरते हैं, लड़के और लड़कियाँ बड़ी मात्रा में हड़िया पीते हैं, जब बूढ़े आते हैं, तो ने उठते नहीं हैं, जब बूढ़े आदमी या माता-पिता उन्हें डराते हैं तो युवा पुरुष और लड़कियाँ जवाब देते हैं या वे गुस्से में भाग जाते हैं। महिलाएँ और बच्चे इस युग में राजा बन गए हैं। वर्तमान समय में भी कुछ लोग अच्छे हैं लेकिन ज्यादातर लोग बुरे हो गए हैं। ग्राम प्रधान भी रिश्वत लेते हैं। गाँव के लोग मुखिया के आदेश का पालन नहीं करते हैं। वर्तमान युग में समधी भी सौदेबाजी कर रहे हैं; पहले वे कभी झगड़ा नहीं करते थे, वे एक-दूसरे के प्रति बहुत सम्मानित थे। पूर्वजों ने कहा है : "चावल जैसे फूल, मछली जैसी शोरबा, हड़िया जैसी आग और एक समधी जैसा दोस्त, आपको कहाँ मिलेगा?"

मित्रता

एक ही गाँव में रहनेवाले सभी लोग रिश्तेदार हैं। लेकिन उन सभी के बीच दोस्ती नहीं होती है। एक गाँव में कई लोग एक-दूसरे के साथ मैत्रीपूर्ण सम्बन्धों में होते हैं। कुछ लोग एक-दूसरे के साथ अच्छे सम्बन्ध रखते हैं लेकिन उनके केवल एक या दो सच्चे दोस्त होते हैं। उनकी केवल एक के साथ अन्तरंग मित्रता होती है।

ऐसा बहुत कम पाया जाता है। अन्तरंग दोस्त आपदा और खतरे में एक-दूसरे की मदद करने के लिए अपना जीवन दे देते हैं। जो लोग अन्तरंग मित्र होते हैं, वे एक-दूसरे को अपने दिल की बात बताते हैं। सभी मामलों में, वे एक-दूसरे की मदद करते हैं, जब कोई आवश्यकता होती है। गाँव में बुजुर्ग पुरुष भी अन्तरंग मित्र बन जाते हैं और बुजुर्ग महिलाएँ भी। लेकिन अन्तरंग मित्र बनने का समय वास्तव में तब होता है जब पुरुष और महिलाएँ युवा होती हैं।

मवेशी चरानेवाले लड़के बहुत अच्छे दोस्त बन जाते हैं। ज्यादातर इस समय उनके बीच अन्तरंग मित्रता स्थापित होती है। दोस्त जिनके दिल विशेष रूप से एक साथ बँधे हैं, अन्तरंग मित्र बन जाते हैं; वे एक साथ रहते हैं, वे बाँसुरी बजाते हैं, वे पक्षियों, खरगोशों और मोरों को मारते हैं; वे गाते हैं, वे बारी-बारी से मवेशियों को चराने ले जाते हैं और कोई भी खतरा होने पर वे एक-दूसरे की मदद करते हैं। वे एक ही थाली से चावल खाते हैं, और जब वे पक्षियों या किसी भी चीज को मारते हैं तो वे उन्हें आपस में बाँटते और खाते हैं। जब वे एक खरगोश को मारते हैं तो वे मारनेवाले को पिछला आधा भाग देते हैं। जो लोग अपने लड़कपन में अन्तरंग दोस्त बन गए हैं, वे एक-दूसरे को कभी भूलते नहीं। वे जीवन-भर दोस्त बने रहते हैं।

फसल कटने के बाद जब वे लम्बे समय के बाद फिर से मिलते हैं तो वे बहुत खुश हो जाते हैं और वे एक-दूसरे को चूमते हैं।

लड़कियाँ भी उसी तरह अन्तरंग दोस्त बन जाती हैं। वे जीवन-भर दोस्त बनी रहती हैं। लड़कों के भाईचारे के बदले लड़कियाँ आपस में करम-शाखा दोस्त बनती हैं। अगर दो लड़कियों के दिल एक साथ बँधे हुए हैं, तो वे करम पूजा[1] के दौरान एक शाखा के दो पत्ते लेतीं और उन्हें एक-दूसरे के सिर पर रख देती हैं और वहाँ सभी लोगों को प्रणाम करती हैं। बाद में वे गाँव के लोगों को हड़िया और खाना देती हैं। ये दोनों अपने नाम का उपयोग करते हुए एक-दूसरे को सम्बोधित नहीं करती हैं लेकिन एक-दूसरे को 'करम शाखा' कहकर सम्बोधित करती हैं। शादी को छोड़कर लड़के और लड़कियाँ अन्तरंग दोस्त नहीं बनते हैं।

आजकल पुराने दिनों की आत्मीयता खोती जा रही है; लोगों का दिमाग खराब हो रहा है। लोग ज्यादातर अपनी खुशी के लिए बाहर देखते हैं, दूसरे लोगों को जो कुछ भी हो सकता है, होने देते हैं।

गाँव के लोगों का साथ देना

जब उनके गाँव का सम्मान होता है तो सन्ताल इसे अपना सम्मान मानते हैं, और जब उनका गाँव बदनाम होता है तो वे इसे अपनी बदनामी समझते हैं।

1. करम एक बड़ा वन वृक्ष है, एडिना कॉर्डिफोलिया।

इसलिए अगर उनके गाँव का कोई व्यक्ति दूसरे गाँव के लोगों से झगड़ा करता है तो पूरा गाँव उसके लिए खड़ा हो जाता है। और यदि वे अपने ही गाँव के विषय में कोई अपमानजनक बयान सुनते हैं, तो वे अपने गाँव के मुखिया के पास जाते हैं। उसके बाद गाँव के मुखिया और ग्रामीण ऐसे लोगों को पकड़ लेते हैं और उनसे कहते हैं : "आपने हमारे बारे में जो कुछ भी बोला है, उसे सिद्ध कीजिए अन्यथा हम आपको जाने नहीं देंगे।" यदि वे इसे प्रमाणित करने में असमर्थ हैं तो वे उन्हें बहुत भारी जुर्माना लगाते हैं। यदि कोई गाँव प्रसिद्ध हो गया है, तो इस गाँव के लोग पहाड़ों की तरह ऊँचा महसूस करते हैं; वे अपने गाँव की प्रतिष्ठा पर गर्व करते हैं, बेशक वे स्वयं मूर्ख हो सकते हैं।

गर्व के बारे में

समझदार लोग घमंड महसूस नहीं करते हैं। केवल बेवकूफ लोग मेढक की तरह फूले रहते हैं; ऐसे लोगों के लिए सभी घृणा महसूस करते हैं। जो लोग गरीब थे और थोड़े अमीर हो गए हैं या जिन्होंने बेईमानी से अपने लिए एक मुकाम हासिल किया है, ऐसे लोगों का अहंकार जल्दी से बढ़ जाता है। लोग कहते हैं : "अगर एक दासी लड़की गाँव के मुखिया की पत्नी बन जाती है और एक नौकर मुखिया बन जाता है, तो उसका गुमान बारह गाड़ियों पर भी नहीं जाएगा।" ऐसा समय-समय पर देखा गया है। कुछ गोड़ैत ने ग्राम प्रधानों को पद से वंचित कर दिया है; वे ज्यादातर फोड़े की तरह सूज जाते हैं; उनमें से कुछ पूरी तरह से लोभी हैं और उनकी महिलाएँ भी गरीब लोगों की खिल्ली उड़ाती हैं।

यह सोचते हुए कि वे सुन्दर लग रही हैं, कुछ लड़कियाँ खुद की प्रशंसा करने लगती हैं। हालाँकि वे एक उल्लू की तरह दिख रही होती हैं, वे खुद पर गुमान करती हैं।

मजाक उड़ानेवाले लोग

सन्ताली मजाक नहीं सह सकते; इससे उन्हें बहुत पीड़ा होती है और इससे उन्हें बहुत गुस्सा आता है। बल्कि वे उलाहना देने और डाँटने के लिए खड़े रहेंगे। मजाक उड़ानेवाले शब्द उन्हें एटका[1] की खुजली महसूस कराते हैं। पुरुष ज्यादा मजाक नहीं उड़ाते। महिलाएँ लोगों को दर्द देने के लिए विचित्र रूप से बोलती हैं; वे बहुत चिड़चिड़ेपन में बोलती हैं। वे आपको परेशान कर सकती हैं। महिलाओं के मजाक के कारण बहुत झगड़ा होता है और इस तरह लोग अलग हो जाते हैं, वे तलाक भी ले लेते हैं।

1. मुकुना प्रुरीएन्स, इसमें बाल होते हैं जो असहनीय खुजली पैदा करते हैं।

गुस्सा करना और रूठना

सन्ताल, दिकू और तुर्क की तरह जल्दी गुस्सा नहीं हो जाते हैं। बहुत ज्यादा आहत होने पर वे क्रोधित हो जाते हैं। विशेष रूप से, पुरुषों को गुस्सा आता है और ऐसे समय में तुरन्त वार करते हैं। महिलाएँ भावुक हो जाती हैं। वे नाराज हो जाती हैं और रूठ जाती हैं। यदि आप उनसे ऐसे समय में कुछ भी पूछते हैं तो वे बोलती नहीं, औंर जब आप उनसे कुछ कहते हैं तो वे आप पर झपट पड़ती हैं, मानो वे आपको क्रोध की अग्नि में जला रही हों। बुजुर्ग महिलाएँ और लड़कियाँ दोनों ही ऐसी होती हैं। पुरुषों का गुस्सा आसानी से चला जाता है लेकिन महिलाओं की शालीनता को तभी आत्मसात किया जाता है जब आप उनके साथ अच्छा व्यवहार करते हैं।

गुस्सैल एवं क्रोधी बोलचाल के बारे में

जब लोग कुछ गुस्से में होते हैं तो वे अपने क्रोध को नियंत्रित करने में असमर्थ होते हैं। इसलिए जब लोग उनसे कुछ कहते हैं, तो वे उनसे जोश में बोलते हैं। लेकिन जब एक महिला नाराज हो गई है, तो वह आपसे अनैतिक रूप से बोलेगी, तब भी जब आप उससे दोस्ताना बात करेंगे। एक आदमी का भावुक शब्द बाँस में लगे एक कुन्द तीर की तरह दिखाई देगा लेकिन एक महिला का क्रोध ऐसा होता है जैसे कि आपके कन्धे में लोहे का तीर मार दिया गया हो।

सन्देह करना

पूर्व में, हमारे पास एक कड़ा आदेश था और सन्तालों को भी एक स्वास्थ्य के लिए हितकर भय था कि क्या सही है। इसलिए पुरुष किसी दूसरे पुरुष की पत्नी की ओर नहीं देखते थे। यदि वे किसी अन्य पुरुष की पत्नी को बहकाते हैं तो महिला का पति उन्हें काट देगा; इसलिए सन्दिग्ध होने की कोई जरूरत नहीं थी। लेकिन आजकल कोई कड़ा आदेश नहीं है; वे ऐसे लोगों को जान से नहीं मारते हैं और सन्ताली भी बहुत निर्दयी हो रहे हैं; इसलिए लोगों में सुरक्षा की कोई भावना नहीं है। पुरुषों और महिलाओं को एक-दूसरे पर शक है, घर में कोई खुशी नहीं होगी। आजकल वे बिना कारण के सन्दिग्ध रहते हैं, महिलाएँ ऐसा अधिक करती हैं। जैसे ही कोई पुरुष किसी लड़की या विवाहित महिला को देखता है उसकी पत्नी तुरन्त उस पर आरोप लगाएगी। इस तरह से बहुत झगड़ा होता है और इसके कारण वे एक-दूसरे को काफी पीटते हैं। गुस्से में पति दूसरी सह-पत्नियाँ लाता है।

ईर्ष्या और जलन

पुराने समय से, सन्ताल एक-दूसरे से ईर्ष्या करते रहे हैं। लेकिन आजकल यह आम होता जा रहा है। पुरुष बहुत ईर्ष्या नहीं करते हैं। उनकी जवानी में जब कोई लड़की उनसे सहमत होने के लिए तैयार नहीं होती है और वह किसी अन्य युवक से शादी करना चाहती है, तो वे ईर्ष्या महसूस करते हैं। महिलाएँ अत्यधिक ईर्ष्यालु होती हैं। जब वे दूसरों को खुद से बेहतर देखती हैं तो वे उनसे ईर्ष्या करती हैं। वे उन लोगों के प्रति ईर्ष्या महसूस करती हैं जिन पर उन्हें सन्देह होता है। वे उन लोगों के प्रति ईर्ष्या करती हैं जो उनसे ज्यादा सुन्दर लगते हैं। वे उन पुरुषों से ईर्ष्या करती हैं जो उनसे शादी नहीं करना चाहते। वे द्वेष महसूस करती हैं और इस द्वेष के कारण वे जादू-टोना सीखती हैं और उन्हें 'खा' लेती हैं, या यदि वे उन्हें नहीं खाती हैं तो वे उस लड़की को 'खा' लेती हैं जिससे वे शादी करने जा रहे हैं। भाइयों की पत्नियों की ईर्ष्या कोढ़ की तरह है। आधी शिकायतें ईर्ष्या और द्वेष में होती हैं क्योंकि महिलाएँ केवल ईर्ष्या महसूस नहीं करती हैं, वे 'खाती' हैं। और वे अपने पति और रिश्तेदारों को भी उनकी बातों से भड़काती हैं और पूरे गाँव का विनाश हो जाता है।

घृणा करना और बदला लेना

सन्ताल घृणा नहीं रखते बल्कि वे क्रोधित और उग्र हो जाते हैं; हालाँकि, ऐसा गुस्सा लम्बे समय तक नहीं रहता है।

घृणा करनेवाले लोग अपने भीतर के क्रोध को प्रदर्शित नहीं करते हैं। बल्कि वे तुमसे मीठी बातें करते हैं; फिर भी वे तुम्हें नहीं छोड़ेंगे, जब तक कि उन्होंने तुम्हारे साथ कुछ बुरा नहीं किया। महिलाओं को विशेष रूप से घृणा होती है। उनका मन आग की तरह जलता है। जब वे बदला ले लेती हैं तभी उनके कलेजे को ठंडक मिलती है। अँधेरा होने पर वे साँप की तरह काटती हैं; आप कभी भी कुछ भी नहीं जान पाएँगे, जब तक कि जहर का असर आप पर न हो।

खरीदना और बेचना

पूर्व में, कोई पैसा नहीं था। न ही कोई खरीद-फरोख्त थी। वे सभी आवश्यक चीजें कमाते और बनाते थे। पके हुए भोजन के लिए उनके पास बाजरा, गुंडली, लेओ, अर्बा, मक्का, बाजरा एवं धान था, और शोरबा के लिए उनके पास सेम, राहड़, घँघरा, शिमरी, सब्जियाँ, मुर्गे, सूअर, बकरी, खरगोश, भारतीय गौर साँभर पक्षी आदि थे। वे नमक तैयार करते थे। वे मिट्टी कुरेदते थे। इसे मिट्टी के बरतन में डालते थे और इसमें पानी डालते थे। वे पानी को उबालते थे और जब पानी वाष्पित हो जाता है,

तो नमक बच जाता था, क्योंकि यह बहुत कसैला होता है। इसलिए वे इसे एक कपड़े से ढाकते हैं और इसे गर्म राख में दबा देते थे। फिर यह स्वादिष्ट नमक बन जाता था। ठंड के मौसम में वे इसकी तैयारी करते थे। वे विभिन्न वन फलों से तेल निकालते थे। वे अपने लिए कपड़े बुनते थे। टुडू गोत्र के लोग लोहे के सभी प्रकार के औजार बनाते थे और वे खुद सूप और टोकरियाँ, मिट्टी के बरतन इत्यादि बनाते थे। पूर्व में सोना था या नहीं, हमें नहीं पता, लेकिन पुराने देश में वे सोने को सामनोम कहते थे। बाद में बासके गोत्र के लोग विनिमय द्वारा व्यापार, खरीद और बिक्री करने लगे। और जबसे रुपये आए हैं, हम पैसे का उपयोग करके खरीदते हैं और बेचते हैं। आजकल महिला और पुरुष दोनों बहुत आलसी हो गए हैं; वे तेल नहीं निकालते हैं, न ही वे नमक तैयार करते हैं; वे कपड़े भी नहीं बुनते हैं; वे सब कुछ खरीदते हैं जिससे हम सन्ताल गरीब होते जा रहे हैं और साहूकारों के कर्ज में डूबते जा रहे हैं। पहले भी गाँव के लोग वस्तु-विनिमय कर रहे थे, कुछ बकरियों के लिए भैंस, कुछ बकरियों को सूअरों के लिए इत्यादि।

कर्ज और ऋण

पूर्व समय में कोई भी व्यक्ति कर्ज में नहीं डूबता था या साहूकारों से ऋण नहीं लेता था और साहूकार भी नहीं थे। शिखर देश में पहली बार हमें साहूकार मिले। वहाँ उन्होंने पहली बार सन्तालों को कर्ज दिया जो नन्दुआरा में रहते थे। तब से लेकर आज तक हम उनके हाथ में हैं और वे हमें गिद्धों की तरह नोच रहे हैं। निरन्तर भुगतान करके हम सुन्न हो जाते हैं, फिर भी कर्ज कभी खत्म नहीं होता। वे कहते हैं : "यदि कोई द्रष्टा घर में आ गया है तो वह फिर कभी नहीं निकलेगा। एक दिकू सूदखोर, एक बूढ़ा लकड़बग्घा होता है, वह हमारी हड्डियों को भी चबा जाता है।" यह वास्तव में इन कठिनाइयों के कारण है कि हम शिखर से भाग गए। पहले वे हमसे इतना ब्याज नहीं लेते थे। वे केवल 25 प्रतिशत लेते थे, धान के रूप में या पैसे के रूप में; लेकिन धीरे-धीरे उन्होंने बहुत अधिक लेना शुरू कर दिया। तीन या चार रुपये के कर्ज के लिए वे बिना किसी वजह के हल और बैल ले जाते थे और यदि आप उनका विरोध करो तो वे आप पर प्रहार करते थे।

लेकिन इसमें हमारा भी दोष है। सन्ताल मूर्खतावश सम्पत्ति हड़पनेवालों के चंगुल में फँस जाते हैं; चाहे वे वापस भुगतान करें या नहीं। वे इसके बारे में नहीं सोचते। और जब उनके पास उधार चुकाने के लिए कुछ होता है तो वे तुरन्त देते भी नहीं। परिणामस्वरूप ब्याज बढ़ता रहता है। इसके बाद साहूकार आता है और सब कुछ ले जाता है। वर्तमान युग में कई सन्ताल धोखे से साहूकारों और सूदखोरों को ठग लेते हैं, अपने अधिकारों से, जिन पर उनका हक है।

आनन्द एवं खुशी

चिन्ता को भूलने के लिए हम मौज-मस्ती का सहारा लेते हैं : नृत्य, गायन, ढोलक बजाना और नगाड़ा, बाँसुरी और जानवरों के सींग का बिगुल बजाना, सारंगी बजाना, लोक-कथाएँ, कहानियाँ सुनाना, जंगल में शिकार करना, मछली पकड़ना और हड़िया पीना आदि। लाक्षणिक भाषण प्रसन्नता लाता है। यह सिखाने के लिए है लेकिन हम इसका उपयोग ज्यादातर गम्भीर काम में करते हैं।

गायन एवं नृत्य

हमारे पास कई तरह के नृत्य हैं। विभिन्न नृत्यों के साथ हमारे पास गाने भी हैं। नृत्य और गायन के संयोजन में, हम ढोल और नगाड़े बजाते हैं और हम बाँसुरी बजाते हैं। हमारे नृत्यों और गीतों के नाम निम्नलिखित हैं : लागर, डोन, गुलुआरी, दाहर, बाहा, रिंजा, भिनसार, झिका, हुमटी, गुंजर, सोहराइ, लोबो और दुंगर। बिना गीतोंवाले नाच : पक डोन नाच, डोम नाच और लौरीया। बिना नाचनेवाले गीत हैं : वन गीत, विवाह-संस्कार गीत, लोक-कथा गीत, चावल बोने के गीत और विलाप गीत। हम फूलों के त्योहार पर और बिना किसी नाच के शिकार के दौरान, आनन्द के लिए जानवरों के सींग का बिगुल बजाते हैं। हम सभी गीतों के साथ सारंगी बजाते हैं। हम खोखले बाँस की बाँसुरी बनाते हैं जिसे बार लंगा बाँस कहा जाता है। हम भैंस और गाय की सींग से बजाने के लिए बाजा बनाते हैं और काले हिरण के सींग के भी बाजे बनाते हैं। सन्ताल लकड़ी या एक कद्दू के खोल से सारंगी बनाते हैं और इस पर तन्तु की एक ही डोर बाँधते हैं। सारंगी (गज या कमानी) में घोड़े का बाल लगाया जाता है। सारंगी के गज में लगे घोड़े के बालों में सलगा[1] रोजिन लगाया जाता है। वे नगाड़े को लोहे के ढाँचे से बनाते हैं जिसे वे भैंस की खाल से मढ़ देते हैं। वे एक बेलनाकार मिट्टी के बरतन के साथ माँदर बनाते हैं और इसे बकरियों की त्वचा के साथ मढ़ते हैं।

1. बोसवेलिया थुरिफेर।

वे किसी भी समय, लगार, गुलुआरी और हुमटी नाच करते हैं। वे पुष्प उत्सव में केवल फूलों का नृत्य करते हैं। सोहराई त्योहार पर सोहराई, मटवार और गुंजर नृत्य किया जाता है। रिंझा और बिनसार नाच करम पूजा में। डोन नृत्य विवाह और चेतियार त्योहारों पर किया जाता है। गर्म मौसम के दौरान दाहर नृत्य किया जाता और इसे केवल लड़कियाँ ही करती हैं। डोम नृत्य विवाह में किया जाता है। पक डोन (तलवार नृत्य) और लोरिया नृत्य सोहराई और संक्रान्ति पर किया जाता है। इसे केवल पुरुष ही करते हैं। वे दुर्गा उत्सव में लोबो नृत्य करते हैं। जब वे शिकार पर रात बिताते हैं तो वे डुंगर नृत्य करते हैं। वे चावल के खेतों में चावल बोते समय गीत गाते हैं, बिना नाचते हुए शाम को गर्म मौसम के दौरान लोक-कथा गीत गाए जाते हैं। युवक और युवतियाँ जंगल और सोहराई में वन गीत गाती हैं—लाक्षणिक रूप से। विलाप गीत वे अन्तिम संस्कार समारोहों में गाते हैं, इन्हें वे 'विलाप गीत' भी कहते हैं।

तलवार नृत्य, लोरिया नृत्य और दाहर (डगर) नृत्य को छोड़कर, लड़कियाँ और युवक सभी नृत्य एक साथ करते हैं। नृत्य करते समय लड़कियाँ एक-दूसरे का हाथ पकड़ती हैं, और युवा एक-दूसरे को पकड़े बिना, लड़कियों के सामने नृत्य करते हैं। कुछ युवक नगाड़े को बजाते समय खुद अकेले नाचेंगे। कुछ युवा उन लोगों के साथ एक साथ नृत्य करेंगे जो नगाड़े के साथ नृत्य करते हैं। कुछ युवा एक ही समय में बाँसुरी बजाते हैं और नृत्य करते हैं। कुछ युवा केवल नृत्य करते हैं और वे लड़कियों के साथ मिलकर गाते हैं। युवा पुरुषों और लड़कियों को नाचने में बहुत मजा आता है। वे पूरी रात नृत्य करते हैं। दिन के समय वे काम करते हैं। वे ऐसे आनन्द में रहते हैं कि उन्हें थकान महसूस नहीं होती है। बूढ़े और महिलाएँ नाचने पर युवा लोगों को रोकते नहीं हैं। वे उन्हें देखने के लिए जाते हैं, और जब वे थकान महसूस करते हैं तो वे युवा लोगों से कहते हैं : "अब रुक जाओ, अन्यथा जब तुम कल काम करने जाओगे तो तुम ऊँघते रहोगे।" युवा लोग उन्हें जवाब देते हैं : "ठीक है, हम वर्तमान में रोक रहे हैं।" फिर भी वे तब तक नृत्य करते रहते हैं जब तक कि मन नहीं भर जाता। जब वे नाच रहे होते हैं, तो जोग मांझी वहाँ नहीं रहते। युवा लोग अन्त तक अकेले वहाँ रहते हैं। सुबह तक नाचने के बाद, वे थोड़ा सा लेट जाते हैं।

बुजुर्ग पुरुष और महिलाएँ लागर नृत्य अधिक नहीं करते हैं। वे थोड़ी देर के लिए नृत्य करते हैं। लेकिन वे चेतियार, फूल और करम त्योहारों के दौरान नृत्य करते हैं। कोई भी व्यक्ति जो झिका नृत्य करना जानता है, वह इसे शुरू करता है और वे धीरे-धीरे नाचते और गाते हैं।

हड़िया पीना

बूढ़ों का असली आनन्द हड़िया में है। जब वे पूरी तरह से नशे में हो जाते हैं तो वे पुराने देश के बारे में, जमींदारों और सूदखोरों के बारे में, नृत्य, गायन और अन्य चीजों के बारे में बात करना शुरू कर देते हैं। फिर वे हँसते हैं, वे आनन्द महसूस करते हैं। वे बहुत अच्छा महसूस करते हैं। यदि वे नशे में होते हैं तो वे लेटते हैं और सोते हैं, और यह उनके आनन्द का चरम होता है। बुजुर्ग महिलाएँ भी खूब हड़िया पीती हैं। पूर्व में बुजुर्ग महिलाएँ ज्यादा नहीं पीती थीं, और युवा पुरुष और लड़कियाँ हड़िया नहीं पीते थे। आजकल सभी सन्ताली बहुत पीते हैं। बड़े शर्म की बात है! पूर्व में, कोई पीतल के प्याले से नहीं पीता था। उन्होंने पत्ती से बने दोने का इस्तेमाल किया। आजकल वे पीतल के प्याले में पीते हैं। फिर भी वे सन्तुष्ट नहीं हैं। पूर्व में वे सुंडी हड़िया[1] नहीं पीते थे। वे अब शराब पीते थे। आजकल कई सन्ताली सुंडी हड़िया पीकर गरीब हो रहे हैं। अगर उनके पास पैसे नहीं हैं तो वे अपने साथ धान या चावल ले जाते हैं। इसलिए घर पर कोई भोजन नहीं है। इसके बावजूद जब वे घर आते हैं और उनके लिए कोई भोजन तैयार नहीं किया जाता है तो वे अपनी पत्नियों को डाँटते हैं और उन्हें पीटते भी हैं। गरीब पत्नी! उसके पास खाना को तैयार करने के लिए कुछ भी नहीं है। अगर उनके पास धान या चावल नहीं है, तो वे कर्ज लेकर पीएँगे। फिर माघ के महीने में (जनवरी के मध्य से फरवरी के मध्य तक) सुंडी आते हैं, उन्हें परेशान करते हैं और धमकी देते हैं, और उनके धान को गाड़ी में लादकर दूर ले जाते हैं। ऐसे व्यक्ति की पत्नी और बच्चे अपना समय बहुत कष्ट में गुजारते हैं क्योंकि वहाँ कोई भोजन और वस्त्र नहीं होता। जंगल से वे सब्जियाँ और विभिन्न प्रकार के कन्द लाते हैं, वे उन्हें पकाते और खाते हैं। पूर्व में, वे चार, छह या आठ दोने पीते थे। इस तरह उनकी ताकत कम नहीं हुई। वे युवाओं की तरह बहुत मजबूत और जोरदार थे। आजकल लगातार हड़ियाँ पीकर और कम उम्र में शादी करके, वे कमजोर और छोटे हो रहे हैं। इस तरह से व्यवहार करके वे अपनी ताकत कैसे बनाए रख सकते हैं?

कहानियाँ और लोक-कथाएँ

परियों की कहानियाँ, लोक-कथाओं और कहानियों से सन्तालों को बहुत आनन्द मिलता है। शाम को बूढ़े उन्हें पढ़ाते हैं। बेटे और बहुएँ चावल और शोरबा पकाने में, पत्ती के दोने और पत्तल बनाने में व्यस्त रहती हैं और बूढ़े लोग, पति और पत्नी,

1. निम्न जाति के हिन्दू, जो शराब बनाते और बेचते हैं।

बच्चों को परियों की कहानियाँ और लोक-कथाएँ सुनाते हैं और उन्हें खुश करने के लिए पहेलियाँ पूछते हैं। अगर किसी को परियों की कई कहानियाँ और लोक-कथाएँ आती हैं तो गाँव के युवा उसके स्थान पर एकत्र होते हैं। और खेत में जब ठंडा मौसम होता है और वे वहाँ झोपड़ियों में लेटे रहते हैं, तो युवा लोग इससे बहुत कुछ सीखते हैं। कुछ लोग तो बहुत सी कहानियों को जानते हैं। वे पूरी रात दूसरों को लोक-कथाएँ सुनाते हैं फिर भी उनकी कहानियाँ समाप्त नहीं होती, और जो सुनते हैं वे थकते नहीं हैं। ऐसे समय में वे नृत्य के बारे में बिलकुल नहीं सोचते।[1]

लड़कियाँ और लड़के ज्यादातर पहेलियाँ सीखते हैं और दिन-भर एक-दूसरे से पूछते रहते हैं। युवा लोग परियों की कहानियों और लोक-कथाओं को सीखते हैं। अगर लड़कियाँ भी ऐसा ही सीखती हैं, तो उन्हें केवल इतना साहस मिलेगा कि वे लोगों की मौजूदगी में इस बात को बताएँगी, जब बूढ़ी महिलाओं की उम्र तक पहुँच चुकी होंगी। लोक-कथाएँ विशेष रूप से गीदड़ के बारे में हैं। परियों की कहानियाँ राजाओं और जमींदारों के बारे में और विभिन्न प्रकार के लोगों के बारे में होती हैं, और पहेलियाँ हजारों विषयों में होती हैं। जब वे एक पहेली शुरू करते हैं, तो वे कहते हैं : 'एक पहेली, पतंग, पतंग', इसके बाद वे पहेली पूछते हैं।[2]

नकल उतारना

हम नकल उतारने के खेल से लोगों का मनोरंजन करते हैं। केवल जोकर लोग ही यह प्रदर्शन कर सकते हैं। यह देखकर लोग हँस पड़ते हैं। इस खेल में वे नकल करके लोगों के दोष दिखाते हैं, कैसे पति-पत्नी एक-दूसरे के प्रति नाराज होते हैं, कैसे पति और पत्नी अपने पिता के घर जाते हैं, विधवाओं के रोने की आवाज, चलने का तरीका, नाचना, खाना, काम करना, शादी-शुदा लोगों के व्यवहार इत्यादि। जब वे महिलाओं की नकल करते हैं तो वे एक महिला की तरह कपड़े पहनते हैं, और अपनी आवाज को उनकी आवाज की तरह बनाकर खुद घमंड से पेश आते हैं, तो लोग हँसते हुए अपना पेट पकड़ लेते हैं।

मछली पकड़ना

मछली पकड़ना एक आनन्द की गतिविधि है। वे धान के खेत के तालाबों, बाँधों और नदियों में मछली पकड़ते हैं। गाँव का मुखिया एक सार्वजनिक घोषणा करता है।

---

1. सन्तालों में बहुत बड़ी संख्या में लोक-कथाएँ और कहानियाँ हैं। इस लेखक ने कई सैकड़ों एकत्र की है।
2. सन्ताल पहेलियाँ, सन्तालों के बीच जादू-टोना।

तय दिन पर दोपहर के करीब, मोहल्ले के लोग वहाँ इकट्ठा होते हैं। यदि बोंगा के साथ सम्बन्ध में कोई बाधा है तो वे एक बलिदान करते हैं। इसके बाद वे जाल के साथ मछली पकड़ते हैं। कुछ लोग अपने हाथों से भी पकड़ते हैं; वे जबरदस्त शोर मचाते हैं। वे खुद का भरपूर आनन्द लेते हैं। मछली पकड़ने के दौरान वे छोटी मछलियों को अलग-अलग जालों में इकट्ठा करते हैं। यदि बड़ी मछलियाँ हैं तो उन्हें टुकड़ों में काट दिया जाता है। इसके बाद वे हर जाल से बड़ी मछलियों का आधा हिस्सा इकट्ठा करते हैं, गाँव के लोगों को यह सब मिलता है। वे इनमें से तीन हिस्से करते हैं। एक भाग वे धान के खेत, तालाब या बाँध के मालिक को और दो भाग गाँव के लोगों को देते हैं। यदि वे नदी में मछली पकड़ते हैं तो सीमा के ग्राम प्रधान को एक भाग मिलता है और यदि यह दो गाँवों की सीमाओं के भीतर है, तो दोनों गाँवों के प्रमुखों को एक भाग मिलता है। दोनों गाँवों के लोगों को शेष दो हिस्से मिलते हैं। हमारे पास मछली मारने का एक विशेष तरीका है। इसे मछली की विषाक्तता कहा जाता है। जंगल से विभिन्न प्रकार की जड़ें और सामग्री लाई जाती जिसे कुचल, घोट-पीसकर पानी में डाल दिया जाता है। तब मछलियाँ नशे में हो जाती हैं और उनमें से कुछ मर जाती हैं और ऊपर तैरने लगती हैं। फिर वे आसानी से पकड़ी जाती हैं। इन विषों के नाम हैं : तना रहित खजूर की जड़, कोरको का फल, जट्टी घास, कुम्बीर की छाल, साकरी फूल की छाल, लोटो फल और अन्य।

मछली पकड़ने के लिए रोजाना हम इस प्रकार कार्य करते हैं : दो लोगों को एक-दूसरे के साथ आने के लिए आमंत्रित करते हैं और पानी को एक खड्डे या एक धान के खेत के तालाब में रोकते हैं जिसमें वे मछली पकड़ते हैं। बरसात के मौसम में हम टोकरी बनाते हैं और रात के समय उन्हें एक खेत के तालाब या एक नदी में स्थापित करते हैं। इनमें मछलियाँ पकड़ी जाती हैं और सुबह हम उन्हें जोर से हिलाते हैं और उन्हें ले आते हैं।

शिकार करना

हम लोगों को शिकार से बड़ी खुशी मिलती है। पुराने समय से हम लगातार शिकार करते रहे हैं। इस दौरान हम बड़े खतरे में पड़ सकते हैं लेकिन हमने शिकार करना नहीं छोड़ा। और अगर कोई व्यक्ति नहीं जाता है, तो हम ऐसे लोगों का तिरस्कार करते हैं और उन्हें औरत कहकर बुलाते हैं। हमारे पूर्वजों ने बड़े साहस के साथ बाघों और भालुओं का मुकाबला किया है। कभी-कभी बाघों और भालुओं ने हमारे ऊपर जीत हासिल की है और कभी-कभी पुरुषों ने, इसलिए यह आज तक चल रहा है।

पूर्व समय में, हमारे पुरखे गाँव-गाँव तक एक शाखा भेजकर शिकार की घोषणा करते थे। लेकिन शिखर में रहने के बाद से, हम पाटा (झूला उत्सव)[1] के दिन सूचित करते हैं। जैसे गाँव में एक गाँव का पुजारी और एक बाहर का पुजारी होता है, वैसे ही शिकार के लिए एक डिहरी (शिकार-पुजारी) होता है। हर एक गाँव के लिए एक शिकार-पुजारी है। वह पाटा में शाखा को घुमाता है। तब गाँव के लोग उससे पूछते हैं : "आपकी शाखा किस सम्बन्ध में है, श्रीमान जी?" फिर वह उन्हें जंगल का नाम बताता है : "'अमुक' जंगल में, 'अमुक' दिन, 'अमुक' जगह और 'अमुक' स्थान पर हम मिलेंगे।" वह उन्हें यह भी बताता है कि वे रात कहाँ बिताएँगे। जब हम घर आते हैं तो गाँव के पुरुष एक-दूसरे को खबर देते हुए कहते हैं : "'अमुक' तिथि को वे 'अमुक' जंगल में या 'अमुक' पहाड़ी पर शिकार करने जाएँगे।" गाँव के पुरुष तब अपने शिकार के विभिन्न हथियारों को इकट्ठा करते हैं। वे अपने धनुष पर प्रत्यंचा चढ़ाते हैं, लोहे के तीर को तैयार करते हैं, कुन्द तीर के नोक-सिर को ठीक करते हैं। वे लोहे के तीरों पर धार लगाते हैं और उन्हें नुकीला बनाते हैं। वे अपनी युद्ध-कुल्हाड़ियों को तेज करते हैं और उन्हें सँभाल लेते हैं। वे पतले डंडों पर भाले डालते हैं और तलवारें चमका लेते हैं। वे महिलाओं को भोजन के लिए, महुए के आटे के गोले तैयार करने के लिए कहते हैं, और वो उनके लिए अपने साथ ले जाने के लिए कूटे हुए चावल बनाती हैं। गाँव के मुखिया को शिकार-आनुतोषिक के रूप में साढ़े पाँच सेर चावल और महुए का एक छोटा गट्ठर देना होता है। शिकार करनेवाले लोग इसे खाते हैं या अगर कुछ गरीबों के पास कुछ नहीं है तो वे इसमें से उसे दे देते हैं। गाँव का पुजारी शिकार के लिए पाँच मुर्गे की बलि चढ़ाता है।

जब तय दिन आ जाता है तो दो पुरुष सुबह एक खुले स्थान पर लोगों को इकट्ठा करते हैं। वे नगाड़े और बाँसुरी और जानवरों के सींगों का बिगुल अपने साथ ले जाते हैं। और जब तक कि गाँव के लोग बाहर नहीं आ जाते, तब तक वे नगाड़े को बजाते हैं, बाँसुरी को सुरीली आवाज से बजाते हैं और वन गीत गाते हैं। जब वे सभी इकट्ठे होते हैं तो वे एक साथ एक आवाज में चिल्लाते हैं। इसके बाद वे उस जगह पर जाते हैं जहाँ वे मिलनेवाले हैं। यहाँ वे दोपहर का खाना खाते हैं। गाँव के लोग एक के बाद एक आते हैं और वहाँ इकट्ठा होते हैं। शिकार का पुजारी सुबह से ही वहाँ होता है।

---

1. पाटा लगभग 15 अप्रैल को, चैत के अन्तिम दिन में आयोजित किया जाना चाहिए; सन्ताल परगना में रहनेवाले लोगों के बीच यह बैसाख (अप्रैल के मध्य से मई के मध्य तक) के दौरान किसी भी दिन आयोजित किया जा सकता है। डिहरी में एक साल-शाखा होती है जिसमें उतने ही पत्ते होते हैं जितने दिन शिकार से पहले शेष होते हैं।

जब तक गाँव के लोग नहीं आ जाते हैं तब तक शिकार का पुजारी शिकार के अच्छे या बुरे होने के बारे में बात करता है। यदि उसे किसी भी दिशा में कुछ भी बुरा लगता है तो वह गाँव के लोगों को एक साथ बुलाता है और उस इलाके के लोगों को भी बुलाता है। वह उनसे पूछता है : "आप और 'अमुक' इलाके के कौन से गाँव आए हैं?" वे अपने गाँवों का जिक्र उससे करते हैं। इसके बाद वह इन विभिन्न गाँवों के लिए तेल से उपचार करता है। यदि उसे किसी गाँव या इलाके के लिए यह प्रमाण मिलता है कि कोई बाघ उन्हें खा जाएगा, तो वह उन्हें यह बताता है। वह उनसे कहता है : "अपनी व्यवस्था करो या घर जाओ।" वे उसे जवाब देते हैं : "कृपया, महोदय आप हमारे लिए व्यवस्था करें।"

शिकार-पुजारी तब उन पुरुषों का चयन करता है जिन्हें बाघ खा जाएगा। वह मुर्गे की भेंट करके उनके नाम के बुरे प्रभाव को हटा देता है। इस समय वह एक आह्वान करता है : "हम स्वर्ग की आत्मा को नमस्कार करते हैं, आप एक चटाई की तरह फैले हुए हैं, एक कीया[1] जैसे ढका हुआ है, आपने दुनिया के चार हिस्सों को ढका हुआ है। अब खराब शगुन की एक विधवा ने मृत्यु को कम कर दिया है, वह जो विनाश के लिए किस्मत में है, मरने के लिए बन्द हो गई है, एक बाघ उसके बड़े बेटे को खा जाए और ये लोग जो विनाश के लिए तैयार किये गए हैं, मरने के लिए बन्द कर दिये गए हैं, उनका मार्गदर्शन करें! मेरे जंगल से बाहर निकलने में उनकी मदद करें, मेरे पिता, मेरे ठाकुर!"

शिकार का पुजारी पाँच मुर्गों की बलि देता है। वह शिकार-पुजारी बोंगा को एक मुर्गा और जंगल के बोंगा को चार मुर्गे अर्पण करता है। इसके बाद वह खुद को सूई चुभाता है और कुछ चावलों पर खून गिरा देता है और वह इस चावल को जंगल के बोंगा को भेंट चढ़ाता है। वह फिर चावल के साथ मांस पकाता है। जितने गाँव हैं उतने ही मुर्गे होते हैं। वे अपने मुर्गे के कीमे को आपस में बाँटते हैं। शेष बचा कीमा पुजारी को मिलता है। शिकारी-पुजारी गाँव के लोगों को तब तक आगे नहीं जाने देगा जब तक कि वह उस जगह पर बलि नहीं दे देता है जहाँ कोई बाधा है।

सभी पुरुषों के भोजन करने के बाद, शिकार-पुजारी उन्हें बताता है कि पानी कहाँ पर मिलेगा। लेकिन वह खुद तब तक खाना नहीं खाता है जब तक खून नहीं बहाया जाता। जब वे शिकार करते हैं और खून की बूँदें बहती हैं तो वह भोजन ले सकता है। जब शिकार-पुजारी एक बलिदान करता है तो वे उसे साल वृक्ष के पत्तों से बनी रस्सी से बाँधता है। वह उसे पत्तों की टोपी से ढाकता है और उसकी आँखों पर पट्टी बाँध देता है। गाँव के लोग शिकार-पुजारी के साथ इस तरह से व्यवहार करते हैं ताकि जानवर उसे न देख सकें और भाग न जाएँ।

1. पांडनस ओडोरैटिसिमस।

जब शिकार-पुजारी बलिदान कर देता है तो वह खुद को जमीन पर लुढ़काता है, और कुछ पुरुष उसे दबाते हैं तथा उनमें से कुछ उसे पत्तियों के साथ एक युद्ध-कुल्हाड़ी के साथ काटने का नाटक करते हैं और कहते हैं : "एक बड़ी भैंस गिर गई!" फिर उसे ढीला कर दिया जाता है। हर जगह जहाँ शिकार-पुजारी एक बलि चढ़ाते हैं, वे उसी तरह से उसके साथ करते हैं। अगर बलिदान के बाद भी, बाघ या भालू गाँव के किसी भी व्यक्ति को खाता है तो वे उसे फटकारते हैं। वे युद्ध-कुल्हाड़ियों को उसकी तरफ घुमाते हैं और कहते हैं : "उसे काटो, साथियो! उसे मारो, साथियो! उसने हमें यहाँ फँसाया है ताकि लोगों को बाघ खा सके।"

जब वे बलिदान कर लेते हैं और वे भोजन कर चुके होते हैं तो भीड़ शिकार-पुजारी के नेतृत्व में जंगल में प्रवेश करती है। कुछ लोग नगाड़े को बजाए बिना आगे चुपचाप चले जाते हैं। वे प्रतीक्षा में बैठ जाते हैं और कुछ लोग जंगल के अन्त तक चुपचाप शिकार करते हैं। वे जंगल के अन्त में प्रतीक्षा करते हैं क्योंकि जब गाँववाले वहाँ पहुँचें तो जानवर किसी दूसरे जंगल में या खुले मैदान में नहीं भाग सके। जंगल में प्रवेश करने के बाद वे लोग पूरी तरह से एक कतार में, दोनों तरफ फैल जाते हैं। वे एक-एक नगाड़ेवाला रखते हैं और वे बीच में कुछ जगह छोड़ देते हैं, जब वे साथ चलते हैं। ढोल बजानेवाले जबरदस्त शोर करते हैं, और वे हर जगह झाँकते हुए गुजरते हैं।

जब वे एक खरगोश, एक मोर या किसी भी तरह के पक्षी का शिकार करते हैं तो वे चिल्लाते हैं, जानवर या पक्षी का नाम है, और जब वे एक बड़े जानवर का शिकार करते हैं, तो वे चिल्लाते हैं अपने गाँव का नाम लेते हैं। जब वे जानवरों को मारते हैं, तो गाँव-पक्ष के लोग खुद के लिए अग्रभाग और गरदन-भाग काटते हैं। यदि यह एक बड़ा जानवर है तो वे स्कन्ध भाग और गरदन के हिस्से के साथ एक अगली टाँग काट देते हैं। जो पुरुष एक साथ होते हैं वे अग्रभाग के मांस और गरदन के हिस्से को आपस में बाँट लेते हैं। गरदन के मांस को लगभग चार अंगुल की चौड़ाई में काटकर उसे शिकार-पुजारी को दे देते हैं। वह पुजारी को खरगोश, मोर और पक्षियों में से कोई हिस्सा नहीं देते हैं।

यदि कोई भी हिरण को अपने बाण से मारता है तो वे एक पत्ता नीचे रखते हैं जिसे वे हिरण के पैर के निशान पर एक पत्थर से दबाते हुए रख देते हैं। जब तक हिरण नीचे नहीं गिर जाता, वे सावधानी से हिरण के पैरों के निशानों पर चलते हैं। जब हिरण गिर जाता है तो वे मामले की जाँच करने के बाद, अग्रभाग और गरदन के हिस्से को काट लेते हैं। अग्रभाग, जिस भाग में तीर का निशान है, उसे नहीं काटते। यदि कोई व्यक्ति एक जानवर को तीर मारता है लेकिन वह मरा नहीं है, और कोई दूसरा व्यक्ति अपने तीर से उसे मार गिराता है तो जानवर को मारनेवाले इस व्यक्ति को इसके लिए अग्रभाग मिलता है,

और जो आदमी सबसे पहले तीर मारता है उसे हिरण मिलता है। साथ ही इस मामले में ग्रामीण इलाकों के लोगों को एक अग्रभाग और एक गरदनवाला हिस्सा मिलता है।

जब पुरुषों को बाघ या भालू दिख जाता है तो वे एक-दूसरे को जोर से चिल्लाकर सूचना देते हैं। यदि वे जानवर किसी को काट लेते हैं, तो एक नगाड़े वाला जो पास में है, तीन बार नगाड़ा बजाकर चेतावनी देगा। तब दाईं और बाईं तरफ के लोग समझ जाते हैं कि विपत्ति आई है। इसलिए जो लोग नजदीक हैं वे एक साथ दौड़ते हुए आते हैं। वे घायल हुए आदमी को दवा लगाते हैं। फिर वे एक साथ शिकार करते हैं। जब उन्हें भालू मिलता है और वे भीड़ के कारण उसे तीर मारने में असमर्थ होते हैं, तो वे उसे डंडे से मारते हैं और वह नीचे गिर जाता है। कभी-कभी वे उसे मार देते हैं, और कभी-कभी जब कोई भालू प्रतिरोध करने में असमर्थ होता है, तो वह उठ जाएगा और लोगों के बीच से भाग जाएगा। जब एक बाघ लोगों को काटता है, तो भाई और अन्तरंग मित्र अपने जीवन को खतरे में डाल देंगे और एक-दूसरे को बचाने की कोशिश करेंगे। वे या तो आदमी को बचाएँगे या वे सभी खुद मर जाएँगे। आजकल लोग बहुत कायर हो गए हैं। जैसे ही वे सुनते हैं 'एक बाघ, एक बाघ', तो वे अपनी लुंगी को हाथ में लेकर भाग जाते हैं।

जब शाम हो जाती है तो वे जंगल से बाहर आते हैं और उस जगह पर जाते हैं जहाँ उन्हें रात बितानी होती है। जब वे एक साथ आते हैं, तो हर एक गाँव के पुरुष एक स्थान पर महुए का लड्डू या आटा इकट्ठा करते हैं और इसे आपस में बाँटकर खाते हैं। हमारे पास इस बारे में एक कहानी है :

पूर्व में यह बताया गया है कि एक गरीब व्यक्ति अपने साथ कुछ अंजीर के लड्डू लाया था क्योंकि उसके पास भोजन नहीं था। जिस स्थान पर उन्होंने रात बिताई थी, उसके गाँव के लोगों ने, यह देखकर कि उनके पास जो कुछ था, उसमें उसे शामिल नहीं किया। उन्होंने कहा : "क्या लाए हो! जो तुम्हारे पास है उसी को खाओ।" तो बेचारा साथी वहीं पर बैठकर उसके पास जो कुछ था, उसे खाता रहा। अगले दिन उसने एक नीलगाय को मारा। फिर अपने गाँव का नाम चिल्लाने के बजाय वह 'अंजीर' चिल्लाया। उसके गाँव के लोग पास आए और बोले : "यह हम सबका हिरण है साथियो!" देहात के लोगों ने इस गरीब आदमी से पूछा : "तुम इस तरह से क्यों चिल्लाए थे?" फिर उसने लोगों के सामने अपना दुखड़ा सुनाते हुए कहा : "कल शाम जब आटा बँटा तो मेरे गाँव के लोगों ने मुझे बाहर रखा।" जब उन्होंने यह सुना, तो देहात के लोगों ने उन्हें अच्छी तरह से डाँटा और गाँव के लोग नम्र हो गए। उन्होंने उन लोगों पर गम्भीर जुर्माना लगाया। तब से हम इस तरह से कार्य नहीं करते हैं।

जब वे लड्डू खा चुके होते हैं, तो वे चावल और शोरबा तैयार करने लगते हैं। शिविर की आग एक जलते जंगल की तरह दिखती है। जो लोग चावल पकाते हैं, वे ऐसा करते हैं, और कुछ लोग खरगोश और मोर को आग में पकाते हैं और उनके पेट और पैर का शोरबा बनाते हैं। मरे हुए हिरण का वे कुछ नहीं बनाते। जब वे अपना शाम का भोजन कर लेते हैं, तो शिकार-पुजारी कहते हैं कि उनकी परिषद की बैठक होनी है। प्रत्येक गाँव के पाँच या छह आदमी बैठक में जाते हैं और अन्य लोग बाँसुरी बजाते हैं और वन गीत गाते हैं; वे अत्यधिक रागात्मक होते हैं। कुछ सोने के लिए लेट जाते हैं। शिकार करनेवाले पुजारी के गाँव के युवक शिविर से शिविर तक घूमते हैं, गाते हैं और भिक्षा माँगते हैं (दासे पर्व जैसा) और शिविर का प्रत्येक आदमी उन्हें एक मुट्ठी चावल देता है और वे अपनी तरफ से सभी प्रकार के मजे करते हैं और लोगों को हँसाते हैं।

शिकार-पुजारी शिकार परिषद का प्रमुख होता है और गाँव के लोग उसकी प्रजा हैं। जहाँ वह परिषद के लिए बैठता है, लोग वहीं इकट्ठा होते हैं, और वे उसे बीच में बिठाते हैं जैसे कि सूर्य के चारों ओर एक प्रभामंडल होता है। अगुआ पुरुष उसके पास बैठ जाते हैं। शिकार-पुजारी अब गाँव के लोगों से पूछता है : "चलो! हम सुनते हैं, महोदय! जमीन के आदमी, अगर आपमें से किसी को कोई कष्ट या दुख है या कोई झगड़ा हुआ है। हम सब ठीक हैं या नहीं?" तब गाँव के लोग उसे उत्तर देते हैं : "जहाँ तक मन और शरीर का सम्बन्ध है, हम तुम्हारे आशीर्वाद से ठीक हैं।" शिकार-पुजारी तब जवाब देता है : "ठाकुर के आशीर्वाद से हमें वही मिलेगा जो अच्छा है।"

अब वे शिकार-पुजारी के समक्ष अपनी शिकायतें रखते हैं। एक आदमी कहता है : "इस 'अमुक' स्थान पर 'अमुक' गाँवों के साथ, हम खरगोश पर एक विवाद में पड़ गए हैं।" शिकार-पुजारी फिर उससे पूछता है : "कैसे?" वह आदमी कहता है : "मैंने इसे छड़ी से मारा था।" एक और आदमी कहता है : "मेरे कुत्ते ने इसे पकड़ लिया।" शिकार-पुजारी फिर दोनों से पूछता है : "क्या आपके पास कोई गवाह है?" वे दोनों उसे जवाब देते हैं : "हमारे पास 'अमुक' गाँवों के पुरुष हैं।" शिकार-पुजारी फिर गवाहों को बुलाता है। जब वे आते हैं तो वह उनसे सवाल करता है, एक के बाद एक, दोनों तरफ। जिसका दावा पहले सिद्ध हो जाता है, वह उसे पा लेगा। वहाँ के पुरुष न्याय करने में शिकार-पुजारी की सहायता करते हैं लेकिन शिकार-पुजारी ही आदेश देता है। यदि दोनों के पास कोई गवाह नहीं है या अगर कपटता के कारण, गवाह मामले में हेराफेरी करते हैं, तो अगली सुबह शिकार-पुजारी, जब सूरज उग रहा होता है, जमीन में दोनों वादियों का एक-एक तीर लगाता है। वह दोनों बाणों पर सिन्दूर लगाता है और हाथ में एक लोटा पानी के साथ वह खड़ा होता है और कहता है : "हे पिता, स्वर्ग के मालिक!

आपकी कृपा से हमने न्याय किया, दोनों ने आज्ञा नहीं मानी। हे स्वर्ग के ठाकुर, पिता! और हम भी, जैसा कि देखा जाता है, पृथ्वी को भरते हुए, हमने न्याय किया है; जैसा कि यह निर्णय नहीं हुआ, हम धरती के इतने सारे पुरुष दोषी नहीं हैं; अब तुम इन दोनों की बात को जानो, उनके बीच में न्याय करो!" शिकार-पुजारी और गाँव के पुरुष दोनों वादियों से कहते हैं : "दिन की आत्मा को नमन करो! हम, इतने सारे लोग, जिम्मेदारी से मुक्त हैं। आप दोनों अपने-अपने तीर को लो, हम से मत डरो, ठाकुर से डरो।" इसके बाद वे अपने-अपने तीर को ले लेते हैं। उसके बाद वे दोनों से कहलवाते हैं : "ओ ठाकुर, अगर मैं अनैतिक रूप से काम कर रहा हूँ, तो एक बाघ मुझे शिकार के इस जंगल में खा सकता है और अगर मैं अनैतिक रूप से काम नहीं कर रहा हूँ, तो मैं सुरक्षित और स्वस्थ रूप से घर लौटूँगा।" अगर दूसरे आदमी में भी हिम्मत है तो वह भी ऐसा ही करेगा, अन्यथा वह पीछे हट जाएगा। शिकार-पुजारी ने जहाँ तीर जमीन में गाड़ा था वहाँ एक लोटा पानी डालता है। जब उसने ऐसा किया है, तो वह उसे नमन करता है और कहता है : "हे ठाकुर! उनके बीच का न्याय करो, क्या अच्छा है या क्या बुरा।" इसके बाद, शिकार के दौरान वे एक साथ रहेंगे और जंगल के बीच में एक बाघ आएगा, दहाड़ता हुआ और उन दोनों की तरफ आएगा, और फिर उस आदमी के सामने अपने अगले पंजे उठाकर खड़ा हो जाएगा जिसने सच बोला है लेकिन उसे कोई हानि नहीं पहुँचाएगा। इसके बाद वह उसे छोड़ देगा और उस पर झपट पड़ेगा जिसने झूठ बोला है। ऐसा हमने कई बार अपनी आँखों से देखा है। यदि वह बाघ से बच जाता है तो वह किसी अन्य आपदा में निश्चित ही मारा जाएगा।

रात में, शिकार की परिषद में, शिकार-पुजारी और ग्रामीण मिलकर अगर गवाह हैं तो मारे गए जानवरों के विवादों का निपटारा करते हैं। और यदि नहीं, तो अगली सुबह वे विवादित पुरुषों को शपथ दिलाते हैं, जैसा कि मैंने बताया है। जब मारे गए जानवरों के साथ विवाद में समझौता हो जाता है तो शिकार-पुजारी कहते हैं : "ठीक है, श्रीमान जी, ग्रामीणो! अगर आपके पास कोई अन्य विवाद है तो उसे हमें बताएँ।" फिर हर कोई एक के बाद एक अपनी शिकायतें बताता है। एक आदमी कहता है : "गाँव के मुखिया और परिषद ने बिना किसी कारण के मुझ पर जुर्माना लगाया है।" या "परगना और पाँच गाँवों के मुखियाओं ने कुछ खेतों को लेकर, (या) एक दूल्हा और दुल्हन को लेकर अधिकार रहित निर्णय पारित किया है। (या) उन्होंने मुझे बिना किसी कारण के डायन[1] कहा है। (या) मुझे बिना किसी कारण के लोगों को पानी लाने और पीने के बरतन को छूने के लिए मना किया गया है। (या) मेरे लिए गाँव के लोगों ने बिना किसी कारण के मेरा दरवाजा बन्द कर दिया है।"

1. उसकी पत्नी या एक बेटी या उनके घर में रहनेवाली कोई सम्बन्धित महिला; एक आदमी डायन नहीं होता है।

वे एक हजार शिकायतें करते हैं क्योंकि शिकार-परिषद हमारी उच्च न्यायालय है। परगना, जोग मांझी और गाँव के मुखियाओं के पास गाँव के छोटे और बड़े फैसला करने में किसी भी व्यक्ति को डराने-धमकाने का कोई अधिकार नहीं है, और वहाँ वे किसी भी मामले में अन्यायपूर्ण तरीके से काम करके मोटे लालची लोगों को पूरी तरह से अपने अधीन कर लेते हैं। कुछ लालची लोग शर्म या डर के कारण परिषद में नहीं जाते हैं। यदि वे वहाँ नहीं गए हैं तो गाँव के पुरुष अगले दिन उन्हें घेर लेंगे, और अगर वे नहीं मानते हैं तो गाँव के पुरुष अगले दिन उनके घर पर भीड़ में जुटेंगे और अगर उन्हें उनके अन्याय का सबूत मिलता है, तो वे उन्हें दंडित करेंगे, उन्हें पीछे हटाने के लिए। शिकार पर वे बहुत सही न्याय करते हैं। वे किसी भी अन्याय को मंजूर नहीं होने देते। गाँव में मुखिया या परगना हमें डराता और धमकाता है लेकिन 'जले जंगल' में वे हमें चुप कराने की ताकत नहीं रखते। तब वे कायर कुत्ते दुम दबाकर भाग जाते हैं। इस कारण से हम गरीब लोगों को जले हुए जंगल[1] के फैसले पर बहुत भरोसा है।

लगातार फैसले करना, डांगर नाच करना, वन गीत गाना और बाँसुरी बजाना वे भोर तक जारी रखते हैं। फिर वे अपना सुबह का खाना बनाते हैं और खाते हैं। इसके बाद शिकार-पुजारी शेष जल-स्त्रोतों पर बलि चढ़ाते हैं। अब वे दूसरे जंगल में प्रवेश करते हैं और शिकार की ओर लौटते हैं। दोपहर में या दोपहर के बीच में, वे शिकार करना खत्म करते हैं और विदा होते हैं। इसके साथ ही जब वे अपने विभिन्न गाँवों को जाते रहते हैं तो शिकार करते जाते हैं।

पूर्व में वे पाँच दिनों तक शिकार करते थे। लेकिन अब एक दिन। जब इतना बड़ा जंगल नहीं है तो क्या किया जा सकता है? पूर्व में जब शिकारी किसी भी गाँव की गली में घुसते और गुजरते थे, गाँव की लड़कियाँ उनके पैर धोती थीं, और शिकारी इन लड़कियों को चम्पा के फूल[2] देते थे और वे एक-दूसरे को नमस्कार करते थे। वहाँ गाँव के लोग शिकारियों को खाने और पीने के लिए महुए का आटा और पानी देते थे। आजकल हमारा यह रिवाज बन्द हो गया है।

जब शिकारी घर आते हैं, तो सम्बन्धित घर के लोग उनके पैर धोते हैं और वे एक-दूसरे को प्रणाम करते हैं क्योंकि वे वापस आ गए हैं। वे कहते हैं : "महिलाओं के लिए खतरा बच्चे के जन्म पर है, पुरुषों के लिए खतरा शिकार और पीछा करने के दौरान है, यदि आप इससे गुजर जाते हैं, तो आप उम्र देखेंगे।" उनके पैर धोने के बाद वे उन्हें खाना देते हैं। वे खाते हैं। इसके बाद शिकारी वहाँ जाते हैं जहाँ पानी होता है। जब वे एक साथ जमा होते हैं तो वे मारे गए जानवरों को काटते हैं और गाते हैं।

---

1. शिकार परिषद को 'जला हुआ जंगल' कहा जाता है। हर साल अप्रैल की शुरुआत में सन्ताल झाड़-झंखाड़ और विशेष रूप से जमीन पर पड़े सभी मृत पत्तों में आग लगा देते हैं।
2. एक छोटी झाड़ी, ओचना स्कार्रोसा या एक बड़ा पेड़, मिशेला चम्पा का।

जो हिरण को मारता है उसे आधा भाग मिलता है। सिर, तिल्ली और जिगर का एक भाग मिलता है। वे गाँव के पुजारी को रीढ़ की हड्डी के दोनों तरफ का और जिगर के एक हिस्से का मांस देते हैं। गाँव के मुखिया के लिए वे एक जाँघ निकालते हैं क्योंकि उसके हिस्से का भाग हत्यारे का होता है, गाँव के मुखिया को इसका ऊपरी भाग मिलता है। उसके सहायक को इसके नीचे का मिलता है और गोड़ैत को पैर का सिरा मिलता है। शिकारी शेष मांस को आपस में समान रूप से विभाजित करते हैं। और जो लोग शिकार करने नहीं गए थे, उन्हें बहुत कम मांस मिलता है। वे इसे घर-घर वितरित करते हैं। इस हिस्से को वे अतिरिक्त हिस्सा कहते हैं। गाँव के पुजारी के पास खरगोश और मोर पाने का कोई अधिकार नहीं है। गाँव के पुजारी को कुछ भी पाने का अधिकार नहीं है। न तो ग्राम प्रधान को अधिकार है और न ही उन्हें कोई अतिरिक्त हिस्सा पाने का कोई अधिकार है। जो लोग जानवरों को ढो के लाते हैं, उन्हें हिरणों और खरगोशों का पेट मिलता है। इसे वे लोग 'पेट ढोनो' कहते हैं। सभी प्रकार की चिड़ियों को ढोनेवालों को गले का हिस्सा मिलता है।

गाँव का पुजारी मांस को एक सूखे पत्ते में रखकर लपेटता है और उसे भूनता है और उसे परगना हड़ाम, मांझी हड़ाम, और मारंग बुरु को प्रदान करता है और बाद में खाता है।

गाँव के मुखिया को एक शिकार के इनाम के रूप में साढ़े पाँच सेर चावल मिलते हैं। शिकारी सिर के मांस का कीमा बनाते हैं और खाते हैं। इसके बाद वे अपने हिस्से के साथ अपने-अपने घरों में आ जाते हैं। निशानेबाज के आधे हिस्से और गाँव के मुखिया के हिस्से को साथ ले जाया जाता है। मुखिया के हिस्से को उसके घर में लाया जाता है। किसी जानवर को मारनेवाले व्यक्ति का सही हिस्सा उसके घर में लाया जाता है। मारनेवाले की बहनों और बेटियों को उनका भाग मिलता है। हालाँकि वे वहाँ से दूर रह रहे हों, मारनेवाले इसे उनके पास ले जाता है और उसे वहीं छोड़ देता है, और वे उसे हड़िया और भोजन कराते हैं और वे इसे एक महान सम्मान के रूप में देखते हैं।

गीत लिखना

दन्त-कथाएँ उन्होंने विभिन्न अवसरों पर धीरे-धीरे बनाई हैं। जो भी उन्होंने देखा है उसे उन्होंने लिखा है। यदि एक व्यक्ति अचानक बोलता है और इसे उजागर करता है, दूसरे सोचते हैं वह अच्छी है और उचित है; दूसरे लोग भी वही बोलते हैं और इस प्रकार यह फैल जाती है। आजकल परियों की कहानियाँ और लोक-कथाएँ नहीं बनतीं। केवल प्राचीन कथाएँ ही प्रचलन में हैं। हमारे पास केवल पुरानी पहेलियाँ ही हैं। नकल करके कोई नहीं सीख पाता। यदि प्राकृतिक कौशल हो तभी लोग सीख पाते हैं। पुरुषों ने रिंज, मतवर, और विवाह के गीत बनाए हैं।

महिलाओं ने अधिकतर वन के गीत, सोहराई गीत, लागर गीत, और डोन गीत बनाए हैं। वन के गीत अधिकतर तलाकशुदा महिलाओं ने बनाए हैं। वे लड़कियों को अपनी शिष्या बनाती हैं; वे इस गीत को सब्जियाँ और पत्ते लाते समय गाती हैं। युवक उन्हीं से इन गीतों को सीखते हैं। वन गीतों में केवल कुछ ही अच्छे हैं। दूसरे शर्मिन्दगी भरे हैं। इसलिए वे इन्हें गाँव में और घर में नहीं गातीं और यदि वे गाते हैं तो लोग उन्हें धमकाते हैं। वृद्ध विवाहित महिलाएँ वन गीत नहीं गातीं। लेकिन आडम्बर प्रिय महिलाएँ इस प्रकार के गीत लड़कियों के साथ मिलकर गाती हैं। इन्हें गाने से अच्छे लोगों का दिमाग खराब हो जाता है और वे भटक जाते हैं। इन्हें याद करके लड़कियाँ और युवक भी अपने काम की उपेक्षा कर देते हैं। इस प्रकार के लोग एक साथ मिलकर नहीं रह सकते। उनके तलाक हो जाते हैं।

अपराध और दंड

परिषद

हमारे पास तीन प्रकार की परिषदें हैं : गाँव, या मुखिया परिषद, बाहरी परिषद और शिकार, या गाँव के लोगों की परिषद। ग्राम सभा में ग्राम प्रधान अध्यक्ष होता है। बाहर की परिषद में परगना अध्यक्ष होता है, और शिकार परिषद में शिकार-पुजारी अध्यक्ष होता है। मुखिया की परिषद में गाँव के पाँच आदमी निर्णय में मुखिया की सहायता करते हैं। परगना की परिषद में परगना के अन्तर्गत आनेवाले ग्राम प्रधान और पड़ोस के गाँव के लोग निर्णय देने में उसकी सहायता करते हैं। शिकार परिषद में सभी ग्रामीण निर्णय देने में शिकार-पुजारी की सहायता करते हैं। मुखिया गाँव के ऊपर होता है। परगना कई गाँवों से ऊपर होता है। कुछ भी नियत नहीं होता है। उनके पास गाँवों की समान संख्या नहीं है, कुछ के पास बहुत से हैं, दूसरों के पास गाँवों की संख्या बहुत कम है। हमारे पास देस मांझी होते हैं। वे परगना के सहायक होते हैं। वे ग्राम प्रधान के फैसले के खिलाफ परगना में पुनरावेदन कर सकते हैं। 'जले हुए जंगल' में गाँव के लोगों के सामने परगना के फैसले को चुनौती दी जा सकती है; गाँव के लोगों इस फैसले के खिलाफ कोई पुनरावेदन नहीं है।

एक परगना का प्रथागत क्रम निम्न अनुसार है : प्रथा के तहत हर एक गाँव से उसे हर साल एक रुपया, आधा-सेर घी, और भारतीय मकई के अस्सी भुट्टे प्राप्त होते हैं। देस मांझी को आठ आना पाव घी, और चालीस भुट्टे हर साल एक ही गाँव से मिलते हैं। जब परगना के अन्तर्गत आनेवाले गाँव के मुखिया उसे अपने अनुलाभ देते हैं, तो वह उन्हें दावत देता है और देस मांझी भी ऐसा ही करता है। आजकल कुछ गाँव के मुखिया परगना को रुपया नहीं देते, न ही परगना गाँव के प्रधानों को कोई दावत देते हैं, जो भुगतान करते हैं। जबसे सन्ताल देश में यूरोपियन लोग आए तो उन्होंने यह सब कुछ नहीं होने दिया। जबसे वे दिखाई देने लगे हैं तो परगना और गाँव के मुखिया पूरी तरह से लालची होने लगे हैं। जो भी उन्हें पैसे देने में सक्षम होते हैं, वे उसके पक्ष में फैसला करते हैं।

वे सार्वजनिक अदालतों में इस तरह के लोगों की मदद करते हैं और वे गरीब लोगों की तरफ ध्यान नहीं देते हैं, जिनके पास पैसा नहीं है वे उन्हें फटकारते हैं और उन्हें मारते हैं और बिना कारण के उनके मामले को खारिज कर दिया जाता है।

देहात के लोग भी अच्छे नहीं हैं। वे ग्राम प्रधान को सूचित नहीं करते हैं। वे परगना और गाँव के लोगों से शिकायत नहीं करते हैं। जब पति-पत्नी के बीच झगड़ा होता है तो वे मनहूस मूर्खों को यूरोपीय न्यायाधीशों के सामने ले आते हैं। शर्म की बात है! धोखेबाज भारतीय अधिवक्ता उनके पैसे खाते हैं। वे एक-दूसरे को जेल में डाल देते हैं। उनकी आपसी नफरत उनके अन्दर आग की तरह सुलगती रहती है। यह वही है, जो उन्होंने पूर्वजों के प्रथागत निर्णयों को स्थानान्तरित करके प्राप्त किया है। उन्हें महान अपराधों को अदालतों में ले जाने दें लेकिन जो हमने पुराने जमाने में खुद निपटाया है, वे ऐसे मामलों को अदालतों में क्यों ले जाते हैं।

गवाह

प्राचीन काल से हम सन्ताल गलत बयान नहीं देते थे। हम वही कहते हैं जो हमने अपनी आँखों से दुश्मनों और भाई-बहनों में देखा था। यूरोपीय लोगों के आने के बाद, कुछ सन्तालों को फाँसी की सजा दी गई, क्योंकि उन्होंने सच बोला था। उनके अपराध के कोई गवाह नहीं थे। अगर उन्होंने झूठ बोला होता और इससे इनकार किया होता, तो वे आजाद हो गए होते। अपनी परिषदों में हम गवाहों को एक-एक करके नहीं लाते थे। हम एक बार में सभी गवाहों को सामने लाते हैं। वे झूठ नहीं बोलते थे। आजकल उन्होंने दिकू लोगों से छल सीखा है और उनकी तरह वे एक दोने हड़िया के लिए अपनी आत्मा और सम्मान बेचते हैं। न्यायाधीश हमारी भाषा नहीं जानते हैं। वे असत्य को सत्य से अलग नहीं कर सकते। वे केवल धोखेबाज भारतीयों के शब्दों से भटक जाते हैं, इसलिए हमें न्याय नहीं मिलता है। उन्हें अदालतों में शपथ ग्रहण का कोई डर नहीं होता। अगर वे उन्हें उनके पूर्वजों की कसम दिलाते तो फिर वे अपने जीवन के लिए डरते और वे निश्चित रूप से झूठ नहीं बोलते। कुछ ही न्यायाधीशों ने हमारी भाषा में शपथ दिलाई है जो कि किसी दिकू द्वारा बनाई गई है। लेकिन हम इस शपथ पर केवल हँसते हैं क्योंकि जो बोला जाता है उसका अभिप्राय, शपथ दिलानेवाले पर होता है। वे उन्हें इस तरह शपथ दिलाते हैं : "यदि 'मैं' झूठ बोलता हूँ तो बाघ की आत्मा 'तुम्हें' खा जाएगी।" गवाह इसे दोहराता है : "सच बोलो, यदि 'मैं' झूठ बोलता हूँ तो एक बाघ 'तुम्हें' खा जाएगा।" एक गवाह को इससे डर क्यों होगा?

विभिन्न प्रकार के अपराध

बड़े अपराधों में निम्नलिखित शामिल हैं : बच्चों का अपहरण करना और उनकी बलि देना, किसी व्यक्ति की लापरवाही से किसी व्यक्ति को मारना, उसकी पत्नी को छीनना, किसी महिला का बलात्कार करना, किसी महिला को जबरन सिन्दूर लगाना। इसके लिए हम मौत की सजा देते थे। अपहरणकर्ता बच्चों को चोरी करते हैं या सड़क पर एक व्यक्ति को पकड़ते हैं और उनका बलि दे देते हैं। यदि वे मौके पर पकड़े जाते हैं तो उन्हें बिना किसी सुनवाई के मार दिया जाता था और इस मामले में कोई पुनरावेदन नहीं सुना जाता था। जब किसी ने अनजाने में शिकार के दौरान किसी की हत्या कर दी, तो लोग फैसला सुनाते थे और बदले में वे उसे उसी स्थान पर खड़ा कर देते हैं। मारे गए व्यक्ति का रिश्तेदार एक तीर चलाएगा यदि वह उसे मारने में सफल होता है, तो ठीक है, और अगर वह असफल है, तो वह व्यक्ति छूट जाता था। और यदि कोई आदमी किसी जानवर के बीच से होकर जानेवाले तीर से मारा जाए, तो ऐसे में अपराधी व्यक्ति को वहाँ खड़ा करते थे और उसके सामने एक जानवर को खड़ा करते थे और उस पर तीर चलाते थे, यदि इस घटना में वह आदमी मर जाता था तो ठीक है, नहीं तो उसे आजाद कर देते थे।

यदि एक आदमी किसी की पत्नी को भगा ले जाता था तो जिसकी पत्नी होती थी वह दोनों को उसी समय मार सकता है; वे जहाँ भी मिलें। यदि वे नहीं मिलते हैं तो उन दोनों की तलाश की जाती थी और उन्हें जंगल में एक हिरण की तरह मार दिया जाता था। उसके रिश्तेदार खोजने में सहायता करते थे लेकिन वह स्वयं उनकी हत्या करेगा। आजकल वे मारते नहीं लेकिन भगानेवाले को अपना सिर बचाने के लिए पाँच रुपये का जुर्माना भरना पड़ता है।

जो लोग किसी महिला का बलात्कार कर देते थे उनका भी वही परिणाम होता था। लेकिन आजकल उन्हें केवल पाँच रुपये जुर्माना किया जाता है। अधिकतर वे उन्हें बीस रुपये का जुर्माना लगाते हैं। यदि कोई आदमी किसी औरत की माँग में जबरदस्ती सिन्दूर लगाता है तो वे उसका दायाँ हाथ काट देते थे और उसकी आँखें निकाल देते थे; और अलग से भी जुर्माना लगाया जाता था। आजकल उन्हें केवल पाँच रुपये जुर्माना भरना पड़ता है। हम बिना किसी वजह से किसी की हत्या नहीं करते थे।

जहाँ तक चुड़ैलों का सम्बन्ध है, हम उनका अपमान करके उन्हें गाँव से भगा देते थे। हम उन्हें कभी-कभार ही मारते थे। आजकल भी वे उन महिलाओं को गाँव से भगा देते हैं और कई बार वे उन्हें मार भी देते हैं।

लेकिन यह सही नहीं है, क्योंकि पुराने जमाने के पूर्वज इस तरह से काम नहीं करते थे। यदि वे दुर्घटनापूर्वक मारे भी जाते हैं तो हमारे पूर्वज उन्हें हत्यारा नहीं कहते थे; इसलिए वे उन लोगों को दंड नहीं देते थे जिन्होंने किसी की पीटकर हत्या की हो।

सम्बन्धियों के बीच में या अलग जातियों के बीच अनैतिक सम्भोग के लिए हमारी सजा जाति और समुदाय से बाहर करनी थी और यह आज भी है। आजकल यह भी कम हो रही है। कई लोग बड़ी आसानी से ऐसा करते हैं। लोग उन्हें कुछ नहीं कहते।

पूर्व में सन्ताल चोरी नहीं करते थे। लेकिन आजकल वे दिकू से ऐसा करना सीख गए हैं। पुराने समय में केवल एक ही प्रकार के चोर होते थे, और वे थे भेड़ और बकरियाँ चुरानेवाले। जब इस प्रकार पशु कहीं पर खो जाते थे तो पूरे गाँव के सभी लोग जानवर मिल जाने पर उन्हें मार कर खा जाते थे, गाँव का मुखिया दोगुना हिस्सा लेता था। यदि चोरी साबित हो जाती है, तो इसके बदले वे एक ताजा जानवर देंगे और प्रत्येक को चार-पाँच आना दंड लगेगा। आजकल वे सभी को न्यायालय ले जाते हैं।

गर्भपात प्राचीन समय में भी करवाया जाता था। वे गर्भपात उस समय करवाते थे जब अनैतिक रूप से गर्भधारण हो जाता था। यदि यह साबित हो जाता था तो हम दवा देनेवाले और इलाज करानेवाले दोनों को, दस रुपया प्रत्येक को, जुर्माना लगाते थे। आजकल हम ऐसे अपराधों को न्यायालय में ले जाते हैं। यदि वे बिना किसी कारण के किसी को बदनाम करते हैं तो उन्हें बदनामी को हटाने के लिए पाँच रुपये का जुर्माना भरना पड़ता है और पाँच सिक्के गाँव की पंचायत को देने पड़ते हैं। गुदा मैथुन केवल शराबी लोग ही करते थे। पूर्व में हम इस प्रकार के लोगों को पीटते थे और दस रुपये का जुर्माना लगाते थे। आजकल किसे पता है कि वे उसे न्यायालय में ले जाएँगे या नहीं? इसके अलावा कुछ ऐसे अपराध भी हैं जिन्हें सार्वजनिक रूप से बताया नहीं जा सकता।

यदि कोई किसी की हानि कर देता है तो हम उससे उसकी कीमत भरवाते हैं या अनुमानित मुआवजा लेते हैं और हम उन पर जुर्माना भी करते हैं। हम उन दोनों पर जुर्माना करते हैं जो एक-दूसरे को मारते हैं, जब दोनों कसूरवार होते हैं; अन्यथा एक को दंड मिलता है। यदि बैल या गाय आपस में एक-दूसरे को मार देते हैं तो हम उसे पकड़ते हैं जो इसका कारण बना है। और यदि कोई आदमी पीटकर या हल में जोतकर बैल को मार देता है तो हम उससे उसकी कीमत लेते हैं। यदि कोई झूठी शिकायत करता है या कोई झूठा दावा करता है तो हम उसे दंड देते हैं। जो लोग बिना किसी कारण के दूसरों की चुगली करते हैं हम उन पर भी जुर्माना लगाते हैं।

एक लड़की जो किसी पवित्र पेड़ पर चढ़ने का अपराध कर देती है या एक आदमी के घर के अन्दर पवित्र स्थान में घुस जाती है, उसे एक जानवर की बलि देनी पड़ती है।

यदि सीमाओं के सम्बन्ध में कोई विवाद हो जाता है तो परगना और पड़ोसी गाँव के मुखिया एक साथ आते हैं और मामले को निपटाते हैं। जब धान के खेत के सम्बन्ध में विवाद होता है तो गाँव का मुखिया और गाँव की परिषद मामले का निपटारा करती है। वे दोषी पर जुर्माना लगाते हैं। ये दो प्रकार की आपसी चोरियाँ पूरे देश में फैली हुई हैं जो दिकुओं की देन हैं; अन्यथा पहले हमारे बीच कोई विवाद नहीं होते थे। आजकल दिकू भी हमारे गाँवों को छीनते हैं। वे हमारी सीमाओं पर कब्जा करते हैं और हमारे खेतों को छीनते हैं। लोग कहते हैं : "दिकू सूई की भाँति घुसते हैं और वे हल की तरह फूल जाते हैं।" उनके कारण हम भी एक-दूसरे को लूटते हैं और एक-दूसरे से झगड़ा करते हैं। वे जहाँ भी होते हैं वहाँ शान्ति नहीं होती। न्यायालय में झूठा प्रमाण देकर वे हमसे सब कुछ छीन लेते हैं और न्यायाधीश हमारी भाषा को नहीं समझते; इसलिए हमें भविष्य में कहीं और जाना पड़ेगा। यदि दिकू सन्तालों के बीच नहीं रह रहे होते तो हम सन्तालों के लिए यह अच्छा होता।

धर्म और पूजा

ठाकुर

प्राचीन युग में हमारे पास बोंगा नहीं थे। हमारे भटकने के दौरान हमने उन्हें पा लिया है। हमें अपने रास्ते पर सूर्य देवता भी मिले। प्राचीन पूर्वज केवल ठाकुर की पूजा कर रहे थे। फिर बोंगा मिल गये, हम धीरे-धीरे ठाकुर को भूल गए। केवल नाम बचा है। वर्तमान युग के लोग नाम भी भूल गए हैं। हम केवल जिन्होंने पूर्वजों की कहानी सीखी है और कुछ बूढ़े लोग उनका नाम याद करते हैं। वर्तमान युग में सन्तालों का कहना है कि सिङ बोंगा सम्भवतः ठाकुर है। इसलिए जब पूजा करते हैं, तो वे सूर्य की ओर देखते हैं और इसे अपना ठाकुर कहते हैं। लेकिन हमारे पूर्वजों ने हमारे गुरुओं को सौंपा है, कि ठाकुर अलग हैं। वह मानव आँखों से नहीं दिखता है लेकिन वह खुद सब देखता है। उन्होंने स्वयं पृथ्वी और स्वर्ग, मनुष्य, पशु, पक्षी और पंखोंवाले जीव, कीड़े, साँप और सरीसृप, मछलियों और केकड़ों, पेड़ों और पौधों, धान और चावल, बाजरे और मकई को बनाया है, सभी और सब कुछ; और वह सभी का समर्थन करता है, छोटे और बड़े, वह हम सभी को खिलाता है। वह है जो हमें यहाँ लाया है, वह है जो हमें दूर ले जाएगा। बोंगा और पहाड़ की आत्मा या इनसान के कहने से न हम जन्म लेते हैं न हम मरते हैं। ठाकुर ने हमें माप रखा है और जब तक यह समाप्त नहीं हो जाता है तब तक कोई भी हमें दूर करने में सक्षम नहीं है। जब हम यहाँ रह रहे हैं, उसी तरह जब हम दूसरी दुनिया में जाते हैं तो उनके आदेश से अच्छा या बुरा हो जाएगा।

सूर्य बोंगा अच्छा बोंगा है। वह सुबह लाता है, वह शाम लाता है; वह हमें गर्म धूप देता है, वह हमें बारिश देता है। इसलिए धार्मिक टिप्पणियों के समय हम उनसे अनुरोध करते हैं। वह पुरुष है और चन्द्रमा उसकी पत्नी है तथा सितारे उनके बच्चे हैं। पूर्वजों ने बताया है कि इन दोनों, पति और पत्नी, के कई बच्चे हैं। बेटे अपने पिता के साथ रहे, और बेटियाँ अपनी माँ के साथ। सूरज की तपिश और दिन के तारों के कारण ऐसा महसूस किया गया था जैसे पृथ्वी जल रही हो। चन्द्रमा ने तब सूरज से कहा : "हम अपने बच्चों को खाएँगे; अन्यथा मानवता नष्ट हो जाएगी।"

पति ने फिर कहा : "आप अपनी बेटियों को पहले खाओ, अगर मनुष्य को कोई राहत नहीं मिलती है, तो मैं भी खाऊँगा।"

तब चन्द्रमा ने अपनी सभी बेटियों को एक विशाल टोकरी में ढक दिया। उसके बाद वह बूढ़े आदमी के पास गई और उससे कहा : "मैंने अपने सभी बेटियों को खा लिया है, यह कैसा है! गर्म किरणें समाप्त नहीं हो रही हैं। केवल अगर आप अपने बेटों को भी खाते हैं, तो केवल इनसान ही बचेंगे।" इस तरह बूढ़ी पत्नी ने बूढ़े आदमी को मूर्ख बना दिया। मूर्ख बूढ़े व्यक्ति ने उस महिला का अनुपालन किया, जो उसने कहा; और वास्तव में अपने सभी बेटों को खा गया। यह रात हो गई; हे महान माता! उन्होंने उन्हें देखा, उनके सभी लोग (बेटियाँ) वहाँ हैं। तब वह क्रोधित हो गया और अपनी तलवार लेकर उसका पीछा किया और बुढ़िया के पास पहुँचा और उसे काट दिया। हो सकता है उसने उसका पूरा अन्त कर दिया हो। लेकिन जब बुढ़िया ने उसे दो बेटियाँ दीं, तो उसने उसे थोड़ा ठंडा किया।

अब भी वह उसका पीछा करता रहता है। जब वह उसकी चालाकी को याद करता है तो वह उसे काटता है, महीने-दर-महीने। जब बूढ़े व्यक्ति की आत्मा शान्त हो जाती है तो चन्द्रमा को कुछ दिनों के लिए थोड़ी राहत मिलती है। दो बेटियों के नाम, भूरका[1] और सन्ध्या सितारा हैं।

वर्तमान युग के अधिकांश लोग गलत तरीके से सिङ बोंगा को ठाकुर कहते हैं। जिस तरह वे उनकी पूजा करते हैं, उसी तरह वे सभी बोंगाओं को अपना ठाकुर कहते हैं। वे उन्हें यह कहते हुए आह्वान करते हैं : "नमस्कार, हे प्रभु! मेरे पिता, ठाकुर! इस तरह वे सम्मान दे रहे हैं इस आशा में कि वे उन्हें खुशी के साथ मदद कर सकें। असल में ये ठाकुर नहीं हैं। वे केवल बोंगा हैं।"

बोंगा

बोंगाओं के बीच सूर्य बोंगा हमारा महान बोंगा है। उसके बाद जोम सिङ बोंगा आता है। उनके बाद मारंग बुरु (उनका असली नाम लिटा) है। उसके बाद जाहेर एरा (पवित्र पेड़ की महिला, उसका असली नाम राम सालगी है), उसके बाद मोरेको टर्निको, उसके बाद पाँच (हम निश्चित रूप से छह की पूजा करते हैं, लेकिन हम उनके लिए बलि नहीं देते हैं)। इसके बाद गोसाईं एरा (सैरणता), उसके बाद परगना हड़ाम, उसके बाद मांझी हड़ाम बोंगा, उसके बाद (ओरक) घर का बोंगा, और उसके बाद अबे बोंगा। इनके अलावा, ओझाओं के पास अलग-अलग बोंगा हैं। अमीर बनने की इच्छा रखनेवाले व्यक्ति धन बोंगा[2] की उपासना करते हैं।

---

1. सुबह का सितारा, शुक्र।
2. किसर बोंगा।

इनमें सरहद के बोंगा, नदियों में खोदे गए पानी के छिद्रों के बोंगा, जलाशय के बोंगा, पेड़ों की जड़ों और तनों के बोंगा, वन बोंगा, पर्वत बोंगा आदि शामिल हैं।

आबगे बोंगा कई हैं। अलग-अलग गोत्र के अलग-अलग बोंगा हैं। इसी तरह घर के बोंगा का भी हैं। एक ही गोत्र के बोंगा समान नहीं हैं। इसी तरह से अलग-अलग गोत्र में भी एक समान बोंगा हो सकते हैं। वे आबगे बोंगा और घर बोंगा का नाम अन्य लोगों को नहीं बताते हैं और वे इसे अपनी महिलाओं को भी नहीं बताते हैं।

जब एक बूढ़ा मर रहा होता है, तो वह अपने बड़े बेटे को कान में नाम बताता है। प्राचीन काल से हम गुरु सभी गोत्रों के आबगे बोंगा और घर बोंगाओं के नाम जानते हैं। कुछ हासंदा गोत्रों का आबगे बोंगा धरा सोर या धरा सांडा (नी हासंदा गोत्र का) है, और काटकोम कुद्रा है और उनका घर बोंगा बसपहर और देसाली है। किस्कू गोत्र का आबगे बोंगा आब कैम्पा डांगर है और उनका घर बोंगा सोस है। हेम्ब्रम गोत्र का आबगे गार्सिंका और लीला कैंडी है और उनका घर बोंगा गुरिया है। मांझी गोत्र का आबगे बोंगा धनघरा और उनका घर बोंगा गुरिया है। मुर्मू गोत्र का आबगे बोंगा कुदरा कन्दी, बहता, दुजिर कुदरा और गोसाईं एरा है और उनका घर बोंगा बटपहर है। सोरेन गोत्र का आबगे बोंगा अकराली है और उनका घर बोंगा गुरिया और सर कैंडी है। टुडू गोत्र का आबगे बोंगा धनघरा है और उनका घर बोंगा थुंटा तुर्सा है। बासके गोत्र का आबगे बोंगा देशवाली है और उनका घर बोंगा बटपहर है। बेसरा गोत्र का आबगे बोंगा कैम्पा डांगर है और उनका घर बोंगा सोस है। पौरिया गोत्र और कोर गोत्र के आबगे बोंगा के नामों को भूल गया हूँ।

जोम सिङ बोंगा भी अलग है। कुछ लोग अपना जोम सिङ बोंगा पँवार, कुछ अनहर, बोरांगी, सेवानी, बरन बारन कहते हैं और कुछ अन्य लोग इसे बाड़ा अहान कहते हैं। ओझाओं के बोंगा सिङबनी, मारंग बुरु, कामरू गुरु, सिद्ध गुरु, गंडो गुरु, लोहबोर गुरु, बुआन गुरु, जीतू गुरु आदि और गुरु हैं जिनसे ओझाओं ने सीखा है। एक धन बोंगा का नाम कल कोरा है। धन बोंगा, लोग बताते हैं, अन्य लोगों से चोरी करते हैं और इसे अपने मालिक के पास लाते हैं। और फिर धन बोंगा एक-दूसरे को लूटते हैं, यह बताया जाता है, और उनमें से एक का मालिक जो लाभ उठाता है, उसे बहुत धन मिलता है। लोग बताते हैं, धन बोंगा लोगों द्वारा खदेड़ दिया गया है। एक दिन एक धन बोंगा एक आदमी के खलियान से गोफन में धान ले जा रहा था। बस तभी धान का मालिक आया और उसे एक चोर समझ कर उसने उस पर कुछ फेंक दिया, जिससे एक खड़खड़ाहट की आवाज हुई। उसने बोंगा का उसके मालिक के घर तक पीछा किया। बोंगा जल्दी से अन्दर घुस गया और चारों ओर पवित्र कोठरी में दौड़ने लगा, जिससे एक तेज आवाज हो रही थी। उसने सभी मिट्टी के बरतनों और चीजों को टुकड़े-टुकड़े कर दिया।

जो आदमी उसका पीछा कर रहा था उसने घर के मालिक को बुलाया और उसने उससे कहा : "यह तुम्हारा चोरी करनेवाला बोंगा है। मैंने उसका पीछा किया और वह तुम्हारे घर के अन्दर ले गया। कौन जानता है कि कितने समय से वह मेरी चीजों को यहाँ ला रहा है। इसलिए मेरे लिए कुछ भी पक्का नहीं हो रहा है।" उस समय से, जब भी यह आदमी इन लोगों के घर आता था, तो बोंगा हर तरफ और पवित्र कोठरी में भयभीत होकर भागता था, जिससे एक तेज आवाज निकलती थी। इसलिए घर के मालिक ने उस आदमी से आग्रह किया : "हमारे पास मत आओ। तुम्हारे भय से बोंगा हर उस चीज को तोड़ रहा है जो हमारे पास है।"

जोम सिङ बोंगा शुरू में नहीं थे। जोम सिङ उत्सव में वे केवल सूर्य बोंगा को भेंट चढ़ाते थे। यह बताया जाता है कि उन्होंने अपने आबगे बोंगा के लिए एक बलि दी थी। जब वे खाना खा चुके थे और घर जा रहे थे, तो वे एक युद्ध-कुल्हाड़ी भूल गए। जब उन्हें अपने रास्ते में यह याद आया, तो उनमें से एक इसे वापस लाने के लिए दौड़ा। इस आदमी के सामने जोम सिङ बोंगा प्रकट हुआ। वह वहीं बिखरा पड़ा हुआ खा रहा था। जब वह भोजन कर रहा था, बोंगा खुद से बात कर रहा था : "ओह! अब मैंने पहली बार प्रसन्नता महसूस की है।" फिर उस आदमी को देखकर वह गायब हो गया। वह आदमी युद्ध-कुल्हाड़ी लेकर आया लेकिन उसने उन्हें उस बोंगा के बारे में नहीं बताया जो स्वयं प्रकट हुआ था। इसके बाद उन सभी को बुखार आ गया, जिससे वे मरणावस्था में चले गए। तब उनके लिए कुछ भविष्यवाणी हुई। ओझाओं ने उनसे कहा : "कुछ बोंगा या अन्य अपने-आपको प्रकट कर रहे हैं।" फिर युद्ध-कुल्हाड़ी लानेवाले व्यक्ति को यह याद आया कि उसके साथ क्या हुआ था, यह कहते हुए : "वास्तव में मैंने उसे देखा था जब मैं भूली हुई युद्ध-कुल्हाड़ी ला रहा था। मैंने उसे यह कहते हुए सुना : 'अब मैंने पहली बार प्रसन्नता महसूस की है!'" इसलिए उन्होंने बोंगा अहान को बुलाया। ओझाओं ने उससे कहा : "यह बोंगा कहता है : मुझे जोम सिङ त्योहार पर भेंट चढ़ाओ।" उसी समय से सन्ताल उनकी पूजा करते हैं।

पूजा एवं पर्व

बुआई मुर्गा, वर्ष की सबसे पहली भेंट होती है।[1] आषाढ़ के महीने में (जून के मध्य से जुलाई के मध्य तक) हम बुआई और बीज बोने के नाम पर बुआई मुर्गा खाते हैं। हर घर से एक-एक मुर्गा देना होता है। गाँव का पुजारी इन्हें पवित्र उपवन में अर्पित करता है। वह मारंग बुरु, जाहेर एरा, मोरेको, गोसाईं एरा, परगना और मांझी हड़ाम के लिए एक-एक मुर्गा भेंट करता है। वह आसपास की सीमा के

1. बुआई मुर्गे, धान बोने के सम्बन्ध में बलि किये हुए पक्षी।

बोंगा को एक काले रंग का मुर्गा प्रदान करता है। शेष मुर्गे वह साथ के गाँव के बोंगा को अर्पण करता है। अगर वहाँ मुर्गे बचे हैं तो वे उन्हें मारते और उन्हें एक साथ अर्पण नहीं करते हैं, उन्हें अलग-अलग अर्पण करते हैं। वे एक आह्वान करते हैं : "अब अभिवादन स्वीकार करो, पिता! मेरे ठाकुर! जाहेर एरा (या मारंग बुरु, और इसी तरह), यहाँ बुवाई के नाम पर यह आपको दिया जाता है। हम एक स्थान पर, बारह स्थानों पर बो सकते हैं। ये उगें और उन्हें पानी मिले, और बारिश का मौसम हो! इस गाँव में गर्मी में बारिश हो! रोग और बीमारी, पेट दर्द या सिरदर्द का प्रवेश न हो!"

गाँव के पुजारी द्वारा बलि देने के बाद वे उन्हें चावल के साथ पकाते हैं और शोरबा-कीमा बनाते हैं। गाँव के सभी पुरुष इसे खाते हैं। जाहेर एरा और मोरेको के लिए गाँव का पुजारी अकेला खाता है। अगले दिन या उसके बाद के दिन हर घर में इसका प्रसाद वितरण होता है। वे आबगे बोंगा, घर बोंगा, पूर्वजों और मारंग बुरु के लिए बलिदान करते हैं। वे जुलाई से अगस्त के मध्य तक हरे मुर्गे को चावल के साथ पकाने का काम पूरा करते हैं ताकि धान हरा हो जाए। इस अवसर पर गाँव के बोंगा के लिए बलि दी जाती है।

इरी और गुंडली के पहले फलों की भेंट भादों (अगस्त के मध्य से सितम्बर के मध्य तक) में चढ़ाई जाती है। तब गाँव का पुजारी नहाता है और ऐसी ऊँची भूमि पर जाता है जहाँ फसलें पहले पक चुकी होती हैं और जो कुछ भी काटने लायक होती है, वह उन्हें पवित्र कुंड में ले जाता है और गाय के गोबर से स्थानों को साफ करने के बाद, वह इनमें पवित्र पेड़ के बोंगा को भेंट चढ़ाता है। वे पहले जाहेर एरा को भेंट चढ़ाते हैं, उसके बाद मोरेको के लिए, उसके बाद मारंग बुरु को, उसके बाद गोसाईं एरा को और अन्त में परगना को भेंट चढ़ाई जाती है। इसके बाद वे दूध चढ़ाते हैं और वह एक आह्वान करते हैं। इसके बाद वह गाँव में जाता है, और इसी तरह से मांझी-स्थान पर वह मांझी हड़ाम का आह्वान करता है और उसे एक भेंट चढ़ाता है बचा हुआ, गाँव का पुजारी अपने साथ ले जाता है।

वे अगहर (नवम्बर के मध्य से दिसम्बर के मध्य तक) निचली भूमि के धान की पहली फसल अर्पण करते हैं। इस समय गाँव के लोग सूअर या भेड़ खरीदते हैं। वे इसे जन्थर के लिए बलि का जानवर कहते हैं। नजदीकी गाँव के पुजारी इसे पवित्र पेड़ के परगना को अर्पण करते हैं। सीमान्त पुजारी को बलिदान के लिए जो आवश्यक है वह अर्पण करना होगा। उसे कीमा पकाने के लिए चावल उपलब्ध कराना होता है। जब बलिदान किया जाता है तो पुरुष अकेले इसे खाते हैं। वे आह्वान करते हैं। गाँव के पुजारी धान की पहली फसल अर्पण करते हैं, जैसा कि उन्होंने ईरी और गुंडली को किया था। गाँव के लोग हर घर में धान की पहली फसल भी अर्पण करते हैं।

सोहराई एक महान त्योहार है। यह पौष के माह में मनाया जाता है (दिसम्बर के मध्य से जनवरी के मध्य तक), जब हम धान को निकाल चुके होते हैं। जब हमें नई फसल मिलती है तो हम अपने बोंगा को भी अर्पण करते हैं। हम अपने रिश्तेदारों का ध्यान भी रखते हैं, जब हमारे पास भोजन और हड़िया होती है। हम बड़ों, छोटों, गरीब विधवाओं आदि को भी दावत देते हैं।

ग्राम प्रधान गाँव के लोगों को इकट्ठा करता है और एक परिषद का आयोजन करता है। फिर वे सोहराई के लिए समय तय करते हैं। गाँव के मुखिया अब गोड़ैत को एक आदेश देते हैं : "हड़िया का योगदान इकट्ठा करो और इसे हर घर में बताओ कि उन्होंने हड़िया बनाई है। 'अमुक' दिनों के बाद हम सोहराई के लिए स्नान करेंगे।" हर घर में अब वे हड़िया बनाते हैं। वे अपने सम्बन्धित रिश्तेदारों को इसमें आमंत्रित करते हैं। निश्चित दिन पर बहनें और बेटियाँ, बहनों के बच्चे और पुरुष रिश्तेदार आते हैं। गाँव के पुजारी उन्हें संयम से बन्धन में बाँधते हैं, और इस रात वह खुद धार्मिक संयम का पालन करते हैं। वह एक चटाई पर जमीन पर लेट जाते हैं। जब भोर हो जाती है, तो गोड़ैत हर घर से नमक और हल्दी के साथ एक मुर्गा और आधा सेर चावल साथ ले जाता है। स्नान करने के बाद गाँव के पुजारी की पत्नी आती है और पुजारी को भोजन खिलाती है। दोपहर को गाँव का पुजारी बलि देने के लिए पानी के किनारे पर जाता है। गोड़ैत पुजारी के साथ गाँव से एकत्र किये गए मुर्गों को अपने साथ ले जाता है। गाँव के पुरुषों का एक जोड़ा साथ जाता है।

स्नान करने और पानी के पास से आने के बाद, गाँव का पुजारी उत्तर और दक्षिण की दिशा में, गाय के गोबर से एक लम्बे स्थान को ढकता हुआ एक जादू का चबूतरा बनाता है। जादू के इस वर्ग के साथ वह कई जगहों पर छोटी मुट्ठी-भर चावल डालता है इसके बाद वह चावल के छोटे ढेर के पास सिन्दूर के निशान बनाता है, प्रत्येक ढेर पर तीन निशान। इसके बाद वह पहले दिन लानेवाले मुर्गों में से धब्बेदार मुर्गे पर पानी छिड़कता है, उसके सिर पर सिन्दूर लगाता है, उसके पंख और पैरों पर भी सिन्दूर लगाता है। इसके बाद वह चावल के छोटे ढेर में एक अंडा डालता है, इसे सिन्दूर से चिह्नित करता है और मुर्गे को चावल में से खाने देता है और एक आह्वान करता है : "तब तक अभिवादन (स्वीकार) करो, जाहेर एरा, पिता मेरे ठाकुर! सोहराई के नाम पर यह तुम्हें दिया जाता है, जो तुम्हें खुशी और आनन्द के साथ तुम्हें सौंप दिया जाता है। आप इसे स्वीकार करें! हम अनुभवहीन लड़कियाँ हैं, अनुभवहीन लड़के हैं, हम नहीं जानते और पहचानते हैं। गाय के गोबर से सफाई की है। हम गलतियाँ कर सकते हैं।"

उसके बाद वह मुर्गा बलिदान करता है। उसी तरह वह सभी बोंगाओं के लिए बलिदान करता है। चावल के साथ मुर्गे को पकाने और कीमा बनाने के बाद, गाँव के सभी पुरुष उसे खाते हैं; और वे एकत्रित की गई हड़िया पीते हैं।

गाँव के सभी लोग फिर एक-दूसरे से पूछते हैं : "अच्छा, यह कैसा है? शायद हमारे बीच कुछ लोगों को बुखार है या वे बीमार हैं? अगर ऐसा है तो हमें एक-दूसरे को बताना चाहिए।" गाँव के लोग फिर जवाब देते हैं : "हम आपकी कृपा से ठीक हैं।" गाँव के मुखिया कहते हैं : "ठाकुर की कृपा से हम सभी को वही मिलेगा जो अच्छा है। जैसा कि हम देखते हैं, हम सोहराई त्योहार लाए हैं, महान बड़ी बहन आ गई है! पाँच दिनों और पाँच रातों के लिए नृत्य करें और, भाई और बहन आनन्द लें! कोई विवाद, कोई झगड़ा, कोई लोभ न हो। यदि कोई लोभ और लालच है, तो अच्छी तरह से देखें। आप सब्जियाँ ले सकते हैं, लेकिन उसे नहीं जो खम्बे पर चढ़ी हुई और न ही जो सिकुड़ गई हैं, या जो खराब हैं।" वे गाते हैं[1] :

किसने इस धरती को बनाया है?
किसने मवेशियों को बनाया है?
किसने इन मवेशियों को बनाया है?

ठाकुर ने इस दुनिया को बनाया है।
ठाकुर ने इन मवेशियों को बनाया है।

त्रिमूर्ति ने ग्वाले कानु को बनाया है।
पूर्व की तरफ वे, गायों को ले जाते हैं।
पूर्व की तरफ वे गायों को ले जाते हैं!

युवा, तुमने कहाँ पर अपनी कमर से बँधी बाँसुरी खो दी?
युवा, तुमने कहाँ पर मवेशियों को खो दिया है?
युवा, तुमने कहाँ पर मवेशियों को खो दिया है?

मेरी बाँसुरी रास्ते में खो गई।
मन्दिर में मेरे मवेशी खो गए।
मन्दिर में मेरे मवेशी खो गए!

इसके बाद वे मवेशी-झुंड के लड़कों को बुलाते हैं : "उनके साथ आओ, साथियो! मवेशियों को ले आओ! हम उन्हें जादू के चबूतरे पर रौंदने देंगे और बाहर निकाल देंगे।" वे फिर जादू के चबूतरे के पास मवेशियों को भगाते हैं। गाँव का पुजारी अब मवेशियों के झुंड के सभी डंडों को माँगता है। वह उन्हें जादू के चबूतरे पर ले जाता है। वह उनकी हर एक लाठी पर सिन्दूर लगाता है। इसके बाद वे जादू चौक के पास से मवेशियों को भगाते हैं।

1. बिहारी भाषा में।

जो भी गाय अंडे को रौंदती हुई निकलती है, वे उस गाय को पकड़ लेते हैं। वे उसके पैरों को धोते हैं। वे उसके सींग का तेल से लेप करते हैं; वे उसके सींगों पर सिन्दूर लगाते हैं। वे इस गाय के झुंड के लड़के को उठा लेते हैं। वे उसे उठाकर किसी एक के कन्धे पर रख देते हैं और उसे गाँव के मुखिया के पास ले जाते हैं। लड़का मुखिया के पास जाता है और उसके बाद वह वहाँ मौजूद सभी बुजुर्गों के सामने प्रणाम करता है।

अब वे घर जाते हैं, ढोल बजाते हैं और नाचते हैं। वे गाँव के पुजारी के घर में प्रवेश करते हैं जो उन्हें हड़िया देता है। इसके बाद जब उन्होंने इसे पी लिया, वे गाँव के मुखिया के घर जाते हैं। वह उन्हें हड़िया देता है। इस समय गाँव का मुखिया जोग मांझी और जोग परनिक से कहता है : "जब तक त्योहार चलता है, तब तक युवा और लड़कियाँ आपके प्रभार में हैं और त्योहार भी आपके प्रभार में है। यदि आप गाँव की गली को सुनसान कर देते हैं, तो हम आप दोनों को जुर्माना लगाएँगे।" इसके बाद वे अलग हो जाते हैं। वे अपने-अपने घरों में खाना खाते हैं और हड़िया पीते हैं।

सन्ध्या हो गई है। बुजुर्ग पुरुष और महिलाएँ बिस्तर पर जाते हैं, और युवा पुरुष मवेशियों को आशीर्वाद देते हैं। गौशाला के दरवाजे पर खड़े होकर वे नाचते हुए ढोल बजाते हैं और गाते हैं :

गायें सिरीबाँधा जंगल में चली गई हैं,
भैंसें गंगा के दूसरी ओर चर रही हैं।

चरने के बाद गाय घर आती है,
भैंस चरने के बाद आधी रात को घर आती है।

किस भैंस के सींग पर तेल और सिन्दूर लगाना है?
उसकी पीठ पर कहाँ पर घास और धान फैलाया जाए?

इस तरह वे हर घर में बाँसुरी बजाते हैं; ढोल बजाते हैं और गाने गाते हैं। वे गाँव की गली में चिल्लाते हैं। वे अभद्रता से चिल्लाते हैं। हालाँकि गाँव के हर घर में ये सुनाई देता हैं, लेकिन वे इसे अनसुना कर देते हैं।

इसके बाद लड़कियाँ मवेशियों का चुमावन करती हैं। वे गाँव के मुखिया से शुरू करती हैं। वे अपने साथ धूप में सूखे चावल और धान, दूब और जलता हुआ दीया लाती हैं। वे एक प्रार्थना करती हैं : "इसे लो, लाल वालो! आपके द्वारा हजारों लाल पैदा हों! आपके निर्देश से, इसके बाद मवेशियों का बाड़ा भर जाए। इसे पूरा भर दो! आप कमाएँ, आप उत्पन्न करें, घर के पीछे, इसके छज्जों पर। छज्जे का पानी इस पर गिरे, मशरूम उगें!"

साथ ही जब वे इसकी प्रार्थना करती हैं तो वे दूब घास और धूप में सूखे धान और चावल को गौशाला में बिखेरती हैं। वे गाती हैं :

हाथ में धूप में सूखे हुए चावल लेकर,
पान सुपारी को व्यवस्थित करके,
आओ! 'अमुक' देवी, सही समय पर
हमारी गायों को आशीर्वाद देने!

कई बार आशीर्वाद देने से अधिक
दो बार आशीर्वाद देना अच्छा है।
यह केवल बड़े बैल पर होना चाहिए।

बैल तुम किसलिए चिन्ता कर रहे हो?
मैं तुम्हें अपना बेटा दूँगी।
बहुत बढ़िया पान सुपारी।

धीरे से वह जाएगा, धीरे से वह जाएगा!
युवा बैल!
उसके बाद मैं सिन्दूर लगाऊँगी।

इस प्रकार से लड़कियाँ घर-घर जाकर यह आयोजन करती हैं। गाँव में वे दूसरी तरह से गाते हैं :

कबूतर हमेशा उड़ता रहता है,
कौआ अपनी टाँगों को फैलाकर खाता है,
मुखिया के घर का युवा नौकर
कल बाहर जाएगा,
मुखिया के घर की नौकरानी,
दिन में बाद में बाहर आएगी।

जिन लोगों के घर में भैंस होती है वे अलग तरह से गाते हैं :

ये गायें किसकी हैं? गाय सफेद चमक रही हैं।
ये किसकी भैंस हैं? भैंस काली और भूरी हैं।

'अमुक' की गायें, सफेद चमक रही हैं।
'अमुक' की भैंस काली और भूरी हैं।

भैंस की टाँग मोटी और भारी है,
हरे कबूतर की टाँग नीचे तक पंखों से ढकी है।

ये सिंगौर जंगल में गई थीं,
वे मैंगोर जंगल में गई थीं।

क्या तुम, 'अमुक', उन्हें वापस मोड़ दोगे,
क्या तुम, 'अमुक' उन्हें वापस मोड़ दोगे?

सिंगौर वन में माँ बाघिन है,
मैंगौर वन में युवा तेन्दुआ है।

वे आवाज करती हुई चरती हैं।
नमकीन मिट्टी को तुम तुरन्त साफ कर दोगे!

युवक मवेशियों को आशीर्वाद देने का काम समाप्त करते हैं और लड़कियाँ भी अपना काम खत्म करती हैं। इसके बाद वे सभी गाँव की गलियों में घूमते हुए गाते हैं। वे ढोल बजाते हैं और बाँसुरी बजाते हैं। युवक यह करते हैं और लड़कियाँ भी बजाती और नाचती हैं। वे मिलकर शोर करते हैं।

सुबह युवा फिर से मवेशियों को आशीर्वाद देते हैं और लड़कियाँ भी अपना काम खत्म करती हैं। युवा यह गीत गाते हैं :

मुर्गा बाँग दे चुका है,
सुबह हो चुकी है,
उठ जाओ, मेरे पुत्र! मवेशियों को चरने के लिए ले जाओ।
उठ जाओ, मेरे पुत्र! मवेशियों को चरने के लिए ले जाओ।

नहीं, पिता जी! मुझे न जगाओ,
नहीं, पिता जी! मुझे जगाओ।
नींद, मुझे बुला रही है,
नींद मुझे, बुला रही है,

अपने हाथ में उसने छड़ी पकड़ी,
अपने पैरों में उसने खड़ाऊँ पहन रखे हैं,
और वह मवेशियों को चराने निकला है।

लड़कियाँ गाती हैं जब वे मवेशियों की आरती करती हैं :

मुर्गा बाँग दे चुका है,
सुबह हो रही है।
मेरे बेटे! उठो!
मवेशियों को चराने ले जाओ।

नहीं, माँ! मुझे मत उठाओ,
नहीं माँ, मुझे मत जगाओ!
मुझे नींद आ रही है।

वह अपने हाथ में छड़ी लेता है,
अपने पैरों में वह खड़ाऊँ पहनता है,
वह 'अमुक' लोगों के साथ जाता है,
मवेशियों को घुमाने के लिए।

माँ! सोने की छड़ी,
मवेशियों को मोड़ेगी।
चाँदी की बाँसुरी, माँ!
बाँसुरी वह बजाएगा।

जब वे आरती उतारने की रस्म कर चुके होते हैं तो मवेशियों के झुंड को बाहर चरने दिया जाता है। लड़कियाँ नाचना बन्द करती हैं और अपने-अपने काम करने लगती हैं। और युवक मुखिया के घर के बाहर नाचते हैं। और वे यह गीत गाते हैं :

आओ, बच्चो!
हम मछली पकड़ने जाएँगे।
मछली को, काँटा लगा है!
मछली को काँटा लगा है।
हम, कीचड़ को छोड़कर जाएँगे,
हम कीचड़ को छोड़कर जाएँगे।

कुछ कहते हैं, बूढ़ा मर गया है,
कुछ कहते हैं, वह जिन्दा है
उसे धीरे-धीरे सम्मोहित करो,
उस पर लाल मिट्टी रगड़ो।

बूढ़ा आदमी अस्थिर है,
बूढ़ा आदमी अस्थिर है।

महिलाएँ अपना अलग काम करती हैं। वे मैदान को गाय के गोबर से लीपती हैं, आटा बनाती हैं, नाचना समाप्त होने के बाद युवा मस्ती करने के लिए भिक्षा माँगते हैं। एक बार जब वे गाँव की गली के एक छोर से दूसरे छोर तक झाड़-झंखाड़ की बाड़ को पीटते हैं और जब वे गोड़ैत के घर पहुँचते हैं, तो वे गोड़ैत को बन्द कर देते हैं, गाँव की गली का दरवाजा बन्द कर देते हैं। फिर गोड़ैत उन्हें हड़िया भरा एक मिट्टी का बरतन देता है तब वे उसके लिए (द्वार) खोलते हैं। इसके बाद वे गाँव की गली के अन्तिम छोर तक पिटाई करते रहते हैं। वहाँ अन्त में, वे पुआल के विभिन्न 'नर्तक' बनाते हैं; जब वे ये तैयार कर लेते हैं तो वे उन्हें ग्राम प्रधान के घर ले जाते हैं। यहाँ वे उन्हें नृत्य कराते हैं और मुखिया उन्हें चावल देते हैं। इस तरह वे घर-घर जाकर भिक्षा माँगते हैं।

जब वे भिक्षा माँग लेते हैं, तो वे जोग मांझी के घर में सारा भिक्षा का सामान दे देते हैं। अब सभी लोग उनके साथ (बैल का) जुआ, युद्ध-कुल्हाड़ी और चाकू लेकर स्नान करने चले जाते हैं। स्नान करके वापस आ जाते हैं। इसके बाद वे हर घर में मुर्गे और सूअर की बलि देते हैं। वे उन्हें मारंग बुरु और घर बोंगा के लिए बलिदान करते हैं। पूर्वजों के लिए उन्हें बलि दी जाती है। आटे के साथ वे जादू चबूतरा बनाते हैं, प्रत्येक दो के बीच में वे चावल का एक छोटा सा ढेर लगाते हैं और वे सिन्दूर के पाँच निशान बनाते हैं; और जिस जानवर की बलि दी जाती है, वे उसके सिर, कन्धे और खुरों पर पानी छिड़कते हैं और उस पर सिन्दूर लगाते हैं। तत्पश्चात वे इसे जादू के चबूतरे पर चावल खिलाने देते हैं और वे आह्वान करते हैं : "मारंग बुरु! पिता मेरे ठाकुर! सोहराई के नाम पर, मैं तुम्हें प्रसाद दे रहा हूँ, बलिदान के इस महापाप से आप प्रसन्न हो, खुशी के साथ आप इसे प्राप्त करते हैं, इसे स्वीकार करते हैं, आप इसे पसन्द करते हैं, इसे महान मानते हैं, पूर्व में पुराने पूर्वजों ने तुझे रेशमी कपड़े दिये, इन लाल महिलाओं की पोशाक में हम अनुभवहीन लड़कियाँ हैं, अनुभवहीन लड़के हैं, हम नहीं जानते, पहचानते नहीं, लिपाई में, गाय के गोबर के साथ सफाई में, पालन में, धार्मिक संयम में, कुछ को भुला दिया गया हो सकता है, उदासीनता से किया गया, तुम इसे सहन कर सकते हो, तुम यह सब भुगत सकते हो, मेरे पिता ठाकुर!" इसके बाद वे आगे के कार्यक्रम करते हैं लेकिन ये मैंने पूर्व में उद्धृत किया है। वे घर बोंगा के लिए एक ही तरह का आह्वान करते हैं। और एक छोटी पत्ती की थाल में चावल पर मुर्गे को खिलाते हैं, जो चावल नीचे गिर गया, उन्हें पूर्वजों को भेंट करते हैं, और वे मारंग बुरु और पूर्वजों के लिए एक परिवाद के रूप में जमीन पर हड़िया डालते हैं।

यज्ञ समाप्त होने के बाद वे चावल और शोरबा तैयार करते हैं। वे पूर्वजों को दिये जानेवाले जानवरों के मांस को अलग से पकाते हैं। यह वे उनके लिए चावल के साथ फेंक देते हैं। उस समय वे निम्नलिखित आह्वान करते हैं : "अब अभिवादन (स्वीकार) करें, सफेद बालोंवाला, पिता, मेरा ठाकुर! सोहराई के नाम पर मैं तुझे दे रहा हूँ, तुझे सड़ा हुआ भोजन, सड़े हुए पके हुए चावल सौंप रहा हूँ, इसी के साथ प्रसन्न होना, सहमत होना! बड़ी नदी के दूसरी तरफ, धारा के दूसरी तरफ, रिश्तेदारों, हमारे स्वयं के लोगों, बेटियों, बहनों को हमने आमंत्रित किया है; हमने सूचित किया है, जो बचता है, जो तुम्हारे द्वारा छोड़ा जाता है, वे खाएँगे, उनके मुँह में डालेंगे। पेट दर्द न होने दो, सिरदर्द न हो, मेरे पिता ठाकुर!" वे कुछ और लम्बे आह्वान करते हैं। इसके बाद वे सभी खाते-पीते हैं। वे गाते हैं :

छोटे-छोटे मुर्गे और सूअर,
आपके सम्बन्धी बहुत से हैं;
मैं चावल पकाऊँगा, शोरबा पकाऊँगा,
जहाँ तक मेरे पिता का सम्बन्ध है, मैं अवश्य ही उन्हें नहीं परोसूँगा।

जब वे खा चुके होते हैं, तो वे मवेशी के बाड़े के दरवाजे पर गीले आटे के साथ एटनक के पत्तों को रँगते हैं, जो सुन्दर लग सकता है और मवेशी बाड़े में वे आटा-पानी और सिन्दूर छिड़कते हैं। शादीशुदा पुरुष और महिलाएँ घर-घर जाकर हड़िया पीते हैं और गाना गाते हैं और युवक-युवतियाँ पूरी रात गाँव की गलियों में नाचते-गाते हैं। जब विवाहित पुरुष और महिलाएँ हड़िया पीने के लिए दूसरे घर जाते हैं, तो वे जाते हुए गाते हैं :

इस साल, पिता! मेरे कपड़े पाड़दार बनाना,
अगले साल, पिता! मेरे कपड़े सफेद और लाल पट्टियोंवाले बनाना।
झरिया पती गाँव का मुखिया आ रहा है।

जिस घर में वे जाते हैं, उस घर के लोग यह गाते हैं :

कृपया बैठो,
कृपया बैठो!
भोजन और पेय, मेरे साथी! हमारे पास नहीं हैं,
एक-दूसरे से मिलना और देखना, मेरे साथी! मोहक शिष्टाचार है।

उसने बुरा मौसम दिया है, मेरे साथी!
उसने अच्छे मौसम दिये थे,
बीज और बीज-अनाज, मेरे साथी, हमें नहीं मिला!
मेरे सभी बच्चे बेहद गरीब हो गए हैं।

अगले दिन सुबह, वे गाँव के मुखिया के घर पर नगाड़े बजाते हैं, ताकि लोग एक साथ आ सकें। गाँव के प्रमुख पुरुष इकट्ठे होते हैं। जब वे एकत्रित हुए तो ग्राम प्रधान ने उनसे पूछा : "कैसे हैं, क्या हम ठीक हैं या नहीं?" वे उसका उत्तर देते हैं : "पिता मुखिया! हम ठीक हैं; जब यह सब ठीक है, तो हमें यह क्यों कहना चाहिए कि यह बुरा है?" मुखिया उन्हें प्रतिबन्ध के बिना हड़िया देता है। जब वे हड़िया पी रहे होते हैं, मुखिया उनसे पूछता है : "अच्छा, हम बैल को खम्बे से बाँधेंगे या नहीं?" वे उसे खुश करते हैं : "हाँ, पिता! यदि आप इसे आदेश देते हैं, तो हम उन्हें खम्बे पर बाँध देंगे।" मुखिया फिर जोग मांझी और जोग परनिक से कहता है : "गाँव के लोग आएँगे, तुम दो घड़ी रुको और उनका हमारे लिए स्वागत करो।" वे वहाँ से उठकर चले जाते हैं। वहाँ जोग मांझी गाँव के नौजवानों से कहता है : "खम्बों के लिए खोदो।"

खम्बों के लिए गड्ढे खोदना वास्तव में एक प्रथागत कर्तव्य है। गाँव की गली में मुखिया और उनके सहायक, जोग मांझी, जोग परनिक और गोड़ैत के घरों के बाहर, इन पाँच घरों के बाहर जोग मांझी गड्ढे खोदते हैं। दूसरे गाँव के लोग स्वयं अपने-अपने घरों के बाहर गाँव की गली में खम्बों के लिए गड्ढे खोदते हैं और इन खम्बों से बैल को बाँधने के लिए जमीन में स्थित पदों को ठीक करते हैं। जिन नौजवानों ने उल्लिखित पाँच घरों के बाहर गाँव की गली में जमीन में खुदे गड्ढों में चौकी लगाना शुरू किया, वे बैलों को बाँधने के लिए रस्सियों की व्यवस्था करते हैं। जोग मांझी युवकों को भोजन और हड़िया देते हैं। जोग मांझी उन्हें आदेश देता है कि वे हड़िया बाहर निकालें। वे ऐसा करते हैं। इसके बाद वे कुछ समय के लिए स्वतंत्र हैं।

जब दोपहर का समय होता है तो मवेशियों के झुंड लाए जाते हैं। वे उन्हें अपने सम्बन्धित खलियान में ले जाते हैं। पशुपालक उन पर तेल लगाते हैं। घर की एक महिला, मुखिया की पत्नी या कोई अन्य महिला, मवेशियों को चरानेवाले लड़के के पैरों को गौशाला के दरवाजे पर धोती है और उसे तेल लगाती है। वह उसे घर के अन्दर ले जाती है और उसे पीठा और पके हुए चावल देती है। ऐसा वे हर घर में करते हैं।

इसके अलावा जोग मांझी गाँव के नौजवानों से कहते हैं : "मवेशियों को आशीर्वाद दो और मुखिया के घर शुरू करके हर घर में पुआल के पूले बाँधो।" और वे हर घर में मवेशियों को आशीर्वाद देते हैं, और एक आदमी उनके साथ जाता है और पुआल के गट्ठर बाँधता है। इसके बाद वे गाँव से, दोस्तों का सत्कार करने के लिए हर घर से एक हड़िया, एक छोटा बरतन बाहर निकालते हैं। इसके बाद वे बैलों को खम्बों से बाँधने के लिए बाहर ले जाते हैं। गाँव के लोग भी साथ आते हैं। गाँव के मुखिया के घर पर जवान पहले बैलगाड़ियों को बाँधते हैं।

जब उन्होंने बैलगाड़ियों को खम्बों से बाँध दिया, तो वे उन्हें एक साथ लगाने के लिए चाबुक मारते हैं। वे उनके लिए ढोल पीटते हैं, उनके लिए बाँसुरी बजाते हैं, तीन बार वे पूरे गाँव की गली में ऊपर-नीचे होकर उन्हें चाबुक मारते हैं। इसके बाद वे मुखिया के घर पर रुकते हैं और इकट्ठा होते हैं, और वहाँ भी गाँव के लोग एक साथ आते हैं। वे सभी अपनी-अपनी बैलगाड़ियों को खोल देते हैं।

गाँव के मुखिया के घर में वे बिस्तर पर बैठने के लिए लकड़ी के तख्ते गाँवों के आगन्तुकों के सामने रखते हैं। जोग मांझी गाँव के नवयुवकों से कहता है : "कृपया, आगन्तुकों को हड़िया दें! प्रत्येक को दो दोने दें और खाने के लिए चूड़ा दें।" फिर वे गाते हैं :

ढोल की आवाज सुनकर
आप आए, भाइयो!
सोने की चारपाइयों पर बैठो,
हमारे पास कुछ नहीं है,
भाइयो, हम खुश हैं!

एक दोना तम्बाकू,
पहले इसे पीओ, मेरे भाइयो!
यह एक अच्छी रस्म है।
एक दोना पानी पहले पीओ,
भाइयो, बहुत आनन्द आता है!

देहात के लोग उत्तर देते हैं :

एक के बाद दूसरा दोना हड़िया, इसे जानो,
हम पी चुके हैं, भाइयो!
एक दोने के बाद दूसरा दोना हम बधिया बकरे का शोरबा पी चुके हैं।
हमने आपके लिए कोई व्यवस्था नहीं की है,
भाइयो! हम बहुत खुश हैं।

इसके अलावा, गाँव के नौजवान, और आगन्तुकों के बीच के जवान, मुखिया के घर के बाहर गाँव की गली में तलवार-नृत्य करते हैं, और लोग देखते हैं। जब उन्होंने नृत्य करना समाप्त कर लिया, तो आगन्तुक अपने विभिन्न गाँवों में चले जाते हैं, और गाँव के युवा पूरी रात गाँव की गली में घूमते हैं। कुछ युवक और युवतियाँ सामान की व्यवस्था करते हैं। घर के बाद वे तारो[1], बैंगन का फल, फलियाँ और कन्द लेते हैं।

---

1. अरूम कोलोकैसिया।

पुआल-रस्सी के साथ वे दो छोटे गट्ठर बनाते हैं और उनमें से कुछ वे खुद खाने के लिए अलग रखते हैं। एक गट्ठर वे मुखिया के दरवाजे पर और एक गट्ठर परनिक के दरवाजे पर लटका देते हैं। फिर वे गाते हैं :

बाहर आते समय सावधान रहो! श्रीमान मुखिया!
तुम सब्जियों से टकरा सकते हो और खुद को घायल कर सकते हो।

मुखिया महोदय! हमें हमारा बरतन दे दो,
कन्द और फलियों को पकाएँगे और खाएँगे।

मुखिया फिर युवकों के लिए हड़िया का एक मिट्टी का बरतन लाता है। परनिक के घर में भी उन्हें हड़िया का एक मिट्टी का बरतन मिला। युवक और युवतियाँ मुखिया के घर के बाहर गाँव की गली में हड़िया पीते हैं और पूरी रात भोर तक नाचते हैं। जब दिन हो जाता है, जोग मांझी और जोग परनिक युवकों को गली में तय खम्बों के पास ले जाते हैं। इस अवसर पर युवा हर घर से एक अंडा इकट्ठा करते हैं, जो मजेदार होता है। उनमें से एक मरने का नाटक करता है और वे उसे घर में ले जाते हैं, वे उसे झाड़ते और मंत्र पढ़ते हैं :

इससे ऊपर यह खुरचने जैसा लगता है,
इससे नीचे यह सख्त है :
यदि आप झाड़ते हैं, तो इसे प्रभाव में आने दो,
अन्यथा मैं जाऊँगा और हल चलाऊँगा।

वे एक अंडा और एक मुट्ठी चावल लेते हैं। इसके बाद मृतक व्यक्ति जल्दी से जिन्दा होता है। वे हर घर में इस तरह से नाटक करते हैं।

जब वे यह काम खत्म कर चुके होते हैं, तो लड़के और लड़कियाँ और महिलाएँ हर घर में अन्तिम कार्य करते हैं (नाचना और भिक्षा माँगना), और वे गाँव के मुखिया से शुरू करते हैं। गाँव में घुसते हुए वे यह गाते हैं :

जोगी भिक्षा माँगता है,
बारह वर्ष से।
युवा भीख माँगते हैं,
इसी दिन से।
युवा भीख माँगते हैं
इसी दिन से।

वह अधिक नहीं माँग रहा,
वह थोड़ा भी नहीं माँगता,
वह एक सूप धान का माँग रहा है
और एक छोटा सा घड़ा हड़िया का।

इस तरह वे घर-घर जाकर धान, तूअर दाल, नमक और हड़िया प्राप्त करते हैं। नृत्य करते हुए वे गीत गाते हैं, परस्पर एक-दूसरे पर दोषारोपण करते हैं। युवक गाते हैं, कि लड़कियों के हाथ लड़खड़ा रहे हैं, और लड़कियाँ गाती हैं, लड़कों के पैर सूज गए हैं। वे कई तरीकों से एक-दूसरे पर दोषारोपण करते हैं। जब वे हर घर से भिक्षा माँग लेते हैं, तो वे रात में जोग मांझी के प्रभार में सारी चीजें देते हैं। फिर वे आखिरी घर पर नाचते हैं और दाहर और अन्य गाने गाते हैं।

सरसों में, सरसों में वे अपने घोंसले बनाते हैं;
मध्यम आकार के घड़े में वे रस बनाते हैं।
बड़ी टोकरी में वे पुआल के गट्ठर बनाते हैं,
तेज भिनभिनाती हुई आवाज को देखो!

इस घर के लोग उन्हें हड़िया का एक घड़ा, बीस पीठा, पाँच सेर चूड़ा देते हैं। यही वे खाते-पीते हैं। वे इसे रात्रि-जल हड़िया कहते हैं। जब युवक और युवतियों ने नृत्य करना समाप्त कर दिया, तो वे फिर से रात गुजारने के लिए जोग मांझी के घर जाते हैं। जब अगले दिन भोर हो जाती है, तो लड़कियाँ गाय के गोबर से जोग मांझी के घर के आँगन को लीपती हैं, वे पानी खींचती हैं और लाती हैं, और युवक इकट्ठा होते हैं और बैलों के सिर पर रखे पुआल के गट्ठरों को एक साथ लाते हैं। जोग मांझी धान को तोलता है और लड़कियों के बीच बाँटते हैं। वहाँ जोग मांझी युवकों और लड़कियों को अपना दोपहर का भोजन देते हैं। जब वे खा चुके होते हैं तो वह उन्हें अपने घर जाने देता है। अब सोहराई समाप्ति पर है।

जब लड़कियाँ धान का चावल बनाती हैं, तो वे उसे जोग मांझी के पास लाती हैं। वह इससे हड़िया बनाता है। कोई दस दिनों के बाद, वह गाँव के सभी लोगों को अपने घर में इकट्ठा करता है। वह उन्हें यह हड़िया देता है और वह लड़कों और लड़कियों को भोजन देता है। वे इस हड़िया को नौजवानों और लड़कियों की चटियार (सामाजिक सफाई) हड़िया कहते हैं। इस हड़िया (बीयर) के द्वारा नौजवानों और लड़कियों को फिर से समाज में शामिल किया जाता है। उनकी छूट समाप्त हो गई है और गाँव के लोगों के बन्द कान भी खुल गए हैं।

सकरात[1] पौष माह का अन्तिम दिन है। इसके दो दिन पहले, वे एक ग्राम परिषद बुलाते हैं और एक साथ बात करते हैं। वे कहते हैं : "कल हम मछलियों और केकड़ों को पकड़ लेंगे, कल सकरात है।" अगले दिन वे मछली और केकड़े पकड़ते हैं। सकरात के दिन वे हर घर में एक मुर्गा काटते हैं। जब उन्होंने चावल और शोरबा तैयार किया है और स्नान करके लौटे हैं, तो वे चावल और मांस का शोरबा, मछली का शोरबा और केकड़ा या कोई अन्य पकवान खाते हैं। जब सूरज उगता है तो लोग शिकार करने जाते हैं। वे पास के जंगल में शिकार करते हैं। वे साल के पत्ते घर ले आते हैं। वे स्नान करने के लिए जाते हैं। इस बीच महिलाओं ने चूड़ा और पीठा तैयार किया है। पुरुष हर घर में बोंगा को यह भेंट करते हैं। वे इसे पूर्वजों को अर्पित करते हैं, और वे इन्हें और मारंग बुरु को एक परिवाद के रूप में हड़िया देते हैं। इसके बाद वे सकरात के नाम पर आह्वान करते हैं। वे चूड़ा और पीठा खाते हैं। जब वे खा चुके होते हैं, तो जोग मांझी उन्हें एक साथ आने और एक लक्ष्य पर तीर चलाने के लिए आमंत्रित करते हैं। वह एक केले के पेड़ या एक एरंड के पेड़ को काट देता है और उसे साथ ले जाता है। गाँव की गली के अन्त में खुले स्थान में वह उसे जमीन में गाड़ देता है। अब गाँव के पुजारी ने सबसे पहले लक्ष्य पर निशाना साधा। उसके बाद गाँव के सभी आदमी तीर चलाते हैं। जब किसी ने लक्ष्य भेद दिया, तो जोग मांझी जाता है और एक युद्ध-कुल्हाड़ी के साथ लक्ष्य को काट देता है, और जोग मांझी उस व्यक्ति को अपने कन्धे पर उठाकर इकट्ठे हुए लोगों के पास ले जाता है; और वे दोनों ग्राम प्रधान से शुरू करते हुए सभी लोगों को प्रणाम करते हैं।

अब नौजवान तलवार-नृत्य करते हैं और कई तरह का प्रदर्शन करते हैं। जब उन्होंने इस तरह से कार्यक्रम पूरा किया तो वे गाँव लौट जाते हैं। लक्ष्य को जोग मांझी काटता है, और उसे दो आदमी एक जानवर की तरह अपने कन्धों पर ढोकर ग्राम प्रधान के घर में प्रवेश करते हैं। वे इसे शिकार का 'मुखिया का हिस्सा' कहते हैं। गाँव का मुखिया उन्हें हड़िया और चूड़ा देता है। इस समय मुखिया बोलता है : "आप, इतने सारे किरायेदार! आपने घृणित दुश्मन को मार डाला और मुझे बचाया, अन्यथा वह मुझे खा सकता था।"

हड़िया पीने के बाद वे परनिक के घर चले जाते हैं। यहाँ भी उन्हें चूड़ा और हड़िया मिलती है। वहाँ से, एक-दूसरे से आग्रह स्वीकार करते हुए, वे यहाँ और वहाँ की मेहमाननवाजी करते हैं और हड़िया पीते हैं। गाँव के मुखिया के घर के बाहर गाँव की गली में युवक-युवतियाँ नाचते हैं। जब उन्होंने नृत्य करना समाप्त कर लिया, तो वे अपने-अपने घर जाते हैं और लेटकर सो जाते हैं।

---

1. हिन्दी में संक्रान्त या संक्रान्ति।

वे माघ के महीने में (जनवरी के मध्य से फरवरी के मध्य तक) माघ की बलि देते हैं। प्रत्येक घर से वे हड़िया पीने के लिए चावल या बाजरे डेढ़-डेढ़ सेर इकट्ठा करते हैं। गोड़ैत हड़िया तैयार करता है। सोहराई में जादुई चबूतरे पर रौंदने वाली गाय का मालिक भी हड़िया का एक अलग बरतन तैयार करता है। वे हर घर में हड़िया पीते हैं। नियत दिन पर गोड़ैत हर घर से एक मुर्गा और डेढ़ सेर चावल, नमक और हल्दी इकट्ठा करता है। गोड़ैत यह सब, पानी के किनारे उस स्थान पर ले जाता है जहाँ गाँव के पुजारी को प्रसाद चढ़ाना होता है। जिस हड़िया को गोड़ैत ने बनाया है, और गाय के मालिक की दावत की हड़िया भी गोड़ैत उस स्थान पर ले जाता है जहाँ गाँव के पुजारी को भेंट चढ़ानी है। पानी में स्नान करने के बाद, गाँव के पुजारी जादू के चबूतरे तक आते हैं और मुर्गा अर्पण करते हैं। वह उन्हें मोरेको, जाहेर एरा, मारंग बुरु, परगना, गोसाईं एरा, और मांझी हड़ाम और बोंगा को अर्पण करता है। वह अन्य अवसरों की तरह ही मंगलाचरण करता है। जब उन्होंने बलिदान कर लिया, तो वे लोग चावल के साथ शोरबा बनाते हैं; और उन्हें खाते हैं। उन्होंने हड़िया भी पी। कुछ शोरबा कुछ लोगों को प्रथागत अधिकार द्वारा चला जाता है। उसके बाद गाँव के मुखिया और उनके सहायक और गोड़ैत, जोग मांझी, जोग परनिक, गाँव के पुजारी, और बाहरी इलाके के पुजारी, घास काटनेवाले, गाड़ी चलानेवाले, छप्पर ढालनेवाले, पानी निकालने वाले, जलाऊ लकड़ी और पत्तियाँ लानेवाले, रसोइए और हड़िया (बीयर) बनाने वाले को हड़िया दी जाती है। केवल गाँव के पुजारी और बाहरी इलाके के पुजारी को दो-दो हिस्से मिलते हैं।

इस समय वे एक साथ बात करते हैं। गाँव का मुखिया कहता है : "ठीक है, जैसा कि माघ के महीने के अन्त में यहाँ देखा जाता है, चोरों के पास माघ का महीना होता है, किसानों के पास भी माघ का महीना होता है, गाँव के मुखिया और उनके सहायक का भी माघ का महीना होता है। नौकरों और सेविकाओं का भी माघ का महीना होता है, फलस्वरूप हम सभी को माघ का महीना मिला है। यदि आपमें से कोई भी हमारा ग्राम प्रधान बन जाएगा, तो मैं भी माघ के महीने में अपना पद छोड़ दूँगा।" परनिक, जोग मांझी, जोग परनिक, गोड़ैत, गाँव के पुजारी और बाहरी इलाके के पुजारी भी उसी तरह बोलते हैं। वे कहते हैं कि हम भी प्रबन्ध के अन्त तक पहुँच चुके हैं। तब गाँव के जोतदार कहते हैं : "हम अन्त तक पहुँच चुके हैं, हम अपनी पत्नियों (बूढ़ी जगहों)[1] और घरों को छोड़कर सारे खेतों को आपके प्रभार में देते हैं पिता मुखिया! जब तक गर्म मौसम रहता है।" मुखिया जवाब देता है : "जबसे आपने इसे त्याग दिया है, मेरा क्या बन जाएगा? मैं यहाँ हूँ। इसलिए जो लोग जाते हैं, हम उन्हें छोड़कर चले जाएँगे। जो आते हैं, उन्हें हम यहाँ लाएँगे।"[2]

1. पत्नियों।
2. जन्म और मृत्यु।

इसके बाद वे प्रत्येक एक गट्ठर घास और पाँच या छह तख्तों के साथ गाँव में लौटते हैं। गाँव में पहुँचने के बाद वे गाँव के पुजारी के घर पर छप्पर डालने का नाटक करते हैं, और वे उसके स्थान पर हड़िया पीते हैं। इसी तरह वे गाँव के मुखिया, परनिक, जोग मांझी, जोग परनिक, गोड़ेत और बाहरी इलाकों के पुजारी के घरों पर छप्पर डालने का नाटक करते हैं और प्रत्येक स्थान पर हड़िया पीते हैं। इसके बाद वे अपने दोस्तों के साथ एक-दूसरे के घर में हड़िया पीते हैं और युवा नृत्य करते हैं।

पाँच, छह या दस दिन बाद, गाँव का मुखिया गाँव के लोगों को अपने घर बुलाता है। पहले वह उन्हें दो दोने हड़िया देता है। फिर वे उससे पूछते हैं : "यहाँ देखो, यह कौन सी हड़िया है?" वह जवाब देता है : "यह टूटा हुआ चावल है जिसे हमने एकत्र किया था। यह उससे बनी हड़िया है।" वे जवाब देते हैं : "हाँ, यह टूटा हुआ चावल पर्याप्त है। लेकिन सुनो, क्या वे नहीं कहते हैं : 'जब आप चावल और शोरबा तैयार करते हैं, तो यह नमक है जो इसे स्वादिष्ट बनाता है। जब आप हड़िया या शराब देते हैं, तो शब्द होते हैं जो इसे स्वादिष्ट बनाते हैं।' हमें इसका अर्थ नहीं मिल रहा है।" तब गाँव के मुखिया ने उन्हें जवाब दिया : "यह कुछ भी नहीं है, माननीय गाँव के लोगो! जैसा कि आपको याद है, मैंने माघ के महीने में अपना पद छोड़ दिया था। यदि आप गाँव के लोग मुझ पर प्रसन्न हैं तो मैं फिर से रुकूँगा।" वे उसे उत्तर देते हैं : "हाँ, इतने दिनों से हम भी तुम्हारी प्रतीक्षा कर रहे हैं। इसलिए हमने किसी से बात करने की कोशिश नहीं की है। हमने कहा : 'शायद उसका दिमाग पलट जाएगा। एक बूढ़ा राजा, एक बूढ़ा, वह अच्छा है।' हमने आपको अपने मुखिया के रूप में जाना है। हमें इस तरह के एक शानदार पेड़ की छाया कहाँ मिलेगी?" इसके बाद वह उन्हें खूब हड़िया देता है।

उसी तरह, एक दिन बाद, परनिक गाँव के लोगों को एक साथ बुलाता है। उन्हें हड़िया देते हुए, वह उन्हें अपना काम फिर से करने के लिए कहता है। इसके बाद जोग मांझी, जोग परनिक, गोड़ैत, गाँव के पुजारी और बाहरी इलाके के पुजारी दोनों को अलग-अलग हड़िया पिलाते हैं और प्रत्येक अपना काम वापस पाने का नाटक करता है। और उनके बाद हर एक जोतदार गाँव के मुखिया और उसके सहायक और गाँव के लोगों को हड़िया देता है और अपनी जमीन वापस पाने के लिए कहने का नाटक करता है। यह हड़िया पीने के लिए एक बहाना है जो खाली समय बिताने के लिए है।

बाहा (पुष्प पर्व) हमारा एक और महान त्योहार है। यह फाल्गुन (फरवरी के मध्य से मार्च के मध्य तक) के महीने में आता है। यह साल के अन्त में आनेवाला एक त्योहार है। इस समय साल के पेड़ खिलते हैं और महुआ के फूल खिलते हैं। पुष्प पर्व से पहले हम फूल या महुआ फूल से कुछ अलंकृत भी नहीं करते हैं

और साल फूल साथ नहीं लाते हैं तथा हम महुआ भी नहीं खाते हैं। यदि कोई भी इस त्योहार से पहले इन्हें चूसता है या खाता है तो गाँव का पुजारी उनके घर नहीं जाएगा, और जब तक पुष्प पर्व नहीं आ जाता तब तक वह उनके घर में कुछ भी नहीं खाएगा और न ही पीएगा। पुष्प पर्व (बाहा) हमारा धार्मिक त्योहार है, न कि सोहराई की तरह मौज-मस्ती का।

जब नियत दिन आता है तो स्नान करने के दिन, गाँव के नौजवान पवित्र पेड़ में दो छप्पर डालते हैं, एक जाहेर एरा के लिए और मारंग बुरु के लिए और एक गोसाईं एरा के लिए। गाँव के पुजारी ने सभी बोंगा-स्थानों को गाय के गोबर से लीप दिया है। इसके बाद वे स्नान करने जाते हैं। स्नान के बाद युवा छप्पर बनाने वाले गाँव के पुजारी के घर आते हैं, जो उन्हें हड़िया और भोजन देते हैं। जब वे खा चुके होते हैं, तो वे शिकार के लिए एक-दूसरे को बुलाते हैं। जब गाँव का पुजारी भोजन कर लेता है तो वह एक सूप, एक परात, धनुष और बाण, एक युद्ध-कुल्हाड़ी, एक झाड़ू, एक बोंगा कड़ा, एक गले का हार, एक छोटी सी घंटी और एक सींग को धोता है और अपनी चीजों को लाता है। इसके बाद वह जमीन पर मसाले और तेल का छिड़काव करते हुए, और एक नये मिट्टी के पतले बरतन को सिन्दूर से रँगता है और एक धागा बाँधता है। युवा लोग शिकार से लौटते हैं, और तब तक शाम हो जाती है।

उसके बाद गोड़ैत गाँव के पुजारी के पास तीन मुर्गे ले जाता है। इन्हें पुजारी के मुर्गे कहते हैं। जैसे ही शाम ढलती है, वे नगाड़े बजाते हैं और गाँव के पुजारी के घर में बाजा बजाते हैं। जब वे यह सुनते हैं, तो बोंगाग्रस्त लोगों के पास लोग आते हैं और गाँव के लोग भी इकट्ठा होते हैं। वे सभी गाँव के पुजारी के घर में इकट्ठा होते हैं। पुजारी उनकी बलियों को स्वीकार करता है। अभिप्रेरित दैव-ग्रस्त वाले तीन लोग हैं : एक जाहेर एरा, एक मोरेको है और एक मारंग बुरु है। जाहेर एरा गरदन पर हार डालता है, सिर पर परात लेता है और झाड़ू लेता है; मोरेको धनुष और तीर लेता है; और मारंग बुरु अपने कन्धे पर युद्ध-कुल्हाड़ी ले लेता है। इसके बाद वे पवित्र पेड़ के पास जाते हैं और गाँव के नौजवान उनके पीछे-पीछे आते हैं व उनका पीछा करते हैं। जब वे पवित्र पेड़ पर पहुँचते हैं तो जाहेर एरा, बोंगा के स्थानों को साफ करता है, और बाकी दो अन्य लोग देखते हैं। जब वे ऐसा कर चुके होते हैं, तो वे अपने घरों को लौट जाते हैं।

तत्पश्चात गाँव का पुजारी, बोंगाओं से हाथ जोड़कर, उनके सामानों को लौटाने का आग्रह करता है। जब उन्होंने यह सब उसे दिया तो वह उन्हें एक चटाई पर बैठा देता है। जब वे बैठ गए तो वह उनमें से प्रत्येक को एक मुट्ठी चावल देता है ताकि वे समझ सकें कि कैसे मामले हैं। जिस समय वे एक नये गाँव की नींव में बोंगा लाते हैं, उस समय वे जो आह्वान करते हैं, उसी तरह के आह्वान वे अब भी करते हैं।

यह पूछे जाने पर कि मामला क्या है, गाँव का पुजारी उन्हें चावल वापस देने के लिए कहता है और वे सभी बोंगा इसे एक सूप में डाल देते हैं। उसके बाद वह बोंगा से पूछता है : "कृपया, मेरे प्रभु! क्या तुम साथ-साथ गुजरोगे, बरसात के मौसम को देखोगे, जलती हुई बारिश को देखोगे या नहीं?" फिर बोंगा उत्तर देता है : "जैसा कि हम साथ-साथ गुजरेंगे, हम देखेंगे, हम सुनेंगे, किस उद्देश्य के लिए हमें दाईं ओर या बाईं ओर मुड़ना चाहिए?"

उसके बाद गाँव का पुजारी उनके पैर धोता है, पहले जाहेर एरा का, फिर मोरेको का और अन्त में मारंग बुरु का। जब उसने ऐसा कर लिया, तो वह तीनों बोंगा पर बचा हुआ पानी डालता है और इससे उन्हें नहलाता है। जैसे ही उसने ऐसा किया है, वे तीनों चीखते हुए उछल पड़े। पहले जाहेर एरा पैर धोना शुरू कर देता है। वह पहले मोरेको के पैर धोता है, उसके बाद मारंग बुरु, उसके बाद, गाँव के पुजारी और उसकी पत्नी के, गाँव के मुखिया के और उसके सहायक के, नगाड़े बजानेवाले के, बिगुल बजानेवाले के, गीत गानेवाले के और बचे पानी को उनके सिर पर डालता है। वे चीखते हुए बाहर निकलते हैं। गाँव का पुजारी जाहेर एरा को उस बरतन को वापस देने के लिए कहता है जिसमें धुलाई का पानी था और वह उन्हें पहले की तरह चटाई पर बैठा देता है। उसके बाद गाँव का पुजारी, आत्माओं को जाने के लिए प्रेरित करने के लिए उनसे कहते हैं : "कृपया, मेरे प्रभु! अब समय बीत चुका है, देर हो चुकी है, घोड़े, छाते थक गए हैं, कृपया यहाँ से प्रस्थान करें!" वे उनके लिए नगाड़े और बिगुल बजाते हैं। वे आते हैं, और गाँव का पुजारी उनमें से प्रत्येक को हड़िया का एक पीतल का प्याला देता है, और गाँव के लोगों को भी, अर्थात वहाँ गए सभी पुरुषों को, वह हड़िया और भोजन देते हैं। गायकों के लिए वे हड़िया और भोजन अलग देते हैं और वे उन्हें घर भी नहीं जाने देते हैं।

अब वे नाचना शुरू करते हैं, और गायक उनके लिए सबसे पहले गाते हैं :

पीपल के पेड़ पर,
वहाँ, मालिक! लाल सीनेवाली बसन्त गौरी गा रही है।
बड़ की लटकती हुई शाखाओं में
वहाँ मालिक! कठफोड़वा साँस लेता है।

देश मुड़ गया है,
मालिक, लाल सीनेवाली बसन्त गौरी गा रही है!
गाँव बदल गया है
कठफोड़वा साँस लेता है।

यह निश्चित ही बदल गया है।
मालिक! लाल सीनेवाली बसन्त गौरी गा रही है।
यह निश्चित तौर पर वापस बदल गया है
मालिक, कठफोड़वा साँस लेता है।

तुममें से किसने उसकी परवाह की?
मालिक, लाल सीनेवाली बसन्त गौरी गा रही है।
तुममें से कौन उसके लिए चिन्तित था?
मालिक, कठफोड़वा साँस लेता है!

पाँच ने उसकी परवाह की,
मालिक, लाल सीनेवाली बसन्त गौरी गा रही है!
छह उसके लिए चिन्तित थे,
मालिक, कठफोड़वा साँस लेता है।

उसने निश्चित रूप से उसकी परवाह की,
मालिक! लाल सीनेवाली बसन्त गौरी गा रही है।
निश्चित ही वह उसके लिए चिन्तित था,
मालिक! कठफोड़वा साँस लेता है।

रिवाज के अनुसार मैंने रखी है,
मेरे हाथ पर एक अँगूठी है,
रिवाज के अनुसार मैंने पैर में,
पायल पहन कर रखी है।

तुम कहाँ हो, मेरी बड़ी बहन?
तुम्हारे हाथ ही अँगूठी!
तुम कहाँ हो, मेरी बड़ी बहन?
तुम्हारे पैर में पायल?

खोखले हुए गड्ढे के पानी में,
मैंने उसे गिरने दिया,

हे माँ! मेरे हाथ की अँगूठी!
कुंड के पानी में मैंने इसे नीचे,
मेरे पैर की पायल को खिसकने दिया।

क्यों मेरे दोस्त ने उठाई?
मेरे हाथ की अँगूठी,
क्यों मेरे साथी ने उठाई
मेरे पैर की पायल?

उसे देने के लिए कहो,
मेरे हाथ की अँगूठी,
उसे सौंपने के लिए कहो,
मेरे पैर की पायल।

अपने दोस्त के साथ नहीं है,
मेरे हाथ की अँगूठी,
न अपने साथी के साथ है,
मेरे पैर की पायल।

वे पूरी रात नृत्य करते हैं और वे कुछ बहुत सुन्दर गीत गाते हैं। पुष्प पर्व में केवल सुन्दर गीत होते हैं। कुछ भी अशोभनीय नहीं है। गाँव के पुजारी और उनकी पत्नी दोनों धार्मिक संयम का पालन करने के लिए जमीन पर रात गुजारते हैं।

जब दिन होता है, गाँव के पुजारी की पत्नी स्नान करने के बाद आटा पकाती है। और गोड़ैत गाँव से मुर्गे, प्रत्येक घर से एक मुर्गा और एक चुटकी चावल, नमक और हल्दी लाता है। गाँव का पुजारी बलि देने के लिए अपनी आवश्यकता की व्यवस्था करता है। वह एक बड़ी सी और एक छोटी सी सपाट टोकरी लेता है, जिसमें वह धूप में सुखाए हुए चावल डालता है। तेल, सिन्दूर, और मसाले भी इसमें डाले गए हैं। और एक सूप में वह आटा और एक युद्ध-कुल्हाड़ी डालता है। बड़ी सपाट टोकरी में वह एक हार, एक बाजूबन्द और एक झाड़ू की व्यवस्था करता है, और धनुष और तीर, सींग और एक संकीर्ण गरदनवाले घड़े को अविवाहित युवक ले जाता है। संकीर्ण गरदनवाले इस मिट्टी के बरतन को अच्छा शगुन कहा जाता है। अब वे पवित्र घाट पर जाते हैं। गाँव के पुजारी के बाद युवा लड़के और लड़कियाँ नाचते और गाते हैं :

सख्त बरामदा, संयम का बरामदा,
आज गाँव के पुजारी ने बाँस की चटाई पर रात बिताई,
आज रात गाँव का पुजारी फर्श पर एक बाँस की चटाई पर लेट गया।
घर का, घर का,
आलीशान घर का,
रियासत का, रियासत का,
सरसों एक पत्ते के दोने में।

आपमें से कौन इसे आलीशान घर में रखेगा,
आपमें से कौन सरसों को पत्ते के दोने में स्वीकार करेगा?

मोरेको इसे नीचे रखेगा,
आलीशान घर में,
जाहेर एरा इसे स्वीकार करेगा,
सरसों को पत्ते के दोने में।

वे पहले शगुन स्वीकारते हैं,
वन प्रदेश के लिए,
वे इधर-उधर भटकते हैं,
गाँवों में, बस्तियों में।

वह वहाँ है, वह वहाँ है,
एक गाय अपने काले से बछड़े के साथ,
वह वहाँ है, वह वहाँ है,
एक धब्बेदार वन मुर्गी।

गाँव का पुजारी स्नान करने जाता है। जब वह वापस आता है तो वह बोंगा के स्थानों को गाय के गोबर से लीपता है। इस समय पुरुष फिर से दैव-ग्रस्त हो जाते हैं। (अभिप्रेरित) बोंगाओं को अपने अलग-अलग उपकरण मिलते हैं। जब वे उन्हें मिल गए तो वे जंगल में भाग जाते हैं। उनके पीछे युवक दौड़ते हैं। मोरेको बोंगा किसी भी साल वृक्ष पर एक तीर मारता है जिसमें बहुत अच्छे फूल होते हैं, और मारंग बुरु बोंगा इस पेड़ पर चढ़ जाता है और फूलों को तोड़ लेता है और उन्हें नीचे गिरा देता है। जाहेर एरा फूलों की टोकरी में उन्हें इकट्ठा करता है। जब मारंग बुरु पेड़ से नीचे आते हैं, तो वे महुआ के फूलों को उठाते हैं और उन्हें पवित्र घाट पर ले जाते हैं।

तत्पश्चात गाँव का पुजारी, अपनी गरदन पर कपड़ा लपेटे हुए, बोंगा और औजारों को स्वीकार करता है।

अब गाँव का पुजारी छप्पर के नीचे बोंगाओं को चटाई पर बैठाता है, और वह खुद बोंगाओं के सामने बैठ जाता है और मुर्गे की बलि देता है। वह वही आह्वान करता है, केवल 'पुष्प उत्सव के नाम पर' शब्दों को पुजारी सम्मिलित करता है। पवित्र पेड़ के प्रत्येक बोंगा को पुजारी प्रत्येक के स्थान पर एक फूल की कली और एक महुए का फूल चढ़ाता है। उसके बाद वे गाते हैं :

मोरेको पाँच भाई हैं,
तुरूइको छह भाई हैं।

वर्षा की ऋतु में बारिश आती है,
सिता की घाटी में हल्की बारिश आती है।

वे लीपने के लिए क्या प्रयोग करते हैं?
वे बराबर करने के लिए क्या प्रयोग करते हैं?

लीपने के लिए वे दूध का प्रयोग करते हैं,
बराबर करने के लिए वे मलाई का प्रयोग करते हैं।

यहाँ, कृपया, आपका तेल, सिन्दूर है;
यहाँ, कृपया, आपका काजल है, आपका रोडा बार्क।[1]

अपना तेल और अपना सिन्दूर लो,
अपना काजल स्वीकार करो, आपका रोडा बार्क।

उसके बाद गाँव का पुजारी उस बोंगा से कहता है : "कृपया, जो तुम्हारा है उसे देखो, जो तुम्हारा है उसे सुनो।" पुजारी फिर एक तरफ जाता है। बोंगा मुर्गे का टपकता हुआ खून पीता है। पुजारी बोंगा के पैर धोता है। जाहेर एरा बदले में पुजारी के पैर धोता है। इसके बाद वे एक-दूसरे पर पानी छिड़कते हैं। नृत्य करनेवाली लड़कियाँ पुजारी से फूल माँगती हैं।

वे गाती हैं :

हम दोनों अपनी बड़ी बहन से पूछेंगे,
हम दोनों साल के फूलों के लिए मोरेको से पूछेंगे।

---

1. मलोटस फिलिपेंसिस।

लड़कियाँ और लड़के अलग-अलग पुजारी से फूलों को प्राप्त करते हैं और उसके सामने सिर झुकाते हैं। इसके बाद वे नाचते हुए गाते हैं :

जंगली गाय, जंगली गाय बाहर भागती है, अन्दर भागती है;
जंगली गाय बहुत अच्छी है।

गौर गाय, गौर गाय
अन्दर-बाहर भागती है।
गौर गाय बहुत अच्छी है।

युवक और युवतियाँ गाँव में लौट आते हैं, और पूरे रास्ते नाचते हुए गाते चलते हैं।

अन्धी भैंस लड़खड़ाते हुए,
सिंजो नदी में,
सिंजो नदी में, लड़कियाँ,
दो लड़कियाँ, बड़ी नदी में।

पुजारी पवित्र कुंज में धब्बेदार मुर्गे का शोरबा पकाते हैं और कुछ ग्रामीण अन्य मुर्गों का शोरबा पकाते हैं। जब इसे पकाया जाता है तो वे गाँव के पुजारी की पत्नी को पवित्र उपवन में बुलाते हैं। पुजारी और उसकी पत्नी चित्तीदार मुर्गी खाते हैं और जो ग्रामीण वहाँ होते हैं, वे अन्य मुर्गे खाते हैं। ये सभी घर जाते हैं, पवित्र उपवन में केवल गाँव का पुजारी रहता है।

गाँव के लोग अपने घरों से मुर्गे और सूअर देते हैं। उन्हें पकाने के बाद वे खाते हैं और पीते हैं। जब दोपहर होती है तो कुछ लोग पवित्र पेड़ के पास जाते हैं। वहाँ वे ढोल और नगाड़े बजाते हैं। अब गाँव के लोग जानते हैं कि पुजारी आ रहे हैं और वे कहते हैं : "आओ! हम पुजारी से मिलेंगे।" फिर वे पवित्र घाट पर जाते हैं। जब वे वहाँ पहुँच जाते हैं तो पुजारी परात में फूलों की व्यवस्था करता है। वह एक युवक को अपने सिर पर ले जाने देता है, जबकि वह खुद दो या तीन फूल और बगल में सूप उठाता है और हाथ में एक लोटा पानी ले जाता है। संकीर्ण गरदनवाला शगुन पात्र वह अविवाहित युवक को देता है जो उसके साथ कन्धे से कन्धा मिलाकर चलता है। बरतन में पानी है। कुछ अन्य लोगों के साथ बाकी के औजार भी हैं। वे गाँव पहुँचते हैं। इस दौरान गाँव की लड़कियाँ अपने घरों के बाहर गाँव की गली में छोटे-छोटे मिट्टी के बरतन, बैठने के लिए लकड़ी के तख्ते, और छोटे मिट्टी के दोने में तेल, पानी ले जाती हैं। जब पुजारी गाँव में पहुँचता है तो एक लड़की गाँव की गली में, अपने घर के बाहर उनके पैर धोती है, और वह उसे एक फूल देता है। लड़की पुजारी को प्रणाम करती है और वह उस पर पानी डालता है। गाँव की गली में वह हर घर के बाहर ऐसा ही करता है।

इसे पूरा करने के बाद पुजारी अपने घर चला जाता है। वहाँ भी उसे उसी तरह से धोते हैं। जब पुजारी अपने घर में प्रवेश कर रहा होता है तो वह छत पर एक लोटा पानी डालता है, और फिर वह अन्दर चला जाता है। उसके पीछे चलनेवाले लोग भी अन्दर जाते हैं। पुजारी उनमें से प्रत्येक को दो दोने हड़िया देता है।

गाँव की लड़कियाँ और लड़के शोर मचाते हैं। वे एक-दूसरे पर पानी छिड़कते हैं, और बुजुर्ग पुरुष व महिलाएँ भी एक-दूसरे पर पानी छिड़कती हैं। इसके बाद वे पुजारी के दरबार में नृत्य करते हैं। वे गाते हैं :

आँगन में कौन है लड़कियो!
लाल सफेद घोड़ा?
बाहर यह कौन है, लड़कियो!
लाल घोड़ी?

लड़कियो! पुजारी आँगन में है,
लाल सफेद घोड़ा,
लड़कियो! बाहर पुजारी है,
लाल घोड़ी।

इधर-उधर घूमते हुए, इधर-उधर घूमते हुए, लड़कियो!
सफेद लाल घोड़ा है;
झूलती हुई, लड़कियो!
लाल घोड़ी है।

लड़कियों उसे घंटियाँ बाँधो,
लाल सफेद घोड़े पर;
लड़कियो! उससे घुँघरुवाला पट्टा बाँध दो, लड़कियो!
लाल घोड़ी पर।

नाचने वाले नाचते हैं और हड़िया पीने वाले हड़िया पीते हैं। सूर्यास्त तक वे पुजारी के घर में फूल-त्योहार के गीत गाते हुए नाचते हैं; और जब सूरज डूब जाता है, तब वे गाँव के मुखिया के घर के बाहर जाते हैं और गांव की सड़क पर लागरे नृत्य करते हैं। जब वे नाचना पूरा कर लेते हैं, तब वे अपने-अपने घरों में आराम करने और सोने के लिए चले जाते हैं।

अगले दिन सरहद का पुजारी गोड़ैत को अपने साथ लेकर जंगल की ओर चला जाता है। यहाँ वह खून निकालकर परगना बोंगा और अन्य बोंगाओं को अर्पित करता है। सभी चढ़ावे वह इसी तरह अर्पित करता है।

हम हर साल आबगे को चढ़ावा देते हैं, कभी अगहर में (नवम्बर के मध्य से दिसम्बर के मध्य तक), कभी आषाढ़ में (जून के मध्य से जुलाई के मध्य तक) वास्तम में कुछ भी तय नहीं होता। आबगे बोंगा को हम कभी मुर्गियाँ, कभी सूअर, और कभी मेढ़े चढ़ाते हैं। मारंग बुरु और उसके साथ के अन्य लोग, सभी के लिए सामान्य बोंगा हैं, लेकिन आबगे बोंगा हर एक का अलग-अलग होता है। आबगे बोंगा अपने-अपने परिवारों पर नजर रखते हैं, ताकि उन पर कोई बुखार या दर्द, कोई महामारी, कोई जादू-टोना और मौत या कोई आपदा न आए। सन्ताल कहते हैं, बताया जाता है कि अगर डायन औरतें आबगे बोंगा को वश में कर लें, तो परिवार के सदस्यों के बचने की कोई सम्भावना नहीं रहती, वे मर जाएँगे। इसलिए वे अपने आबगे बोंगा को सन्तुष्ट रखने का प्रयास करते हैं। यदि वे संकट के समय उनका मन्नत मानें, तो वे खड़े होकर उन्हें बचाएँगे। जब वे आबगे के लिए बलि चढ़ाते हैं, तो केवल भाई एक-दूसरे को आमंत्रित करते हैं और खाते हैं, इसमें केवल पुरुष शामिल होते हैं, वे महिलाओं को कुछ नहीं देते। खुले मैदान में, दीमक की बाँवी के पास वे आबगे बोंगा के लिए बलिदान करते हैं; आह्वान अलग-अलग ढंग से नहीं किया जाता, सभी बलिदानों में यह एक ही तरह से होता है।

इसके अलावा सरहद के बोंगाओं के लिए भी वे उन स्थानों पर हल चलाते हैं और हर साल बलि चढ़ाते हैं। सरहद के बोंगा बहुत ईर्ष्यालु होते हैं; यदि उन्हें सन्तुष्ट न रखा जाए तो वे भयानक हत्याएँ करते हैं; वे एक क्षण में साँप प्रकट कर देते हैं; वे आपको बाघों का शिकार बनने पर मजबूर कर देते हैं, या वे अचानक बीमारी पैदा कर देते हैं; इसलिए हम उनसे बहुत डरते हैं, और उनके लिए बलि चढ़ाने में तत्पर रहते हैं। हम उन्हें हर साल दो बार, चावल की रोपाई और कटाई के समय मुर्गी चढ़ाते हैं। जब हम उन्हें बलि चढ़ाते हैं, तो कोई जादुई वर्ग का सिन्दूर नहीं होता, न ही कोई धार्मिक परहेज किया जाता है, केवल आह्वान के कुछ शब्द होते हैं। हम उनसे कहते हैं : "फिर सावधान रहें, अमुक बोंगा, यहाँ देखो, मैं तुम्हें फसल कटाई (या रोपनी) के नाम पर सौंप रहा हूँ; अचानक कोई भय न हो, अचानक कोई चिन्ता न हो। स्त्रियों को छोड़कर सभी बलि खाते हैं।" लोगों के अनुसार, बताया जाता है कि अगर परिवार से सिर्फ आप ही बलि खाएँगे या कुछ भी घर ले जाएँगे तो सरहद का बोंगा घर में घुसकर घर के पूरे परिवार को खत्म कर देगा।

ये हमारे वास्तविक वार्षिक त्योहार और बलिदान हैं। अघार महीने के आखिरी दिन हम एक प्रकार का त्योहार मनाते हैं, जिसे सहर लंदाल[1] कहा जाता है।

1. इस अभिव्यक्ति का अर्थ अनिश्चित है; गोबर, खासकर गाय के गोबर के लिए नियमित रूप से 'सहर' का इस्तेमाल किया जाता है, और लंदा (या लंदाल) का इस्तेमाल घिसने, गाय के गोबर से लीपने के बारे में किया जाता है। इसका अभिप्राय बारिश के मौसम में हुई बरबादी के बाद पुनर्निर्माण हो सकता है।

हम केक दबाते हैं और उन्हें खाते हैं; लेकिन हम कोई बलिदान नहीं देते। दिकुओं से हमने समय-समय पर कई त्योहार अपना लिये है; लेकिन उनमें से केवल एक ही त्योहार है जिसे हम, पूरा गाँव मनाते हैं, यानी करम। उस समय हम करमू और धरमू को बेलौंजा के फूल, धूप में सुखाया हुआ धान, दूबी घास, तेल और सिन्दूर चढ़ाते हैं और करम की शाखा पर पर्दे की तरह दो हाथ लम्बा कपड़े का एक टुकड़ा रखते हैं। दिकुओं से लिए गए अन्य त्योहारों में उन्हें सिर्फ वही लोग मनाते हैं जिन्होंने वे त्योहार लिये हैं। हम उसे देखने जाते हैं; हम पूजा नहीं करते। दुर्गा उत्सव में ऐसे लोग दुर्गा को बलि चढ़ाते हैं, काली उत्सव में वे काली को बलि चढ़ाते हैं, मनसा उत्सव में वे मनसा की पूजा करते हैं, छाता उत्सव में वे छाता बोंगा को चढ़ावा चढ़ाते हैं, पाटा उत्सव में वे महादेव को। जात्रा उत्सव वे बंसिन यानी जात्रा बोंगा को चढ़ावा चढ़ाते हैं। चूँकि ये त्योहार हमारे नहीं हैं, इसलिए सन्तालों का अन्य जातियों के बोंगाओं को बलि चढ़ावा चढ़ाना उचित नहीं लगता। इस कारण हमारे बोंगा हमसे नाराज हैं। यह एक पत्नी और एक सह-पत्नी रखने जैसी स्थिति हो जाती है, हम किसी को भी सन्तुष्ट नहीं कर पा रहे हैं। बोंगा के सम्बन्ध में हमें बहुत भ्रम हुआ है। आप गोरों के पास तो एक ही बोंगा है; आप बहुत भाग्यशाली हैं, क्योंकि आप उन ठाकुर की पूजा करते हैं, जिन्होंने हमें बनाया है।

जोम सिङ के लिए हम हर साल बलि नहीं चढ़ाते, केवल कभी-कभार चढ़ाते हैं। सिङ बोंगा (सूर्य या दिन) को हम एक बकरी चढ़ाते हैं और जोम सिङ बोंगा को हम उस अवसर पर एक बकरा या एक मेढ़ा चढ़ाते हैं। आह्वान अलग नहीं है; केवल अन्त में हम सिङ बोंगा से कहते हैं : "हम हर साल ऐसा करने में सक्षम नहीं हैं, इसलिए नाराज न हों, नाराज न हों।"

हमारे प्राचीन पुरखों ने हमारे लिए एक आदेश छोड़ा है, यानी अपने जीवन में एक बार, किसी न किसी तरह, सिङ बोंगा के लिए बलि अवश्य चढ़ाओ, भले ही तुम गरीब हो, और जब तुम्हारे पास साधन हो, तो हर पाँचवें या छठे साल उसको बलि चढ़ाओ। अन्यथा अगली दुनिया में वह तुम्हें अच्छा नहीं कहेगा। आदिम युग में वे केवल सिङ बोंगा को ही चढ़ावा दे रहे थे; जोम सिङ बोंगा को उन्होंने बाद में जोड़ा। चूँकि हमें दिकुओं से रतिज रोग हुआ है, इसलिए हम इससे ठीक होने के लिए सिङ बोंगा की मन्नत मानते हैं; इसे वे 'जोड़ी भेंट' कहते हैं। उनके अनुसार, ऐसा कहा जाता है, कि जब रावण सीता को लंगा (सीलोन) किले में ले गया तो सीता ने रतिज रोग से पीड़ित होने की मन्नत मानी थी। ऐसा कहा जाता है, कि उस समय सिङ बोंगा के कारण सीता को रतिज रोग हो गया था, क्योंकि उसने उसकी मन्नत मानी थी। इससे सीता का सम्मान बरकरार रहा।

मक मोरे बलिदान कभी-कभार ही होता है, जब किसी गाँव के सभी लोग किसी बड़ी विपत्ति के कारण मन्नत मानते हैं। और जब इलाके से अफवाह आती है

कि मोरेको तुरुइको रूठ गए हैं तो उनको भी मक मोरे की बलि चढ़ाई जाती है। वे गाँव के सभी बोंगाओं को बकरों और मुर्गों की बलि देते हैं। गाँव के पुजारी की पत्नी को छोड़कर किसी भी महिला को बलि चढ़ाए गए जानवरों और पक्षियों के मांस के म्योर के साथ भात नहीं मिलते। लेकिन सभी पुरुषों को यह मिलता है। वे पवित्र उपवन में मक मोरे बलि की रीति पूरी करते हैं। युवक-युवतियाँ फूल-त्योहार के गीत गाते हुए पूरी रात नाचते हैं।

कुटम बलि केवल पुरुषों का काम है। लेकिन गाँव के सभी लोग मांस और भात खाते हैं जो व्यक्ति अपने पूर्वजों के नाम पर बैल की बलि देता है। एक बैल की बलि वह घर के बोंगा के नाम पर देता है और एक बैल की बलि वह मारंग बुरु के नाम पर भी देता है। जिस बैल को मारा जाता है वह अटनक के पेड़ के पास मारा जाता है; उसे चावल खिलाने के बाद। वह दो अन्य बैलों को चावल खिलाता है। साल के पेड़ के नीचे आटे से एक चौकोर आकृति बनाने के बाद वह उन बैलों को मार देता है।

बैलों की बलि जोम सिङ के समय पर दी जाती है या उस समय दी जाती है जब कोई प्रण किया जाता है। क्योंकि हम दिकू के पैरों के नीचे आ गए हैं, इसलिए यदि दिकू जमींदारों को रात के समय बैल की बलि के बारे में पता चल जाता है तो वे हम पर भारी जुर्माना लगाते हैं।[1] घर के बोंगा के नाम पर बलि दिया गया बैल जिस तरफ गिरता है उस तरफ का मांस और सिर केवल परिवार के लोग खाते हैं। बाकी बचे हिस्से को गाँव के सभी लोग खाते हैं। गाँव का मुखिया और उसका सहायक और गोड़ैत मरे हुए बैल की जाँघों को खाते हैं। परनिक जाँघ का सबसे ऊपरी हिस्सा खाता है, मुखिया मध्य का और गोड़ैत सबसे नीचे का हिस्सा लेता है। गरदन को वे गाँव की परिषद को देते हैं। उसे वे लड़कियों का हिस्सा कहते हैं। बाहर खेत में वे सिर और पेट व फेफड़ों का शोरबा बनाते हैं। सभी लोग बराबर हिस्सा लेते हैं और वे उसे घर ले जाते हैं। पूरा परिवार इसे खाता है।

1. जमींदार हिन्दू होते हैं जो बैलों, विशेषकर गायों की बलि पर आपत्ति करते हैं।

बोंगाओं से जुड़े विश्वास

चुड़ैलें

जादू-टोना सन्तालों के साथ बड़ी मुसीबत है। जादू-टोने के कारण गाँव के लोग दुश्मन बन जाते हैं, रिश्तेदारों के लिए दरवाजे बन्द हो जाते हैं, पिता और पुत्रों में झगड़ा होता है, भाई अलग हो जाते हैं, पति और पत्नी का तलाक हो जाता है, और लोग एक-दूसरे को मार डालते हैं। यदि कोई चुड़ैल नहीं होती तो हमें निरन्तर बहुत ज्यादा खुशी होती। यूरोपीय लोग सभी मामलों में अच्छी तरह से न्याय करते हैं, जहाँ तक उनके ज्ञान का सम्बन्ध है। लेकिन जादू-टोने का ज्ञान उन्हें नहीं है। हम इसे समझ नहीं सकते। चुड़ैलें हमें खा जाती हैं और जब हम उन्हें पकड़ते हैं और उन्हें थोड़ा परेशान करते हैं तो न्यायाधीश फिर से मामले को गोल कर देते हैं और कारावास का सहारा लेते हैं। हमें बहुत तकलीफ होती है। हम सम्भवत: ऐसा कर सकते हैं ताकि वह हमारे साथ अच्छी तरह से चल सके। हम पूरी तरह से हतप्रभ हैं। जब हम इसे न्यायाधीश को समझाते हैं, तो वे इस पर विश्वास नहीं करते हैं। वे कहते हैं : "तो ठीक है, उसे मेरी उँगली खाने दो। तभी मुझे विश्वास होगा कि वह एक चुड़ैल है।" तब वे तुम्हें जेल भेज देते हैं। चुड़ैलें बरतन और चाकू का उपयोग कर नहीं पाती हैं। टोना करके, वे लोगों को दूसरी दुनिया में भेजती हैं। पूर्व में गाँव के मुखिया और उनके सहायक उन्हें वश में करते थे और अगर वे शान्त नहीं होती थीं, तो वे उन्हें बदनाम करने के बाद गाँव से भगा देते थे। लेकिन आजकल न्यायाधीश ने उन्हें पूरी तरह से दुस्साहसी बना दिया है, जिससे हम लोग बिलकुल निराश हो गए हैं।

पुरुषों की बात नहीं मानी जाती है। महिलाएँ इस युग में पूर्ण शासक बन गई हैं। यदि आप उसे सिर्फ थोड़ा सा कहते हैं तो वह उसे आपके मुँह में डाल देगी। इससे डरकर आप चुप रहते हैं, और आप क्या कर सकते हैं।

चुड़ैलों की रात में एक जंगल या एक खुले मैदान में परिषदें होती हैं। जब वे बाहर जाती हैं, तो वे पति के साथ बिस्तर पर एक झाड़ू रख देती हैं और वह सोचते हैं : 'मेरी पत्नी यहाँ है', क्योंकि जादू के कारण वह अपनी पत्नी की तरह इस झाड़ू को देखता है। लेकिन पत्नियाँ बोंगा के साथ शादी करने जाती हैं।

बताया जाता है कि वे पैदल नहीं जाती हैं। वे किसी पेड़ या अन्य पर चढ़ जाती हैं और हवा की तरह जादू से चलती हैं।

वे बोंगा के खेल-मैदान में आती हैं और बोंगा के साथ नृत्य करती हैं। वे बाघों को बुलाती हैं। वे उन्हें कंघी करती हैं और उन्हें चूमती हैं। तब वे बोंगा को वश में रखती हैं और उन्हें शपथ दिलाती हैं कि वे तब दिखाई नहीं देंगे जब भविष्यवाणी की जाएगी। इस तरह से काम करने के बाद, वे घर लौट आती हैं।

चुड़ैलें शिष्या बनाने के लिए उत्सुक रहती हैं। वे छोटी लड़कियों को इस तरह से लुभाती हैं ताकि जब वे खुद मर जाएँ तो बीज जीवित रह सके। वे रात को दीपक लेकर घूमती हैं। वे अन्य लोगों के घरों में प्रवेश करती हैं और लड़कियों को उनकी शिष्या बनाने के लिए उठाती हैं। और अगर वे तैयार नहीं होती हैं तो वे उनसे कहती हैं : "यदि आप नहीं सीखते हैं, तो आप मर जाएँगे," या "कोई बाघ आपको खा जाएगा।" इसलिए वे डर के कारण सीखने के लिए उत्सुक हो जाती हैं। जब शिष्या तैयार हो जाती हैं तो चुड़ैलें झाड़ू लगाकर और बगल में सूप लेकर पवित्र पेड़ के पास जाती हैं। वहाँ वे मुर्गा चढ़ाती हैं और उन्हें चावल के साथ पकाने के बाद खाती हैं और उसका केक बनाती हैं। वे शिष्याओं को बाघों की कंघी करने को कहती हैं, और अगर वे इससे डरती हैं और अनिच्छुक हैं तो वे उनसे कहती हैं : "वे तुम्हें कुछ नहीं करेंगे, लड़कियो! उनसे डरें नहीं।" और वे उन्हें भस्म करना और आकर्षित करना सिखाती हैं। इसके बाद वे उनसे कहती हैं : "अब, लड़की! अपने पिता या अपने सबसे बड़े भाई को खाओ।" यदि वे अनिच्छुक हैं, तो वे उन्हें बीमार कर देती हैं या पागल कर देती हैं। वे उनके जिगर और फेफड़ों को खुरचती हैं, और जब वे इसे पकाती हैं तो वे शिष्याओं को पहले खिलाती हैं। इस दिन से शिष्याओं की दया समाप्त हो जाती है। यदि वे क्रोधित हो जाती हैं तो वे अपने बच्चे या पिता या भाई को भी खा जाती हैं। और उन्हें अपने पति पर भी कोई दया नहीं आती। वे उन्हें भी खा जाती हैं।

वे कहते हैं जैसी कि कथा है, बहुत पहले चुड़ैलें रोजाना दो युवकों को उठा रही थीं और उन्हें अपने साथ ढोल बजाने के लिए ले जा रही थीं। एक दिन चुड़ैलों ने एक युवक के जिगर और फेफड़े को निकाला और उसे अपने साथ ले आईं। इन लोगों के घर से वे हड़िया, चावल, नमक, हल्दी, बड़े और छोटे मिट्टी के बरतन लाईं। वहाँ लाने के बाद, उन्होंने कलेजे और फेफड़ों को पकाया। उन्होंने दोनों युवकों को खाने के लिए एक हिस्सा दिया। लेकिन इन दोनों ने इसे नहीं खाया। उन्होंने इसे अपने कपड़ों की तह में छिपा लिया। उन्होंने केवल हड़िया पी। जब उन्होंने बोंगा के साथ नृत्य करना समाप्त किया, तो वे घर लौट आए। अगले दिन, जिस युवक का कलेजा और फेफड़े बाहर निकले थे, उसे ऐंठन हुई। यह देखकर लोग असहाय हो गए और कहा : "उसे क्या हो गया है! उसे क्या हो गया है?"

दोनों युवकों को दया आ गई। इसलिए उन्होंने कहा : "'ऐसी' और 'ऐसी' महिलाओं को पकड़ो, तो आदमी ठीक हो जाएगा।" तब उन्होंने उन्हें पकड़ लिया और गाँव के मुखिया की पत्नियों और उनके सहायक और कई अन्य अच्छे लोगों की पत्नियों को ले आए, जैसी दोनों युवकों ने बताई थीं। जब वे आए, तो औरतों ने कबूल नहीं किया। वे उन दोनों को डाँटने लगे। उनके पति भी उग्र हो गए थे। उन्होंने कहा : "साबित करो, नहीं तो हम तुम्हें जरूर सजा देंगे।" तब ग्राम सभा में युवकों ने अपने कपड़े के अन्दर छिपाए, कलेजे और फेफड़े दिखाए और उनसे कहा : "देखो! यहाँ अपराध का प्रमाण है।" यह दिखाकर चुड़ैलों और उनके पतियों को चुप करा दिया गया।

इसके बाद परगना को बुलाया गया। उसने यह आदेश दिया : "युद्ध-कुल्हाड़ी लाओ!" वे एक ले आए। तब परगना ने चुड़ैलों से कहा : "उसे अच्छा करो अन्यथा हम तुम्हारे सिर काट देंगे, तुम जलाऊ लकड़ी हो, वह शव है।" फिर डर के कारण उन्होंने आदमी को अच्छा कर दिया। जहाँ चुड़ैलों ने बीमार लोगों को अच्छा नहीं किया है, वहाँ उनके सिर काट दिये गए हैं।

अगर गाँव के मुखिया की पत्नियाँ और उनके सहायक की पत्नियाँ चुड़ैल हैं, तो उनके खिलाफ जुर्म साबित करना बहुत मुश्किल है क्योंकि उनके पति इसे स्वीकार नहीं करने देंगे। पूर्व में, यह बताया जाता है कि एक ओझा एक बार क्रोधित हो गया और उसने ग्राम प्रधान की पत्नियों और उनकी उप-चुड़ैलों को बुलाया। मुखिया और अन्य लोगों ने उनसे कहा : "यदि आप यह साबित नहीं करते हैं तो हम आपका सिर कटवा देंगे।" उसने उन्हें उत्तर दिया : "किसी दिन मैं इसे तुम्हें दिखाऊँगा ताकि तुम इसे अपनी आँखों से देख सको।" फिर वे शान्त हो गए। एक शाम जब उसने अपना भोजन कर लिया, तो ओझा अपने साथ धनुष-बाण लेकर पवित्र क्रब में गया। एक पेड़ पर चढ़कर वह इन्तजार कर रहा था और देख रहा था।

रात के भोजन के बाद, जिन महिलाओं को उसने चुड़ैलों के रूप में बदनाम किया था, वे पवित्र स्थान में चली गईं। जब वे वहाँ पहुँचीं तो उन्होंने वहाँ नृत्य किया। उसके बाद उनमें से एक दैव-ग्रस्त हो गई। तब उन्होंने एक बाघ को बुलाया, जिसका नाम लुखू था। उन्होंने बाघ के लिए दो बार सीटी बजाई। फिर दो बाघ जल्दी आ गए। उन्होंने दोनों की कंघी की। वे उन्हें चूम रही थीं। उस समय इन्तजार कर रहे आदमी ने अचानक बड़े बाघ को तीर से मार दिया। तब दूसरे बाघ ने सोचा : "ये स्पष्ट रूप से मेरे ऊपर कुछ कर रहे हैं।" इस बात से क्रोधित होकर दूसरे बाघ ने सभी चुड़ैलों को मार दिया। ओझा ने दूसरे बाघ को भी तीर से मार दिया इसके बाद वह घर चला गया।

जब वे अगली सुबह उठे, तो उन्होंने देखा : "उनकी पत्नियाँ वहाँ नहीं थीं।" वे अलग-अलग घरों में एक-दूसरे से पूछ रहे थे : "क्या हमारी पत्नी को देखा है?"

तब ओझा ने उनसे कहा : "पवित्र कब्र की ओर जाओ और अपनी पत्नियों की तलाश करो। मैंने उन्हें उस दिशा में जाते देखा।" फिर वे वहाँ गए; उन्होंने उन्हें देखा, दो बाघों ने उनको काटकर मार डाला, और दो बाघ भी वहाँ पड़े थे। फिर जैसे ही उन्होंने इसकी सूचना फैलाई, पड़ोस के लोग इकट्ठे हो गए और उन्हें देखा। उस समय ओझा ने उन्हें पूरी कहानी सुनाई। उस समय से हम चुड़ैलों में विश्वास करते आ रहे हैं।

पूर्वज बताते हैं कि मारंग बुरु पुरुषों को जादू-टोना सिखा रहे थे। लेकिन एक चाल से महिलाओं ने जादू की शक्ति को प्राप्त कर लिया। एक दिन पुरुष एक-दूसरे से परामर्श करने के लिए परिषद में बैठे थे कि उन्हें अपनी महिलाओं के साथ क्या करना चाहिए। उन्होंने कहा : "हम पुरुष हैं, ऐसा कैसे है कि हमारे शब्द की गिनती नहीं होती है? जब हम महिलाओं को कुछ शब्द कहते हैं तो वे बेशर्मी से डाँटने लगती हैं। हम इस तरह का व्यवहार सहन नहीं करेंगे।" फिर उन्होंने कहा : "आओ! हम मारंग बुरु के पास चलें। उससे हम किसी प्रकार का गुप्त कौशल सीखेंगे, जिससे हम इन महिलाओं को वश में कर सकें।" उन्होंने फिर एक समय तय किया। आधी रात को हम 'अमुक' जंगल में मिलेंगे। वे चले गए। उन्होंने मारंग बुरु को बुलाया। उन्होंने जोर से पुकारा : "हे दादा! यहाँ आओ! हम संकट में तुम्हारे पास आए हैं।" मारंग बुरु ने जल्दी से आकर उनसे पूछा : "मुसीबत क्या है, पोते?" उन्होंने अपनी व्यथा बताई और उन्होंने उससे कहा कि वह उन्हें उनकी महिलाओं को वश में करने के लिए कुछ गुप्त कौशल सिखाए।

मारंग बुरु ने उनसे कहा : "ठीक है, मैं तुम्हें सिखाऊँगा लेकिन केवल तभी जब तुम इन पत्तियों पर अपने खून से निशान बनाओ।" जब उन्होंने यह सुना तो वे बहुत भयभीत हो गए और उससे कहा : "कल हम फिर से आएँगे और रक्त देकर गुप्त कौशल प्राप्त करेंगे।" इसके बाद वे चले गए। लेकिन उनकी महिलाएँ चुपके से वहाँ आ गई थीं, और एक छिपी हुई जगह से उन्होंने सब सुन लिया जो कहा गया था। तब उन्होंने कहा : "यह इन लोगों का न्याय है। शादी से पहले वे कुत्तों की तरह हमारे पीछे लगातार चलते थे। अब जब हम पत्नियाँ बन गई हैं तो वे हमें बुरा समझते हैं। वे हमें मारने की सोच रहे हैं। ठीक है, हम उन पर एक नजर रखेंगे, जो हमें मारने में सक्षम हैं।" रास्ते में उन्होंने फैसला किया कि उन्हें क्या करना चाहिए। पुरुष भी बाद में आए। पुरुषों के आते ही महिलाओं ने अपने पति के साथ दुलार किया। इसलिए पुरुषों ने सोचा कि वे अच्छी बन गई हैं। हम मारंग बुरु के पास किसलिए जाएँगे?

अगले दिन महिलाओं ने अपने पतियों के लिए उत्कृष्ट चावल और शोरबा तैयार किया और शाम को उन्होंने उनके लिए हड़िया बना डाली। पुरुषों ने खुद हड़िया पी और जमीन पर गिर पड़े। तब महिलाओं ने एक-दूसरे को बुलाया और इकट्ठा किया, उन्होंने खुद पुरुषों के कपड़े पहने और पगड़ी पहनी और अपने

होंठों पर बकरी के बाल मूँछ के रूप में लगा लिये और जंगल में मारंग बुरु के पास चली गईं। उन्होंने उससे कहा : "हे दादा जी! जल्दी से आइए।"

मारंग बुरु आया। तब उन्होंने उनसे कहा : "अपने पत्ते जल्दी से लाओ। हम अपनी अलग पहचान बनाएँगे। हम महिलाओं की चिन्ता करने में सक्षम नहीं हैं।" मारंग बुरु ने अपने साल के पत्ते बाहर निकाले और महिलाओं ने खुद को चुभोया, और खून से उन्होंने अपने पति के निशान बनाए। तत्पश्चात मारंग बुरु ने उन्हें जादू सिखाया और लोगों के खाने के लिए पहल की। हँसते-हँसते महिलाएँ घर लौट आईं।

चूँकि अगली सुबह पुरुष जल्दी नहीं उठे थे, महिलाओं ने उनके साथ हर सम्भव तरीके से दुर्व्यवहार किया और उन्हें पीटा। पुरुष आधे अन्धे अपने हाथों से अपनी आँखें रगड़ रहे थे। वे अपनी नींद से जागे, और चूँकि महिलाएँ कोमल स्वभाव की नहीं रहीं, यह बात उन्हें समझ में आई। वे बीमार महसूस कर रहे थे और एक साथ परामर्श लेने के लिए आए। वहाँ उन्होंने कहा : "आओ, हम चलें! मारंग बुरु के पास हमें गुप्त कौशल सीखना चाहिए।" नतीजतन रात में वे जंगल में गए और उन्होंने बखूबी मारंग बुरु से कहा : "हे पिता! कृपया हमें सिखाओ, महिलाएँ हमें भयानक रूप से पीड़ा दे रही हैं।"

जब मारंग बुरु ने यह सुना तो वह चकित रह गए और उनसे कहा : "क्यों, मैंने तुम्हें गुप्त कौशल तो दिया है। बार-बार पाने की इच्छा है क्या?" तब उन पुरुषों ने एकमत होकर कहा : "ऐसा नहीं है, आपने हमें कब सिखाया है? क्यों, उस दिन के बाद से हम यहाँ कभी नहीं आए, जैसा कि आप जानते हैं।" यह सुनकर मारंग बुरु अवाक हो गया और उनसे बोला : "यह मैंने तुम्हें दिया है, मैंने और क्या किया है। यहाँ देखो, अपने खुद के निशान देखो!" अपने अलग-अलग निशान देखकर पुरुषों ने कहा : "निशान हमारे हैं, लेकिन हमने कभी निशान नहीं बनाए।"

तब मारंग बुरु ने अपना हाथ अपने गाल पर रख दिया और उसका दिमाग सोच रहा था। फिर अचानक उसने कहा :"महिलाओं ने मुझे भी मूर्ख बना दिया है।" क्रोधित होकर उसने पुरुषों से कहा : "एक बार और यहाँ निशान बनाओ, हम इन धोखेबाज महिलाओं को देखेंगे।" उन्होंने अपने निशान बनाए, और उसने ओझाओं और चुड़ैल खोजकर्ताओं के रूप में पुरुषों को दीक्षित किया ताकि वे चुड़ैलों का पता लगाने और उन्हें दंडित करने में सक्षम हो सकें। उस समय से चुड़ैलों और ओझाओं और चुड़ैलों के खोजकर्ताओं के बीच दुश्मनी है। लेकिन ओझा और चुड़ैल के खोजकर्ता कुछ भी करने में असमर्थ हैं क्योंकि चुड़ैलों ने आसानी से अपने बोंगा को वश में कर लिया है, ताकि वे उन्हें जल्दी से पकड़ न सकें।

कुछ लोगों का कहना है कि चुड़ैलों, ओझाओं, और चुड़ैलों के खोजकर्ताओं ने कामरू गुरु से सीखा है। यह बताया जाता है कि बहुत पहले हमारे पूर्वज उनके शिष्य थे, ओझा बनने के सम्बन्ध में, क्योंकि ओझाओं ने पहले उसका उल्लेख किया है।

लेकिन जैसा कि चुड़ैलों और जादूगरों का सम्बन्ध है, मुझे नहीं पता कि उन्होंने कामरू गुरु से सीखा है या नहीं। जहाँ तक आह्वान का सवाल है, वे उसका आह्वान नहीं करते। इसलिए मेरी राय है कि उन्होंने उससे सीखा नहीं है।

ओझा

ओझा बनने के लिए हमने वास्तव में कामरू गुरु से सीखा है। बहुत पहले उनका देश और हमारा देश एक-दूसरे के निकट थे। हमारे पूर्वजों ने हमें यह बताया है। ओझाओं का काम छह प्रकार का है : (1) वे अटकल बनाते हैं, (2) वे चावल बोते हैं, (3) वे लोगों को काटते (सर्जरी) हैं या चावल के आटे की एक गेंद के साथ रगड़ते हैं, (4) वे बोंगा खोदते हैं, (5) वे बोंगा को भगाते हैं, और (6) वे लोगों को दवा देते हैं। यदि बीमार लोग दवा से ठीक नहीं होते हैं, तो गाँव के लोगों को अटकल बनाने के लिए ओझा मिल जाता है। वे उसके लिए तेल और साल के पत्ते लाते हैं और नीचे बैठकर वह दो पत्तों पर तेल बहाता है, और एक भस्म से वह पत्तियों को रगड़ता है।

ऐसा करने के बाद वह उसे थोड़ी देर के लिए जमीन पर रख देता है। वहाँ एक पत्ता उतारकर वह उसे देखता है, और वह उस पत्ते से पूछता है : "पहले एक भेंट करो। तुमने क्या पाया है जब आप हमें बताएँगे, तभी हम समझ पाएँगे।" अब ओझा ने भविष्यवाणी करने से पहले चुना कि अलग-अलग जगहों के लिए क्या करना है : 'यहाँ एक चुड़ैल है, यहाँ घर बोंगा है, यहाँ सरहद का एक बोंगा है, यहाँ एक बीमारी है और यहाँ जहर है।' पत्ती पर किस स्थान पर यह छोटे बुलबुले में आता है, वह उन्हें बताता है। यदि चुड़ैलों को दिखाया जाता है तो ग्राम प्रधान और उसके उप-सदस्य, ग्राम परिषद के साथ मिलकर वे शाम को हर घर पर बोलने जाँएगे : 'अमुक-अमुक से सावधान। अमुक-अमुक बीमार है, क्या वह ठीक हो सकता है। हमने तुम्हें पकड़ लिया है। अगर वह ठीक नहीं हुआ, तो हम निश्चित रूप से तुम्हें अच्छा नहीं कहेंगे।' यदि रोगी इससे ठीक हो जाए, तो बहुत अच्छा। अन्यथा गाँव का मुखिया जोड़े में पड़ोस के लोगों को तेल में अनुमान लगाने के लिए भेजता है। शाम को वे एक साथ आते हैं और वे उन पुरुषों से अलग-अलग पूछते हैं जो बोंगाओं के तेल से बने तेल में पत्ते पर अटकल लगाने गए थे। यदि वे तीन व्यक्तियों से उत्तर लाते हैं कि यह एक चुड़ैल है तो वे व्यक्ति को बाहर निकालने के लिए जमीन में शाखा गाड़ते हैं। यदि उनकी सहमति नहीं बतनी तब वे नये सिरे से अनुमान लगाते हैं।

यदि पत्ते पर घर का बोंगा दिखाया जाता है, तो वे रोगिणी से कहते हैं : "अपने बोंगा को खुश करो।" वह फिर उसके लिए पानी लाती है और एक प्रतिज्ञा करती है,

कहती है : “जब मैं ठीक हो जाऊँगी, तो मैं तुम्हें परिपूर्ण कर दूँगी।” यदि बाहरी इलाके का एक बोंगा दिखाया जाता है तो ओझा बोंगा के लिए चावल बाहर निकालता है, जिससे एक आह्वान होता है। मारंग बुरु और परगना के लिए चावल को बिखेरकर वह उसके लिए भविष्यवाणी करता है : “खबरदार!” जैसा कि यहाँ देखा गया है, इस तरह मुखिया के घर में एक खानेवाला बोंगा, एक खानेवाली पहाड़ी आत्मा आ गई थी और एक व्यक्ति को दैव-ग्रस्त कर दिया था।

यदि बीमारी दिखाई गई है, तो वे रोगी के लिए दवाओं को पीस देंगे और उसे पीने को देंगे। यदि यह जहर है, तो वे रोगी को काटेंगे या उसे कपास की गेंद से रगड़ेंगे। सबसे पहले एक उद्घोषणा का उच्चारण करते हुए, वे इसे एक स्थान पर एक साथ छोड़ देते हैं। इसके बाद वे इसे काटते हैं और इसे पत्ती-दोने में थूकते हैं; ओझा ऐसा करते हैं या जहाँ रोग स्थित है, वहाँ वे एक भस्म का उच्चारण करते हुए आटे की एक गेंद के साथ रगड़ते हैं। जब मरीज ठीक हो जाता है, तो वे अपने लोगों को भेंट देने के लिए मुर्गे मारता है।

शाखा लगाना

शाखा रोपण निम्नानुसार किया जाता है : यदि चुड़ैलों या बोंगा या बीमारी को अटकल द्वारा दिखाया जाता है तो वे (ओझा) इसे साबित करने के लिए पानी के किनारे पर शाखाएँ लगाते हैं। एक गवाह के रूप में खड़े होने के लिए वे पहले बीच में एक शाखा लगाते हैं। इसके बाद घर बोंगा के नाम पर एक; उसके बाद गृहिणी के पुराने घर के बोंगा के नाम पर, उसके आदमी के भाई और पुरुष रिश्तेदारों के नाम पर एक; बेटियों और बहनों के नाम पर एक; महामारी के नाम पर एक के बाद एक; और इसके बाद वे गाँव में प्रत्येक अलग घर के नाम पर एक शाखा लगाते हैं। वे हर शाखा में सिन्दूर लगाते हैं जैसे इसे लगाया जाता है। इसके बाद वे चावल बाहर बिखेरते हैं और आह्वान करते हैं : ‘तब स्वर्ग में सिङ बोंगा को नमस्कार करते हैं!’

फिर वे बोलते हैं : “देखभाल करो! अगर तुम एक बोंगा हो तो यह (शाखा) सूख सकता है, यह सूख सकता है। यदि यह आप नहीं हैं तो यह अपरिवर्तित रह सकता है। तुम (शाखा को) गवाह बुलाओगे।” इसी तरह वे प्रत्येक शाखा में सभी के नाम पर अटकल करते हैं। जब उन्होंने इस तरह से काम कर लिया, तो वे घर जाते हैं। पाँच घंटे बाद वे शाखाओं पर एक नजर डालते हैं। किसी के नाम पर कौन सी शाखा खड़ी है, उनकी मृत्यु हो गई है या नहीं, ऐसी शाखा का पता लगाते हैं। यदि उसे चुड़ैलों के लिए खड़ा करने के लिए सिद्ध किया गया होता है तो कई घरों में ऐसी शाखाएँ वहाँ पर चक्कर लगाती हैं, जहाँ चुड़ैलें हैं।

बाद में वे दूसरे गाँवों में भी इसी तरह से दो-तीन जगहों पर नये सबूत तलाशते हैं। वहाँ वे पीड़ित व्यक्ति से कहते हैं : "हमने आपके लिए इन चीजों का पता लगाया है। क्या आप हमें गुरु के पास ले जा रहे हैं या यह ठीक है?" वह जवाब में कहेगा : "मैं ठीक नहीं हो रहा हूँ। हमें गुरु से स्पष्ट निर्णय लाना चाहिए।" वे एक दिन तय करते हैं और चुड़ैल खोजकर्ता के पास जाते हैं।

चुड़ैलों के खोजकर्ता

चुड़ैलों के खोजकर्ता हमारे उच्च न्यायालय होते हैं। जिसे वे चुड़ैलों के रूप में घोषित करते हैं, उन्हें हम सच्ची चुड़ैल कहते हैं। क्या वे वास्तव में उन्हें ढूँढ़ते हैं या यह गलत है; जहाँ तक हमारा सम्बन्ध है, हम मानते हैं कि वे वास्तव में उन्हें ढूँढ़ते हैं; उन्होंने मारंग बुरु से दीक्षा ली है और हम उनका परीक्षण भी करते हैं, कि क्या वे बोंगा से प्रेरित हैं या वे धोखे से चुड़ैल खोजकर्ता का काम करते हैं।

यदि कोई व्यक्ति दवा से ठीक नहीं होता है, तो हम पहले एक ओझा द्वारा अटकल करवाते हैं। उसके बाद हम गाँवों में शाखाएँ लगाते हैं उसके बाद ही हम चुड़ैल खोजकर्ता के पास जाते हैं। यदि पूरा गाँव बीमार होता है तो ग्राम प्रधान सभी पुरुषों को आमंत्रित करता है और हमें साथ ले जाता है; और यदि केवल एक व्यक्ति बीमार है, तो वह ग्राम प्रधान से याचना करता है। फिर रोगी के पक्ष में दो पुरुषों और उस व्यक्ति के पति या भाइयों को जिम्मेदार ठहराया जाता है और गवाह के रूप में गाँव के पाँच या छह पुरुष चुड़ैल खोजकर्ता के पास जाते हैं। वे एक साथ रहते हैं, इस क्रम में उनमें से कोई भी गुप्त रूप से चुड़ैल खोजकर्ता को कुछ भी बताने में सक्षम नहीं होगा। वे सीधे चुड़ैल खोजकर्ता के पास नहीं जाते हैं। वे कहीं बाहर डेरा डालते हैं। वे कहाँ से हैं, उनके नाम क्या हैं, किसके नाम पर आए हैं और मरीज को किस तरह की बीमारी है—इन मामलों के बारे में वे किसी को कुछ नहीं बताते हैं। वे चुड़ैल खोजकर्ता के गाँव के मुखिया से कहते हैं : "कृपया, पिता जी! आइए, हमें गुरुओं के तेल से बने तेल से भविष्यवाणी करें।" फिर वह उनसे पूछता है : "आप कितने हैं जिनके पास प्रसाद होगा?" वे उससे कहते हैं : "हम इतने सारे पुरुष हैं।" मुखिया उन्हें चुड़ैल खोजकर्ता के पास ले जाता है। मुखिया उन्हें भेंट के लिए आवश्यक वस्तुएँ, एक सुपारी, एक पत्ता-दोना, धूप में सुखाए हुए चावल, तेल, सिन्दूर, सालवृक्ष की राल, और बेल की छह पत्तियाँ उपलब्ध कराता है।

अब चुड़ैल खोजकर्ता उनसे कहता है : "कृपया, 'अमुक' समय पर आएँ।" वे अपने डेरे पर लौट आते हैं। जब गाँव के लोग वहाँ आते हैं और उनसे कुछ भी पूछते हैं, तो वे बोलते नहीं हैं। अगर वे बोलते हैं तो वे उन्हें अपना देश और

अपना गाँव नहीं बताते हैं। वे किसी अन्य देश और किसी अन्य गाँव का उल्लेख करते हैं। नियत समय पर वे चुड़ैल खोजकर्ता के पास जाते हैं। कभी-कभी चुड़ैल खोजकर्ता उनके लिए अपने घर में, और कभी-कभी पवित्र वन में या खुले मैदान में भविष्यवाणी करेगा। वे चुपचाप वहाँ बैठते हैं और वह खुद कई जगहों पर धूप में सूखे चावल को बोंगा के नाम पर रख देते हैं और प्रत्येक स्थान पर बेल पत्ते लगाते हैं। इसके बाद वह (खोजी) धूप में सुखाए गए चावल के प्रत्येक छोटी ढेरी पर सिन्दूर के निशान बनाता है, उसे तेल में मिला देने के बाद वह मिट्टी के बरतन के ढक्कन में राल को आग में फेंक देता है। वह एक शंख बजाता है और एक बोंगा-घंटी बजाता है। वह अपने बोंगा का आह्वान करता है। तब वह प्रेरणा की भावना से भर जाता है और अभिप्रेरित अवस्था में वह अपनी बातें करता है। पहले वह अपने देश का नाम रखता है, अपने गाँव का नाम रखता है, उसके गाँव की गली कैसी है—इन बातों का वह उल्लेख करता है। वहाँ उनके गाँव के मुखिया, शिकायतकर्ता के अलावा, उसके पिता के छोटे और बड़े भाई, उसके भाई, उसकी बहनें, उसके बेटे, उनकी बेटियाँ होते हैं।

इसके बाद वह उनसे पूछता है : "यह कैसा है, महोदय! क्या मैंने इन मामलों को सही कहा है या नहीं?" फिर वे कहते हैं : "बिलकुल ठीक। हम आश्वस्त हैं, कृपया हमें भविष्यवाणी सुनने दें।" चुड़ैल खोजकर्ता उन्हें जवाब देता है : "मुझे शुल्क दो तो मैं आपको बताता हूँ।" फिर वे उसे एक रुपया देते हैं। और अगर वे एक समझौता करने के बाद आए हैं, तो वह उनसे उतने रुपये देने को भी कहता है जिन पर उनमें सहमति हुई है। जब वे यह देते हैं तो वह उन्हें बताता है कि यह चुड़ैल है या बोंगा, और वे कौन हैं। तत्पश्चात खोजकर्ता उनसे कहता है : "इतने सारे स्थानों में आपने शाखाएँ लगाई हैं। आपने यह ठीक से किया या नहीं?" वे जवाब देते हैं : "हाँ, पिता! हमने ये काम किये हैं।" तब चुड़ैल खोजकर्ता उनसे कहता है : "यदि आप सन्तुष्ट नहीं हैं, तो जाओ और अन्तर्दृष्टिवाले सात पुरुषों से परामर्श करो। यदि यह सात ऐसे लोगों द्वारा घोषित हो जाता है तो मैं आपको शुल्क वापस कर दूँगा।" अब वे घर जाते हैं। यदि यह एक बोंगा है तो रोगी उसे एक बलिदान देने का वादा करेगा। और अगर यह चुड़ैल है तो वे उसे परेशान करते हैं। वे उसे गाँव से भगा देते हैं। यदि जिन लोगों को चुड़ैल खोजकर्ता द्वारा चुड़ैलों के रूप में घोषित किया गया है, वे सन्तुष्ट नहीं होते हैं तो वे ताजा सबूत पाने के लिए दूसरे चुड़ैल खोजकर्ता के पास चले जाते हैं। लेकिन यह निरर्थक होता है क्योंकि यदि एक स्थान पर चुड़ैलों को घोषित किया गया है तो बाकी जगहों पर सब वही बताएँगे। चुड़ैल खोजकर्ता की भविष्यवाणी को गड़बड़ करने के लिए केवल कुछ ही चुड़ैलों के पास जादू होता है। अगर किसी गाँव के मुखिया की पत्नी को डायन पाया जाता है तो वे उसे दूर नहीं भगा पाएँगे।

आजकल चुड़ैल खोजकर्ता बहुत कपट से काम लेते हैं। ईमानदार चुड़ैल खोजकर्ता की तरह उनका कोई विश्वास नहीं है। पूर्व में चुड़ैल खोजकर्ताओं ने चुड़ैल खोजकर्ता बनना सीखा नहीं था। यह उनके अपने अनुरूप होता था; वे अटकल की भावना से नहीं भरे थे। वे इसे रात में सपनों के माध्यम से देखते थे या उन्हें दिन के समय में दर्शन होते थे। बोंगा सामने आता था और उन्हें बता देता था। 'अमुक' लोग इस या उस उद्देश्य के लिए आ रहे हैं, आप उन्हें इस तरह से बताएँ। आजकल ऐसे चुड़ैल खोजकर्ता नहीं हैं। ज्यादातर वे पाखंडी लोग होते हैं जो लोगों से पैसा ऐंठते हैं। इस कारण वे गुप्तचरों को अड़चनें दूर करने के लिए रखते हैं। और जिन खोजकर्ताओं के पास कोई गुप्त सूचना देनेवाला नहीं है, तो वे अपनी भविष्यवाणियाँ करते हैं। वे आधे नाम का उल्लेख करने की कोशिश करते हैं और उन लोगों पर अपनी नजर रखते हैं जो सूचित करना चाहते हैं, यह देखने के लिए कि क्या यह सही है या नहीं और यदि यह गलत है तो वे फिर से किसी और नाम की कोशिश करते हैं। इसलिए इन दिनों चुड़ैल खोजकर्ताओं की बातें सच नहीं होती हैं। गुप्त सूचना देनेवाले चुड़ैल खोजकर्ता आसानी से सभी को खोजने में सक्षम होते हैं। अगर इस तरह का चुड़ैल खोजकर्ता नाम को सही ढंग से रखने में असमर्थ है, तो वह उनसे कहता है : "महोदय! एक गुप्त बाधा है। इसे पहले हटाओ।" वे फिर तब गुप्त मुखबिर के पास जाते हैं। जादू-टोने की बाधा को दूर करने के लिए कौन-कौन सी अलग-अलग चीजें देनी पड़ती हैं, यह बताया जाता है। गुप्त मुखबिर उसके लिए एक मुर्गा, टिड्डा, एक मेढक, कुछ फफूँद या एक सफेद बिल्ली प्रदान करता है। इससे पहले कि वह बलिदान करता है, वह उनसे पूछता है : "मैं किसके नाम पर मनोगत बाधा को दूर करता हूँ?" फिर वे उसे गाँव के मुखिया और उसके सहायक के नाम बताते हैं। वे उसे शिकायतकर्ता का नाम बताते हैं। वे उसे कुछ और मामले बताते हैं। वह बलिदान करता है। उसके बाद वह उनसे कहता है : "यदि आपको कोई सन्देह है, तो मुझे देखना, मैं चुड़ैल खोजकर्ता के पास नहीं जाऊँगा।" वह अपने घर में जाता है, और उसकी पत्नी चुड़ैल खोजकर्ता की पत्नी के साथ बात कर सकती है जिससे बहुत बड़ा धोखा हो सकता है। लेकिन वर्तमान में चुड़ैल खोजकर्ता इस तरह से कहाँ काम करते हैं? गुप्त मुखबिरों को गुप्त बाधा को दूर करने के लिए एक चार आने का सिक्का मिलता है।

भूत बाधा होना

भूत बाधा के बारे में मैंने पहले ही बताया है : जिस समय वे बोंगा के पवित्र स्थान पर आते हैं, वे पुरुषों को दैव-ग्रस्त करते हैं और फूल उत्सव में वे स्व-अभिप्रेरित अधिकार में हो जाते हैं। लेकिन बुखार और बीमारी के समय भी वे दैव-ग्रस्त होते हैं,

ताकि वे उनसे पूछ सकें और उन्हें सूचित किया जा सके। जब एक बोंगा एक आदमी को दैव-ग्रस्त करता है तो वह मूर्च्छित हो जाता है और उसमें गुरु देवता आता है; और वह बोंगा उसके मुँह से बोलता है। हम ऐसे समय में बोंगा से कुछ बातें पूछते हैं। इस समय पर (गुरु देवता) बोंगा उत्तर देता है : "देखो, इतना लम्बा समय, इतनी आयु असत्य नहीं है। हमें इसे किस उद्देश्य के लिए मुक्त करना चाहिए? एक पत्थर की तरह, एक चट्टान की तरह, हमने इसे दबाया, हमने इसे नीचे दबाया।" इसके बाद जब उनमें आत्म-विश्वास आता है तो लोग कहते हैं : "ठीक है, मेरे ईश्वर! देरी हो चुकी है, घोड़े, छतरियाँ थक चुकी हैं, कृपया इसे समाप्त करो।" इसके बाद दैव-ग्रस्त अभिप्रेरित व्यक्ति को होश आता है।

पूर्वजों ने कहा है कि जब वे दैव-ग्रस्त होते हैं तो वे प्रेरित होते हैं, वे बेहोश हो जाते हैं। उन्हें कुछ भी याद नहीं रहता। लेकिन आजकल के लोगों को सब कुछ याद है। शायद ये भी वर्तमान समय के धोखेबाज चुड़ैल खोजकर्ता की तरह हैं। लालच के कारण वे दैव-ग्रस्त हो जाते हैं ताकि उन्हें उत्कृष्ट हड़िया मिल सके। एक व्यक्ति ने निम्नलिखित बातें बताई हैं : "जब मैं दैव-ग्रस्त हो जाता हूँ तो मुझे सब कुछ याद रहता है और मैं उनकी सभी बातों को स्पष्ट रूप से सुनता हूँ तथा उनका पालन करता हूँ। मुझे इस बहाने उत्कृष्ट हड़िया का एक अच्छा सौदा मिलता है।" यह आदमी बेनागरी में रहता है। सभी लोग उसका नाम जानते हैं। वह बताता है : "अगर मुझे किसी त्योहार पर उत्कृष्ट हड़िया नहीं मिलती है, तो मैं अपने मन में ध्यान लगाता हूँ कि मुझे स्वादिष्ट हड़िया कैसे मिलेगी।"

बुरी नजर लगना

बुरी नजर लगना भी एक परेशानी है जो हमारे पास है। महिलाओं की बुरी नजर ईर्ष्या के कारण लग जाती है। जब वे देखते हैं कि किसी ने अच्छी कमाई की है, तो वे कहते हैं : "ऐसा कुछ भी नहीं है।" वे अत्यधिक कमा रहे हैं। उन्हें निश्चित रूप से कोई परेशानी नहीं होगी। (मगर) उनकी यह बात प्रभावी हो जाती है। फिर ये लोग बीमार हो जाते हैं। उनके मवेशी मर जाते हैं और उन्हें बहुत पीड़ा होती है। जब वे अटकल को आशय के साथ बनाते हैं तो ओझा कहता है : "ईर्ष्या के कारण तुम पर नजर लग गई है।" नतीजतन वे ओझा को मुर्गा देते हैं। वह उसका बलिदान करके उन्हें अच्छा बना सकता है। हालाँकि हम सन्ताली बुद्धिमान हैं या फिर जितना हम काम करने में सक्षम हो सकते हैं, हम अपने-आपको बहुत अधिक अमीर नहीं बनाते हैं भले ही हम भूख से पीड़ित रहें।

वशीकरण होना

हम भी वशीकृत होने से डरते हैं। लोग कहते हैं कि जिन लोगों की जीभ पर धब्बे होते हैं और जब आप खा रहे हैं, और वह आपको देख लेता है तो आपको काफी उल्टी आएगी, बाद में आपको दस्त होगी और अगर यह एक बच्चा है तो वह बहुत रोएगा। ऐसे मौकों पर हम ऐसे लोगों से नाड़ी दिखवाते हैं जिन्हें ऐसा करने का ज्ञान है। फिर वे कहते है : "मुझे कुछ अंकुरित अखरोट, जोमलार फल[1] का आधा हिस्सा, कुछ चारकोल और एक पुराने झाड़ू का तिनका दो।" वे उसे यह लाकर देते हैं, और अपनी साँस को रोकते हुए वह, तीन बार वशीकृत व्यक्ति के ऊपर से गुज़ारता है और जब वह यह प्रदर्शन कर रहा होता है तो वह इन चीजों को नीचे और अपने पैरों के नीचे ले जाता है। इसके बाद वह इसे किसी अन्य व्यक्ति के खेतों में फेंक देता है।

बोंगा को खोजना

हमें बोंगा भी खोजना होगा। हम ओझाओं से खुदाई करवाते हैं, अगर यह साबित हो गया हो कि एक बोंगा दफन किया गया है। चुड़ैलें घर में या किसी व्यक्ति की गौशाला में बोंगा दफन करती हैं ताकि इन लोगों की मौत हो सके। ऐसे अवसरों पर हम एक ओझा लाते हैं जो जानता है कि बोंगा को कैसे खोदना है। सभी ओझाओं को इसकी जानकारी नहीं है। ओझा पहले अटकल बनाते हैं, यह पता लगाने के लिए कि बोंगा को कहाँ रखा गया है। जब उन्हें इस बात का पता चलता है तो वे बोंगा खोद डालते हैं। हमने ऐसे बोंगा देखे हैं जो खोदे गए हैं। दफन किये गए बोंगा दो तरह के होते हैं। एक प्रकार का बोंगा एक सफेद पत्थर होता है, जिस पर सिन्दूर लगाया जाता है, इसे बालों से लपेटकर रखा जाता है, और दूसरी तरह का बोंगा हर तरह की कृषि का बीज होता है और सिन्दूर के साथ एक सफेद पत्थर लगाया जाता है, जिसे एक खाली कोकून में डाल दिया जाता है। जब बोंगा खोदा जाता है तो रोगग्रस्त व्यक्ति कभी-कभी ठीक हो जाते हैं, कभी-कभी वे ज्यादा बीमार भी हो जाते हैं। जब वे बोंगा खोदते हैं, तो बलि देनी पड़ती है जिसमें एक भेड़, एक सूअर, एक बकरा, पाँच मुर्गे और एक जोड़ा कबूतर होता है। ओझा को अपने काम के लिए पैसे की भेंट भी मिलती है, और जब रोगग्रस्त व्यक्ति काफी ठीक हो जाता है तो अगले वर्ष ओझा को पाँच रुपया और एक लुंगी का कपड़ा मिलता है।

1. बौहिनिया वाहिल।

एक पत्नी के पुराने घर का बोंगा

यदि पत्नी के पुराने घर का बोंगा उसके पीछे पड़ा है तो वह तभी ठीक होगी जब उसे वहाँ वापस ले जाया जाएगा, अन्यथा वी बीमार पड़ जाती है या उसकी मृत्यु हो जाती है। यदि वे प्रति वर्ष अपनी पत्नी के पुराने घर के बोंगा के लिए बलिदान करें जो दामाद के घर चली गई है, तो वह उन्हें न खाने पाएगा। यदि वे उसके लिए बलिदान न करें तो उसे लौटाने के लिए नाना प्रकार की वस्तुएँ देनी होंगी। जितना वे दुल्हन के घर से लाए हैं, जब वे यह सब वापस भेज देंगे, तो पत्नी के पुराने घर का बोंगा उन्हें छोड़ देगा, और उन्हें दुल्हन के पिता के घर में दो जानवरों को भी साथ ले जाना होगा। वे पत्नी के पुराने घर के बोंगा को एकेले बोंगा कहते हैं। पत्नी के पुराने घर के बोंगा क्रोधित हो जाते हैं तो वे जमकर खाते हैं, इसलिए लोग उनके भय से बलि चढ़ाते हैं या वे उन्हें जल्दी वापस भेज देते हैं।

बोंगा को भगाने के बारे में

जब बोंगा को भगाया जाता है तो इसके संयोजन में कई अच्छे आवश्यक सामान दिये जाते हैं। अन्यथा वे बाहर नहीं जाते हैं। वे धन के बोंगा का बहिष्कार करते हैं। धन का बोंगा उन्हें बहुत अमीर बनाता है लेकिन अगर वे क्रोधित हो जाते हैं तो वे बड़ी संख्या में लोगों को खाते हैं। इसलिए लोगों को बचाया जाता है जब वे उन्हें भगाते हैं अन्यथा वे पूरे परिवार को मिटा देंगे।

अगर उन्हें ओझाओं या चुड़ैलों के माध्यम से सबूत मिलते हैं कि धन बोंगा खा रहे हैं, तो वे जरूरी सामान खरीदते हैं : एक रेशम का कपड़ा, एक छोटा सा डंडा, सिन्दूर, एक बालों में बाँधने की लटकन, गाय की पूँछ के बालों की एक जाली, एक बालों की चिमटी। सिन्दूर के साथ एक छोटा सा डिब्बा, एक छाज, एक छोटी सी परात, एक लोहे की छड़ी, पाँच हार, पाँच नाखून, एक जोड़ी चप्पल, बैठने के लिए एक लकड़ी की पटिया, एक छोटी गाड़ी, सभी के अनाज के साथ एक गट्ठर, फसलें, पाँच रुपये, दो गाय, एक सूअर, एक बकरी, एक भेड़ और पाँच मुर्गे। भेड़ के गले में वे एक छोटी घंटी बाँध देते हैं। जब वे यह सब इकट्ठा कर लेते हैं तो वे ओझा को बुलाते हैं।

ओझा फिर बोंगा को आने के लिए कहता है। वह बोंगा को एक आदमी में प्रविष्ट करा देता है। ओझा व्यक्ति के सामने पुराना सूप रखता है। इस सूप में वह लगभग एक मुट्ठी धूप में सूखे चावल डालता है। तब वह कहता है : "भगवान, 'अमुक' घर में आओ, तुम 'अमुक' बोंगा, मैं तुम्हें पुकार रहा हूँ, मैं चिल्ला रहा हूँ, जल्दी और जल्दबाजी में दौड़ते हुए आओ, एक शिष्य के रूप में, जल्दी आओ।

बैठा है, वह बैठा है (जिसके पास होना है)।" अब, आदमी में जल्दी ही बोंगा प्रविष्ट हो जाता है। तब वे उससे पूछते हैं : "कृपया, प्रभु! आपका मालिक वह आदमी आपकी पूजा करते हुए, आपकी आराधना करने आया है। सुनो, वह तुम्हें और नहीं रखेगा। तुम्हारा क्या कहना है?" फिर बोंगा जल्दी से 'हामी' भरता है कि यह सही है। और वह कहता है : "यदि वह मुझे नहीं रखेगा, तो मैं जाऊँगा। उसे वह सब मेरे हवाले कर दो जो मेरा है।"

उसके बाद वे सभी एकत्रित किये गए आवश्यक सामानों को उसके पास लाते हैं। वे उससे कहते हैं : "देखो, यहाँ सब तुम्हारा है। आप सन्तुष्ट हैं या नहीं?" वह कहता है : "सन्तुष्ट हूँ।" अब वह अपने लिए गायों का चयन करने के लिए गौशाला में प्रवेश करता है। वह दो गायों को थप्पड़ मारता है और बाहर आता है, और वे उससे पूछते हैं : "कैसे हैं, क्या आपको सब कुछ मिल गया है?" वह उनसे कहता है : "हाँ, मेरे पास है।"

इसके बाद वे गौशाला का दरवाजा खोलते हैं और दो गायों को जो उसने चुनी हैं, अपने-आप बाहर आती हैं। वे उन्हें रस्सियों से बाँधते हैं। उसके बाद वे सभी एकत्र किये गए आवश्यक सामान लेते हैं और उससे कहते हैं : "साथ चलो! आपका स्थान है जहाँ आप निवास करते हैं, वहाँ हमारा मार्गदर्शन करो।" फिर वह आता है।

अब अपने-आप दोनों गायें सामने आती हैं, और इन दोनों लोगों का मार्गदर्शन करती हैं। ओझा अपने साथ अपने बगल में सूप रखकर ले जाता है। जहाँ दोनों गायें रुककर लेट जाती हैं, वहाँ वे बलि के जानवरों को मारते हैं। भेड़ के सिर में वे एक हार डालते हैं और वे इसे एक पेड़ से बाँध देते हैं। वे सभी बलि चढ़ाए गए जानवरों के मांस का शोरबा, चावल के साथ बनाते हैं और वे सभी इसे वहाँ खाते हैं।

और जो चीजें वे वहाँ छोड़ जाते हैं, इन्हें कोई नहीं छूता है। यदि वे उन्हें छूते हैं तो धन बोंगा इनके पीछे पड़ जाएगा। और जिस आदमी पर से बोंगा भगाया गया था, एक साल बीतने से पहले बिलकुल गरीब हो जाएगा। उसकी गाय और भैंस भी मर जाएँगी। उसके धान और चावल भी उड़ जाएँगे, कौन जाने कहाँ! इस घर के निवासी अत्यन्त दरिद्र हो जाएँगे। यह हमने अपनी आँखों से देखा है। अधर्मी धन नहीं रहेगा।

बोंगा द्वारा प्रेत बनाना

हम प्रेत बनानेवाले बोंगाओं से डरते हैं। वे लोगों को आत्मा से दूर करती हैं और वे चीजों को गायब भी कर देती हैं। वे महिला बोंगा होती हैं। वे युवा सन्ताल पुरुषों को प्रेत बनाकर दूर ले जाती हैं। कुछ पानी में रहती हैं और कुछ पहाड़ की गुफाओं में।

बताया जाता है कि उन्हें युवा सन्ताल पुरुष बहुत पसन्द हैं इसलिए वे उन्हें अपने साथ प्रेत बनाकर ले जाती हैं ताकि उनकी उनके साथ शादी हो सके। सन्ताल लड़कियों का रूप बदलकर वे लड़कों को निहारती हैं और उन्हें पानी में नीचे ले जाती हैं, उनके पास राजसी महलों की तरह महल होते हैं और पहाड़ की गुफाओं में भी ऐसा ही होता है। वे उन्हें उत्कृष्ट चावल और शोरबा देती हैं। अगर युवक दुनिया में इन चीजों को उजागर करते हैं तो वे तुरन्त मिट्टी बन जाते हैं। पूर्व में, युवा सन्ताल पुरुषों को बोंगा लड़कियों के साथ बच्चे होते थे। एक बोंगा लड़की एक बार एक युवा सन्ताल आदमी के पास गई। वे लम्बे समय तक एक साथ रहे और उन्हें बच्चे हुए। जब वह प्रेत बन गया तो बोंगा लड़की ने उस युवक से कहा : "जब हम किसी कारण से क्रोधित हो जाएँ और एक-दूसरे से झगड़ा करें या डाँटें, तो तुम मुझे किसी भी चीज से मार सकते हो, लेकिन मुझे अपने पैर से मत मारना।" जब वह दो या तीन बच्चों की माँ बन गई थी, तो वह युवक एक दिन गाय का दूध निकाल रहा था। उस समय बोंगा लड़की अपने बच्चे को स्तन-पान कराते हुए, खलियान के पास खड़ी हुई थी। बच्चा रोने लगा। इस पर क्रोधित होकर युवक ने अचानक उसे लात मार दी। तब बोंगा लड़की बुरी तरह आहत हो गई। वह बहुत रोई। उसी दिन वह बाहर चली गई। युवक ने उसे वापस लाने के लिए बार-बार कोशिश की, लेकिन वह उसे वापस लाने में असमर्थ रहा। जब बोंगा लड़कियों की शादी सन्ताल पुरुषों से होती है तो वे सभी तरह के काम करती हैं, केवल वे गाय के गोबर को नहीं फेंकती हैं और वे नमक के साथ चावल और शोरबा नहीं खाती हैं। यदि वे नमक खाती हैं तो वे गायब हो जाएँगी। कई युवक जो बोंगा लड़कियों के साथ पानी और पहाड़ की गुफाओं में रहते थे, जो वापस आ गए। वर्तमान समय में भी कुछ ऐसे हैं जो जीवित हैं। बोंगा लड़कियों की एड़ी पीछे की तरफ मुड़ी होती है।

बोंगा का प्रकट होना

हमने बोंगा को खुद को प्रकट करते भी देखा है। वे असली जैसे दिखते हैं। लेकिन जैसा कि आप उन्हें देखना जारी रखते हैं, वे गायब हो जाते हैं। पूर्व में बोंगा ने दर्शन दिये हैं और हमें बताते हैं कि हमें क्या करना है। खुद को प्रकट करनेवाले बोंगा को अन्य बोंगा की तरह नहीं पकड़ा जा सकता है। वे बोलते हैं। यदि देश के लोगों या किसी भी गाँव के लोगों ने कुछ भी गलत किया है तो बोंगा खुद को प्रकट करते हैं और उन्हें बताते हैं : "आपने यह गलत किया है, अब आप ऐसा करें; धार्मिक संयम का पालन करें अन्यथा आपके लिए बुरा होगा।"

पिशाच और भूत

भूत और प्रेत भी होते हैं। जो महिलाएँ गर्भावस्था के दौरान मर जाती हैं वे पिशाच बन जाती हैं और जो बच्चे गर्भ में मर जाते हैं वे भूत बन जाते हैं। पारम्परिक रूप से संस्कार किये बिना मर जानेवाले बच्चे भी भूत बन जाते हैं। पिशाच का सिर एक चरखे की तरह घूमता दिखाई देता है और भूत बहुत छोटे होते हैं, वे प्रत्यक्ष रूप से नहीं देखे जाते हैं। जब लोग अकेले होते हैं तो पिशाच उनका रक्त चूस लेते हैं, और भूत एक हजार आकार बदलकर लोगों को भयभीत करते हैं।

हमें विभिन्न मामलों में विश्वास है। लोग कहते हैं : "यदि पति और पत्नी एक-दूसरे का नाम लेते हैं, तो उनके बच्चे बहरे हो जाते हैं।" इसलिए वे एक-दूसरे का नाम नहीं लेते हैं। और अगर एक आदमी और उसके छोटे भाई की पत्नी या एक औरत और उसकी छोटी बहन का पति या उसके छोटे भाई की पत्नी एक-दूसरे का नाम लेकर बोलते हैं, तो मृत्यु के बाद अन्तिम-संस्कार में उनके शरीर नहीं जल पाएँगे। इसलिए वे हमारे बीच एक-दूसरे का नाम नहीं लेते हैं। पति-पत्नी एक-दूसरे को यह कहते हुए बुलाते हैं : "'अमुक' बालक के पिता! (या) माता!" और जब उन्हें अभी तक कोई सन्तान नहीं हुई है तो वे कुछ सामान्य अभिव्यक्ति का उपयोग करके एक-दूसरे को बुलाते हैं।

मृत्यु और अन्तिम-संस्कार

मृत्यु

जब हमारे बीच लोगों की मृत्यु होती है तो हमारी महिलाएँ बेहद रोती हैं। वे बड़ा खेद प्रकट करती हैं। वे चीखती हैं, वे अपनी छाती पीटती हैं, वे धरती पर अपने माथा टकराती हैं। वे विभिन्न शोक गीत गाती हैं।

जब एक माँ मर जाती है तो वे इस प्रकार रोती हैं :

बड़ा खेद है! बड़ा खेद है, मेरे दूध के पेड़!
मेरे दूध के पेड़! ओ माँ! मर गई।
किस रास्ते चली गई?
क्या मैं उसके रूप को देख सकती थी?

बड़े दुख की बात है! अब तक
एक मुर्गी की तरह, उसने हमें अपने पंखों के नीचे छिपाया।
आज, ओ माँ! मुर्गी के बच्चों की तरह,
आज, ओ माँ! तुमने हमें झकझोर दिया और हमें छोड़ दिया।

बड़े दुख की बात है! अब तक
जब हम कहीं से आएँ,
हमारी माँ घर में बैठी रहती थी
मैना के बच्चों की तरह हमें अपनी छाती से लगाती थी।

जब एक पिता मर जाता है तो वे उसी तरह से गाती हैं :

बड़े दुख की बात है! मेरे जीवन के लेखक!
मेरे जीवन के लेखक हमें आज छोड़कर चले गए।
किस दिशा में जा रहे हैं?
क्या मैं अपने जीवन के लेखक के रूप को देख सकती थी?

जब एक पति मरता है तो घर की पत्नी इस प्रकार रोती है :

बड़े दुख की बात है, मुझे छाया देनेवाली छतरी!
मेरी छायादार छतरी, ओ माँ! उड़ गई। किस दिशा में चली गई?
क्या मैं अपनी छाया करनेवाली छतरी के रूप को देख सकती थी?

बड़े दुख की बात है, मेरा साथी कबूतर,
मेरा साथी कबूतर, हमारा जोड़ा टूट गया।
किस दिशा में जा रहा है,
क्या मैं अपने साथी कबूतर के रूप को देख सकती थी?

जब बच्चे मर जाते हैं, तो माँ इस प्रकार रोती है :

बड़े दुख की बात है, मेरा सुग्गा,
मेरा सुग्गा, ओ माँ! उड़ गया।
किस दिशा में चला गया,
क्या मैं अपने सुग्गे के रूप को देख सकती थी?

वे बार-बार अपने दिल के दुख को प्रकट करती हैं। वे दूसरों से सुनी बातें नहीं कहतीं। वे वही कहती हैं जो उस समय उनके दिल में आता है, उसे वे अपने शोक गीत में शामिल करती हैं।

अन्तिम-संस्कार

हम आए दिन लोगों का अन्तिम-संस्कार करते हैं। हम गाँव के मुखिया और उसके सहायक को सूचित करते हैं, और ये दोनों गोड़ैत को एक आदेश देते हैं : "लोगों को एक साथ बुलाओ, हम ऐसे घर में जलाऊ लकड़ी लेकर जाएँगे।" और वे अपने साथ कुल्हाड़ी लेकर जहाँ मौत हुई है उस घर में इकट्ठा होते हैं। उस घर की महिलाएँ हल्दी को पीसती हैं और कपास के बीज और धान को भूनती हैं। पुरुष एक मुर्गे को पकड़ते हैं, एक पुआल की रस्सी में आग लगाते हैं और छप्परों से कुछ घास-फूस निकालते हैं। वे भूने हुए कपास के बीज, धान और घास-फूस को सूप में रखते हैं। घर के लोग मृत व्यक्ति के साथ जो कुछ भेजते हैं उसे वे चारपाई पर रखते हैं, जैसे : कपड़े, एक पीतल का प्याला, रुपये-पैसे, एक युद्ध-कुल्हाड़ी, धनुष और तीर, एक छड़ी, एक बाँसुरी। जब वे यह सब करने की व्यवस्था कर चुके होते हैं तो चार आदमी आते हैं और चारपाई के चारों पायों को पकड़कर वे मृतक को बाहर ले जाते हैं। जब वे उसे आँगन में ले आते हैं, तो वे उसे अपने कन्धे पर बैठाकर गाँव की गली के अन्त में रास्तों के चौराहे पर ले गए। यहाँ उन्होंने उसे थोड़ी देर के लिए नीचे रख दिया।

यहाँ घर की सभी महिलाएँ और गाँव की महिलाएँ तेल और हल्दी से उसका लेप करती हैं, और वे उसके माथे पर एक सिन्दूर का निशान लगाती हैं और भूने हुए कपास के बीज और धान चारपाई के चारों पैरों पर गिराती हैं।

उसके बाद एक ओझा मृतक का उल्लेख करता है, जो कि उल्लेखित मुर्गे के साथ तीन बार घूमता है। अब महिलाएँ घर लौटती हैं और पुरुष, मृतक को अपने कन्धे पर रखकर उस स्थान पर ले जाते हैं जहाँ उनका अन्तिम-संस्कार किया जाना है। अगर आदमी के पास बहते पानी के साथ नीचा मैदान है तो वे वहाँ उसका अन्तिम-संस्कार करेंगे, और अगर वह नहीं है तो एक नदी में। वहाँ वे लकड़ी काटने के बाद उत्तर और दक्षिण में, जलानेवाले अन्तिम-संस्कार की चिता का निर्माण करते हैं। चार कोनों पर वे चार खम्भों को ठीक करते हैं ताकि उसे गिरने से रोका जा सके। इसके बाद वे मृतक के वारिस के हाथ और पैर धोते हैं। वह अपनी आँखों को धोता है और कुल्ला करता है। उसके बाद वाहक मृतक को उठाते हैं और उसे तीन बार चिता के चारों ओर घुमाते हैं; जब वे ऐसा कर चुके होते हैं तो वे उसे चिता पर रख देते हैं। उन्होंने उसका सिर दक्षिण दिशा की ओर कर दिया है।

उसके शरीर के कपड़े, हार, और लुंगी वे ढीली करते हैं; अँगूठियाँ, कान के छल्ले, उसके सभी आभूषण वे उतारते हैं। उसके साथ भेजी गई चीजें वे उससे निकालते हैं और वे उसके गुप्त अंगों को एक शाखा के साथ ढकते हैं, और वे उसके चारों ओर लकड़ी के चार टुकड़े, एक उसके स्तन पर, एक उसके पेट पर, एक उसकी कमर पर और एक उसके पैर पर रख देते हैं। इसे वे ढकनेवाली लकड़ी कहते हैं।

गाँव के लोग चिता के पास खड़े रहते हैं। जिसकी पत्नी गर्भवती होती है, वह कुछ दूर खड़ा रहता है। अब ओझा उन्हें विसर्जित (करने की प्रक्रिया शुरू) करता है, उसके चारों ओर तीन बार मुर्गे को लहराता है। तब वह चिता के एक खम्बे पर मुर्गे को पटकता है और शय्या पर काटकर पीछे हट जाता है। उसके बाद वारिस एक नरकुल-नाल तोड़ता है और मृतक के कपड़े के किनारों के कुछ धागों को खोलकर, वह नरकुल के चारों ओर इसे लपेटता है। इसे जलाकर वह दूसरी तरफ देखते हुए मरे हुए व्यक्ति के मुँह में आग लगाता है। इसे वे 'अग-मुख'[1] कहते हैं।

उसके बाद पहले सभी भाई और चचेरे भाई मृतक पर जलाऊ लकड़ी की एक-एक शाखा फेंकते हैं। उनके बाद सभी गाँव के लोग। फिर वे पाठ करते हैं : "हम सभी ने आपको जलाऊ लकड़ी की एक शाखा दी है। हमें देर तक मत रखो, हवा की तरह जाओ।" इसके बाद वे उसमें आग लगा देते हैं। इसके बाद वे कुछ दूरी पर एक साथ बैठते हैं। यहाँ एक आदमी उनका मुंडन करता है। उन सभी का मुंडन कर दिया जाता है और साथ ही मृतक का अन्तिम-संस्कार किया जाता है। अब वे पानी डालकर आग को बुझाते हैं। जब ऐसा किया जाता है तो वारिस हड्डियों

1. अग का अर्थ है—अग्नि; मुख का अर्थ है—मुँह; अर्थात मुखग्नि देना।

को पानी से धोता है और उन पर हल्दी का पानी और दूध डालता है, और वह उन्हें एक मिट्टी के बरतन में डाल देता है। जैसा कि हम आजकल दमुडा नदी से बहुत दूर रहते हैं, वे केवल खोपड़ी और हँसुली की हड्डियों के तीन टुकड़ों को एक छोटे मिट्टी के बरतन में डालते हैं। इस छोटे बरतन पर वे एक ढक्कन लगाते हैं और उसके बीच में मृत व्यक्ति के साँस लेने के लिए एक छेद होता है। और इस छेद में वे एक खोखला तिनका डालते हैं। इसमें से मृतक बाहर आ जाता है। इसे हल्दी का लेप लगाकर बन्द कर देते हैं। अन्य अस्थियाँ, राख और लकड़ी का कोयला, वे नदी के पानी में बहा देते हैं और उसे वहीं विसर्जित कर देते हैं। जब वे हड्डियों को उठाते हैं, तो वे गाते हैं :

चिता की आग के ऊपर
गिद्ध घूम रहा है;
मेरे पिता की हड्डियाँ
मेरे लिए उठाओ।

यहाँ इसे लो, गिद्ध!
कान में सोना
मेरे पिता की हड्डियाँ
मेरे लिए उठाओ।

उसके बाद वे उस जगह के बीच में एक सूप रख देते हैं जहाँ उसे जलाया गया था। इसके बाद जो लोग उसे यहाँ लेकर आए थे वे चारों ओर उस जगह को खोदते हैं; और जो अन्तिम समय पर वहाँ था वह सूप के टुकड़े कर देता है और उसे छोड़ देता है। फिर एक आदमी पीतल के प्याले में गोबर का पानी लेता है और उसे उन जगहों पर छिड़कता है जहाँ उन्होंने उसे रखा था। वहाँ पर उन्होंने शेष भूने हुए कपास-बीज और धान को उस स्थान पर बिखेर दिया जहाँ उसका अन्तिम-संस्कार किया गया था। और वे इसे कहते हैं : "तब तक ध्यान रखना, जब तक कि मिट्टी को पाट नहीं दिया जाता है। तब तक हम तुम्हें शुद्ध कर रहे हैं।" इसके अलावा, कोई तीन लोग गाँव की गली के अन्त में फूल-हड्डियों वाले छोटे मिट्टी के बरतन को दफनाते हैं। इस स्थान पर वे मिट्टी के बरतन को मिट्टी से ढकते हैं जिसके ऊपर उन्होंने पत्थर से दबाकर पेड़ की छाल लगाई है। इसके बाद वे सभी स्नान करने चले जाते हैं। जब वे स्नान कर चुके होते हैं तो वे गाँव की गली के अन्त में आते हैं और वहाँ खड़े होते हैं। उनके पास कुछ साल का गोंद होता है जो उन्होंने कुछ पेड़ों से उतारा है। एक आदमी आग माँगता है और उसे गाँव से बाहर लाता है। इस आग में वे गोंद को फेंक देते हैं, और वे सभी इसके धुएँ से अपने-आपको सुवासित करके अपने-अपने घर जाते हैं। जिन लोगों को मृतक के साथ भेजा गया था

उन्हें वे एक बधिया बकरी (या सूअर) बेचते हैं और खरीदते हैं, और गाँव के लोग उसी दिन इसे खाते हैं। लेकिन जिस घर में मौत हुई, वहाँ के लोग इसे नहीं खाते।

जब शाम हो जाती है तो बुजुर्ग लोग इस परिवार के लोगों को सान्त्वना देने के लिए मृतक के घर जाते हैं। वे उनसे कहते हैं : "लगातार दुखी मत रहना। वह चला गया, वह खुश है। भविष्य में हमें भी एक दिन जाना होगा। अगर हम लगातार रोएँगे तो हमारा शरीर पीड़ित होगा, हमारा काम भी उपेक्षित होगा। जमींदार हैं, सूदखोर और साहूकार हैं, रिश्तेदार हैं, हमारे अपने पेट और आत्मा है; जब तक हम जीवित हैं, हम निश्चित रूप से खाना-पीना नहीं छोड़ेंगे! इसलिए काम करो; जो करना है करो। फिर दिन-प्रतिदिन अपनी आत्मा को पत्थर-शिला से नीचे रखो।" लोग बताते हैं, वे कहते हैं : "यदि आप दिन-भर रोते हैं तो मृतक को शान्ति नहीं मिलेगी, वे उसके सिर पर थप्पड़ मारेंगे भैंस-बछड़े की तरह। दूसरी दुनिया में वे उससे कहेंगे : 'कृपया आप नृत्य करें, वे आपके लिए गा रहे हैं।' इसलिए देश-भर में विलाप मत करो, नहीं तो वे उसे बहुत कष्ट देंगे।"

मृत्यु के बाद शुद्धीकरण की रस्म

पाँचवें दिन उनका शुद्धिकरण समारोह होता है। वे मृत व्यक्ति के घर में इकट्ठा होते हैं और मुंडन करवाते हैं। घर के लोगों ने चावल को कूट दिया, और वे तीन केक बनाते हैं, उन्हें तेल में तलते हैं। अब गाँव के लोग स्नान करने जाते हैं। वे बालों को धोने के लिए थोड़ी मुलतानी मिट्टी को लेते हैं, तेल, तीन दातुन और तीन या चार पत्तियों पर मुलतानी मिट्टी रखकर वहाँ जाते हैं जहाँ वे स्नान करते हैं। महिलाएँ एक अलग जगह पर जाती हैं। पुरुष मुलतानी और तेल-केक को विभाजित करते हैं जो वे तीन पत्तियों पर स्नान करने की जगह पर लाए हैं, और उन्होंने इनके साथ-साथ दातून की टहनियाँ भी डाल दी हैं। इसके बाद वे इस मिट्टी को बाएँ हाथ से बोंगा को अर्पित करते हैं। वे मंगलाचरण करते हैं। इसके बाद वे पहली मानव जोड़ी को अर्पण करते हैं; वे ऐसा आह्वान करते हैं। अन्त में, वे मारंग बुरु को अर्पण करते हैं वे एक आह्वान करते हैं।

स्नान कर वे घर लौट जाते हैं। महिलाएँ भी आती हैं। मरे हुए की विधवा भीगे हुए वस्त्रों में आती है, और जिस स्थान पर उसका पति मरा था उस स्थान पर वह अपने वस्त्र से जल निचोड़ती है। जब गाँव के लोग भोजन कर चुके होते हैं तो वे फिर से मृतक के घर इकट्ठे होते हैं। फिर वे मरे हुए को आने के लिए कहते हैं। तीन व्यक्ति दैव-ग्रस्त होते हैं, एक मृत व्यक्ति के लिए एक पोरोधोल[1] और एक मारंग बुरु के लिए।

1. पोरोधोल—सफेद बालोंवाला, सृष्टि के पहले आदमी की आत्मा।

जो कुछ बीमार था, जो कुछ बुरा था, उसे स्वीकार किया गया, सूई चुभोई गई। अब वे मृतक से पूछते हैं : "कृपया स्वामी! मृतक! तुम कैसे गए? क्या तुम जिन्दा हुए?" तब वह कहता है : "मैं खुद मरा हूँ।" या यदि चुड़ैलें उसे खा चुकी होती हैं, तो वह कहेगा : "लोगों की नजरों में मेरे लिए कोई स्थान नहीं था। इसलिए मैं चला गया।" अब वे उसे कहते हैं : "क्या तुम पानी के लिए नहीं पूछोगे?" वह उत्तर देता है : "मैं इसके लिए पूछूँगा।" तब वह गाँव के लोगों से पानी माँगता है, और वह अपने परिवार से शुरुआत करता है। सभी उसे पानी देते हैं। इसके बाद वे उसे एक पीतल का प्याला भरकर हड़िया देते हैं। इसके बाद वे मृतक से पूछते हैं : "कृपया, जान लो, हम दामुदा नदी पर जा रहे हैं, रास्ते में पेट दर्द न हो, सिरदर्द न हो।" तब वह कहता है : "युवको! 'ऐसा' करो, तुम्हें कुछ नहीं होगा, तुम हवा की तरह जाओगे, हवा की तरह तुम वापस आओगे।" ये बातें करने के बाद वे सभी वहाँ से चले जाते हैं। इसके बाद वे कूटा हुआ चावल, तीन केक और एक सेर चावल को लपेटते हैं। वे मृत व्यक्ति के कपड़े के एक बटुए की एक साथ सिलाई करते हैं। इसे अपने साथ ले जाकर वे गाँव की गली में पहुँच जाते हैं। महिलाएँ हल्दी के अलावा पीतल के प्याले में पानी लेकर आती हैं। जब वे गाँव की गली के अन्तिम छोर पर पहुँच जाते हैं, तो वे चौराहे पर एक साथ खड़े हो जाते हैं।

अब तीन आदमी फूल-हड्डियों[1] को लाने चले जाते हैं। वे अपने साथ आग ले जाते हैं। जब उन्होंने फूल-हड्डियों को खोद लिया, तो उन्होंने दफनाने की जगह आग लगा दी और दूर आ गए। फिर वे कहते हैं : "बूढ़ी औरत की झोपड़ी जल रही है, अरे!" अब वे सीधे साथ आते हैं, वे पीछे मुड़कर नहीं देखते।

इसे वे बूढ़ी औरत की झोपड़ी जलाना कहते हैं। वे आबनूस की तीन लकड़ी काटकर साथ ले आए।

आबनूस चिपक जाती है। तीनों को एक गट्ठर में बाँधते हैं और इसके ऊपर वे छोटे मिट्टी के बरतन रखते हैं। वे फूल-हड्डियों को निकालते हैं और महिलाओं को पास आने का आह्वान करते हैं। एक पत्ती-दोने से (महिलाएँ) इन पर दूध के बाद, हल्दी का पानी और पानी डालती हैं। मृतकों का वारिस फूल-हड्डियों को पोटली में रखता है जिसके बाद लोग कुछ दूर चले जाते हैं। फूल-हड्डियों को लानेवाले तीनों में से एक आदमी एक आबनूस छड़ी लेता है और फिर वह एक बार अपने बाएँ हाथ से बरतन पर वार करता है। उसके बाद तीनों लोग फूल-हड्डियों के साथ आधे रास्ते पर जाते हैं, यानी एक गाँव की सीमा तक। अन्य लोग स्नान करने के बाद मृतक व्यक्ति के घर वापस चले जाते हैं।

1. जन बाहा, फूल-हड्डी, हड्डी के तीन टुकड़े जो दामुदा नदी में ले जाने हैं। सफेद हड्डी होने के कारण इसे फूल कहा जाता है।

वे एक-दो दोने हड़िया पीते हैं। शाम हो जाती है। वे कुछ मछलियाँ पकड़ते हैं और लाते हैं। जब वे इन्हें ले आए, तो वे उन्हें पकाते हैं। और जब अँधेरा हो जाता है, तो तीन आदमी गाँव की गली के अन्त में चौराहे पर जाते हैं। वे अपने साथ दो-तीन लकड़ी के छोटे-छोटे टुकड़े, थोड़ी-बहुत घास-फूस और आग ले जाते हैं और उनमें से एक आदमी जमीन पर लकड़ी के टुकड़े से बँधे हुए मुर्गे का पैर और पंख खींचता है। जब वे चौराहे पर पहुँच जाते हैं, तो वे एक घर का निर्माण करते हैं, इसे वे घास से बनाते हैं, और जब वे मुर्गे के पैर और पंख को इस घर में फेंक देते हैं तो वे झोपड़ी में आग लगा देते हैं और दूर जाते हैं। वे कहते हैं : "बूढ़ी औरत की झोंपड़ी जल रही है, अरे!" इसके बाद वे सीधे घर लौट आते हैं। जब वे मृत व्यक्ति के आँगन में प्रवेश करते हैं तो वे देखते हैं कि उन्होंने लकड़ी की ओखली में पानी रखा है। इसमें वे अपने बाएँ पैर को डुबोते हैं और आँगन में जाते हैं। उनमें से अन्तिम, लकड़ी की ओखली में अपना पैर डुबोता है और इसे लात मारता है।

अब भोजन करने आए सभी लोग बैठ जाते हैं। परिवार के दो व्यक्ति करम के पत्तों पर भोजन लेते हैं और गाँव के लोग साल की आधी पत्ती की थाली पर भोजन लेते हैं। एक प्याला चावल, एक प्याला शोरबा और एक प्याला पानी एक छोटी टोकरी में रखा जाता है, जिसे मृतक को ले जानेवाली जगह पर ले जाते हैं। परिवार के लोग अपने बाएँ हाथ से खाने का नाटक करते हैं। इस समय गाँव के लोग अपनी अशुद्धता को दूर करने के लिए खस-खस पौधे की जड़ों से खुद पर पानी छिड़कते हैं। उन्होंने जो खाना खाया है उसे दाह-संस्कार के बाद का खाना कहते हैं।

फूल-हड्डियाँ लेने के लिए आधी दूरी पर और दूसरे गाँव की सीमा के भीतर तीन आदमी कुटे चावल और केक खाते हैं। इसके बाद वे फूल-हड्डियों के साथ घर लौटते हैं। घर में वे उनके सामने बैठने के लिए चारपाई और लकड़ी के तख्ते रखते हैं। वे उनके लिए पानी रखते हैं; वे उन्हें प्रणाम करते हैं। इसके बाद वे घर के अन्दर चले जाते हैं। उन्होंने फूल-हड्डियों को एक नये बरतन में डाल दिया और इसे लटका दिया तथा इसे एक सुरक्षित स्थान पर रख दिया। इसके बाद वे उन्हें भोजन देते हैं। इसके बाद गाँव के लोग अपने-अपने घर चले जाते हैं। जब दिन हो जाता है, तो वे लटक रहे बरतन को नीचे लाते हैं जिसमें उन्होंने चावल का दोना डाला था, और यह देखते हैं कि उसने इसे खाया है या वह वहीं है। यदि उसने इसे खाया है तो वे पानी के दोने में एक टुकड़ा ढूँढ़ते हैं और अगर उसने नहीं खाया है तो कुछ भी नहीं है। अब उन्होंने इन चीजों और पत्तलों को एक टूटी हुई टोकरी में रख दिया, जिन पर उन्होंने शाम को भोजन किया था, और उसे गाँव की गली के अन्त में चौराहे पर फेंक देते हैं, जिसमें टोकरी भी शामिल होती है।

दामुदा नदी पर जाना

दामुदा नदी पर जाने का कोई निश्चित समय नहीं है। दामुदा नदी के पास रहनेवाले सन्ताल उसी दिन फूल-हड्डियाँ बहाते हैं जब वे किसी व्यक्ति का अन्तिम-संस्कार करते हैं। कुछ लोग फूल-हड्डियाँ एक महीने बाद दामुदा में बहाते हैं और अन्य लोग पाँच महीने बाद ले जाते हैं, और ऐसे लोग भी हैं जो दो या तीन साल बाद ले जाते हैं जो दूर देश में रहते हैं। वे ज्यादातर नवम्बर के मध्य से दिसम्बर के मध्य के महीने में वहाँ जाते हैं। वे यात्रा के लिए आवश्यक भोजन इकट्ठा करते हैं। वे आवश्यक चीजें भी इकट्ठा करते हैं : एक कपड़ा तीन हाथ लम्बा, पाँच कौड़ी, एक कड़ा, थोड़ा सा सिन्दूर, एक सेर चावल, तीन केक, और चावल। चूँकि वे जंगलों और चोरों के खतरों से डरते हैं, इसलिए केवल किसी गाँव के लोग फूल-हड्डियों को लेने नहीं जाते हैं। दो या तीन गाँवों के लोग, जहाँ मृत्यु हुई है, एक-दूसरे को साथ चलने के लिए आमंत्रित करते हैं और फिर वे जाते हैं, प्रत्येक अपने अलग-अलग फूलों की हड्डियों को साथ ले जाते हैं। बलि के जानवर के कान जिन्हें वे अन्तिम-संस्कार समारोहों में मृतकों को देते हैं, वे काट देते हैं और रक्त को चावल पर टपकने देते हैं, और यह चावल वे फूल-हड्डियों के साथ डालते हैं।

दामुदा में हमारा पहला स्थान गाय घाट है। अगला तिरियो घाट (बाँसुरी वंश स्थान) है, इसके बाद तेलकुपी घाट है। नीचे उतरने के बाद उन्होंने और घाट की व्यवस्था की है, इसे वे हथकुंडा बाँदा घाट कहते हैं।

जब दामुदा नदी पर जानेवाले पुरुष वहाँ पहुँचते हैं तो वे पहले कौड़ियों के साथ नीचे (घाट पर) जाने का अधिकार खरीदते हैं, अर्थात तात्पर्य यह कि वे उन्हें उतरने के स्थान पर रख देते हैं, और वे उतरने के स्थान पर सिन्दूर के तीन निशान बनाते हैं। कड़े को भी नीचे रख देते हैं। इसके बाद वे नदी में उतरते हैं। पहले वे रेत में एक छोटा पुल बनाते हैं। जब वे ऐसा कर चुके होते हैं तो वे नये कपड़े की एक लुंगी पहनते हैं और मृत व्यक्ति का वारिस अपने हाथ में फूल-हड्डियाँ लेता है। जब उसने ऐसा किया है, तो वह एक गहरे कुंड के पानी में चला जाता है, और वह सूर्य-उदय की ओर मुड़ता है तथा एक बार हड्डियों को खून लगे चावल के साथ-साथ तैरने देता है। जब वह नहाया हुआ होता है तो वह छोटे कुंड में वापस आता है। अब वह दूसरे कपड़े पहनता है। उतारे जानेवाले कपड़ों और कड़े को वहाँ का डोम ले जाता है।

इसके बाद वारिस मुलतानी मिट्टी अर्पण करता है। पहले वह तीन पत्तियों और तीन दातुन और मुलतानी मिट्टी को रखता है। जिन्हें उसने मार्ग में तोड़ा था और साथ लाया था वह वे पत्तियाँ भी अर्पण करता है। इसके बाद वह एक आह्वान करता है : "अभिवादन करता हूँ! जो बुझ गया है, वह नीचे गिर गया है,

यहाँ मैं तुम्हारे लिए अन्तिम-संस्कार कर रहा हूँ, मैंने स्नान किया है और अपने बाल धोए हैं, हो सकता है तो तुम भी स्नान करो और अपने बाल धो लो।" इसके बाद वह पिलकु हड़ाम और पिलकु मांझी को मुलतानी अर्पण करता है। वह आह्वान करता है : "पिलकु हड़ाम! पिलकु मांझी! मैंने स्नान किया और अपने बाल धोए। आप भी स्नान कर सकते हैं और अपने बालों को धो सकते हैं।"

इसके बाद वह तीन पत्तियों पर कुटे चावल के छोटे-छोटे ढेर लगाता है और हर पत्ती पर वह एक केक रखता है। उसके बाद वह पूजा करता है, उसी तरह का आह्वान करता है। फिर वह खुद और उसके गाँव के लोग जो उसके साथ आए हैं, चूड़ा और केक खाते हैं। दूसरे लोग भी उसी तरह से काम करते हैं। कुटे हुए चावल और जो चावल बोंगा को चढ़ाए गए थे, उन्हें डोम ले जाते हैं। जब वे घर लौटने लगते हैं तो वे दामुदा नदी में तीन बार 'हरिबोल' करते हैं और वापस लौट जाते हैं। जब वे घर आते हैं, तो उनके घर के लोग गाँव के मुखिया और उनके सहायक को बुलाते हैं और इन दोनों को हड़िया देते हैं और उन पुरुषों को भी जो दामुदा नदी से लौटते हैं। वे एक-दूसरे का हाल-चाल पूछते हैं। इसके बाद वे अलग हो जाते हैं।

अन्तिम-संस्कार की अन्तिम रस्म

मृत्यु के सम्बन्ध में भन्दन हमारा अन्तिम कार्य है। अन्तिम-संस्कार समारोहों के द्वारा हम मृतक व्यक्ति के साथ सम्बन्ध बनाते हैं। हम हड़िया पीते हैं, हम एक दावत के लिए आवश्यक सभी सामान प्रदान करते हैं। नियत दिन रिश्तेदार और गाँव के लोग साथ आते हैं। हम सिर मुँडवाते हैं, हम स्नान करते हैं और वापस आते हैं। शाम को हम मृतक व्यक्ति, पूर्वजों और मारंग बुरु को आने के लिए कहते हैं। तीन व्यक्ति दैव-ग्रस्त हो जाते हैं जब वे अन्दर प्रवेश करते हैं, तो हम उनसे पूछते हैं : "कृपया, मालिको! जैसा कि आप देख रहे हैं कि आज हम यहाँ दावत दे रहे हैं। नीचे एक हिस्सा उसका और एक हिस्सा आप दोनों—मारंग बुरु और पोरोधोल का। उसका ध्यान रखना, जो कुछ उसका है, उसका ध्यान रखना।" वे दोनों कहते हैं : "अच्छा, ठीक है।" उसके बाद हम मृतक से कहते हैं : "ध्यान रखना, हम आपको दे रहे हैं, अपना हिस्सा, अपना हिस्सा आज आपको सौंप रहे हैं। इसे प्राप्त करो, इसे खुशी के साथ, खुशी के साथ स्वीकार करो।" वह कहता है : "अच्छा, ठीक है।" इसके बाद वे उन्हें पानी और हड़िया देते हैं। वे पीते हैं।

आँगन में वे साल वृक्ष की एक शाखा लगाते हैं। वहाँ वे गाय के गोबर से लीपते हैं; और चावल के साथ पत्तल रख देते हैं। इसके बाद वे उस जानवर की बलि देते हैं जिसके कान काटकर वे दामुदा नदी पर ले गए थे। इस समय वे एक आह्वान करते हैं :

"यहाँ तो, तू (मृत व्यक्ति) और इसलिए, तेरा हिस्सा, तेरा हिस्सा हम तुझे सौंप रहे हैं। तू उसे प्राप्त करता है, उसे प्रसन्नता के साथ स्वीकार करता है। हो सकता है कि तुम इस पर गर्व करो, यह महान पिता! मेरे इस जीवन पर विचार करो। (वह एक बोंगा बन गया है, क्या ऐसा नहीं है?)" सभी रिश्तेदारों और गाँव के लोगों ने, एक ही तरह का आह्वान करते हुए अपने साथ लाए हुए बलि के जानवरों का बलिदान दिया (वे भी हड़िया ले आए हैं)। वे अन्य बोंगाओं को बलि नहीं देते हैं। और वे उसके लिए एक तर्पण के रूप में हड़िया डालते हैं। वे एक आह्वान करते हैं : "देखभाल करें, इसके बाद हम आपको बाहर कर रहे हैं, आपके लिए पानी दे रहे हैं। हो सकता है कि आप प्रसन्न हों, भगवान इससे सहमत हों, मेरे पिता, ठाकुर!" मारंग बुरु और पोरोधोल के लिए भी वे हड़िया का तर्पण करते हैं, उसी तरह से आह्वान करते हैं।

तब वे गाते हैं और बलिदान किये गए जानवरों को काटते हैं। जिस जानवर को वे पहले काटते हैं, उसका एक अग्रभाग रखते हैं, और सिर और जिगर और फेफड़े वे घर में मालिकों को बलिदान के उद्देश्य से देते हैं, और गरदन का भाग वे काटकर अलग रख देते हैं। अब गाँव के लोग घर के मालिक के घर से एक मिट्टी के बरतन में हड़िया, साढ़े तीन सेर चावल, तीन जोड़ा हल्दी, नमक, तम्बाकू, पत्तियों का एक गट्ठर, पुआल के टुकड़े, एक गट्ठर जलाऊ लकड़ी, लोहे के गल्ले लाते हैं, एक संकीर्ण मुँहवाले घड़े में रखते हैं, उसके साथ चक्कर लगाते हैं :

"फिर, जैसा कि यहाँ देखा गया है, हमारे इतने सारे ग्राम प्रधान, माननीय पिता! हमने बुलावा भेजा, हमने आमंत्रित किया, आप आए, आपने हमें इन्तजार नहीं करने दिया और ऊबने नहीं दिया, माननीय पिता! फिर, सम्मानजनक पिता! 'अमुक' गाँव के मुखिया, जैसा कि यहाँ देखा जाता है, जिस दिन हमने उनका मुंडन किया है, उनके कपड़े धोए हैं, हमने स्नान किया है, अपने बाल धोए हैं। जैसा कि हमारे यहाँ देखा जाता है, हमारे सारे ग्राम प्रधान, माननीय पिता! हमारे पास राख से भरा हमारा सिर था, हमारा मुँह खून से भरा था, सम्मानजनक पिता! हमारे कन्धे जलाऊ लकड़ी से भरे हुए थे, हमारे दिन के लिए, और इसलिए ग्राम प्रधान, माननीय पिता! आपने हमें धान-पक्षियों की तरह सफेद बनाया है, हम कौवे की तरह थे। आप अपने पैरों पर चलकर आए। जहाँ तक सम्मान का सम्बन्ध है, हमारे अन्दर कमियाँ हैं, बैठने के लिए तख्ता है, एक ऊँचा बरामदा है, इस सम्बन्ध में भी हमारे पास कमी है, माननीय पिता! एक दोना पानी और एक दोना तम्बाकू की हमारे पास कमी है, माननीय पिता!... हमारे पास हर चीज की कमी है। इस सम्बन्ध में अपने गाँव के लोग हमारे लिए खेद प्रकट करते हैं, अर्थात ये दोस्त कहाँ रह सकते हैं, कहाँ रखे जा सकते हैं, हम इन चीजों को चाहते हैं, ये सभी उन्होंने हमारे लिए खरीदी।"

गाँव के लोग तब जवाब देते हैं : "शोक मनानेवाले लोग पहले से ही सोमा की तंग घाटी में, पतली रेत पर आगे बढ़ चुके हैं। आप इसके बजाय कहते हैं : 'ये मित्र, जहाँ इन्हें बसाया जा सकता है, रखा जा सकता है; रस्म द्वारा अनुमोदित नहीं होने पर उन्हें मंजूरी दी गई है; जो उपयोग उन्होंने नहीं किया है; वे कई महान चीजें हैं जिन्होंने मुझे साफ किया, मुझे जुर्माना लगाया; इन चीजों को नहीं दिया जाना चाहिए; इस मामले पर विशेष रूप से दुखी होना चाहिए।'" तब वह उत्तर में कहता है : "शोक करनेवाले, पिता! पहले से ही सोमा की संकीर्ण घाटी में मगरमच्छों के लिए गए थे।"

अब वे गाँव की गली में चावल, हड़िया, पानी, सब लाते हैं। इसे ग्राम परिषद के लोग खाते-पीते हैं। जिगर और फेफड़े और सिर को चावल के साथ पकाकर शोरबा बनाया जाता है। प्रांगण में, जहाँ वे जानवरों को मारते हैं, वहाँ वे मृत व्यक्ति को बलि अर्पण करते हैं। वे एक आह्वान करते हैं : "तब नमस्कार किया जाता है! और इसलिए, भोजन, पकाया हुआ चावल तुम्हें दिया जा रहा है, खुशी के साथ, खुशी के साथ आप इसे ग्रहण करते हैं, इसे स्वीकार करते हैं; हो सकता है आप इससे प्रसन्न हों, हो सकता है कि आप इससे सहमत हों। हम भी खाएँगे, अपने मुँह में डालेंगे; पेट दर्द हो सकता है, सिरदर्द हो सकता है, भगवान!, मेरे पिता! हमारी रक्षा करना!"

इसके बाद शोरबा तैयार करने के लिए बलि दिये गए जानवरों को काट दिया जाता है। रिश्तेदारों द्वारा बलि के लिए लाए गए जानवरों को वे दो समान भागों में काटते हैं। एक हिस्सा वे गाँव के लोगों के लिए काट देते हैं और एक हिस्सा वे अलग रख देते हैं। जब चावल और शोरबा तैयार होता है तो वे सभी, छोटे और बड़े एक साथ मिलकर खाते हैं। जब वे भोजन कर लेते है तो वे लेट जाते हैं। अन्तिम-संस्कार समारोहों में युवक और युवतियाँ नृत्य नहीं करते हैं। जब दिन हो जाता है, तो वे रिश्तेदारों को कुछ पत्ती-दोना हड़िया और भोजन भी देते हैं। जब वे इसे खा लेते हैं तो उन्हें अलविदा कहते हैं। वे उनके साथ बलि के जानवरों का अग्रभाग ले जाते हैं। यदि सह-माता-पिता अन्तिम-संस्कार समारोहों में आए हैं, तो वे बलि के जानवरों के अलावा अपने साथ दो बरतन हड़िया, दो सूली[1] चावल, दो सूली चपटा किये चावल, नमक और तेल ले जाते हैं। जब वे इनको अलविदा कहते हैं, तो घर के मालिक एक बार उनके लिए एक बकरी को मार देते हैं केवल सामनेवाला चौथाई हिस्सा और सिर वे रखते हैं। एक सूली चावल, एक सूली चपटा और पका हुआ चावल, एक दोना हड़िया, नमक, और तेल वे अपने साथ ले जाते हैं। वे उन्हें विदा करते हैं।

---

1. सूली—20 आधे सेरों का माप है।

जब रिश्तेदार विदा हो गए, तो उन्होंने गाँव के मुखिया और उनके सहायक और गाँव के एक-दो लोगों को साथ बुलाया और उन्हें भेंट की हुई हड़िया दी। गरदन का हिस्सा जो उन्होंने रखा है, एक सेर चावल, एक सेर और चपटा चावल, हल्दी, नमक, तम्बाकू की जड़ की तीन शाखाएँ और एक छोटा सा घड़ा जिसमें वे हड़िया भी रखते हैं, नाई को मिलता है। उसके बाद वे उससे बात करते हैं : "यहाँ देखो, पिता! तुम नाई हो, बारह साल से हमारे पास अस्वच्छता थी, हम जैसे थे, वह बकरियों की तरह बकरियों के बाल उगाते रहे, इस अस्वच्छता को तुमने ले लिया और हमसे दूर कर दिया यदि, आप कहीं और होते, हम जानते हैं कि आपको मजदूरी के लिए काम करके कितना कुछ मिल सकता है, जैसा कि यहाँ देखा गया है, हमने आपको समय गँवाने के लिए बाध्य किया है, हमने आपको किसी भी चीज से सन्तुष्ट नहीं किया है, इस महापाप के लिए आप विशेष रूप से दुखी होंगे।" वह जवाब देता है : "शोक करनेवाले पहले से, पिता के पास, सोमी की संकीर्ण घाटी में, अग्रिम रूप से चले गए हैं।" फिर वह अपने साथ अपने घर और गाँव के मुखिया और उनके सहायक और उनके साथ जानेवालों को ले जाता है।

जब किसी व्यक्ति की मृत्यु हो जाती है, तो इस घर के लोग कोई भी बलिदान नहीं करते हैं, जब तक कि मृतकों के लिए अन्तिम-संस्कार समारोह नहीं हो जाते; न ही वे स्वयं पर सिन्दूर का उपयोग करते हैं, वे हड़िया का तर्पण नहीं करते हैं, न ही उनकी कोई शादी होती है।

लोग कहते हैं, यह बताया जाता है : "अन्तिम-संस्कार समारोहों में वे मरे हुए लोगों के लिए गायों, बकरियों, सूअरों, मुर्गे का बलिदान करते हैं क्योंकि मरे हुए लोग इन सभी के साथ भटकते हैं और दूसरी दुनिया में उनकी देखभाल करते हैं।"

दूसरी दुनिया के बारे में

हमारे पूर्वजों ने कहा है : "ठाकुर ने हमें दुनिया में भेजा है। उसने खुद ही हमें एक द्रष्टा दिया है और जब यह हमारे लिए समाप्त हो जाता है तो वह हमें दूसरी दुनिया में ले जाता है। वहाँ वह हमारे अच्छे और बुरे कामों के बारे में फैसला करता है और हमें उसके मुताबिक जगह देता है। वे जो अच्छे थे उन्हें वहाँ एक अच्छी जगह मिली और जो इस दुनिया में बुरे थे, उन्हें एक बुरी जगह मिली। बोंगा या पहाड़-आत्माओं का अच्छे लोगों पर कोई अधिकार नहीं है लेकिन जो लोग बुरे थे, उन्हें भयानक प्रताड़ना है।" जब मैं पड़रा देश के असोनली गाँव में रहता था, तब बीमार होने के बाद मैं तीन दिनों के लिए मर गया था। बूढ़ा बुधन और बूढ़ा जुगिया, जो अब चित्रगड़िया में हैं, उस समय उस गाँव में रहते थे। वे दोनों यह जानते हैं। जब मैं मर गया, तो मैं दूसरी दुनिया में, एक बुरी जगह पर चला गया। उस कारागार में एक बहुत बड़ा दरवाजा था। जैसे ही मैं अन्दर गया, उन्होंने दरवाजा बन्द कर दिया। मैंने एक बहुत बड़ा घर देखा, एक देश-जैसा बड़ा। मैंने विभिन्न प्रकार के कष्टों के लिए स्थानों को देखा। मैंने खाना पकाने के लिए एक विशाल खाई की तरह एक गुफा देखी। इसमें आग लग गई, और इस अग्नि-गुफा में अनगिनत लोगों को नीचे फेंक दिया गया। हाथों और पैरों पर चढ़कर वे इससे उठने और निकलने की कोशिश कर रहे थे लेकिन मारंग बुरु उन्हें लोहे के मछली-भाले से घोंप रहे थे जिससे वे सभी लोग पीड़ित हो रहे थे।

लोग कहते हैं, यह बताया जाता है कि "इस दुनिया में उन्होंने जो विभिन्न प्रकार के पाप किये हैं, वे दूसरी दुनिया में भी पाप करने की भयानक इच्छा रखते हैं। लेकिन उन्हें पाप करने का मौका नहीं मिलता, जिससे वे वहाँ बहुत कष्ट महसूस करते हैं। वे जो इस दुनिया में मांस को बहुत पसन्द करते हैं, इन व्यक्तियों को, यह बताया जाता है, दूसरी दुनिया में दिन-भर अपने सिर पर मांस ढोना पड़ता है, जिससे अप्रिय गन्ध आती है, यह एक बड़ी तेज गन्ध है; वे उसे खाने में असमर्थ हैं। वे जो इस दुनिया में नहीं हैं, जो अपने ऋण का भुगतान करने से पहले (दुनिया) छोड़ देते हैं, उनसे वे दूसरी दुनिया में भुगतान की माँग करते हैं और जैसा कि उनके पास भुगतान करने के लिए कुछ भी नहीं है, वे उनकी पीठ की खाल उतारते हैं

और वहाँ नमक बोते हैं, और जब यह ठीक हो जाता है तो वे उनके साथ फिर से ऐसा करते हैं।" (पूर्वजों के शब्द समाप्त हो जाते हैं।)

मैंने बुकु गुरु से सीखा है जो पड़रा देश के पबीया गाँव में रहते थे, और मैंने आप दोनों केराप साहेब[1] और बूढ़े जुगिया को अपना शिष्य बनाया है। आप दोनों गुरु बन चुके हैं, तो देश में दूसरे लोगों को शिष्य बनाओ, ताकि हमारे शब्द कहीं गुम न हो जाएँ। ये पीढ़ी-दर-पीढ़ी आगे बढ़ने चाहिए।

हम, चित्रगड़िया के केराप साहेब और जुगिया हड़ाम ने, ननकार में अपने पूर्वजों के शब्दों को लिखा है जिन्हें हमारे वृद्ध गुरु कोलियन ने 15 फरवरी, 1871 में हमें मूल दस्तावेजों के अनुसार बताया था।

वृद्ध गुरु अब नहीं रहे। इसलिए यहाँ हम नीचे कुछ ऐसी बातें लिखते हैं जो उस समय नहीं लिखी गई थीं : चम्पा में सन्तालों के बारह गोत्र फिर से विभाजित हुए, प्रत्येक गोत्र आगे बारह उप-गोत्रों में विभाजित हुआ। सन्ताल अपने स्वयं के गोत्र में शादी नहीं कर सकते, और न ही उनकी माँ या चाची या पत्नी के भाई या पिता की बहन के गोत्र में और न ही उनके बच्चों के गोत्र में।

कम्पा लोगों की तरह किस्कू गोत्र और मरांडी गोत्रों में एक-दूसरे के विरुद्ध दुश्मनी हो गई। वे आज भी आपस में शादी नहीं करते, और टुडू गोत्र और बेसरा गोत्र के लोगों के बीच दुश्मनी है, इसलिए वे आज भी आपस में शादियाँ नहीं करते। यदि वे उनके साथ जबरदस्ती करते हैं तो वे साथ नहीं रह पाते।

बेनागरिया, 5 अगस्त, 1887

—एल.ओ. स्क्रेफ्स्त्रड
जुगिया हड़ाम

1. स्क्रेफ्स्त्रड साहिब का सन्तालियों के बीच, प्रचलित नाम। सही नाम के उच्चारण में विरूपण से ऐसा हुआ है।

वृद्ध जुगिया द्वारा अतिरिक्त वर्णन

हिन्दुओं के उत्पीड़न और भोजन की कमी के कष्ट के कारण, जब हमने अजाई नदी को पार किया था, तो हम समय बीतने के साथ-साथ उत्तर और पूर्व की ओर फैल गए, उत्तर-पूर्व में पहाड़ों से लेकर गंगा नदी तक। उस समय केवल जंगल था, तथा यहाँ और वहाँ भुइयाँ व पहाड़ी पर सबसे अधिक मर मुंडा थे। मुंडाओं को वे सौरिया भी कहते हैं। उस समय भुइयाँ[1] और मर मुंडा[2] जमींदार थे। उन्होंने हमें शान्ति से जमीन लेने की अनुमति दी, और उन्होंने हमसे बहुत कम किराया लिया। उनके अधीन हम सब पर कोई संकट नहीं था। लेकिन समय बीतने के साथ, हिन्दुओं ने व्यापार में प्रवेश किया और अन्त में वे साहूकारों के रूप में बस गए। वे जमींदारों को पैसे उधार देनेवाले भी बन गए। जमींदारों ने उनसे पैसे और कपड़े उधार लिये और सुरक्षा के रूप में देश को दे दिया। इस तरह धोखे से हिन्दू साहूकारों ने उनसे देश प्राप्त किया, वे खुद जमींदार बन गए, और असली जमींदार गरीब बन गए और हमारे जैसे हो गए। पहाड़ी देश के तलहटी पर रहनेवाले हिन्दू जमींदारों ने भी मर मुंडाओं की जमीनों पर कब्जा कर लिया।

हमने नये जमींदारों के लिए अपने खर्च पर पहाड़ी देश और वन साफ किया क्योंकि वे पैसे उधार देनेवाले बन गए थे, और उन्होंने धीरे-धीरे हमारे लिए भूमि-किराया बढ़ा दिया। मुद्रा-उधारकर्ता हमें बहुत कम मात्रा में देते हैं, और वे बहुत अधिक लेते हैं। वर्ष की फसलें वे हमसे छीन लेते हैं और हम फिर से उनसे ऋण प्राप्त करके गुजारा करते हैं। हालाँकि हम बहुत भुगतान करते हैं, फिर भी इसे खत्म नहीं किया जाता है। यदि वे वर्ष की फसलों से सन्तुष्ट नहीं हैं तो वे हमारे मवेशियों को छीन ले जाते हैं। और अगर वे इसके बावजूद भी सन्तुष्ट नहीं होते हैं तो वे हमें, पत्नी और बच्चों को अपने साथ ले जाते हैं और दास के रूप में रखते हैं। उस समय कोई न्यायाधीश नहीं थे। हम किससे शिकायत कर सकते थे? बाद में हिन्दू पुलिस आ गई। लेकिन ये हमारे मामलों को खारिज कर देते हैं, अपनी जाति का पक्ष लेते हैं। हमें बहुत कष्ट हुआ। पूरे देश के साथ हम हतप्रभ रह गए।

1. एक अर्ध-हिन्दू जाति जो सन्तालों के पास इधर-उधर रहती है।
2. सन्ताल परगना के ऊपरी भागों में पहाड़ियों पर रहनेवाली एक द्रविड़ जनजाति।

फिर अलग-अलग अफवाहें उड़ीं। पहले यह : 'दो लाग लागिन[1] आ रहे हैं। वे लोगों को निगल लेंगे।' प्रतिकूल प्रभाव को दूर करने के लिए पाँच गाँवों के पुरुष एकत्र हुए और एक रात के दौरान पाँच अन्य गाँवों में चले गए, धार्मिक रूप से बहुत संयमी होने के कारण। हमारे गाँव में पाँच गाँव के लोग आए, एक आदमी हर अलग घर में। गाँव के मुखिया के घर के बाहर गाँव की गली में उन्होंने नगाड़े बजाते हुए नृत्य किया। अपनी कमर पर उन्होंने लकड़ी की घंटियाँ और छोटी धातु की घंटियाँ बाँधी थीं। जैसा कि वे झूम रहे थे, इससे एक भयानक आवाज आ रही थी। दो युवा अविवाहित पुरुषों ने दो बार जन्मे (द्विज) लोगों के पवित्र सूत्र को धारण किया था, और वे लगभग दो बहुत छोटे हल चला रहे थे जिन पर सिन्दूर का लेप लगाया गया था, ये नीम और बेल के थे और एक छोटी सी सपाट टोकरी में डाल दिये गए थे। जब वे अपने पाँच गाँवों में घूम लिये, तो उन्होंने हमें पाँच गाँवों के अन्तिम गाँव के बाहर खुले मैदान में इकट्ठा किया। वहाँ उन्होंने बेल के पत्ते, धूप में सुखाए गए चावल और तेल और सिन्दूर को लाग लागिन के नाम से चढ़ाया। हमने पवित्र धागे दो बार जन्मे दो अविवाहित युवाओं को लौटा दिये। हमने लाग लागिन के नाम पर अर्पण किया और उन्हें गीत सिखाकर घर लौट आए। जब हम घर पहुँचते तो हम लोगों ने गाय के गोबर से आँगन को लीपा और हमने एक बड़ा बरतन हड़िया के लिए खरीदा। हमारी महिलाओं अर्थात हमारी माँओं और बच्चों ने पूरी रात जमीन पर पैर नहीं रखा। उन्होंने अपनी चारपाई के पास गाय का गोबर रख लिया और उस पर पैर रखते हुए अपने बच्चों को दूध पिलाया।

इसके बाद उन्होंने फिर से एक अफवाह शुरू की, अर्थात 'जिन महिलाओं को सम संख्या में बच्चे मिले थे, उन्हें दो और दो का आदान-प्रदान करना चाहिए, जोड़े को एक-दूसरे को कपड़े देने चाहिए, और सभी को खाना-पीना चाहिए।' पता नहीं क्यों। शायद इस क्रम में कि सभी सम्बन्धित हो जाएँ और फिर एक मन के हो जाएँ ताकि यदि कोई विद्रोह उठता है तो उन्हें एक-दूसरे के बारे में किस्से न बताएँ, और अगर कुछ हुआ, तो वह छिपा रह सकता है।

इन दोनों अफवाहों का दौर चला। फिर से एक और मामला अफवाह बन गया था, 'भैंस, गाय आ रही हैं। जहाँ उन्हें किसी के घर के बाहर गाँव की गली में घास मिल सकती है, वहाँ वह चरने लगेंगी और लेट जाएँगी। वह तब तक नहीं उठेंगी जब तक उस घर के लोगों की मौत नहीं हो जाती।' यह सुनकर हमारे लोगों ने अपने गाँव के रास्तों से घास को साफ कर दिया।

फिर डोम के बारे में अफवाह फैली। अर्थात 'गंगा नदी में एक डोम ने सुनहरी नाव को छू लिया, जिससे वह नाव डूब गई; इसलिए वे डोम को मार देंगे।'

1. नाग-नागिन का बंगाली रूप, शानदार साँपों की जोड़ी।

ये सुनकर डोम जंगल में हिरणों की तरह भाग रहे थे। उन्होंने सन्तालों की तरह आभूषण और कपड़े पहने और सन्तालों के घर में पनाह ले ली।

तब यह अफवाह फैली कि 'लेयो किले में एक अविवाहित लड़की ने एक सूबा[1] को जन्म दिया है। सभी लोगों को वहाँ उनकी तलाश में चलना चाहिए।' लेयो किला[2] हजारीबाग के पश्चिम में है। कुछ लोग गए। उन्होंने सूबा को देखा और साथ ही उन्होंने कंचन जंगल में शिकार किया। वे वहाँ से हिरणों को लाए और वहाँ लाकर उन्हें काटा। लोग अपने साथ अपना एक पत्ता लेकर आए, अपने हिस्से के लिए। उन्होंने इन पत्तों को गिना और उन्होंने देखा कि कितने हजार ग्रामीण लोग आ गए थे। सूबा ने सभी का भुगतान किया। जब हम जानेवाले थे तो सूबा ने हमें कहा : "हम तिर पर्वत पर शिकार करेंगे जो देवगढ़ के पास है। वहाँ इकट्ठे हो जाओ।" लेकिन किसी कारण से उन्होंने वहाँ शिकार नहीं किया।

इसके बाद यह अफवाह फैली कि 'कुछ लोग हिन्दुओं को मारने आ रहे हैं। जहाँ तक आपका सम्बन्ध है, गाँव की गली के सिरे पर एक बैल की खाल और एक जोड़ा बाँसुरी लटका दो ताकि वे जान जाएँ कि आप सन्ताल हैं; अन्यथा वे दूसरों के साथ तुम्हें भी मार देंगे।' इस डर से हमने हर गाँव में ये चीजें टाँग दीं।

तब यह सुना गया, कि 'पार[3] देश में भोगनादी के पास एक सूबा ठाकुर दिखाई दिया है।' यह सुनकर देश के लोगों ने जाना शुरू कर दिया, प्रत्येक अपने साथ एक आधा सेर धूप में सूखे चावल और गाय के दूध को ले गया। वहाँ उन्होंने देखा कि उन्होंने एक वेदी बनाई थी, और उन्होंने एक बाड़ लगा दी थी। बीच में ठाकुर, सिदो के रूप, में बैठा था। देश के लोगों ने उनकी पूजा करने से पहले उनके सामने नतमस्तक होकर उन्हें अपने-आपको समर्पित कर दिया, उसी स्थान पर उनके नाम पर चावल और दूध लाए। तभी अदालत से एक पुलिस हेड-कांस्टेबल आया। उसने उनसे कहा : "आपके पास क्या आदेश है? इसके साथ मैं आपके अधिकार को देखना चाहता हूँ।" तब सिदो ने कहा : "देखो, यहाँ मेरा अधिकार है!" और एक चाकू से उसने उसे मार डाला। फिर विद्रोह शुरू हुआ। जब उन्होंने सुना कि उन्होंने हेड-कांस्टेबल को मार दिया है, तो सैनिक आए। कोकपारा बाजार में उन्होंने सिदो और उसके भाई कानू और देश के लोगों के खिलाफ लड़ाई लड़ी। सैनिकों को मार दिया गया, इसलिए सिदो और कानू और उनके दल की हिम्मत बहुत बढ़ गई। तब सिदो और कानू ने एक आदेश दिया : "जमींदारों और सूदखोरों में हम हर एक को मार डालेंगे, और दूसरे दिकुओं को

---

1. सूबा (सूबा ठाकुर) का प्रयोग एक प्रेरित नेता के रूप में।
2. लेयो गढ़ पश्चिम में उन जगहों से बहुत दूर था जहाँ सबसे ज्यादा विद्रोह हुआ था।
3. जुगिया द्वारा वर्णित अधिकांश स्थान परगना के बड़े मानचित्रों पर पाए जा सकते हैं। पार देश इस जिले के उत्तर-पूर्वी भाग में है।

हम गंगा के दूसरी तरफ भगा देंगे। राज हमारा होगा।" फिर देश के लोग पागल हो गए। कई सूबा ठाकुर प्रकट हुए।

अब पाकुड़ और महेशपुर में लड़ाई हुई; यहाँ भी सैनिकों को मार दिया गया। इसके बाद जामोलपानी से मणि परगना और ननकार में बरमसिया से राम मांझी सूबा बने। इन दोनों ने देश के लोगों के साथ नारनपुर और मालुटी को लूटा। बेलपर्ता में तिलबानी से बिनुद मांझी एक सूबा बन गया और देश के लोगों के साथ उसने देओचा और गनपुरा को लूट लिया। गनपुरा से सन्ताली लोग भाग गए। इसके बाद उनका नांगोलिया पुलिस स्टेशन में झगड़ा हुआ। वहाँ बड़ी संख्या में सन्ताल मारे गए। वहाँ से वे मोर नदी के दूसरी तरफ लूबाजइया में लड़े। यहाँ कई सैनिक गिरे और एक यूरोपीय भी मारा गया। काफी संख्या में सन्तालों को गोली मार दी गई। सन्ताल प्रबल नहीं हो सके। सन्ताल सप्तोला के जंगलों में भाग गए। यहाँ वे लगभग दो महीने तक रहे, सितम्बर के मध्य से नवम्बर के मध्य तक। यहाँ सन्तालों ने भोजन की कमी के कारण एक-दूसरे को लूटा। उसके बाद यूरोप के लोगों ने हमें घेर लिया। और उन्होंने हमें सिकरपुर और रामखुरी गाँवों तक खदेड़ दिया।

हम लोगों को उन्होंने पकड़ लिया और हम में से हर एक को जमींदार के गाँव धसानिया में ले गए, यही कहना था, इतने लोगों ने उन्हें पकड़ लिया। एक महीने तक हमें यहाँ रखने के बाद वे हमें मोर नदी के पास कुमाराबाद ले आए। उस समय यूरोपियों ने हमें फुसलाया, उन्होंने हमसे कहा : "तुम क्यों भुगतोगे? बताएँ कि सूबा कौन हैं? तब हम आपको इस क्षण मुक्त कर देंगे।" तब देश के लोगों ने बताया कि वे कौन हैं। यूरोपीय लोगों ने सूबा को पकड़ लिया। उनमें से कुछ वहाँ लटका दिये गए और कुछ को उन्होंने अंडमान पहुँचा दिया। इस बीच सिदो की लड़ाई में मृत्यु हो गई थी, और कानू व उनके अनुयायियों को उन्होंने बाद में पकड़ लिया। उन्होंने कानू और कुछ अन्य लोगों को फाँसी दे दी, और कुछ को वे अंडमान द्वीप पर ले गए। राम मांझी और बिनुद भाग निकले। उसके बाद हम वापस अपने-अपने गाँव लौट आए।

विद्रोह के दौरान हम गम्भीर रूप से पीड़ित हुए। पूरी तरह से तीन महीने जून से जुलाई के मध्य तक हम पेड़ों के नीचे और पहाड़ियों में रहते थे। बारिश लगातार हम पर बरस रही थी, और हम भूख से मर रहे थे। विद्रोह के दौरान हममें से कई ने अपने मवेशी खो दिये। इसलिए जब हम अपने गाँव लौटे तो हमें बहुत तकलीफ हुई। हल-मवेशी नहीं थे, खाने के लिए कुछ नहीं था और दिकुओं ने हमें बहुत परेशान किया। हमें फिर से उन्हीं साहूकारों के हाथों में पड़ना पड़ा। कुछ लोग, अन्य लोगों की गायों और भैंसों पर गैर-कानूनी रूप से कब्जा करके विद्रोह के दौरान अमीर बन गए।

विद्रोह के बाद से यूरोपीय लोग सन्ताल देश में दिखाई दिये। पहले तेलबर साहब हमारे न्यायाधीश थे। उस समय उन्होंने बिना पैसे वसूले हमारे झगड़ों को सुलझाया। लेकिन आजकल कोर्ट-कचहरी के मामलों में बहुत पैसा देना पड़ता है। लेखपाल एक-दो रुपये लेते हैं, अधिवक्ता पहले से बयाना-रकम लेते हैं, डाक टिकट लगाना पड़ता है और अगर आदेशवाहक को नहीं दिया गया तो वे आपको वहाँ से खदेड़ देते हैं। और यदि आप तीन-चार बार नहीं जाते हैं तो मामला नहीं सुलझता। हम संकट महसूस करते हैं; अन्यथा यूरोपीय अच्छी तरह से न्याय करते हैं।

अम्बाजोरा के सरदार सिदो देस मांझी द्वारा जोड़ा गया वर्णन

गोद लेना

जब एक पुरुष दूसरे की पत्नी से शादी करता है और इस दूसरी पत्नी के पास उसके पहले पति का बेटा होता है, जो उसके साथ लाया जाता है तो अगर वह उसे पूरी तरह से गोद लेना चाहता है, तो वह आदमी इस बारे में गाँव के मुखिया को बताता है, वह सूचित करता है कि उसने उन दोनों का फैसला किया। गाँव का मुखिया फिर उन लोगों को आमंत्रित करता है जो इस बच्चे का दावा कर सकते हैं, और वे इस मामले पर बात करने के लिए आते हैं। गाँव के मुखिया की उपस्थिति में वे एक साथ परामर्श करते हैं कि वे बच्चे को मुफ्त में बसाएँगे या नहीं। यदि वे बच्चे को मुफ्त में अपना लेते हैं, तो वे कहते हैं : "ठीक है, पिता मुखिया! हम दावेदार आपके सामने हैं और गाँव के लोग इस बच्चे पर इससे पहले की सभी दावों को छोड़ दें।" तो उस दिन से वह अपने इस सौतेले पिता का है। फलस्वरूप उसे अपने प्राकृतिक पिता की भूमि या मवेशी, धन आदि पर कोई अधिकार नहीं है; उसे कुछ नहीं मिलेगा।

जब यह कहा जाता है तो वे चार-पाँच आने के सिक्कों के लिए सौतेले पिता से कहते हैं : बैठी हुई ग्राम परिषद का प्रावधान है। इसके बाद वे एक-दूसरे को नमन करते हैं और अलग हो जाते हैं।

अब सौतेला पिता बच्चे को गोद लेने के लिए एक दिन तय करता है। फिर वह दिन तय किया जाता है। उसे सिर मुँड़ाने के लिए कहा जाता है, जैसा कि नामकरण के अवसर किया जाता है, उन्हें उसी तरह से मुँड़ाया जाता है, और उसी तरह वे हड़िया को पीते हैं। और फिर 'दाई' सौतेले पिता के पक्षवाले पुरुषों और महिलाओं को सूचित करती है। इसके बाद वे चले जाते हैं।

अब वे बच्चे को बहा सोहराई देते हैं अर्थात सगे, मूल बोंगा को मांस और चावल खाने के लिए देते हैं। इस समय वह उनका अपना बच्चा बन गया है; और इस बच्चे को अपने सौतेले पिता की अपनी कृषि भूमि, पैसे और मवेशियों में उसके

बेटों के साथ एक समान हिस्सा मिलेगा। लेकिन सगे बेटों का चचेरे भाइयों की सम्पत्ति पर अधिकार होता है, जब वे मर जाते हैं तो उनकी तरह से उनकी सम्पत्ति पर कोई अधिकार नहीं होता है; केवल अपने सौतेले पिता की सम्पत्ति पर उसका पूरा अधिकार है।

गोद लिये गए बच्चे

प्राय: वे अनाथ बच्चों को गोद लेते हैं और उनकी सहायता करते हैं। और जब वे बड़े होते हैं, तो उन्हें कृषि भूमि, पैसे और मवेशियों में सगे बच्चों के बराबर हिस्सा मिलता है। यदि ऐसा लड़का मर जाता है और उसकी कोई सम्पत्ति होती है तो गोद लेनेवाले व्यक्ति के बेटों या उसकी पत्नियों को यह सम्पत्ति मिलती है। लेकिन गोद लिये हुए आदमी के चचेरे भाइयों को कुछ नहीं मिलता है। कहने का तात्पर्य यह है कि, गोद लेनेवाले आदमी के बेटों पर अन्तिम-संस्कार समारोहों वगैरह के खर्च की जिम्मेदारी होगी। और अगर उसके बच्चे हैं, तो यह स्वाभाविक रूप से उनका है। और जब किसी भी विवाहित की कोई सन्तान नहीं होती है, तो वे दोनों पक्षों के बच्चों को गोद ले सकते हैं, अर्थात पत्नी के भाइयों के बच्चे, या उसकी छोटी बहन के बच्चे, पति के छोटे या बड़े भाई के बच्चे; उन्हें अपने दत्तक के रूप में गोद लेते हैं, मृत्यु तक उनकी सहायता करते हैं। यह लोग भी, इसी तरह कृषि भूमि का अपना हिस्सा प्राप्त करते हैं, अगर दत्तक जोड़ी के बच्चे पैदा होते हैं। और अगर उन्हें कोई सन्तान नहीं हुई है, तो सारी सम्पत्ति स्वाभाविक रूप से दत्तक पुत्र की होगी।

कभी-कभी वे सगे बच्चों को भी गोद लेते हैं। जब पूर्व में लगभग साठ साल पहले एक विद्रोह हुआ था, तब उन्होंने कई ऐसे बच्चों को गोद लिया। वर्तमान में भी वे कभी-कभी गोद लेते हैं। आजकल यूरोपीय मिशनरी आ गए हैं, ये हमारे अनाथ बच्चों पर दया करते हैं। इसके अलावा ये यूरोपीय शिक्षक सबसे अधिक अच्छा काम करते हैं। वे उन्हें अपने खर्च पर पढ़ाते हैं। वे हमारी तरह मृत्यु तक सहायता नहीं करते। वे दूसरों की सहायता करते हैं।

पत्नी के बच्चों को लाना

जब एक व्यक्ति दूसरी पत्नी ले आता है और वह अपने बच्चों को अर्थात पहले वाले पति से बच्चों को अपने साथ लाती है तो हम इस प्रकार के बच्चों को संघ लोटोम कहते हैं। यदि वे लड़के होते हैं तो इन बच्चों के पास सौतेले पिता की कृषि भूमि आदि पर कोई अधिकार नहीं होगा। लेकिन ऐसा पिता अपनी मर्जी से उसे

अपनी जमीन देता है तो वह दे सकता है। यदि दोबारा से शादी करनेवाली महिला के पास अपनी खुद की कमाई है तो यह उन बच्चों की होती है जिन्हें वह अपने साथ लाई है लेकिन उसे सुरक्षित रखने के लिए वह अपने भाई को एक हिस्सा देती है; अन्यथा उनका उस पर कोई अधिकार नहीं होता।

खेत को कब्जे में लेना

यदि कोई ऐसा व्यक्ति भाग जाता है जिसके पास कुछ पेड़ होते हैं, और उस गाँव का मुखिया उस आदमी को बसाता है जो वहाँ भागता हुआ आया है, भागे हुए आदमी की कृषि भूमि और घर के खेत में, अगर वहाँ महुए के पेड़ या जलाशय हैं तो उस घर के मैदान में या घर के बाहर गाँव की गली में या जमीन के रकबे में, नया बसेरा इन सबमें शामिल होता है। भले ही इस गाँव में भागे हुए आदमी के वारिस हों, लेकिन वे उक्त चीजों पर दावा नहीं कर सकते, क्योंकि नये आदमी ने बसने पर उन पर कब्जा कर लिया है। और भले ही भागनेवाला आदमी इस गाँव में कभी लौट जाए, उसे ये पेड़ या जलाशय नहीं मिलेंगे, भले ही वह जमीन के मालिकाना का दावा करता हो; क्योंकि उस (नये बसे) आदमी ने उस पर कब्जा कर लिया है।

प्रयोग के लिए उचित न रहना

उपयोग के लिए अनुचित होना दो तरह से होता है। इसका एक तरीका यह है : जब कोई व्यक्ति किसी बधिया जानवर को जोम सिङ के लिए अलग कर देता है, और उसकी बलि देने से पहले उसके गोत्र का कोई वृद्ध व्यक्ति मर जाता है तो वे कुपित जानवर बलि के लिए अयोग्य हो जाते हैं। इन जानवरों का बलिदान नहीं किया जाता है, वे केवल उन्हें मार डालते हैं।

दूसरा बेटियों या बहनों के अधिकारों के साथ सम्बन्धित है। जब कोई आदमी अपने बेटों को अलग करता है या भाई अलग घराने की स्थापना करते हैं, तो बहनों को एक-एक गाय मिलती है, जब उनके पिता जीवित होते हैं तो। जब पिता अपनी बेटियों या बहनों को गाय दिये बिना मर जाता है और ये लड़कियाँ बाद में अपने भाइयों से अपने इस अधिकार के लिए पूछती हैं तो परिषद के लोग कहते हैं : "जब आपके पिता जीवित थे तो आपने इसके लिए क्यों नहीं पूछा? अब आपका अधिकार रद्द कर दिया गया है।" लेकिन जो महिलाएँ अपने अधिकार का पालन करती हैं, वे कहती हैं : "मेरे पिता! मेरा अधिकार रद्द मत करो। आदमी मर चुका है; इसलिए निर्णय की मृत्यु नहीं हुई है; यह वास्तव में है कि निर्णय को खत्म कर दिया जा रहा है!"

और शादी के सम्बन्ध के किसी भी अधिकार के बारे में वे कहती हैं : "मेरे पिता! मेरा अधिकार रद्‌द न करें। यह मेरा हक है।"

महिलाओं के अधिकारों के कानून का सारांश

जब एक आदमी अपने बेटों के लिए अलग प्रतिष्ठान बनाता है तो वह अपनी बेटियों में से प्रत्येक को एक गाय या बछड़ा या एक भेड़ या एक बकरी भी देता है। जब वह शादीशुदा लोगों या गैर-शादीशुदा महिला को देता है, तो वह सभी को समान देता है। और उनके इस अधिकार में, या यदि उनकी बकरियाँ या भेड़ें बहुतायत से बढ़ती हैं, तो इस वृद्धि में उनके पति के भाइयों को कोई अधिकार नहीं है, क्योंकि लड़कियों के पिता ने उन्हें अपने अनुसार दिया है। जब उन्होंने अपने बेटों के लिए अलग प्रतिष्ठान बनाए, उस समय लड़की ने उन्हें अपने भाइयों की उपस्थिति में, अपने पिता से प्राप्त किया। इस समय पिता और भाइयों का मामला आखिरकार सुलझ गया है। लेकिन अगर उसके भाई के बेटे या बेटियाँ उन्हें चराने ले जाते हैं तो उन्हें मजदूरी मिलती है। और अगर वे उसके पति के घर में कई गुना बढ़ जाती हैं, तो लड़की के भतीजे या भतीजी उन्हें झुंड में ले जाएँगी। ये भी उसी तरह से मजदूरी देंगे, और अगर दोनों चाहें तो दोनों तरफ के बच्चों को एक बछिया या एक बछड़ा दे सकते हैं लेकिन दोनों तरफ से उन्हें यह पाने का कोई अधिकार नहीं है।

यदि कोई मवेशी नहीं है तो वे प्रत्येक को एक पीतल का प्याला देंगे। इस पीतल के प्याले को बेचकर वे प्राप्त धन से एक बछड़ा या एक बकरा खरीदते हैं, और जब ये बढ़ते हैं तो उसी तरह, दोनों तरफ के वारिसों को इनमें से किसी को भी प्राप्त करने का कोई अधिकार नहीं है। एक सूअर, एक बकरी, एक भेड़ या एक गाय जिसे महिला खुद बेच सकती है, और वह पैसे रखेगी, और वह अपने कपड़ों और परिधान के लिए पैसे का उपयोग भी कर सकती है। कभी-कभार ऐसे लोग बैल या बछड़े को बेचकर धानवाली या अन्य प्रकार की भूमि किसी दूसरे स्थान पर खरीदते हैं और मसालेदार गोश्त देने के बाद किसी गाँव में बस जाते हैं। पूर्व में जब पहाड़िया इस देश में जमींदार थे, वे सूअर या बकरियों की बहुत सराहना करते थे। वे बड़े शराबी थे वे शराब के साथ कुछ भी खा लेते थे। वे सूअर और बकरियों की तरफ सहज आकर्षित होते थे।

एक ग्रहण के प्रभाव को बेअसर करना

ग्रहण के प्रभाव को बेअसर करने के लिए निम्नानुसार किया जाता है : किसी साल में जब सूर्य या चन्द्रमा का ग्रहण लग रहा है, बच्चों की माँ कहेगी : "मेरे बेटो! (या) बेटियो!

ग्रहण के प्रभाव को बेअसर करने के लिए अपने मामा के परिवार के पास जाओ।" यदि वे एक ही गाँव में रहते हैं तो वे उस दिन अपने मामा के परिवार के पास जाते हैं। जब वे वहाँ पहुँच जाते हैं, तो वे कहते हैं : "हम आए हैं, मामा! ग्रहण के प्रभावों को बेअसर करने के लिए।" मामा उनसे कहते हैं : "ठीक है, मेरे लड़के (या मेरी लड़की)!" अब इन बच्चों की माँ हड़िया पीती है और इसे अपने पिता के घर ले जाती है और वे इसे पीते हैं, कुछ को परिवाद के रूप में डालते हैं। यदि उसका पिता जीवित है तो वह उससे कहता है : "यह क्या है, मेरी लड़की! जिसे तुम ध्यान में रखती हो और लाई हो?" यदि उसके पिता जीवित नहीं हैं, तो उसके भाई भी उसी तरह से उससे पूछेंगे। वह फिर कहती है : "आपको याद है, आपके भतीजे या नाती-पोते ग्रहण को बेअसर करने के लिए आए थे? यह इस बात के लिए है कि हम आए।" अब अगर बूढ़ा जीवित है तो वह सभी लड़कों को एक साथ बुलाता है। यदि वह जीवित नहीं है, तो भाई एक साथ आते हैं और एक-दूसरे से सलाह लेते हैं। और वे उन्हें एक भेड़ या एक बकरी या एक भेड़ या एक सूअर देते हैं। यदि ये वृद्धि करते हैं, तो केवल इन बच्चों के पास ही इस सम्पत्ति का अधिकार है क्योंकि सभी बेटों की पत्नियाँ अपने पिता या भाइयों से इस ग्रहण को बेअसर करती हैं। दोनों पक्षों के वारिसों को इनमें से सम्भावित वृद्धि में से कुछ भी प्राप्त करने का कोई अधिकार नहीं है। केवल आपसी समझौते के आधार पर दोनों पक्षों के भाई बच्चों को एक बैल या बछड़ा दे सकते हैं। वे कहते हैं कि पूर्व में, जब पत्नी के पिता के घर में गायों या भेड़ या बकरियों में वृद्धि होती थी, और लड़की यह मवेशी वहाँ से अपने पति के घर लाती थी, तब उसके पिता के घर का बोंगा भी साथ आता था। फिर अगर यह बोंगा वापस नहीं आया तो उसके पति को अपनी पत्नी के पुराने घर के बोंगा की पूजा करनी होगी।

फसल के अनुलाभ

फसल अनुलाभ इस प्रकार हैं : जब अविवाहित रहते हुए, किसी पुरुष की बेटी को फसल का प्रतिफल प्राप्त होता है, तो उसके पिता और भाई 50 प्रतिशत पर किसी को अपना अनुलाभ उधार देंगे। और जब इसमें बढ़ोतरी होती है और मवेशी भी वृद्धि करते हैं, शादी होने पर उसका पति उन्हें अपने साथ लाता है। कुछ लोग यह नहीं मानते कि वे लम्बे समय से वहाँ बने हुए हैं, इस डर से कि बोंगा साथ आएगा। और जब कोई उससे शादी करता है तो पति के भाइयों को भी फसल की सम्पत्ति का अधिकार होता है। लेकिन फिर लड़की के पिता और भाइयों को एक बड़ी वधू प्राप्त करने के लिए पुकारा जाएगा क्योंकि वे कहते हैं : "हम अपनी बेटी या बहन के साथ भेज रहे हैं, यानी वह जो हमारे पास है, हमारा आधा घर।

इसलिए हम एक बड़ी वधू लेंगे और इसके बदले में आपको कुछ भी नहीं मिलेगा।" और जब वह विधवा हो जाने के बाद फसल का अधिग्रहण कर लेती है या तलाक ले लेती है और यह बढ़ जाती है, तब यदि मित्र उसके लिए आवेदन करते हैं और वह पुनर्विवाह करती है, तो इस महिला को उल्लिखित वृद्धि पर अधिकार है, क्योंकि यह उसकी सम्पत्ति है, उसका पति या उसके बच्चे, उसके नये पति के भाइयों या वारिसों को इस पर कोई अधिकार नहीं है। लेकिन अगर दोनों की मृत्यु होने पर उनका कोई वंशज नहीं है तो वारिस से ही इन दोनों के चीजों के असली मतलब है।

कुमन के बारे में

कुमन इस प्रकार होता है : जब एक आदमी अपने बेटे की दूसरी औरत से शादी करता है, तो इस युवक की बड़ी बहन या उसकी छोटी बहन या उसके चाचा या उसकी मामी या बड़े या छोटे चचेरे भाई और बहन, दूल्हे की पीतल की परात में एक रुपया डालते हैं। इसे वे कुमन का रुपया कहते हैं। और इसके लिए वे लड़की को एक बछड़ा देते हैं। यदि इस बछड़े से कोई वृद्धि होती है या इसे बेचकर पैसा प्राप्त किया जाता है या चावल प्राप्त किया जाता है तो वह केवल इस महिला के बच्चों को मिलेगा। उसके पति के वारिस को कुछ नहीं मिलेगा। और यदि वह बिना बच्चों के मर जाती है तो यह उसके वारिसों का होगा।

नया समझौता

15 फरवरी, 1916 को परगना, देस मांझी, राड़दार, और दुमका जिले के दूसरे अन्य लोग दुमका में इकट्ठा हुए और बेटियों और विधवाओं के बारे में चर्चा की। अन्य मुद्दों पर बात करने के बाद वे इस निष्कर्ष पर पहुँचे : 'यदि नीचे लिखा गया कानून बन जाए तो यह बहुत अच्छा होगा' :

यदि एक आदमी की केवल बेटियाँ हैं, तो शादी के बाद वे उसकी वारिस बन जाएँगी, अर्थात उनका पति धानवाली और दूसरी भूमि को प्राप्त करेंगे। पिता के भाई आधे मवेशियों को लेंगे। मृतक को मुखाग्नि देनेवाला एक बछड़ा प्राप्त करेगा। यदि एक लड़की जिसके लिए उन्होंने एक दामाद को खरीदा था मर जाती है और उसके बच्चे नहीं होते तो दामाद को कुछ नहीं मिलेगा; वह अपने बछड़े को लेकर चला जाएगा।

जब एक व्यक्ति के बेटे और बेटियाँ होती हैं और बेटे बिना बच्चों के मर जाते हैं तो लड़कियाँ उसकी वारिस बन जाती हैं, अर्थात पिता लड़कियों के लिए घर जमाई ला सकता है, या वे लड़की के पति को पिता के घर में रहने के लिए बुला सकते हैं।

यदि एक लड़की घर जमाई रखे बिना शादी करती है तो वह वारिस नहीं बनेगी। यदि जमाई नहीं रहता है तो उसका अधिकार समाप्त हो जाता है।

यदि एक ऐसी लड़की बच्चे पैदा करने के बाद मर जाती है जिसका घर जमाई था तो उसके बच्चों को उसके अधिकार प्राप्त होंगे और घर जमाई दोबारा शादी करने तक वहाँ रहेगा, और उसके बच्चे उसकी सहायता करेंगे। यदि वह फिर से शादी कर लेता है तो वहाँ से चला जाएगा।

विधवा

जब एक महिला विधवा बन जाती है तो उसके अधिकार अपने पिता के घर में तब तक रहते हैं जब तक वह जीवित रहती है। यदि वह फिर से शादी कर लेती है तो उसके अधिकार समाप्त हो जाएँगे। जब तक वह दोबारा शादी नहीं करती तब तक वह विधवा अपने पति के घर में रहती है और उस घर को सँभालती है। लेकिन जब वह महिला मर जाती है या फिर से शादी कर लेती है तो सारी धान की भूमि पर उसके पति के भाई और दूसरे वारिसों का अधिकार होगा।